TOTEM

Tiffany McDaniel vit dans l'Ohio, où elle est née. Son écriture se nourrit des paysages de collines ondulantes et de forêts luxuriantes de la terre qu'elle connaît. Elle est également poète et plasticienne. Publié en France en 2020, *Betty* remporte un immense succès et de nombreux prix. Son premier roman, *L'été où tout a fondu*, est republié par les Éditions Gallmeister en 2022. Elle a obtenu le titre de Chevalier de l'Ordre des Arts et des Lettres en juillet 2021.

BETTY

Un livre exceptionnel, sublime, coup-de-poing. Un futur classique de la littérature américaine.

François Busnel

Comme un boulet de canon, Tiffany McDaniel arrive dans le paysage littéraire avec un ouvrage d'apprentissage féministe, spirituel, magnifique.

Elle

Betty est un roman ombre et lumière, enchanteur et tragique, dont la lecture laisse un vif sentiment d'admiration.

Le Monde

Un roman fort et addictif.

Le Parisien

Éblouissants, complexes et hypnotiques, les personnages de ce roman vous suivront longtemps.

Version Fémina

Rarement une telle farouche force poétique aura trouvé voie et voix romanesques.

La Croix

Un roman surpuissant, d'une tristesse et d'une beauté infinies.

Les Échos

Un très grand roman.

France Culture

À travers la voix de sa jeune narratrice, Tiffany McDaniel, poète et plasticienne, s'inspire en particulier de la force de caractère de sa mère et des femmes qui l'ont précédée.

Livres Hebdo

Betty, c'est un livre où les figures de style et les bonheurs d'écriture tourbillonnent de page en page comme une nuée d'oiseaux jamais fatigués.

Marianne

Un imposant récit d'émancipation à la première personne, dans une langue poétique et sincère, où le pouvoir des mots transforme son héroïne et bouleverse le lecteur.

Lire

C'est un roman d'amour et un hommage adressé par une fille à celle qui lui a donné le jour. On est subjugué par le portrait de cette famille où l'amour est plus fort que la mort.

Le Figaro Littéraire

Betty est un roman déchirant, une ode à la nature, à l'enfance et à l'amour. Une lecture dont vous ne ressortirez pas indemne.

France Info

Un roman fort et addictif.

Aujourd'hui en France

Si la fresque de Tiffany McDaniel emporte et éblouit, c'est bien pour son art de métamorphoser le tragique en un récit qu'on dévore avec un authentique bonheur. Poignant, certes, mais aussi animé d'une étonnante douceur. Car ses personnages flamboient d'une humanité inoubliable, et chaque scène se voit rehaussée d'un regard puissamment poétique.

Le Point

Le style adopté par Tiffany McDaniel a la beauté et la simplicité d'un texte sacré.

Libération

Le souffle romanesque de Tiffany McDaniel est un enchantement.

Voici

Lyrique, l'écriture peut aussi se faire rase comme un soleil, révélant la laideur de la vérité, la splendeur du mensonge.

L'Obs

Un texte qui est appelé à devenir un grand classique de la littérature américaine contemporaine.

RTL

À partir de l'histoire de sa mère, Tiffany McDaniel tisse un roman engagé gorgé d'humanité.

La Libre Belgique

Dès sa première page, cette fresque familiale s'élève au rang de ce que la littérature américaine contemporaine a de meilleur à offrir.

Le Journal du Dimanche

Ce n'est pas un livre, c'est un chef-d'œuvre.

Le Dauphiné Libéré

DU MÊME AUTEUR

L'été où tout a fondu, 2022 ; totem n°250

Tiffany McDaniel

BETTY

Roman

Traduit de l'américain
par François Happe

TOTEM

TOTEM n°208

Titre original: BETTY

This translation published by arrangement with Alfred A. Knopf,
an imprint of The Knopf Doubleday Group,
a division of Penguin Random House, LLC

ISBN 978-2-404-08017-8
ISSN 2105-4681

Illustration de couverture © Riki Blanco
Conception graphique de la couverture: Valérie Renaud

MA MÈRE, Betty, est née le 12 février 1954 à Ozark, dans l'Arkansas, fille d'une femme aussi saisissante qu'un rêve et d'un père cherokee qui fabriquait son propre alcool de contrebande et créait ses propres mythes. Avec ses onze frères et sœurs, ma mère a grandi dans les contreforts des Appalaches de l'Ohio. Ce livre est à la fois une danse, un chant et un éclat de lune, mais par-dessus tout, l'histoire qu'il raconte est, et restera à jamais, celle de la Petite Indienne.

Je t'aime, maman. Ce livre est pour toi et toute ta magie immémoriale.

MA MAISON DÉTRUITE

Donne-moi un mur,
Je te donnerai un trou.
Donne-moi une fenêtre,
Je te donnerai une vitre brisée.
Donne-moi de l'eau,
Je te donnerai du sang.

BETTY

NOTE DE L'AUTEUR

CETTE HISTOIRE se passe dans les contreforts des Appalaches, dans le sud de l'Ohio. C'est une région où des familles s'épanouissent, et où des femmes et des hommes trouvent leur vérité et leur voie. Le sud de l'Ohio peut s'enorgueillir de ses traditions, de sa culture et de son histoire ; il a son propre accent sudiste et son propre parler. Je suis honorée de pouvoir dire que je suis chez moi dans cette région. J'espère qu'après avoir lu ce roman, vous aimerez cette partie de l'Ohio autant que je l'aime.

J'espère également que vous prendrez plaisir à lire cette histoire qui puise son inspiration dans la vie de ma famille sur plusieurs générations. Elle s'inspire en particulier de la force de caractère de ma mère et des femmes qui m'ont précédée. Elles se sont dressées face à l'adversité pour affirmer leur propre pouvoir. C'est pour moi un honneur d'avoir pu raconter une telle histoire.

PROLOGUE

Je rends grâces à mon Dieu de tout le souvenir que je garde de vous.
PHILIPPIENS I, 3

JE NE SUIS ENCORE qu'une enfant, pas plus haute que le fusil de mon père. Papa me demande de le lui apporter, à l'instant où je sors pour le rejoindre, tandis qu'il souffle un peu, assis sur le capot de la voiture. Il me prend le fusil des mains et le pose sur ses genoux. Quand je m'assieds près de lui, je sens la chaleur de l'été qui irradie de son corps comme de la tôle d'un toit brûlant par une journée torride.

Cela ne me gêne pas que les pépins de tomate provenant du déjeuner qu'il a pris dans le jardin tombent de son menton pour atterrir sur mon bras. Les graines minuscules restent collées sur ma peau et y forment un relief. Comme du Braille sur une feuille.

— Mon cœur est en verre, dit-il en roulant une cigarette. Mon cœur est en verre et, tu vois, Betty, si jamais je devais te perdre, il se briserait et la douleur serait si forte que l'éternité ne suffirait pas pour l'apaiser.

Je plonge la main dans sa blague à tabac et je malaxe les feuilles sèches, les frottant séparément comme si chacune était un animal à part entière, vivant et se glissant entre les extrémités de mes doigts.

— Dis, P'pa, c'est comment, un cœur en verre ?

Je lui pose la question parce que je sens que la réponse sera encore plus extraordinaire que tout ce que je peux imaginer.

— C'est un morceau de verre creux en forme de cœur.

Sa voix donne l'impression de s'élever par-dessus les collines qui nous entourent.

— Et le verre, il est rouge, P'pa ?

— Aussi rouge que la robe que tu portes en ce moment même, Betty.

— Mais comment tu peux avoir un morceau de verre dans ton corps ?

— Il est accroché avec une jolie petite ficelle. Et à l'intérieur du verre, il y a l'oiseau que Dieu a pris tout là-haut, au paradis.

— Pourquoi il a mis un oiseau dedans ?

— Pour qu'il y ait toujours un petit morceau de paradis dans notre cœur. Je suppose que c'est l'endroit le plus sûr pour un morceau de paradis.

— C'est quel genre d'oiseau, P'pa ?

— Eh bien, Petite Indienne, dit-il en frottant son allumette sur le ruban en papier de verre de son chapeau à large bord, je pense que ça doit être un oiseau étincelant, et que tout son corps brille de petits feux, comme les souliers rubis de Dorothy, dans ce film, là.

— Quel film ?

— *Le Magicien d'Oz*. Tu te souviens de Toto ?

Il aboie et finit par un long hurlement.

— Le petit chien noir ?

— C'est ça. (Il plaque ma tête contre sa poitrine.) Tu entends ? *Toc-toc, toc-toc.* Tu sais ce que c'est, ce bruit ? *Toc-toc, toc-toc.*

— C'est le battement de ton cœur.

— C'est le bruit que fait l'oiseau en battant des ailes.

— L'oiseau ? (Je pose la main sur ma propre poitrine.) Et qu'est-ce qu'il devient cet oiseau, P'pa ?

— Tu veux dire quand on meurt ?

En me regardant il plisse les yeux comme si mon visage était devenu le soleil.

— Oui, P'pa, quand on meurt.

— Eh bien, le cœur de verre s'ouvre, comme un médaillon, et l'oiseau s'envole pour nous conduire au paradis afin qu'on ne se perde pas en route. Tu sais, c'est très facile de se perdre quand on va dans un endroit où on n'est jamais allé avant.

Je laisse mon oreille collée contre sa poitrine, et j'écoute le battement régulier.

— Dis, P'pa, je lui demande, est-ce que tout le monde a un cœur en verre ?

— Nan. (Il tire une bouffée de sa cigarette.) Juste toi et moi, ma Petite Indienne. Juste toi et moi.

Il me dit de me reculer et de couvrir mes oreilles. Sa cigarette pendant au coin des lèvres, il lève son fusil et tire en l'air.

PREMIÈRE PARTIE

JE SUIS

1909-1961

I

Il y aura des pleurs et des grincements de dents.
MATTHIEU 8, 12

DEVENIR FEMME, c'est affronter le couteau. C'est apprendre à supporter le tranchant de la lame et les blessures. Apprendre à saigner. Et malgré les cicatrices, faire en sorte de rester belle et d'avoir les genoux assez solides pour passer la serpillière dans la cuisine tous les samedis. Ou bien on se perd, ou bien on se trouve. Ces vérités peuvent s'affronter à l'infini. Et qu'est-ce que l'infini, sinon un serment confus ? Un cercle brisé. Une portion de ciel fuchsia. Si l'on redescend sur terre, l'infini prend la forme d'une succession de collines ondoyantes. Un coin de campagne dans l'Ohio où tous les serpents dans les hautes herbes de la prairie savent comment les anges perdent leurs ailes.

Je me souviens de l'amour incandescent et de la dévotion autant que de la violence. Quand je ferme les yeux, je revois le trèfle vert-jaune qui poussait autour de notre grange au printemps, tandis que les chiens sauvages venaient à bout de notre patience et de notre tendresse. Les temps changent pour ne jamais revenir, alors nous donnons au temps un autre nom, un nom plus beau, pour qu'il nous soit plus facile d'en supporter le poids, à mesure qu'il passe et que nous continuons à nous rappeler d'où nous venons. En ce qui me concerne, je viens d'une famille de huit enfants. Nombre d'entre eux sont morts dans leur première jeunesse. Il y a des gens qui ont reproché à Dieu de ne pas en avoir pris davantage. D'autres ont accusé le diable d'en avoir laissé encore trop en vie. Pris entre Dieu et le diable, l'arbre de notre famille a grandi avec des racines pourries, des branches brisées et des feuilles rongées par les champignons.

— Il est tout tordu et amer parce qu'il ne croit pas en la lumière, disait mon père à propos du grand chêne des marais qui poussait dans notre jardin.

Mon père est né le 7 avril 1909 dans un champ de sorgho du Kentucky situé sous le vent d'un abattoir. À cause de cela, il y avait toujours dans l'air une odeur de sang et de mort. J'imagine que lorsqu'il est apparu, tout le monde l'a regardé comme s'il était né de ces deux choses.

— Il va falloir plonger mon garçon dans la rivière, a dit sa mère tandis qu'il tendait ses doigts minuscules vers elle.

Il descendait des Cherokees à la fois par son père et par sa mère. Quand j'étais petite, je croyais qu'être cherokee signifiait être reliée à la lune, comme un éclat de lumière qui s'en déroulait au bout d'un fil.

— *Tsa-la-gi. A-nv-da-di-s-di*[*].

Si l'on remonte notre lignée au fil des générations, nous appartenions au clan Aniwodi. Les membres de ce clan cherokee étaient chargés de fabriquer une peinture rouge

[*] *Tsa-la-gi* signifie Cherokee. *A-nv-da-di-s-di* signifie mémoire, souvenir. (Toutes les notes sont du traducteur.)

spéciale qui était utilisée lors des cérémonies sacrées et en temps de guerre.

— Notre clan était celui des créateurs, me disait mon père. Celui des maîtres, également. Ils parlaient de la vie et de la mort, du feu sacré qui éclaire tout. Notre peuple est le gardien de ce savoir. N'oublie jamais cela, Betty. N'oublie jamais non plus comment fabriquer de la peinture rouge, ni comment parler des feux sacrés.

Le clan Aniwodi était aussi réputé pour ses guérisseurs et ses sorciers, ceux dont on disait qu'ils “peignaient” leurs remèdes sur leurs malades. À sa façon, mon père était leur héritier.

— Ton père est un sorcier, me taquinaient-ils à l'école en agitant des plumes sous mon nez.

Ils croyaient que cela me ferait aimer mon père un peu moins, mais je ne l'en aimais que plus.

— *Tsa-la-gi. A-nv-da-di-s-di.*

Pendant toute mon enfance, mon père nous a parlé de nos ancêtres, pour s'assurer que nous ne les oublierions pas.

— Notre terre était grande comme ça, disait-il en écartant les bras le plus possible, lorsqu'il parlait du territoire de l'est qui avait appartenu aux Cherokees autrefois, avant qu'ils ne soient déportés jusqu'en Oklahoma.

Certains de nos ancêtres cherokees ont réussi à échapper à l'exil vers cette terre étrangère appelée Oklahoma en se cachant dans les forêts. Mais on leur a dit que s'ils voulaient rester, ils devraient adopter la manière de vivre des colons blancs. Les autorités avaient décrété que les Cherokees devaient être “civilisés” ou expulsés. Ils n'ont eu d'autre choix que de parler l'anglais de l'homme blanc et de se convertir à sa religion. On leur a dit que Jésus était mort pour eux aussi.

Avant le christianisme, les Cherokees étaient fiers de leur société matriarcale et matrilinéaire. Les femmes étaient à la tête de la famille, mais le christianisme a donné aux hommes un rôle prédominant. À la suite de ce bouleversement, les femmes ont été écartées de la terre qu'elles avaient possédée et cultivée. On leur a donné un tablier et on leur a signifié que leur place était à la cuisine. Aux hommes, qui avaient toujours été des chasseurs, on a dit qu'ils devaient maintenant travailler dans les champs. Les Cherokees ont vu leur mode de vie traditionnel éradiqué, de même que la répartition des rôles entre les deux sexes, qui avait permis aux femmes d'occuper une place aussi importante que celle des hommes.

Entre le rouet et la charrue, certains ont bien lutté pour préserver leur culture, mais les traditions se sont peu à peu diluées. Mon père a fait de son mieux pour empêcher l'eau de se mêler à notre sang en continuant à faire honneur à la sagesse dont il avait hérité – par exemple, fabriquer une cuillère avec la tige d'une feuille de courge, ou savoir quand est venu le moment de semer le maïs.

— Quand le groseillier sauvage a sorti toutes ses feuilles, disait-il, parce que cet arbuste est le premier à ouvrir les yeux après son sommeil d'hiver et à nous dire : "La terre est assez réchauffée maintenant." La nature nous parle. Nous devons simplement nous souvenir de l'écouter.

L'âme de mon père était d'une autre époque. D'une époque où le pays était peuplé de tribus qui écoutaient la terre et qui la respectaient. Lui-même s'est tellement imprégné de ce respect qu'il est devenu le plus grand homme que j'aie connu. Je l'aimais pour cela, et pour bien d'autres choses – entre autres, le fait qu'il ne se souvenait jamais que les violettes qu'il plantait étaient violettes. Je l'aimais aussi pour l'habitude qu'il avait prise le 4 Juillet, jour de la fête nationale, de se faire couper les cheveux de manière à leur donner la forme d'un chapeau posé de travers, et je l'aimais pour la façon dont il tenait une lampe au-dessus de nous pendant nos quintes de toux lorsque nous étions malades.

— Tu vois les microbes ? demandait-il en braquant le faisceau de lumière dans l'air entre nous. Ils sont tous en train de jouer du violon. La toux, c'est leur chant.

Dans ses histoires, je valsais sur le soleil sans me brûler les pieds.

Mon père était fait pour être père. Et malgré les problèmes qu'il a pu y avoir entre ma mère et lui, il était également fait pour être mari. Mes parents se sont rencontrés dans un cimetière, à Joyjug, dans l'Ohio, par une journée dédiée aux nuages. Papa ne portait pas sa chemise sur lui. Il l'avait à la main et s'en servait comme d'un sac. Il y avait mis des champignons qui ressemblaient à des morceaux de poumon de fumeur. Il en cherchait d'autres dans les environs quand il a aperçu ma mère. Elle était assise sur une courtepointe matelassée. On pouvait voir que cette couverture avait été faite par une novice. Les espaces entre les points de couture n'étaient pas réguliers. Les lignes qu'ils formaient sur le tissu en deux tons de crème différents n'étaient pas droites. La courtepointe était ornée d'un grand arbre fait de bouts de calicot dépareillés cousus en application juste au milieu. Elle était assise sur cet arbre et elle mangeait une pomme, face à la pierre tombale d'un soldat inconnu mort pendant la guerre de Sécession.

Quelle drôle de fille, s'est dit Papa. *Venir s'asseoir dans un cimetière pour croquer une pomme avec toute cette mort sous elle.*

— Excusez-moi, mademoiselle. Est-ce que vous en avez vu par ici ?

Il lui a montré les champignons dans sa chemise.

Elle a rapidement baissé les yeux avant de les lever à nouveau vers lui en secouant la tête.

— Est-ce que vous en avez déjà mangé, mademoiselle ? Sautés au beurre ? Un délice.

Comme elle ne répondait pas, il a ajouté qu'elle n'était vraiment pas avare de paroles.

— Je parie que vous êtes la gardienne d'une langue perdue. Ce soldat, c'était quelqu'un de votre famille ?

Il a désigné la tombe d'un geste.

— Comment on pourrait le savoir ? a-t-elle enfin répondu. Personne ne connaît son nom. (Elle a montré la pierre d'un petit geste de la main.) SOLDAT INCONNU. Vous ne savez pas lire ?

Elle avait dit cela d'un ton plus dur qu'elle n'en avait eu l'intention.

L'espace d'un instant, il s'est dit qu'il ferait mieux de la laisser seule, mais il y avait une partie de lui qui se sentait bien avec elle, alors il s'est assis dans l'herbe, à côté de la couverture. Se renversant en arrière, il a levé les yeux vers le ciel et fait remarquer qu'il allait sûrement pleuvoir. Puis il a pris un de ses champignons et l'a fait tourner entre ses longs doigts.

— Ils sont vraiment horribles à voir, a dit la jeune fille en faisant la grimace.

— Ils sont beaux, a répliqué Papa, qui s'est senti insulté au nom du champignon. On les appelle trompettes de la mort. C'est pour ça qu'ils poussent aussi bien dans les cimetières.

Il a porté le pied du champignon à sa bouche et a imité le son d'une trompette.

— *Taratata.* (Il a souri.) Ce champignon est plus que beau. C'est un remède que nous offre la nature. C'est bon pour toutes sortes de maux. Peut-être qu'un jour je vous en ferai sauter quelques-uns à la poêle. Peut-être même que je vous en ferai pousser un hectare rien que pour vous.

— Je n'ai pas envie de champignons. (Elle a à nouveau fait la grimace.) Mais des citrons, j'aimerais bien. Tout un champ.

— Vous aimez les citrons, hein ?

Elle a fait oui de la tête.

— J'aime leur couleur jaune, a-t-elle ajouté. Comment peut-on ne pas être heureux avec tout ce jaune ?

Elle a croisé son regard, mais a détourné les yeux aussitôt. Par délicatesse, il a reporté son attention sur le champignon qu'il avait dans la main. Tandis qu'il l'examinait, frottant ses doigts sur la chair chiffonnée, elle a lentement levé les yeux vers lui. C'était un homme grand, aux os saillants, qui lui faisait penser à des phasmes, ces insectes allongés comme des brindilles qui grimpaient sur la fenêtre de sa chambre en été. Son pantalon boueux était trop grand pour lui et ne tenait que grâce à une ceinture en cuir éraflée, bouclée autour de sa taille mince.

Il n'avait pas de poils sur la poitrine, ce qui l'a étonnée. Elle était habituée à voir l'épaisse toison frisée sur le torse puissant de son père – ces poils qui lui donnaient l'impression, quand elle les empoignait, de serrer des petits morceaux de fil d'acier. Elle s'est forcée à chasser de son esprit l'image de son père et a continué à observer l'homme devant elle. Il avait une chevelure abondante et noire, coupée court sur les côtés, mais volumineuse sur le dessus, où elle montait à une hauteur équivalente à la largeur de sa main avant de retomber en longues ondulations.

Papa ne serait pas d'accord, s'est-elle dit en elle-même.

Elle a deviné que cet inconnu venait certainement d'une famille gouvernée par des femmes. C'était la façon qu'il avait eue de s'asseoir sur l'herbe plutôt que sur la couverture. Elle voyait la mère et la grand-mère de cet homme. Elles étaient toutes les deux là, dans ses yeux marron. C'était quelque chose qui lui inspirait confiance. Le fait qu'il gardait ces femmes en lui, si proches.

Ce qu'elle ne pouvait pas ne pas voir, c'était la couleur de sa peau. *Pas noire comme celle des Nègres*, s'est-elle dit, au cœur de ces années 1930, *mais pas blanche non plus, et c'est tout aussi dangereux.*

Elle a porté son regard sur les pieds nus de l'individu. C'étaient les pieds d'un homme qui fréquentait les bois et se lavait dans la rivière.

— Il est probablement amoureux d'un arbre, a-t-elle dit à voix basse.

Quand elle a levé les yeux, elle s'est aperçue qu'il la dévisageait. Elle est retournée à sa pomme, dont il ne restait pas grand-chose à croquer.

— Vous excuserez la terre, mademoiselle, a-t-il lancé en frottant les taches de boue sur son pantalon. Mais quand on est fossoyeur, c'est bien difficile de ne pas se salir un peu. C'est pas désagréable de travailler ici. L'endroit est sûrement plus désagréable pour les gens pour qui je dois creuser les trous.

Il l'a vue esquisser un petit sourire derrière sa pomme, mais elle s'est reprise. Il s'est demandé ce qu'elle pensait de lui. Il avait vingt-neuf ans. Elle en avait dix-huit. Elle avait des cheveux qui tombaient sur les épaules, enfermés dans une résille blanche faite au crochet. Il s'est attardé sur la texture et la couleur de sa chevelure, qui lui rappelaient les mèches pâles de la soie de maïs sous le soleil. Le vert menthe de sa robe mettait en valeur le teint de pêche de sa peau, et sa taille mince était serrée par une ceinture d'un blanc douteux qui allait avec ses mitaines sales faites au crochet. De près, on voyait que c'était une jeune fille très modeste, mais de loin, elle pouvait donner l'impression qu'elle venait d'un milieu plus aisé.

Voilà à quoi servent les gants, s'est-il dit. *Se faire passer pour une grande dame et ne pas rester une simple beauté parmi d'autres, destinée à rouiller à l'écart du monde comme un tracteur hors d'usage abandonné dans un champ.*

De sa pomme, il ne restait pratiquement que le cœur, mais un bout de pelure rouge était encore visible autour de la queue. Quand elle a mordu dedans, le jus a dégouliné au coin de ses lèvres. Tandis qu'il observait les mèches folles agitées par le vent au-dessus des petites oreilles de la jeune fille, il a senti quelques gouttes d'une pluie légère tomber sur ses épaules nues. Il a été surpris d'être encore capable de sentir quelque chose d'aussi doux et délicat. Il n'était donc pas encore totalement endurci. Il a levé les yeux vers le ciel qui s'obscurcissait.

— Quand les nuages prennent cette allure-là, c'est qu'ils ont l'intention de prouver qu'ils ont un orage dans le ventre. On peut soit rester ici et être emporté par les flots, soit essayer de se sauver comme on peut.

Elle s'est levée, laissant tomber le reste de sa pomme. Il a remarqué qu'elle était pieds nus. S'ils avaient un point en commun, c'était leur façon de marcher sur la terre. Il s'apprêtait à dire quelque chose qu'il croyait susceptible de l'intéresser, mais la pluie s'est mise à tomber plus fort. Elle les martelait tandis que le ciel s'illuminait d'éclairs. L'orage faisait valoir ses droits sur mes parents d'une manière qu'eux-mêmes auraient été bien incapables de comprendre.

— On sera à l'abri sous ce noyer blanc, a dit mon père.

Serrant bien sa chemise pleine de champignons, il a attrapé la couverture et l'a tenue au-dessus de la tête de la jeune fille. Elle l'a laissé l'emmener jusqu'à l'arbre.

— Ça ne va pas durer, a-t-il assuré tandis qu'ils se réfugiaient sous l'épais feuillage du noyer.

Il a secoué la couverture pour l'égoutter, puis il a posé la main sur l'écorce exfoliée du tronc.

— Les Cherokees faisaient bouillir cette écorce. Parfois pour se soigner, mais aussi pour se nourrir. Elle est sucrée. Si vous la faites bouillir dans du lait, vous obtenez une boisson qui…

Avant qu'il ait pu finir sa phrase, elle a plaqué ses lèvres sur les siennes pour lui donner le plus tendre baiser qu'il avait jamais connu. Elle a passé la main sous sa robe pour enlever sa culotte effrangée. Il l'a regardée, interdit, mais c'était un homme après tout, alors il a posé les champignons à l'écart. Quand il a étalé la courtepointe, il l'a fait lentement, afin de lui laisser le temps de changer d'avis.

Une fois qu'elle a été étendue, il s'est allongé également. Dans les champs, autour d'eux, les épis de maïs se dressaient, semblables à des fusées pointées vers l'espace, tandis que l'homme et la jeune fille mélangeaient leurs odeurs – sans toutefois tomber amoureux. Mais l'amour n'est pas indispensable pour qu'une semence germe et se développe. Et au bout de quelques mois, il n'a plus été possible à la jeune fille de cacher ce qui grossissait en elle. Son père – l'homme que je devais appeler plus tard Grand-père Lark – a remarqué la courbure de son ventre et lui a donné des coups au visage plusieurs fois jusqu'à ce qu'elle se mette à saigner du nez et à voir des étoiles danser devant ses yeux. Elle a appelé à l'aide sa mère qui se tenait tout près, mais celle-ci s'est contentée de regarder.

— Tu n'es qu'une putain, a dit son père en enlevant la grosse ceinture de cuir qui tenait son pantalon. Ce qui pousse dans ton ventre, c'est le péché. Je devrais laisser le diable te dévorer vivante. Ce que je fais, c'est pour ton bien. N'oublie pas ça.

Il l'a frappée au ventre avec la boucle en métal. Elle est tombée par terre, protégeant son abdomen du mieux qu'elle pouvait.

— Ne meurs pas, ne meurs pas, ne meurs pas, murmurait-elle à l'enfant qu'elle portait en elle tandis que son père la battait.

Il ne s'est arrêté que lorsqu'il s'est senti satisfait.

— Voilà pour le châtiment de Dieu. (Il a enfilé sa ceinture dans les passants de son pantalon.) Bon, qu'est-ce qu'on mange, ce soir ?

Plus tard, cette nuit-là, elle a posé la main sur son ventre et elle a eu la certitude que la vie ne s'était pas arrêtée. Le lendemain matin, elle est allée trouver l'homme aux champignons. C'était l'été 1938, une femme enceinte était censée avoir un mari.

Quand elle est arrivée au cimetière, elle a scruté les alentours et a fini par apercevoir un homme qui creusait une tombe et qui lui tournait le dos.

Le voilà, a-t-elle pensé tandis qu'elle s'avançait entre les rangées de pierres tombales.

— Excusez-moi, monsieur ?

L'homme s'est retourné, mais ce n'était pas lui.

— Désolée. (Elle a regardé ailleurs.) Je cherche quelqu'un et je vous ai pris pour lui. Il creuse aussi des tombes dans ce cimetière.

— C'est quoi son nom ? a demandé l'homme sans interrompre son travail.

— Je ne sais pas, mais je peux vous dire qu'il est grand et mince. Cheveux noirs, yeux marron foncé…

— Et la peau foncée aussi ? (L'homme a planté sa pelle dans la terre.) Je vois de qui vous parlez. À ce qu'on m'a dit, il s'est fait embaucher à la fabrique de pinces à linge, à la sortie de la ville.

Elle s'est rendue à l'usine, puis elle a attendu devant le portail. À midi, quand la sirène a retenti, les ouvriers sont sortis du bâtiment avec leur déjeuner. Elle a essayé de le repérer au milieu de toute cette foule de chemises bleues et de pantalons d'un bleu plus sombre. L'espace d'un instant, elle a cru qu'il n'était pas là. Puis elle l'a vu. Contrairement aux autres, il n'avait pas de gamelle. Il s'est roulé une cigarette qu'il a allumée, se nourrissant de sa fumée, les yeux levés vers la cime des arbres.

Qu'est-ce qu'il regarde comme ça ? s'est-elle demandé, levant aussi la tête vers les feuilles agitées par le vent.

Quand elle a baissé les yeux, elle a vu qu'il l'observait.

Est-ce que c'est bien cette fille ? s'est-il demandé. Il n'en était pas sûr. Cela faisait déjà quelque temps. En plus, elle était couverte de bleus qui masquaient un peu ses traits, et ses yeux gonflés n'arrangeaient rien. Puis il a vu comment la brise soulevait ses mèches semblables à de la soie de maïs au-dessus de ses oreilles, et il a su que c'était la fille de la pluie. Celle qui s'était empressée de remettre sa culotte juste après.

Il a remarqué qu'elle gardait la main délicatement posée sur son ventre, qui n'était pas aussi plat que dans son souvenir. Il a soufflé assez de fumée pour cacher son visage, puis il a regagné son poste à l'intérieur de l'usine. L'odeur du bois, le grincement de la scie, la fine poussière flottant dans l'air comme des constellations d'étoiles ne l'ont pas empêché de repenser à ce moment dans le cimetière. À la pluie, aux gouttes qui passaient à travers les branches, éclaboussant les pupilles de la jeune fille, remplissant le coin de ses yeux pour ensuite couler le long de ses joues.

Quand la sirène a retenti à nouveau, des heures plus tard, il s'est hâté de sortir avant les autres. Elle était toujours là, assise par terre, devant le portail en fer de l'usine. Elle avait l'air épuisée, comme si elle venait de suivre un million d'enterrements où elle était la seule à porter le cercueil. Elle s'est levée à son approche.

— Il faut que je vous parle.

Sa voix tremblait tandis que, de la main, elle époussetait la terre de sa robe.

— C'est de moi ?

Il a fait un signe de la tête en direction de son ventre, puis a commencé à se rouler une cigarette.

— Oui.

Elle avait veillé à répondre sans hésiter.

Il a poursuivi des yeux un oiseau dans le ciel, puis s'est retourné vers elle :

— C'est pas ce que j'ai fait de pire dans ma vie. Vous auriez pas une allumette, par hasard ?

— Je ne fume pas.

Il a fini de rouler sa cigarette et s'est contenté de la glisser derrière son oreille.

— Je travaille jusqu'à cinq heures tous les jours. Mais j'ai une heure pour déjeuner. On ira devant le juge pour se marier. C'est le mieux que je peux faire. D'accord ?

— Oui, a-t-elle répondu, avant d'enfoncer son gros orteil nu dans la terre entre eux.

Il s'est alors mis à compter en silence les bleus qu'elle avait sur le visage.

— Qui vous a fait ça ?

— Mon père.

— Ça fait combien de temps qu'il a le diable dans son cœur ?

— Il l'a toujours eu, toute ma vie.

— Eh bien, je ne peux éprouver rien d'autre que de la colère pour un homme qui bat une femme comme ça. Le genre de colère qui me laisse un goût dans le fond de la gorge. Et ce goût, je vous le dis, il est sacrément mauvais. (Il a craché par terre.) Excusez-moi, mais je ne peux pas garder ça pour moi. Ma mère disait toujours qu'un homme qui frappe une femme est un homme qui marche avec les pieds de travers, et un homme qui marche avec les pieds de travers laisse derrière lui une empreinte difforme. Et vous savez ce qui vit dans une empreinte difforme ? Rien que des choses qui brûlent les yeux de Dieu. Bon, je suis peut-être pas un homme bourré de talents, mais je sais comment passer ma colère. Étant donné que c'est votre père, je ne le tuerai pas, si vous ne voulez pas que je le fasse. Je me plierai à votre volonté, vous pouvez me croire. J'ai pas non plus l'intention que notre union commence dans la violence, mais vous allez bientôt être ma femme, et je ne vaudrais pas grand-chose en tant que mari si je ne levais pas la main sur l'homme qui a levé la sienne sur vous.

— Qu'est-ce vous lui feriez, au lieu de le tuer ? a-t-elle demandé, une lumière s'allumant dans ses yeux gonflés.

— Vous savez que c'est juste là que se trouve votre âme ?

Il a posé le doigt délicatement sur l'arête de son nez douloureux. Elle a eu l'impression que c'était la chose la plus intime qu'ils aient faite ensemble depuis leur rencontre.

— Mon âme est vraiment là, dans mon nez ?

— Hmm-hmm. Tout le monde a son âme à cet endroit. Quand Dieu nous a dit d'aspirer notre âme par les narines, elle est restée là où elle est entrée.

— Alors, qu'est-ce que vous lui feriez ? a-t-elle répété sur un ton plus impatient.

— Je lui enlèverais son âme. À mon avis, c'est pire que la mort. Quand on n'a plus d'âme, on est qui ?

Elle a souri.

— Quel est votre nom, monsieur ?

— Mon nom ? (Il a ôté sa main du nez de la jeune fille.) Landon Carpenter.

— Moi, c'est Alka Lark.

— Enchanté, Alka.

— Enchantée, Landon.

Chacun a répété tout bas le nom de l'autre tandis qu'ils se dirigeaient vers le vieux camion de Landon.

— J'ai pas l'habitude d'emmener des dames en voiture, a-t-il dit en enlevant les racines de pissenlit qui occupaient le siège pour qu'elle puisse s'asseoir. Au fait, c'est le thym que vous sentez.

Lorsqu'elle s'est assise, de minuscules cailloux se sont incrustés dans ses cuisses. Il a refermé la portière pour elle. Elle l'a observé attentivement faire le tour du camion pour venir s'installer au volant. Quand il a fait démarrer le moteur, elle a eu la certitude qu'il n'y aurait pas de retour en arrière.

— À quoi vous pensez ? lui a-t-il demandé en voyant ses yeux se perdre dans le vague.

— C'est juste que… (Elle a baissé les yeux sur son ventre.) Je ne sais pas trop quel genre de mère je vais être ou quel genre de bébé je vais avoir.

— Quel genre de bébé ? a-t-il répété en étouffant un petit rire. Eh ben, je suis peut-être pas très intelligent, mais je sais au moins que ce sera un garçon ou une fille. Et il ou elle m'appellera papa et vous maman. Voilà le genre de bébé que ça sera.

Il a quitté le parking pour rejoindre la route.

— Il y a pire que se faire appeler maman, j'imagine, a-t-elle remarqué avant de se relever sur son siège de manière à pouvoir voir la route au-dessus des plantes mises à sécher sur le tableau de bord et le guider jusque ce qui avait été chez elle.

Lorsqu'ils sont arrivés devant la petite maison blanche, Grand-père Lark était sur la balancelle, sur la véranda. Mamie Lark lui servait un verre de lait. Maman est passée près d'eux rapidement, courant presque, ignorant leurs questions concernant l'homme qui était avec elle et la raison pour laquelle il pensait avoir le droit de mettre les pieds chez eux.

Maman a entendu la colère monter dans la voix de Grand-père Lark pendant qu'elle se précipitait dans sa chambre. Elle s'est mise à jeter sur son couvre-lit tous les vêtements qu'elle pouvait attraper.

— Qu'est-ce que j'oublie ? s'est-elle dit tout haut, parcourant des yeux la pièce qu'elle quittait.

Elle est allée jusqu'à la fenêtre ouverte, mais au lieu de fixer son regard sur son père – qui était sur le dos dans la cour, maintenu au sol par Papa qui lui donnait une volée de coups de poing au visage – elle a regardé les rideaux de coton qui encadraient la fenêtre. C'étaient des rideaux courts, jaunes avec de petites fleurs blanches imprimées. Elle s'est demandé si elle avait besoin de choses aussi jolies pour habiller l'endroit, quel qu'il fût, où elle allait vivre maintenant.

— Oui, s'est-elle répondu.

Elle a tiré sur les pans de tissu jusqu'à ce que la tringle se casse, puis elle a enlevé les rideaux, les jetant sur sa pile de vêtements.

— Ça devrait suffire.

Elle a noué les coins de la courtepointe avant de la balancer sur son épaule comme un sac. En sortant de sa chambre, elle a pris soin de rafler sa paire de boucles d'oreilles camées sur la commode.

— Jamais je n'aurais pu t'oublier, a-t-elle murmuré à la jeune fille dont la tête était gravée sur chaque boucle, juste avant de les mettre.

Les boucles d'oreilles lui donnant l'impression qu'elle était plus qu'une seule et unique personne, elle est sortie de la maison avec moins de peur au ventre. Elle est passée à côté de Mamie Lark, qui était toujours en train de hurler. À cet instant, Papa avait empoigné Grand-père Lark par les cheveux et il lui enfonçait le visage dans le sol. Quand il l'a laissé respirer, Maman a vu que son père avait trois dents de moins qu'au début de la journée.

— Une dernière chose, a dit Papa à Maman en sortant son couteau.

Après avoir fait une clé d'étranglement à Grand-père Lark qui essayait de se débattre, il a appuyé la lame sur son nez.

— Non, a lancé Maman en levant la main.

Papa l'a regardée, puis il a regardé son couteau.

— Désolé, Alka, mais je vous ai dit que j'allais lui enlever son âme, et c'est ce que je vais faire.

Sans hésiter, il a entamé la peau, et le sang s'est mis à couler le long du métal. Grand-père Lark a poussé un hurlement de douleur quand Papa a enfoncé la lame plus profondément. Le sang a jailli en abondance et a dégouliné sur la joue. Se précipitant vers la véranda, Mamie Lark est allée se dissimuler derrière un poteau pour pleurnicher.

— Je crois que c'est assez, Maman a-t-elle essayé de dire à Papa.

— J'ai pas encore fait sortir son âme, ma toute douce.

Il a fait pénétrer la lame jusqu'à l'os. Les lèvres de la plaie s'étant écartées, il a enlevé son couteau pour regarder dans l'entaille qu'il avait faite.

— Bon sang de bonsoir, s'est-il exclamé. Vous n'avez pas d'âme. Il n'y a rien de Dieu en vous. Vous êtes complètement creux et déjà damné, mon pauvre vieux.

Vidé de toute son énergie, Grand-père Lark a laissé sa joue reposer sur le sol tandis que Papa se relevait. Prenant le baluchon que Maman avait sur l'épaule, Papa lui a dit :

— Partons d'ici avant que vous ne commenciez à avoir pitié de ce vieux salopard.

— Ne craignez rien, ça ne risque pas.

Sortant de la poche de sa robe la moitié d'une barre de chocolat, elle s'est avancée vers son père. Il a roulé sur le dos pour la regarder. Elle a posé la demi-barre de chocolat sur sa poitrine.

C'est seulement quand elle a entendu la portière du camion s'ouvrir en grinçant dans son dos qu'elle s'est relevée pour cracher sur son père et partir.

Maman a pensé qu'ils allaient rouler en silence tout le long du chemin, mais Papa lui a demandé si l'odeur de l'essence la dérangeait. À cette époque, il louait une petite chambre située à l'arrière d'une station-service. La pièce n'avait qu'une fenêtre, où Maman a accroché ses rideaux. Ils ont étendu la courtepointe sur le lit, l'ajoutant à celle qu'il avait déjà.

— J'essaierai d'être un bon mari, lui a-t-il dit. Un homme bon.

— Ça serait bien, a-t-elle répondu en se caressant le ventre. Oui, ça serait drôlement bien.

Quand je repense à ma famille, maintenant, je vois un grand champ de sorgho d'autrefois, pareil à celui dans lequel mon père est venu au monde. Une terre brune et sèche, des feuilles vertes et humides. Une douceur un peu folle, là, au milieu des tiges dures. C'est cela, ma famille. Du lait et du miel, et toutes ces conneries du temps jadis.

2

Un bon arbre ne peut porter de mauvais fruits,
ni un mauvais arbre porter de bons fruits.
MATTHIEU 7, 18

CHAQUE HIVER, dès que la première neige tombait, ma mère allait s'installer dans le salon. Il y avait là les meubles que mon père avait fabriqués, pourtant quand je la revois, c'est toujours dans une pièce presque vide. Ne m'apparaissent que les lames du parquet, couvertes des éraflures et des entailles que nous y avions laissées en déplaçant les meubles, ou bien en courant ou en jouant avec des couteaux. Je vois les rideaux de coton à chacune des fenêtres, ainsi que le vieux fauteuil à bascule en bois couleur mélasse. C'est là que ma mère vient s'asseoir après avoir ouvert toutes les fenêtres. Elle porte sa plus jolie robe d'intérieur. Une robe rose pâle avec des bouquets de fleurs minuscules crème et bleu clair. Je suis sûre qu'il y a un nombre impair de fleurs. Elle est pieds nus. Ses orteils se recourbent tandis qu'elle pose son pied droit sur le gauche.

En fonction de la direction du vent, il arrive que la neige entre dans la pièce. Au début, les flocons fondent avant même de toucher le sol. Puis ils s'entassent, comme de la poussière, apportant le froid avec eux. Je vois l'haleine de ma mère et sa peau qui se hérisse. C'est cela l'hiver pour moi. Ma mère assise dans une robe printanière, au milieu du salon où pénètrent les rafales de neige. Papa, qui arrive en courant pour l'envelopper d'une couverture en même temps qu'il se hâte de fermer les fenêtres. La neige, que l'on laisse fondre et qui forme de petites flaques sur le parquet de notre maison dans Shady Lane, à Breathed, dans l'Ohio. Pour moi, c'est cela, l'hiver. C'est cela, le mariage.

Les maisons sont faites au début par le père et la mère. Certaines ont un toit qui ne fuit jamais. Elles peuvent être en briques, en pierre ou en bois. Il y en a qui ont une cheminée, une véranda, une cave et un grenier, le tout construit par les parents, de leurs mains. Des mains faites de chair, de sang et d'os. Mais pas seulement. Les mains de mon père étaient aussi de la terre. Celles de ma mère étaient de la pluie. Rien d'étonnant à ce qu'ils n'aient pas pu se tenir par la main sans faire assez de boue pour deux. Et pourtant, de cette boue, ils ont construit une maison, qui est devenue un vrai chez nous.

L'aîné de la famille est né en 1939, par une journée teintée de brun foncé, comme une photo couleur sépia. Ce garçon aux yeux bleus a été nommé Leland. Dès l'instant où il est apparu, ils ont su qu'il ressemblait bien peu à son père et beaucoup à sa mère.

"C'est d'elle qu'il tient sa blondeur."

"Et sa pâleur."

"Et sa bouche en cœur."

Avec leur fils nouveau-né, Maman et Papa ont décidé de s'installer à Breathed, Ohio. C'était la ville où Papa avait grandi après que sa famille eut quitté le Kentucky. Il s'est dit que ce serait un endroit agréable où élever sa propre famille. Jamais très éloigné d'une rivière, Papa y a porté son bébé et l'a plongé brièvement dans l'eau, comme il l'a fait à la naissance de chacun d'entre nous.

— Pour que mes enfants soient aussi forts que la rivière, disait-il.

Cinq ans après, en 1944, Fraya est arrivée. Leland a tout de suite aimé sa petite sœur, mais son amour était semblable à un sac d'aspirateur, qui gonfle en se remplissant de saletés.

— Dieu nous a donné Leland pour qu'il soit notre frère aîné, a dit Fraya une fois. Je ne peux pas imaginer que Dieu se soit trompé.

Quand je repense à Fraya, ce qui me vient à l'esprit est l'image floue de mille lumières qui s'agitent et oscillent. Des particules qui resplendissent et scintillent avant de disparaître dans le noir et dans un bourdonnement dont je me rends compte qu'il n'est autre qu'un bruit d'abeilles.

— Doux comme le miel, disait Fraya.

Tandis qu'elle grandissait, tous les ans, à la même époque, Papa lui prenait les bras et les levait.

— Tu es ma mesure. C'est toi qui vas mesurer la distance qui sépare tout ce qui pousse dans le jardin et aussi les intervalles entre les piquets de la clôture.

— Pourquoi c'est moi ta mesure ? demandait-elle toujours, même si elle savait ce qu'il allait répondre.

— Parce que tu es importante, répliquait-il en lui étendant les bras de chaque côté. Tu es mon centimètre, mon décimètre et mon mètre. La distance entre tes deux mains est la distance qui mesure tout ce qu'il y a entre le soleil et la lune. De telles choses ne peuvent être mesurées que par une femme.

— Pourquoi ? demandait Fraya afin de ne pas l'oublier.

— Parce que tu es forte et puissante.

En 1945, Fraya est elle-même devenue une sœur aînée, à la naissance de Yarrow*. Après l'avoir plongé dans la rivière, Papa a attrapé une écrevisse, puis, avec sa pince, il a légèrement égratigné la paume du bébé.

— Pour que tu aies toujours une poigne solide, a dit Papa à Yarrow.

À partir de ce jour, Yarrow n'a cessé d'agripper tout ce qu'il pouvait. Des billes. Des cailloux. Des perles, tirées de la poche de Papa. Yarrow empoignait tout cela avec une telle force que Papa l'avait surnommé l'Écrevisse. Je n'ai jamais eu l'occasion de l'appeler ainsi moi-même. Alors qu'il avait deux ans, le petit garçon qui ramassait tout ce qui était à sa portée a été retrouvé étendu sous le marronnier dans la cour, ses mains ouvertes tournées vers le ciel. Un marron était resté coincé dans sa gorge. Peut-être a-t-il pris le marron, avec sa peau brune et brillante, pour un bonbon.

Dès que Yarrow a été recouvert de terre semée de graines d'achillée millefeuille, Maman et Papa ont emmené Leland et Fraya. Ils ne se sont pas contentés de partir de Breathed, ils ont quitté l'Ohio avec toutes ses maisons à la peinture écaillée et sa gloire injectée de sang, comme disait mon père. Ils ne pouvaient plus vivre dans un État qui avait pour symbole le marronnier**.

Après leur départ, ils sont allés de ville en ville. Maman semblait ne tomber enceinte dans un État que pour avoir l'enfant dans un autre. En 1948, elle a failli mourir en accouchant de Waconda sur les bords de la rivière Solomon, au Kansas. D'après Papa, le bébé pesait près de sept kilos à la

* *Yarrow* signifie achillée millefeuille.

** L'Ohio est surnommé *The Buckeye State*. (*Buckeye* : marronnier d'Inde.)

naissance. Le placenta était sorti avant Waconda. Papa avait essayé de le faire rentrer de force ; tout au moins, c'est de cette façon qu'on raconte l'histoire.

Le nom donné au bébé était celui de la source Waconda, qui coulait autrefois près de la rivière et que fréquentaient les Indiens des Grandes Plaines, convaincus qu'elle avait des pouvoirs sacrés. L'Eau du Grand Esprit. C'est ce que signifie son nom.

Notre Eau du Grand Esprit a vécu dix jours et elle a pleuré tout au long de chacun d'entre eux. Papa disait que c'était parce qu'un faucon était passé au-dessus d'eux et son ombre était tombée sur la tête de Waconda, lui donnant le cri du rapace. Papa a essayé de faire sortir le cri en frottant la gorge de la petite fille avec un ver de terre. La nuit venue, Maman la berçait et tentait de l'endormir au sein. Rien n'y faisait.

Le jour fatidique, Waconda pleurait dans son berceau. Papa était dans la cuisine, il utilisait des boules de coton imbibées de thé noir pour calmer et assécher les irritations provoquées sur sa peau par du sumac vénéneux.

— Waconda, s'il te plaît, calme-toi, a-t-il dit. Avec toutes ces larmes, tu vas finir par avoir une âme liquide.

Maman était dans la chambre et utilisait aussi une boule de coton pour appliquer sur son visage une décoction de noisetier des sorcières.

— Cette enfant ne s'arrêtera donc jamais ? a-t-elle demandé à son reflet dans le miroir.

Leland, âgé de neuf ans, et Fraya, qui en avait quatre, étaient par terre dans le salon, et jouaient à faire des moutons avec d'autres boules de coton.

— Waconda.

Ils ont crié tous les deux en se couvrant les oreilles.

Puis les pleurs ont cessé. Dans le silence, on a trouvé Waconda, une boule de coton enfoncée dans sa petite bouche.

Trois ans plus tard, en 1951, une autre fille est née. Flossie. Elle est venue au monde en Californie, dans un escalier dont les nez de marche meurtrissaient le dos de Maman tandis qu'elle s'agrippait à la rampe d'une main et qu'elle plaquait l'autre main contre le mur. Moins d'une minute après la naissance, Papa a pris un haricot sec qu'il a frotté sur les lèvres de Flossie afin qu'elle soit protégée des oiseaux volant au-dessus d'elle et de leur ombre. Il a aussi appuyé une pomme de pin sur son front pour lui souhaiter une longue vie – plus longue en tout cas que celle de Waconda et de Yarrow.

Pour Maman, cet accouchement a été le plus facile de tous.

"La petite est sortie comme ça, d'un seul coup."

Faire une entrée remarquée a toujours été le désir le plus ardent de Flossie.

— Y a pas de doute, je suis née pour être quelqu'un de pas ordinaire, a-t-elle dit plus tard. La plupart des bébés naissent dans un lit tout bête, ou sur la banquette arrière d'une voiture ridicule. Moi, je suis née dans un escalier. Comme celui que Gloria Swanson descend dans *Boulevard du crépuscule*, ajoutait-elle en imitant l'actrice.

Bien que cela ne fût pas vrai, Flossie soutenait que son anniversaire tombait le même jour que celui de Carole Lombard. Parfois, c'était Lilian Gish, Irene Dunne ou Olivia de Havilland. Dans son esprit, la célébrité était à sa portée, il ne lui manquait qu'une chanson et une danse. Dans mon esprit à moi, elle était la fille née dans un escalier qui était ensuite devenue une femme tiraillée entre l'envie de monter une marche de plus pour accéder à la lumière et celle d'en descendre une pour plonger dans l'obscurité.

— Si tu veux, viens avec moi, Betty, disait-elle.

Betty, moi, ma modeste personne. Je suis née en 1954 dans une baignoire vide à pieds de griffon dans l'Arkansas. Quand Maman a perdu les eaux, sur le siège des toilettes, l'endroit le plus proche où elle pouvait s'allonger était la baignoire. Au risque de rendre Flossie folle de jalousie, j'ai été nommée Betty en hommage à Bette Davis.

Papa a prétendu qu'il avait rencontré l'actrice à un bal alors qu'ils étaient tous deux suffisamment jeunes pour n'avoir pas encore de partenaire.

— Elle me rendait tellement nerveux que j'avais des papillons plein l'estomac. Je les sentais voleter d'un côté à l'autre. C'était comme si j'avais aspiré du vent qui n'arrêtait pas de tourbillonner. Pour me calmer, j'ai bu le verre de lait que Bette m'a tendu. J'ignore si elle était au courant ou non, mais il y avait quelque chose dans le lait qui l'avait rendu mauvais.

"La plupart des papillons ont réussi à s'écarter à temps, mais il y en a un qui a été éclaboussé par le lait. Avoir dans l'estomac un papillon qui a la nausée, c'est pas une bonne idée. (Papa s'est frotté le ventre à l'évocation de ce souvenir.) Pour me débarrasser de mes papillons, j'ai laissé Bette Davis seule avec la lune et je suis allé me promener dans les bois. Sans Miss Davis, je n'étais plus nerveux, alors tous les papillons se sont envolés, sauf celui que le lait avait rendu malade. Et il était tellement fiévreux que j'avais l'impression d'avoir une bougie allumée dans le ventre.

"Je me suis dit qu'il fallait faire quelque chose, alors j'ai attrapé une petite araignée noire et je l'ai avalée d'un coup. Elle a fait ce que je voulais qu'elle fasse, c'est-à-dire tisser sa toile entre mes côtes. Le papillon s'est pris dans la toile et mon estomac s'est trouvé soulagé. J'ai toujours l'araignée. Mon abdomen est devenu son domaine, maintenant. Il y a des jours où j'ai l'impression d'avoir plus de toile d'araignée qu'autre chose à l'intérieur, mais tu peux me croire, je n'ai plus jamais eu mal au ventre depuis, parce que dès que je mange quelque chose de mauvais c'est l'araignée qui l'attrape. Je me demande si Dieu n'aurait pas dû nous mettre une araignée dans l'estomac à tous.

Au lieu d'avoir la même orthographe que Bette Davis, mon nom s'écrit avec un *y* et non pas un *e*, parce que Papa a dit que le *y* lui faisait penser à un lance-pierre et à un serpent qui a la gueule ouverte.

D'après Papa, c'est le *y* de mon prénom – ainsi que la couronne de boucles noires avec laquelle je suis venue au monde – qui a attiré le serpent à sonnette dans mon berceau.

Siffle, siffle, parle, ma fille, parle.

Si un serpent se glisse dans un berceau, c'est qu'il prépare un mauvais coup, en tout cas c'est ce que Papa a dit. Le serpent l'a mordu quand il l'a enlevé de sous la couverture. Après avoir aspiré le venin de la morsure, il a coupé la tête du serpent. Cette tête, il l'a enterrée dans un trou aussi profond que son bras était long. Il a dit une prière sur le reste du corps, afin d'apaiser l'esprit du serpent, avant de couper le bout de la queue et de me le donner comme jouet.

Secoue-toi, secoue-toi, sonne, sonne, parle, parle.

Les cheveux de mon père étaient noirs. Sa peau était brune comme le beau lit de terre des rivières dans lesquelles il nageait. Des ombres se nichaient dans ses joues anguleuses. Ses yeux avaient la couleur de la poudre qu'il faisait avec les coquilles de noix. Il m'a donné ces caractéristiques.

La terre a posé son sceau sur mon âme. Sur ma peau. Sur mes cheveux. Sur mes yeux. C'est lui qui m'a donné toutes ces choses.

— Parce que tu es une Cherokee, m'a dit Papa quand j'avais quatre ans et que j'étais assez grande pour demander pourquoi les gens m'appelaient moricaude.

— Ils te donneront des noms bien pires que ça, avait-il ajouté.

— Mais ça veut dire quoi, chérie qui ?

— Cherokee. Répète après moi. Cher-o-kee.

En prononçant le *o*, il a ouvert les lèvres d'une drôle de façon et j'ai éclaté de rire.

— Chérie qui, ai-je dit à nouveau, puis je l'ai répété jusqu'à ce que je finisse par prononcer le mot correctement. Mais c'est quoi ?

— C'est toi. Tu es une Cherokee, a-t-il répondu en m'installant sur ses genoux.

De sa poche, il a sorti un morceau de peau de cerf. J'ai caressé le côté qui avait des poils et dit :

— C'est comme le dos d'un chien.

— Vraiment ?

Il a retourné la peau pour me montrer l'écriture étrange tracée sur le côté lisse. L'encre était bleue et elle s'effaçait sur les bords, comme si de l'eau l'avait délavée.

— Voilà à quoi ça ressemble quand on écrit en cherokee, Betty. Ma maman l'a reçu de sa mère. Maman l'appelait son souffle, parce que chaque fois qu'elle sentait qu'elle avait du mal à respirer, elle regardait le morceau de peau et les mots écrits par sa mère et elle retrouvait son souffle. Elle pouvait respirer à nouveau.

Il a inspiré jusqu'à ce que sa poitrine soit remplie. En expirant, il a soufflé sur les petits cheveux de mes tempes.

— Je ne comprends pas ces mots, ai-je dit en passant mes petits doigts sur les lettres à demi estompées. Ils sont écrits bizarrement. Qu'est-ce qu'ils veulent dire ?

— Cela signifie n'oublie pas qui tu es.

— Est-ce que ta maman oubliait qui elle était ? C'était pour ça qu'il lui fallait quelque chose pour s'en souvenir ?

— Il y a eu une époque où les gens comme nous ne pouvaient pas dire qu'ils étaient des Cherokees. Il fallait prétendre qu'on était des *Black Dutch*[*].

— C'est quoi, ça ?

— Des Européens à la peau sombre.

— Pourquoi on ne pouvait pas dire qu'on était chérie qui ? Euh… cher-*o*-kee.

— Parce qu'il fallait le cacher.

— Mais pourquoi ?

— On forçait les Cherokees à quitter leurs terres pour les envoyer dans des réserves. Si les gens de notre peuple déclaraient qu'ils étaient des *Black Dutch*, ils pouvaient rester, parce que les gens d'origine européenne avaient le droit de posséder de la terre. Mais on ne peut pas se mentir à soi-même très longtemps sans que cela ne nous mine. Mes parents ont dû dire si souvent qu'ils étaient des *Black Dutch* qu'à la fin, ma maman ne pouvait plus respirer. C'est pour ça qu'elle devait se rappeler qui elle était vraiment.

J'ai levé les yeux vers lui.

— Et moi, je suis qui ?

— Tu es toi, Betty.

— Et comment je peux le savoir ?

* *Black Dutch* : "Hollandais à la peau sombre". Expression qui désignait à l'origine les Américains descendant d'Européens au teint basané. Son usage (souvent à connotation péjorative) s'est ensuite beaucoup diversifié.

— En pensant à tes ancêtres. Tu es la descendante de grands guerriers. (Il a posé la main sur ma poitrine.) Tu es la descendante de grands chefs qui ont mené leur nation à la guerre et à la paix.

Puis il a dit "*Tsa-la-gi*" en me tenant la main pour écrire le mot en l'air avec la sienne.

Parfois, je rêvais de ces ancêtres. Je rêvais qu'ils me prenaient les mains dans les leurs pour frotter leurs paumes contre les miennes jusqu'à ce que notre peau se détache et se recroqueville comme l'écorce sur l'arbre et que je puisse parler comme eux dans la langue d'autrefois. Quand je sortais de ce rêve, je plaquais ma paume contre mon oreille pour essayer d'entendre leurs voix. J'attendais que ces voix, par leur rythme, m'éveillent à la vie.

Deux ans après ma naissance, je suis devenue à mon tour une sœur aînée. Mon petit frère Trustin est né en Floride, en 1956. Alors que Papa le trempait dans la rivière, une truite s'est approchée et a touché les fesses du bébé. Papa a déclaré que cela ferait de son fils un excellent nageur. Quand Trustin a été plus grand, il s'est mis à plonger. Il aimait le bruit que cela faisait et la façon dont l'eau aspergeait les cailloux sur la rive.

— C'est comme une peinture, disait-il, discernant toujours des motifs dans les marques d'éclaboussures. Le genre de peinture qui disparaît en séchant. Ça nous rappelle que rien ne dure éternellement.

Un an plus tard, en 1957, Maman a accouché d'un autre garçon qu'ils ont décidé d'appeler Lint. Ils ont dit que c'était l'enfant de la crise de la quarantaine de Maman. Plus tard, Flossie aimait répéter :

— C'est pour ça qu'il n'a que des cailloux dans la tête. C'est la crise de Maman qui s'est infiltrée en lui.

Essayer de comprendre Lint était comme essayer de trouver son chemin dans une forêt en pleine nuit. La seule chose que l'on savait, c'était que Lint s'inquiétait facilement de tout. S'il mangeait trop ou s'il parlait trop fort, il avait peur qu'on l'expédie ailleurs. Peu à peu il en est venu à craindre que nos parents ne se séparent. À huit ans, il restait devant la planche à repasser jusqu'à ce que ses vêtements soient suffisamment impeccables pour qu'il soit convaincu que toutes les difficultés entre Maman et Papa avaient été aplanies.

Après la naissance de Lint, Maman a compté les vergetures sur son ventre et elle a annoncé qu'il n'y aurait plus d'enfants.

— À partir de maintenant, mon corps n'appartient qu'à moi, a-t-elle dit d'une voix forte.

Là-dessus, Papa a pris le placenta de Lint et il est allé l'enterrer à deux mètres de profondeur. Puis il a mis des pierres par-dessus pour s'assurer que Lint serait le dernier.

Mon père affirmait que lorsqu'un enfant naît, son tout premier souffle est emporté par le vent pour devenir une plante ou un insecte, ou bien un animal à plumes, à poils ou à écailles. Et il ajoutait que l'être humain en question et cette autre vie sont liés et sont le reflet l'un de l'autre.

— Il y a des gens qui essaient toujours d'atteindre le ciel, des gens trop grands pour notre monde, comme des séquoias géants, a-t-il dit en levant les bras au-dessus de sa tête tandis que nous étions assis à ses pieds, émerveillés. D'autres sont beaux et doux comme des pivoines, d'autres encore aussi durs qu'une montagne. Vous en rencontrerez qui sont tellement inoubliables qu'ils laisseront une marque rouge sur votre mémoire comme le sumac vénéneux en laisse une sur la peau.

Il nous grattait les bras pour plaisanter jusqu'à ce que nous éclations de rire.

— Et puis vous avez ceux qui ne peuvent pas s'empêcher de tisser des toiles dans leur vie, comme des araignées, poursuivait-il, que ce soit par l'activité de leur langue ou celle de leurs mains.

Il recourbait les doigts pour faire penser à des pattes d'araignée, puis il faisait un bourdonnement avec sa langue contre ses dents :

— *Bzzzzz*. Mais beaucoup sont aussi gênants que ces satanées mouches des greniers. *Bzzzzz*.

Il faisait voler son doigt en l'air.

— *Bzzzzz*, répétions-nous, agitant nos doigts avec le sien.

— Il faudra que vous fassiez attention à ceux qui répandent des commérages aussi facilement que les pissenlits disséminent leurs graines, nous a-t-il dit. Mais surtout, tenez à l'œil ceux qui se nourrissent de pourriture, comme le champignon qui pousse sur les arbres blessés ou affaiblis.

— Et nous, on est comment, P'pa ? ai-je alors demandé.

— Eh bien, nous, les Carpenter, on est comme des baies. De belles baies bien juteuses qui poussent au fond des bois. Des baies qui…

— Rendent tristes, l'a interrompu la voix de Maman, assez forte pour couvrir la sienne. Des baies qui rendent tristes tous ceux qui passent là par hasard et qui ont la curiosité d'y goûter.

3

Lève-toi, vent du nord; et viens, toi, vent du sud.
Soufflez sur mon jardin.
CANTIQUE DES CANTIQUES 4, 16

OZARK, DANS L'ARKANSAS. Une petite ville proche d'une immense forêt verte en bordure des montagnes. C'est là que je suis née et c'est là que nous sommes retournés après la naissance de Lint. Nous vivions dans une petite maison que Papa avait en partie construite sur des fondations en béton. Les murs côté intérieur n'étant pas encore montés, on voyait le matériau d'isolation, et une bâche pendait du toit qui n'était pas terminé non plus. Quand il ne travaillait pas à la maison, Papa vendait de l'alcool qu'il fabriquait, et il creusait dans des galeries sous terre, comme une taupe, avec les autres mineurs.

À l'époque, le seul enfant de la famille qui ne vivait pas avec nous était Leland. Il avait vingt ans alors, et cela faisait déjà deux ans qu'il nous avait quittés, après s'être engagé dans l'armée à dix-huit ans. À ce moment-là, il se trouvait en Corée. Il envoyait des lettres à Maman et Papa. Leland n'écrivait jamais rien sur l'armée ou les raisons pour lesquelles son unité était stationnée à un endroit particulier. Il n'écrivait que sur des choses qui donnaient l'impression qu'il était en voyage.

L'autre jour, je suis allé à la pêche, écrivait-il. *J'ai utilisé une canne coréenne. Ça s'appelle une gyeonji. J'ai attrapé un poisson qui ressemblait à une perche de chez nous.*

Dans ses propres lettres, Papa tenait Leland au courant de nos déménagements.

Dans l'Arkansas, maintenant, l'informait Papa de son écriture penchée. *C'est plein de sauge bleue et d'asters. Je n'en profite pas beaucoup. Sous terre, il n'y a que du charbon et de la pierre. C'est tout ce que je gagne à travailler dans la mine.*

Comme la mine était loin de chez nous, Papa s'y rendait en train et vivait dans une tente à côté, pour réduire les dépenses. Nous restions des jours sans avoir de ses nouvelles.

L'après-midi où il a téléphoné, j'étais à plat ventre sur le sol en contreplaqué. Éparpillés autour de moi, se trouvaient les pastels que Papa avait fabriqués, utilisant de la cire d'abeilles teintée avec du café ou des mûres. Quand la sonnerie a retenti, j'ai pris mon crayon rouge et j'ai continué à écrire.

— Seigneur Jésus, Betty, décroche ce foutu téléphone.

La voix de Maman venait de la cuisine.

J'ai empoigné le combiné.

— J'étais en train d'écrire, ai-je lancé avant même de dire bonjour à la personne qui était au bout du fil, vous m'avez interrompue.

— Betty ?

— Oh, c'est toi, bonjour P'pa. J'écris une histoire de chat. C'est un chat qui a une queue faite de violettes. J'ai colorié les violettes en rouge parce que tu oublies toujours qu'elles sont violettes. C'est la queue qui mange les souris, pas le chat lui-même. C'est extraordinaire, hein ? J'ai jamais vu une queue de chat manger des souris. C'est toujours sa gueule, mais je ne vois pas pourquoi ça ne pourrait pas être la queue qui mange les souris, du moment qu'elle a des dents.

Je me suis arrêtée pour reprendre ma respiration et Papa en a profité pour me demander où était Maman.

— Dans la cuisine avec Lint.

— Appelle-la. Il faut qu'elle vienne me chercher à la mine.

Sa voix était anormalement tendue, comme du fil de fer enroulé sur une bobine.

— Pourquoi tu rentres pas en train ?

— Il n'y en a pas avant tard ce soir. Maintenant va dire à ta maman de venir. Ils sont sur le point de lâcher le monstre de la mine. Tu ne veux pas que le monstre dévore ton cher vieux papa, n'est-ce pas ?

J'ai hurlé à Maman que Papa voulait lui parler. Dès que je l'ai entendue venir, j'ai glissé le pastel rouge dans ma poche et j'ai filé dehors.

Trustin et Flossie étaient dans la cour, en train de se tirer dessus avec des bâtons en guise de fusils tandis que Fraya était assise dans l'herbe et mâchonnait un pissenlit.

Faisant comme si je risquais d'être transformée en statue de pierre au cas où l'un d'eux me verrait, j'ai pris toutes les précautions pour me glisser jusqu'à notre break Rambler garé dans la cour. J'ai sauté pour donner une claque à la queue de raton laveur accrochée à l'antenne radio, comme je le faisais chaque fois pour me porter chance.

En silence, j'ai grimpé sur le pare-chocs et me suis faufilée à l'arrière par la vitre ouverte du hayon. Je me suis cachée sous les couvertures qu'il y avait là et j'ai attendu. Je n'ai pas fait un bruit quand Maman est sortie de la maison, laissant la porte-moustiquaire claquer derrière elle. Elle avait son sac à main tout défraîchi ouvert sous le bras et de ses mains libres elle déplaçait une pince à cheveux pour retenir le côté le plus blond de ses cheveux.

— Fraya ? a-t-elle lancé d'un cri strident.

Fraya s'est levée d'un bond puis elle a accouru au coin de la maison. Elle s'est arrêtée à mi-chemin dans l'escalier de la véranda, un pied nu recouvrant l'autre.

— Oui, M'man ?

— Surveille Lint. (Maman a pris son sac et a pressé le fermoir d'un coup sec.) Il est dans la cuisine. S'il se met à pleurer, montre-lui son caillou. Mais ne le laisse pas le prendre. On ne sait jamais où il aurait l'idée de le mettre cette fois. Il faut que j'aille chercher ton père. Seigneur Jésus. Avec lui, quand c'est pas une chose, c'en est une autre.

Fraya a monté les marches en se tournant de côté pour laisser passer Maman.

— Et je te préviens, a dit Maman, je ne veux pas entendre Lint t'appeler à nouveau Maman à mon retour. Tu m'as bien comprise, ma fille ?

— Il fait ça tout seul, a répondu Fraya les yeux baissés. C'est pas moi qui lui apprends à dire ça, ni rien.

— Fais pas l'innocente avec moi. Je sais très bien ce que tu fais avec lui. Ta façon de le bercer et de l'appeler bébé. Tu ferais bien de mûrir un peu et de te comporter comme une grande sœur, bon sang. Tu m'entends ? T'as quinze ans, maintenant, et faut encore que je t'aie à l'œil comme si t'en avais quatre.

Les yeux baissés, Fraya a hoché la tête, puis elle a monté les dernières marches.

— Bon, autant dire que la journée est fichue, a dit Maman en montant dans la voiture.

Elle a jeté son sac à main sur le tableau de bord avant de mettre le contact. Au bout de trois essais, le moteur a démarré. Maman a braqué à fond pour sortir de la cour et s'engager sur le chemin de terre.

— Le bonhomme s'imagine peut-être que j'ai rien d'autre à faire, a-t-elle poursuivi, se parlant à haute voix, tandis qu'elle tenait le volant d'une main pour taper dessus avec l'autre. La lessive, la vaisselle, s'occuper de ses enfants, tout ça n'a pas d'importance. Naaan ! Moi j'ai tout le temps d'aller sur les routes.

Elle a allumé la radio. Au milieu d'une chanson, elle s'est mise à chanter en même temps. Elle avait le genre de voix qui vous faisait dire, si vous l'entendiez : "Ouaaah ! Ça doit être chouette d'avoir une mère comme elle."

Tandis que l'on s'approchait de la mine, je me suis bouché les oreilles pour me protéger du bruit des camions que l'on croisait. Maman a éteint la radio et elle a ralenti pour entrer sur le parking devant les bureaux. J'avais l'intention de bondir d'un seul coup pour faire la surprise à Papa, mais quand j'ai soulevé discrètement la couverture afin de jeter un rapide coup d'œil par la vitre, ce que j'ai vu m'a donné une frousse bleue.

— Le monstre de la mine, ai-je soufflé tout bas.

Sa peau était noire, couverte de poussière de charbon. Il boitait, traînant sa jambe droite derrière lui, et j'ai vu qu'il souffrait à la façon dont il se penchait vers l'avant, le bras collé contre son estomac comme s'il avait des côtes enfoncées. Sa lèvre inférieure était ouverte et il avait une profonde entaille au-dessus de l'arcade sourcilière gauche. Ces blessures étaient récentes, mais on avait du mal à croire que ce sang et cette douleur n'avaient pas toujours été là.

Je me suis demandé pourquoi il venait vers nous, mais quand il a été plus près, j'ai pu voir ses yeux, et je me suis rendu compte que cet homme courbé n'était pas le monstre de la mine. C'était mon père.

— Mais qu'est-ce que… a commencé Maman avant de mettre la voiture au point mort et de tirer le frein à main d'un coup sec.

Elle était sur le point d'ouvrir la portière, mais Papa lui a fait signe de rester à l'intérieur.

— Allez, Landon, l'a-t-elle pressé, regardant précipitamment autour d'elle avec des yeux qui me faisaient penser à ceux d'un cerf dans un champ à découvert.

Papa se tenait le ventre en titubant. Visiblement il avait mal aux côtes. Je l'avais déjà vu couvert de charbon auparavant, mais cette fois on avait l'impression que plusieurs couches de noir s'étaient superposées. Il y avait des traces sur sa joue gauche, là où les couches avaient été barbouillées. Sur son front, quelqu'un avait écrit un mot en passant un doigt mouillé sur le charbon. J'avais déjà entendu d'autres hommes appeler mon père par ce nom. Je l'ai articulé en silence à l'instant où Maman l'apercevait aussi sur son front et le prononçait dans un murmure étouffé.

J'ai mordu la couverture pour m'empêcher de crier.

Comment avaient-ils osé lui faire ça ? ai-je pensé. *Ignoraient-ils qui était mon père ?*

Un homme qui savait que la bonne profondeur pour planter une graine correspond à la deuxième phalange de son doigt. Un homme qui savait que les pieds de maïs ne doivent jamais être trop proches les uns des autres.

— Sinon les tiges seront plus faibles, expliquait-il. Les épis seront plus petits. Les grains moins beaux.

Ils ignoraient donc tout cela ? Qu'il était l'homme le plus sage de toute la région ? Peut-être même du monde entier ?

Je me suis enfouie sous la couverture, écoutant Papa gémir tandis qu'il s'affalait sur le siège avant, laissant sa jambe droite dehors.

— Ils m'ont bousillé le genou comme si c'était du verre, a-t-il expliqué en soulevant sa jambe pour la placer à l'intérieur de la voiture.

Maman essayait de lui faire refermer la portière sans perdre de temps.

— Allez. Dépêche-toi, avant qu'ils ne viennent achever le travail.

Une fois qu'il a été dans la voiture, elle a enclenché la première. Elle maniait le levier de vitesse mieux que la plupart des gens, mais elle était si nerveuse qu'elle a lâché l'embrayage trop vite. La voiture a fait un bond, m'expédiant contre le dossier du siège arrière, puis le moteur a calé.

— Doucement, Alka, doucement, a dit Papa en essayant d'empêcher sa voix de trembler. Tout va bien. Redémarre.

— Oh, Seigneur Jésus, verrouille ta portière, a-t-elle répondu d'une voix aiguë tandis qu'elle tournait la clé de contact, priant pour que le moteur démarre.

Lorsque ce fut le cas, elle a remercié Dieu. Elle s'est efforcée de lever doucement le pied de la pédale d'embrayage.

— Voilà, c'est bien, l'a encouragée Papa en tournant la tête vers les hommes qui nous regardaient fixement.

Ils étaient noirs aussi, à cause du charbon, mais quand ils ont enlevé leurs lunettes de protection, j'ai vu que la peau autour de leurs yeux était blanche.

— Fichons le camp d'ici, a lancé Papa.

Maman est partie sur les chapeaux de roue, soulevant un nuage de poussière. Quand elle a tourné pour prendre la route principale, elle a pris le virage si vite que j'ai bien cru qu'on allait se retourner.

— Pas si vite Alka, a dit Papa en regardant le compteur. Si on se fait arrêter par la police, ça ne fera que rendre les choses encore pires.

Lorsqu'elle a atteint la vitesse autorisée, elle lui a jeté un coup d'œil et lui a demandé ce qui s'était passé.

— Je préférerais qu'on rentre tranquillement à la maison et qu'on ne parle pas de ça.

Il a vu de la poussière de charbon sur la portière. C'est à ce moment qu'il s'est rendu compte à quel point il était sale. Il s'est penché en avant, comme s'il voulait épargner le siège.

— Mais moi je veux savoir ce qui s'est passé, bon sang, a-t-elle dit.

— Rien de nouveau, Alka. Toujours les mêmes conneries.

Il a expliqué que depuis son premier jour à la mine les autres refusaient de l'appeler Landon. Ils lui donnaient des noms comme Tonto* et Emplumé.

— Et quelques autres aussi, a-t-il ajouté en levant les yeux vers son front.

Il a raconté également que les mineurs ne voulaient pas prendre l'ascenseur avec lui pour descendre dans le puits.

"Avec le vieux Landon Carpenter, on risque de se faire scalper."

Ils hurlaient en se tapant sur la bouche pour imiter le cri de guerre des Indiens qu'ils avaient probablement vu dans un western rempli de tipis de studio et montrant une culture mise en scène par Hollywood.

— On pourrait croire qu'au fond de la mine, où tout le monde est noirci par le charbon, les différences n'existent plus entre nous, a-t-il remarqué. Qu'on peut travailler ensemble.

* Nom d'un personnage amérindien de la série *The Lone Ranger* (1933).

— Tu ne seras jamais l'un d'eux, a dit Maman en gardant les yeux fixés sur la route. Ils n'ont besoin que d'un peu d'eau et de savon pour être supérieurs à toi.

— C'est ce que tu penses ? lui a-t-il demandé.

— C'est ce que pense le monde, Landon. Tu ne comprends donc pas ? C'est quelque chose que tu ne peux pas faire partir au lavage.

— Ce n'est pas mon intention. Je veux juste pouvoir travailler en paix et sans crainte.

Papa a gardé la tête tournée vers la vitre de sa portière.

— Ils m'ont immobilisé par terre, je ne pouvais plus bouger. L'un d'eux, le type qui se marrait le plus, il m'a craché sur la joue. Il m'a craché sur la joue comme si j'étais un moins que rien. Ensuite, il s'est servi de son crachat pour écrire sur mon front. Écrire ce qu'ils disaient être mon vrai nom.

Papa a touché le mot écrit sur son front avec prudence, comme si c'était quelque chose qui était gravé dans sa chair. Mon cœur a murmuré à mon âme, et mon âme a répété le murmure, *Aide-le.* Mais je ne pouvais pas bouger. J'étais effrayée par l'histoire qu'il racontait. Par la façon dont sa voix se faisait plus calme tandis qu'il continuait à détailler comment les hommes riaient et comment leurs mains s'étaient refermées sur ses bras.

— Est-ce qu'il t'est déjà arrivé d'être immobilisée de force, Alka ? lui a-t-il demandé. Tu sais, quand tu ne peux pas empêcher quelqu'un de te faire ce qu'il veut ? Ça t'est déjà arrivé ?

Maman a serré les mâchoires tandis qu'elle conduisait en silence, puis elle s'est garée sur le bord de la route. Papa a mis la main sur la poignée. Il a dû imaginer qu'il était censé sortir de la voiture.

— Attends, bouge pas, lui a dit Maman en ouvrant son sac à main.

Elle en a sorti un petit mouchoir bien blanc. Elle a mis de la salive sur un coin avant de lui tamponner la joue.

Il a eu un brusque mouvement de recul.

— Tu vas salir ton joli mouchoir.

Elle a attiré sa tête vers elle et a frotté sa joue encore plus énergiquement, enlevant le charbon et le sang de son visage. Elle a regardé le mot qu'il avait sur le front, ensuite elle a baissé sa vitre et a secoué son mouchoir contre la carrosserie. Une bonne partie du charbon était incrustée dans le tissu, mais elle avait tout de même enlevé une couche de poussière. Elle lui a essuyé le front jusqu'à ce que le mot ait disparu. Après cela, elle a tendu son mouchoir devant elle, fronçant les sourcils comme si elle distinguait les lettres du mot sur le tissu.

— Je n'ai jamais vraiment aimé ce vieux bout de chiffon, de toute façon.

Elle l'a jeté par la fenêtre, puis elle a enclenché une vitesse et a repris la route.

J'ai glissé la main dans ma poche. Serrant le pastel rouge, je l'ai pris et je m'en suis servie pour écrire sur le plancher en métal du coffre. J'ai écrit que mon père avait tué un monstre dans une caverne avec mille flèches qui sortaient de son front. J'ai écrit jusqu'à ce que le pastel soit tellement usé que j'ai dû le tenir pincé entre deux doigts, appuyant dessus pour pouvoir écrire la fin heureuse que je voulais pour lui. Ensuite j'ai fermé les yeux. Je savais désormais que ma ville natale serait un chapitre amer de l'histoire de mon père.

Pendant les deux années qui ont suivi, nous avons sillonné l'Amérique. Nous avons appris l'histoire de la bouche de quelques anciens, et les langues étrangères de la bouche de quelques ivrognes. Je me souviens de cette auto-stoppeuse que nous avons prise dans le Colorado et qui nous a donné des leçons de science sur Newton et sa pomme. Nous avons rencontré un ex-taulard dans un *diner* de l'Arizona qui nous a parlé des lois du monde et de celles de la prison. Surtout, nous avons appris le nom des États en regardant les plaques des voitures.

— Tiens, l'Alaska, a dit Fraya.

— L'Idaho, a répliqué Flossie en repérant une Ford rouge. Je parie qu'ils ont le coffre rempli de pommes de terre.

Lint a voulu voir par lui-même.

— C'est le Texas, a dit Trustin.

Il a fait signe à la voiture. Ils ne lui ont pas répondu.

— Tiens, c'est chez moi, a fait remarquer Maman en montrant la plaque d'une Ford Thunderbird noire qui nous doublait à toute vitesse et qui était immatriculée dans l'Ohio. Landon, je veux rentrer chez moi.

DEUXIÈME PARTIE

LE ROI DES ROIS

1961-1963

4

J'ai recueilli tes paroles et je les ai dévorées.
JÉRÉMIE 15, 16

ON ÉTAIT EN 1961 et j'avais sept ans quand Maman a dit qu'elle voulait rentrer chez elle. Chez elle, c'était l'Ohio, c'est là qu'étaient ses racines.

— Les racines sont la partie essentielle de la plante, disait Papa. C'est par les racines qu'une plante se nourrit et ce sont les racines qui la maintiennent en place quand tout le reste est emporté. Sans racines, on est ballotté au gré du vent.

Suffisamment de temps s'était écoulé pour que nos parents pardonnent à l'État du marronnier.

Nous étions tous entassés dans notre break Rambler couleur fougère qui tirait une petite remorque à plateau. La queue de raton laveur accrochée à l'antenne radio se balançait tandis que Maman et Papa se relayaient pour conduire. La nuit tombait, Maman était au volant. J'ai compté ses bâillements jusqu'au moment où Papa lui a dit de quitter la route pour entrer dans les bois, lui montrant quelques gommiers.

Une fois que Maman a eu coupé le contact, Papa est sorti avec un bocal d'alcool fait maison pour lui tenir compagnie.

Il s'apprêtait à ratisser le sol dans la forêt, à la recherche de plantes, bien que l'on en eût déjà diverses sortes en train de sécher en bouquets dans tous les coins de la voiture, derrière les sièges ou derrière les vitres.

Après ses prospections nocturnes, je savais que Papa se ferait un lit sur le capot de la voiture. Maman avait toujours droit au siège avant, qui était une banquette, pour elle toute seule. Trustin se recroquevillait dans la partie coffre, hayon ouvert, laissant pendre ses jambes à l'extérieur entre la voiture et la remorque, tandis que Fraya et Flossie étaient étendues sur la banquette arrière, tête contre tête et le corps allongé dans des directions opposées, les pieds sortant par les vitres. Lint se couchait sur Fraya comme un petit chat et elle lui caressait le sommet du crâne. Moi, je dormais sur le plancher entre les deux banquettes, ou parfois dans le coffre, si Trustin décidait de s'étendre par terre.

Cette nuit-là, la voiture me semblait particulièrement bondée, alors je suis partie retrouver Papa.

Chaque fois que je rencontrais un arbre, je m'arrêtais pour écrire sur son tronc avec mon doigt. Je me suis dit que si je leur écrivais quelque chose de gentil, les arbres me serviraient de carte pour me guider dans la forêt.

Cher grand chêne, ton écorce est comme le chant de mon père. Aide-moi à trouver mon chemin. Cher hêtre, ne va pas le répéter au chêne, mais tes feuilles font les meilleurs marque-pages. Aide-moi à trouver mon chemin. Cher érable, ton odeur est le plus beau des poèmes. Aide-moi à trouver mon chemin.

J'allais d'un arbre à un autre quand mon pied nu s'est pris dans une racine apparente. En tombant, je me suis égratigné les genoux. Je me suis alors assise par terre et me suis mise à pleurer, non pas parce que j'avais mal, mais parce que j'étais perdue.

— Oh là là, a dit mon père en faisant claquer sa langue tandis qu'il se dressait au-dessus de moi. Je vais devenir riche et célèbre pour avoir fait une telle trouvaille. Je vois déjà ma photo à la une de tous les journaux avec un énorme titre : LANDON CARPENTER DÉCOUVRE UNE MYSTÉRIEUSE CRÉATURE DANS LES BOIS. Mais d'abord, je dois te poser une question. (Il a rapproché son visage du mien.) Es-tu une créature de Dieu ou bien du diable ?

— C'est pas drôle, P'pa, et tu ne feras la première page d'aucun journal.

— Ah bon, vraiment ?

— Non. (J'ai essayé de froncer mes petits sourcils autant que possible.) Je suis perdue, et si tu es là, c'est sûrement que tu es perdu toi aussi. On ne peut pas faire la première page d'un journal si on est perdu, à moins que ce soit un article qui raconte qu'on s'est perdu. Et dans ce cas, personne n'écrirait ce genre d'article, vu que ça n'intéresserait personne de le lire.

Je me suis souvenue du jour où des hommes avaient battu mon père, à la mine.

— Tu n'es pas quelqu'un d'important, je lui ai dit, comme ils avaient dû lui dire. Tu es Landon Carpenter.

Il s'est reculé dans un mouvement vif et emporté.

— Ta bouche est bien trop jeune pour prononcer des paroles aussi méchantes, a-t-il répondu avant de prendre une gorgée de son alcool et d'aller s'asseoir sur un tronc d'arbre tombé, à demi enseveli sous les broussailles et une épaisse couche de mousse.

J'ai ramassé une feuille en me relevant et je m'en suis servie pour essuyer les gouttes de sang sur mes genoux éraflés. Scrutant la forêt autour de moi, j'ai décidé que je n'étais pas assez vaillante pour affronter l'obscurité toute seule, alors je me suis assise près de mon père. J'ai regardé le bocal qu'il avait à la main. Il avait peint de petites étoiles noires sur le verre.

— Pourquoi tu peins toujours des étoiles sur ton bocal ?

— Parce que je fabrique mon alcool la nuit, sous les étoiles.

Il a posé son bocal sur le sol, près de ses pieds, puis il a sorti sa blague à tabac de sa poche de chemise. Je l'ai observé mettre une pincée de brins secs sur une feuille de papier à cigarette.

— Pourquoi tu ne t'inquiètes pas qu'on soit perdus, P'pa ?

— C'est toi qui es perdue, ma fille. Moi je sais exactement où je suis.

Il m'a laissé humecter le bord de son papier à cigarette avant de le coller. Puis il a gratté une allumette sur le ruban en papier de verre de son chapeau. Tandis qu'il allumait sa cigarette, j'ai regardé la cicatrice sur sa paume gauche. La façon dont sa peau se recourbait et formait une sorte de nœud donnait l'impression que sa paume avait presque fondu. Il a regardé sa cicatrice, lui aussi, l'examinant sous tous les angles. Fronçant les sourcils, il a détourné les yeux, puis il a enlevé son chapeau. Il l'a posé sur ma tête avant de tirer une bouffée de sa cigarette.

— T'as pas peur qu'on soit toujours perdus ? ai-je demandé. Moi si. Ça me fait peur.

Quand il a relâché sa fumée, il l'a soufflée en direction des étoiles.

— Tu savais que la fumée est la brume de l'âme ? C'est pour cette raison qu'elle est si sacrée et qu'elle peut emporter tes craintes dans les nuages, où habitent les mangeurs de peur.

— Les mangeurs de peur ?

— De braves petites créatures qui dévorent tout ce qui t'effraie, pour que tu n'aies plus à te tourmenter.

Il m'a tendu sa cigarette et m'a dit de garder la fumée dans la bouche avant de la rejeter rapidement. Je n'ai pas pu faire mieux que toussoter en la relâchant. J'ai voulu en prendre une autre bouffée, mais Papa m'a dit de ménager mes poumons.

— Tu en auras besoin pour courir dans les champs, a-t-il insisté en reprenant la cigarette.

Nous avons suivi des yeux la fumée qui s'éloignait puis se dissipait.

— Je me sens toujours perdue.

Papa m'a regardée avant de tourner à nouveau la tête vers les ténèbres des bois, puis il m'a dit :

— Tu sais, un jour je me suis retrouvé dans une forêt sacrément mystérieuse. J'étais parti à la recherche de certaines plantes et à un moment je me suis endormi. Quand je me suis réveillé, je savais plus où j'étais, je me suis dit que j'avais perdu la boussole.

— Une boussole ? Oh, mais tu l'as retrouvée, hein ? Fais voir.

J'ai plongé la main dans sa poche, mais je n'y ai trouvé que ses perles de ginseng. Il a éclaté de rire et m'a repoussée du bras.

— Allons, du calme, Betty. Je ne parle pas d'une vraie boussole, m'a-t-il expliqué, toujours en riant. Perdre la boussole, c'est être affolé, ne plus savoir où on est. J'ai aplati l'herbe devant moi, mais je n'ai pas reconnu les environs. J'ai aplati l'herbe derrière, mais je n'ai toujours rien reconnu. Le soir tombait et j'ai commencé à me dire que j'allais rester dans cette forêt pour l'éternité.

— Alors, qu'est-ce que tu as fait, P'pa ?

— J'ai ramassé quelques petits cailloux et j'ai écrit mon nom sur la terre pour que les gens sachent que j'en avais un.

Ensuite, je me suis étendu et j'ai regardé les étoiles dans le ciel. C'est à ce moment-là que je me suis rendu compte que je savais exactement où j'étais.

— Et tu étais où ?

— Au sud du paradis.

— C'est où, ça ?

— Lève les yeux, Betty.

Doucement, avec le dos de sa main sous mon menton, il a guidé ma tête pour l'orienter vers le ciel.

— Quelque part là-haut, il y a le paradis. Et nous, on est un petit peu au sud. Voilà où se trouve le sud du paradis. C'est juste ici. (Il a tapé du pied sur le sol, là où nous étions.) Quel que soit l'endroit où tu es, quel que soit l'endroit où tu vas, tu seras toujours au sud du paradis.

— Je serai au sud du paradis.

Totalement émerveillée, je contemplais le ciel.

— Y a pas meilleur endroit.

Il a éteint sa cigarette entre ses doigts avant de la fourrer dans sa botte, puis il a fait semblant de laisser tomber un mégot dans ma chaussure, mais j'étais pieds nus, alors il m'a chatouillé le talon jusqu'à ce que je rie.

— Il est pas plus grand, a-t-il observé à propos de mon pied tandis qu'il le mesurait par rapport à sa main. Mais il ne sera plus jamais aussi petit.

— Je ne le laisserai pas grandir, P'pa.

— Ah, vraiment, tu crois ? (Il s'est esclaffé en relâchant mon pied.) On ferait bien d'aller se reposer un peu. On a une longue route à faire demain. Avec un peu de chance, on devrait être dans l'Ohio dans l'après-midi.

— Je peux dormir avec toi sur le capot ?

— Tu crois pas que tu vas avoir froid ?

— J'ai une écharpe. (J'ai enroulé mes longs cheveux noirs autour du cou.) Tu vois ?

— Tu es sûre que tu ne veux pas dormir dans la voiture ?

— Je préférerais dormir sur Mars. Au fait, j'ai écrit une nouvelle histoire sur cette planète. Je l'ai écrite sur une serviette en papier, dans le petit restaurant où on s'est arrêtés, en Louisiane, mais je l'ai oubliée.

— Tu as oublié l'histoire ?

— Oh non, j'ai répondu en secouant la tête. C'est la serviette que j'ai oubliée. L'histoire, je m'en souviens. C'est la meilleure de mes histoires de Martiens.

— Tu es toujours en train d'écrire sur Mars. À mon avis, tu dois avoir du sang de Martien qui coule dans tes veines.

— Hé, justement, c'est de ça que ça parle, du sang de Martien.

— Faut que j'entende ça, a dit Papa.

Il a étendu les jambes et les a croisées au niveau des chevilles.

— Bon, alors, les Martiens, ils veulent envahir la terre, ai-je commencé.

— On dirait que les Martiens veulent toujours ce qui est à nous, a remarqué Papa.

— C'est leur penchant naturel, j'imagine. Pour nous envahir, ils envoient des oiseaux, ai-je poursuivi en essayant de reproduire une forme d'oiseau avec mes mains. Un genre d'oiseau qui n'existe que sur Mars. Leurs ailes sont exactement comme les menus à damier du restaurant. Leur corps ressemble au flacon de ketchup qu'il y avait sur la table, et leur tête, c'est une tasse à l'envers.

— Comme celles dans lesquelles on a bu notre café, ta maman et moi ? a demandé Papa en portant une tasse imaginaire à ses lèvres et en faisant un bruit d'aspiration.

— Ouais. Et leurs pattes sont des cuillères à long manche, comme celle qu'a utilisée Trustin pour son soda à l'orange avec une boule de glace. Le bout des cuillères est tordu et il contient du sang de Martien. Quand les oiseaux arrivent au-dessus de la terre, le sang tombe. Chaque goutte pénètre dans la terre comme une semence. Et avant que les gens aient le temps de s'en apercevoir, ils ont tous des Martiens qui poussent dans leur jardin.

— Et ces Martiens, de quoi ils ont l'air ?

— Ils n'ont pas une peau comme la nôtre, la leur est faite de nappe bleue à damier.

— C'était aussi celle qu'il y avait dans ce restaurant, non ? a remarqué Papa avec un large sourire.

— C'est ça. À la place de doigts, ils ont des pailles flexibles. (J'ai courbé mes doigts sous ses yeux.) Comme la paille blanche avec des bandes rouges que j'ai utilisée pour boire mon milk-shake à la fraise. Tu te souviens de ce drapeau rouge, à l'extérieur du restaurant ? Avec ce grand X bleu et des étoiles blanches ?

— Je m'en souviens.

Son sourire s'est effacé.

— C'est comme ça que sont leurs cheveux, sauf qu'ils sont coupés en bandes pour qu'ils soient faciles à brosser. Leurs sourcils, c'est des petits cornichons, comme celui de l'insigne épinglé sur la serveuse, et leurs yeux ressemblent aux ola… ola…

— Olallieberries*, a dit Papa, venant à mon secours pour prononcer ce mot.

* *Olallieberry* : proche de la mûre, hybride résultant du croisement de diverses baies rouges (principalement la mûre et la framboise) et cultivée en Californie.

— Sur les tartes au restaurant. Et le jus des olallieberries dégouline, *beurk*.

J'ai frotté mes joues, comme si quelque chose coulait dessus, jusqu'à ce que Papa rie tellement fort qu'il s'est mis à tousser, puis j'ai poursuivi :

— Ils ont des antennes en forme de salières et poivrières. Et leurs dents, c'est des fourchettes recourbées. C'est avec ça qu'ils vont nous tuer, parce que dès qu'ils auront fini de grandir, ces Martiens vont s'arracher de leurs racines et nous regarder en souriant. L'éclat de leurs dents métalliques va rendre tout le monde fou et les gens vont s'entre-tuer jusqu'à ce qu'il ne reste plus que des Martiens.

Papa a fait frémir ses épaules en disant :

— Tu me fiches tellement la frousse que maintenant, je vais scruter le ciel pour voir s'il n'y a pas de bouteilles de ketchup volantes. Et tu l'as appelé comment, ce petit bijou d'avertissement ?

— "Le sourire des Martiens", ai-je crié, tirant la langue sous l'espace laissé vacant par une dent de lait tombée la semaine précédente.

— "Le sourire des Martiens" pourrait bien être mon histoire préférée jusqu'à présent.

Mon père avait à peine dit cela que des coups sourds provenant de la forêt obscure nous ont fait nous retourner.

— Qu'est-ce que c'est ?

J'ai relevé le chapeau de mon père sur ma tête pour essayer de mieux voir.

— Peut-être que c'est un de tes Martiens, a dit Papa. On ferait mieux de retourner à la voiture avant que ce fichu extraterrestre nous trouve et nous fasse un grand sourire.

Papa m'a soulevée du tronc d'arbre et m'a doucement reposée par terre.

— Tu ne reprends pas ton bocal d'alcool ? ai-je demandé.

— Nan. On va le laisser pour le Martien. Comme ça, il va s'endormir juste après l'avoir bu et il nous fichera la paix le restant de la nuit.

J'ai attrapé sa main et nous sommes partis à travers la forêt. À chaque pas, il boitait. Deux ans avaient passé depuis l'incident à la mine, mais c'était encore frais dans ma mémoire. La couleur du sang de mon père. La façon dont la poussière de charbon s'était amassée dans les plis douloureux de son visage. J'ai repensé à ce qu'il avait dit, comment ils lui avaient fracassé le genou comme du verre. Je me suis demandé si, comme du verre, des éclats le coupaient à l'intérieur. En tout cas, c'est ce qu'on aurait pu croire en le voyant marcher. J'ai décidé de boiter aussi, pour qu'il ne soit plus le seul. Il m'a regardée et il s'est efforcé de ne plus boiter autant.

— Je peux dormir avec toi sur le capot, P'pa ? Il y a trop de monde dans la Rambler. Maman prend la place d'un million de personnes à elle toute seule. Ce qui veut dire qu'on a Fraya, Flossie, Trustin, Lint, Maman, plus un million de gens. On peut pas avoir un panier plein de bocaux sans qu'ils se chamaillent et se cognent les uns contre les autres. C'est toi qui l'as dit, une fois. Tu te souviens ?

— J'ai dit ça, moi ?

— Hmm-hmm. Je t'assure, P'pa. Alors, je peux dormir sur le capot avec toi ?

— Faut me promettre que tu n'auras pas froid, Betty.

— J'te promets, j'te promets, j'te promets, j'te promets, ai-je répété jusqu'à ce qu'il lève la main.

— Bon, je pense qu'il y a assez de place sur ce capot pour un grand Indien et une petite Indienne.

J'ai serré sa main et nous avons continué à boiter ensemble. Quand nous sommes arrivés à la Rambler, Flossie m'a tiré la langue. Je lui ai montré la mienne. Elle a dit bonne nuit, alors je l'ai dit aussi. Puis Flossie et moi, on a dit bonne nuit à Fraya en même temps.

— Bonne nuit, a répondu Fraya.

Papa m'a soulevée et m'a allongée sur le capot, les pieds vers l'avant. J'ai joué avec la queue de raton laveur accrochée à l'antenne, puis j'ai mis le chapeau par-dessus pendant que Papa se hissait à côté de moi. Il a fait un signe de la main à l'intérieur, en direction de Maman, mais elle dormait déjà, étendue sur toute la banquette avant, une jambe perchée sur le volant. Ses ronflements faisaient penser à des bêtes fouillant la terre avec leur museau à la recherche de nourriture.

— Très bien, Betty. Tu l'as ton lit bien dur, a chuchoté Papa en tapotant le capot tandis qu'il calait le haut de son corps contre le pare-brise.

— Dis, P'pa, je lui ai demandé, assise près de lui. Tu l'as aimée, mon histoire de Martiens ? Sans mentir.

— Oui, vraiment.

Avant que j'aie eu le temps d'ajouter quelque chose, j'ai entendu une portière s'ouvrir et se refermer doucement, puis le piétinement de petits pieds sur les brindilles au sol.

— Peux p-p-pas dormir.

Lint a grimpé sur le capot du côté de Papa. Il frottait ses yeux larmoyants avec le dos de ses poings. Ses poches étaient remplies de cailloux qu'il avait ramassés.

— Eh bien, mon garçon, tu as de la chance, parce qu'il se trouve justement que j'ai de la poudre de sommeil sur moi, a dit Papa en soulevant Lint pour le poser sur le capot entre nous.

— Tu as encore peur de t'endormir ? lui a-t-il demandé.

Deux semaines plus tôt, Lint avait fait un dessin – un gribouillage noir au-dessus d'un bonhomme en bâtons. Il n'avait que quatre ans alors, et son dessin avait moins de sens que sa façon de l'expliquer. Il avait dit à Papa que le gribouillage représentait la nuit et que s'il s'endormait, la nuit lui volerait son âme.

— M-M-Mon âme, avait-il raconté en noircissant davantage son gribouillage. La nuit vient la p-p-prendre. P-p-pour la mettre dans la t-t-terre. Dans le nord. Dans le f-f-froid.

En me souvenant du dessin de Lint, j'ai regardé les ténèbres autour de nous pendant que Papa promettait à Lint que la nuit ne viendrait pas voler son âme.

— Je ne la laisserai pas faire, lui a-t-il affirmé en l'entourant de ses bras.

— Tu p-p-peux pas l'empêcher, P'pa.

— Ton âme est juste ici. (Papa a gentiment mis la main au-dessus du nez de Lint.) Tu vois, je vais laisser ma main comme ça toute la nuit, pendant que tu dors. Ton âme sera encore là demain matin quand tu te réveilleras. Je te le jure.

Tandis que Lint posait la tête sur la poitrine de Papa, je me suis recroquevillée toute seule au bord du capot.

5

As-tu donné aux paons ces ailes gracieuses ?
Job 39, 13

Bienvenue à Breathed était peint en rouge sur un morceau de planche fendillée cloué à un platane d'Amérique. Avec le temps, j'allais apprendre que, quelque part entre le paradis et l'enfer, Breathed était une parcelle de terre nichée au cœur d'une douleur lancinante, où les lézards se faisaient écraser sous les roues et où, quand les gens parlaient, on croyait entendre le tonnerre racler le tonnerre. Dans ce coin du sud-est de l'Ohio, on se réveillait aux aboiements de chiens errants en ayant conscience que l'ombre de loups plus gros n'était jamais loin.

— Comment tu dis le nom de cette ville, déjà ? a demandé Trustin. Breathed ?

— Pas avec un son *i* comme dans brique, mais avec un *è* comme dans bref, a répondu Papa en regardant Trustin dans le rétroviseur, puis tu prononces le *ed* comme un *t*.

Tout autour, les collines s'élevaient telles de grandes exclamations lancées par l'homme à l'adresse des cieux. Connues sous l'appellation de contreforts des Appalaches, ces masses de grès nu présentaient des crêtes, des falaises et des gorges taillées et sculptées par la fonte des glaciers. Tapissées d'un mélange vert de mousses et de lichens, les formes prises par la roche ancienne portaient les noms des choses auxquelles elles ressemblaient : La Table à Thé du Diable, le Cerf Boiteux et l'Ombre du Géant. Des noms transmis de génération en génération comme s'ils étaient aussi précieux que des bijoux de famille.

Ce n'étaient pas des routes ou des rues qui serpentaient entre les collines et sillonnaient la plaine, mais des "chemins", comme si les gens du coin avaient voulu dire, en les nommant ainsi, que ces chaussées de terre n'étaient rien de plus que des sentiers élargis. Main Lane était l'artère principale dans laquelle se trouvaient la boutique Saint Sammy's, le magasin de jouets Moogie, Fancy's Dress Shop, qui vendait des vêtements pour femme, et d'autres commerces. De Main Lane partaient des chemins résidentiels, où chaque maison possédait sa Bible de famille et une bonne recette pour faire son pain. En dehors de l'agglomération, des fermes possédaient toutes les terres. Sous sa forme la plus saine, Breathed était une femme, épouse et mère, qui ne manquait pas d'accrocher ses drapeaux sur son porche chaque 4 Juillet, jour de la fête nationale. Sous sa forme la plus sombre, c'était une ville où vous pouviez mourir vidé de votre sang sans la moindre blessure ouverte.

Papa est entré dans Breathed à petite vitesse, comme quelqu'un qui fait attention où il met les pieds. Peu de temps après, nous avons aperçu un homme aux cheveux blancs qui serrait dans sa main la ficelle d'un ballon jaune. Il se tenait à la lisière d'un bois.

— Hé, salut vieux, a crié Papa par sa vitre baissée en faisant signe de la main.

— Landon Capenter ? (L'homme lui a rendu son salut.) C'est bien toi ?

Pour toute réponse, Papa a donné un bref coup de klaxon et a poursuivi sa route.

— C'était le vieux Cotton Whithers, nous a-t-il expliqué tandis que nous avions tous la tête encore tournée vers l'homme qui continuait à faire signe des deux bras.

— À ce que je vois, il n'a pas arrêté d'envoyer ses lettres, a remarqué Maman en suivant du regard le ballon jaune qui montait dans le ciel.

J'ai baissé les yeux sur le reste de la ville autour de nous. Nous avions déjà vécu dans des endroits sauvages auparavant. Avec des arbres d'une taille que les hommes n'atteignaient jamais. Avec des prairies d'une beauté égale à celle des femmes. Mais Breathed avait quelque chose de différent. Elle semblait inspirer et expirer comme si ce n'était pas une ville créée par des êtres humains, mais un endroit auquel ils avaient donné naissance. J'avais envie d'en faire un poème. Au besoin, je ferais rimer les mots, mais je les dirais comme si je lançais des pierres dans une rivière. Cela me semblait être la seule façon de représenter un pays où les chemins de terre ressemblaient à de longs crotales diamantins bruns dont les écailles reflétaient la lumière du soleil.

Tandis que Papa prenait un virage serré, j'ai vu le panneau.

— Shady Lane, ai-je lu à haute voix.

De grands arbres bordaient les deux côtés, leurs branches formant des tresses comme des rivières froides. Le chemin se terminait en cul-de-sac devant l'entrée de notre propriété, constituée de plusieurs hectares de bois et de champ d'un seul tenant. Dans l'allée envahie par la végétation était garée une voiture rouge contre laquelle était appuyé Leland. Il était en permission et Papa lui avait écrit au sujet de notre nouvelle maison, alors Leland avait dit qu'il nous y retrouverait. Il avait vingt-deux ans à ce moment-là. Ses cheveux blonds étaient coupés court et il portait son uniforme de l'armée.

Tout excité, Trustin est sorti de la voiture en hurlant le nom de son grand frère.

— Où est-ce que tu as eu cette superbe voiture neuve ? a demandé Papa en contemplant la carrosserie resplendissante.

— Oh, je l'ai juste empruntée à un ami.

— Tu nous as rapporté quelque chose du Japon ? a lancé Trustin.

Dans ses lettres, Leland nous avait annoncé qu'il était depuis peu stationné au Japon. Il nous avait fait rêver en nous parlant de ces femmes au visage peint en blanc. De ces beaux kimonos balayant le sol. De ces toits, qu'on appelait des pagodes, à ce qu'il avait dit, mais dont la forme faisait penser à des fleurs de courges empilées les unes sur les autres.

— Tu parles, bien sûr que j'ai quelque chose pour vous.

Leland a donné à Trustin un presse-papiers avec des tourbillons de couleurs à l'intérieur. Pour Lint, il avait un gros caillou rond et gris.

— Je l'ai dégagé moi-même de la terre japonaise, lui a-t-il précisé.

— Regarde comme il est bien rond, a dit Papa à Lint. On dirait un gros œil.

Lint a souri à cette idée.

Flossie a bondi de joie quand Leland lui a tendu un éventail. Elle l'a déplié devant son visage et s'est mise à battre des cils derrière les papillons blancs et les feuilles dorées qui le décoraient.

Pour moi, il y avait une boîte en soie rose. À l'intérieur se trouvait un pyjama de la même soie. Il avait des fermetures en forme de grenouille et des boutons nœuds. J'étais habituée à la toile de jean, au coton et à la flanelle, mais pas à la soie. Je n'avais jamais senti un tissu aussi doux. Je l'ai porté à ma joue tandis que Flossie prenait une manche et faisait de même.

— Ça a l'air si léger, a dit Flossie en souriant.

— Vous savez que la soie vient d'un ver, a observé Papa.

— Un ver ? Beurk ! a réagi Flossie en s'écartant.

Tendant le bras vers le siège avant de sa voiture, Leland a sorti un coffret à bijoux. Il était long comme mon bras. Le couvercle avait la forme d'un toit en pagode. Des bonsaïs et des fleurs de lotus étaient peints sur la laque noire et brillante. Deux petites portes en façade s'ouvraient sur un intérieur doublé en soie possédant de petits tiroirs et des compartiments disposés autour d'une petite figurine féminine qui tournait sur elle-même au son de la musique. Leland a tendu le coffret à Fraya qui l'a pris dans ses bras d'un air gêné et s'est empressée de refermer les portes pour que la musique s'arrête.

— Comment ça se fait que Fraya a un aussi gros cadeau ? a demandé Flossie en refermant son éventail.

Leland s'est essuyé les mains sur son pantalon avant de sortir de sa boîte à gants deux petites figurines, chacune représentant un oiseau. Les deux oiseaux étaient en verre rouge. Il en a donné un à Maman et l'autre à Papa.

— C'est vraiment très très joli, mon garçon, a dit Papa en tapotant l'épaule de Leland.

Leland a fait un pas en arrière et a enfoncé ses deux mains dans ses poches en donnant un coup de menton en direction de la maison.

— J'ai attendu que vous soyez tous là. J'ai même pas jeté un coup d'œil par les fenêtres.

Papa a tendu son oiseau à Maman pour qu'elle le tienne avec le sien, et il a ouvert grand les bras vers le terrain.

— Tu peux croire ça ? Toute cette terre, et personne ne peut nous dire de ficher le camp.

Chacun d'entre nous s'est avancé dans les hautes herbes éparses en prenant un chemin différent. Il y avait un garage indépendant, vers lequel un raton laveur a filé à notre approche. La maison elle-même était grande et étroitement gardée par d'épais arbustes de persistants vert sombre. Elle paraissait appartenir à la terre davantage qu'aux humains. Des murs entiers étaient couverts de lierre et des plantes grimpantes s'enroulaient autour de la rambarde de la véranda qui était toujours en place, tandis que les broussailles qui avaient envahi l'espace vide sous la galerie la faisaient pencher vers la droite. Des nids de guêpes maçonnes pendaient, semblables à des tuyaux creux, et les lézards, vifs comme l'éclair, ne manquaient pas d'endroits où se cacher.

— Je vais en attraper une centaine et tous les mettre dans ma chambre, a dit Trustin en poursuivant les reptiles.

Le grenier mis à part, la maison possédait deux niveaux. Son architecture victorienne avait été tellement déformée qu'elle n'était plus qu'une sorte de rêve suranné maintenu en place par l'ombre des pins qui poussaient contre ses flancs.

Nous avons monté les marches délabrées en prenant des précautions, comme si elles risquaient de s'effondrer à tout instant. Papa a testé la solidité des piliers de la véranda en les prenant entre ses deux mains.

— Elle est stable.

Maman était restée derrière nous. Sur la dernière marche, son talon s'était coincé dans une fente. Elle s'est mise à jurer pendant que Papa s'efforçait de la libérer.

— Cet endroit est un piège, a-t-elle lancé en s'appuyant sur l'épaule de Papa tandis qu'elle regardait la maison.

Les clins avaient autrefois été peints en jaune, mais la peinture s'était écaillée, laissant le bois à nu, aussi rongé que le grès des collines.

— Quelle ruine, a dit Maman à l'instant où Papa réussissait à dégager sa chaussure.

— À lui tout seul le terrain vaut les charges, a-t-il vivement répliqué. Et de toute façon, il n'y a rien qui ne puisse pas être réparé.

— En même temps que tout le reste, hein ? a répondu Maman sur un ton froid tandis qu'elle examinait l'affaissement du toit de la véranda.

Nous nous sommes avancés vers la porte d'entrée en contournant les hautes herbes épineuses qui poussaient dans les espaces entre les lames du plancher. La grande fenêtre panoramique n'était pas cassée, mais fêlée et couverte de terre. En certains endroits, le verre avait été essuyé par les curieux des environs, trop effrayés de se retrouver nez à nez avec les fantômes pour pénétrer dans la maison. Ils avaient préféré coller leur visage contre la vitre pour essayer d'apercevoir ce qui restait tapi à l'intérieur.

Papa s'est mis à tripoter la porte-moustiquaire qui ne tenait plus que par un de ses gonds. Le grillage lui-même était endommagé et le pan coupé retombait d'un côté. Brusquement, le cadre s'est arraché du dernier gond mangé par la rouille, projetant Papa violemment en arrière. Il s'est rattrapé de justesse avant de rouler au sol. Puis il s'est empressé de poser la moustiquaire par terre comme s'il avait eu depuis le début l'intention d'enlever cette porte.

— Tu veux bien arrêter de tout tripatouiller comme ça ? a lâché Maman en l'écartant pour passer. Tu ne vois donc pas que cette maison ne tient encore debout que parce que le diable le veut bien ?

Elle s'est plantée devant la large porte. Trois des quatre panneaux avaient disparu avec la poignée et la serrure. Elle a secoué la tête avant de pousser le battant.

Franchir le seuil de cette maison était comme pénétrer dans un tombeau. Des tas de feuilles mortes jonchaient le parquet sur lequel avait été peint, à l'origine, un grand cadran d'horloge. Au centre, se trouvait un large escalier circulaire. Il avait dû être majestueux autrefois, mais maintenant, seules les marches n'avaient pas été volées.

Au pied de l'escalier s'ouvraient deux salons distincts. Le monde extérieur se glissait à l'intérieur par les trous dans les murs, et une végétation véritable poussait sur celle du papier peint au motif floral et feuillu démodé. Je revois encore ce papier. Vert menthe, lilas et crème comme un long printemps. J'ai pensé que la femme qui l'avait choisi l'avait voulu ainsi parce qu'elle aimait sa maison.

— Cette histoire sur les Peacock*, elle est vraie ? a demandé Fraya en touchant le trou fait par une balle dans le mur séparant le salon de la salle à manger. Je croyais que ça avait été inventé.

La famille Peacock avait construit cette maison en 1904. Étant très riches, ils n'avaient pas regardé à la dépense. En 1947, ils avaient décidé de la rénover. Peu de temps après les travaux, les huit membres de la famille avaient mystérieusement disparu. Pas de corps. Pas de sang. Juste huit impacts de balles dans les murs un peu partout dans la maison.

L'ami d'enfance de Papa, Cinderblock** John, avait acheté la propriété à une vente aux enchères. Il possédait

* *Peacock* signifie paon.

** *Cinderblock* signifie parpaing.

déjà plusieurs maisons qu'il louait, mais tout le monde lui avait alors dit qu'il avait hérité d'une malédiction en acquérant le passé des Peacock. Restée vide, la maison avait commencé à tomber en ruine à mesure que les années passaient. Des pillards venus d'ailleurs l'avaient vandalisée et avaient volé tout ce qu'ils pouvaient emporter. Contrairement aux habitants de la ville, ils n'avaient pas été effrayés par la malédiction.

Quand Papa a écrit à Cinderblock John pour l'informer que nous revenions à Breathed, celui-ci a tout de suite répondu :

J'ai une maison pour toi, mais je te préviens, mon ami, elle est maudite. Ses propriétaires se sont volatilisés et on ne les a jamais revus. Tout ce que je peux te dire avec certitude, c'est que j'y ai jamais vu de fantômes en drap blanc. J'ai jamais vu une porte se refermer toute seule. Les impacts de balles (il y en a huit) n'ont jamais saigné en ma présence. Si elle est vraiment hantée, elle joue pas très bien son rôle. J'imagine qu'elle n'est maudite que parce que tout le monde le dit. Si je te donne cette maison, c'est pour des raisons égoïstes. J'espère que tu t'y sentiras suffisamment chez toi pour ne pas supporter l'idée d'en partir. Dis-toi, mon ami, que je me suis senti bien seul toutes ces années.

Papa a dit qu'il n'y avait pas de mauvais sort jeté sur cette maison et que, dans une petite ville, les rumeurs n'étaient qu'une façon d'avoir quelque chose à raconter.

— Et d'ailleurs, a ajouté Maman, une malédiction de plus ou de moins, qu'est-ce que ça peut faire pour une famille qui en a déjà tant ?

En virevoltant, Flossie s'est avancée pour montrer l'emplacement où on pourrait mettre une télévision.

— Pour regarder *American Bandstand*[*]. S'il te plaît, a-t-elle dit à Papa en tirant sur sa chemise, achète une télé.

— On verra.

Lint est passé devant moi pour s'approcher d'une sculpture représentant un tigre, placée contre le mur de façade. Elle était aux dimensions réelles, mais il manquait la patte arrière gauche et les yeux en verre avaient été enlevés.

Lint a fait courir ses doigts fins le long des rayures de l'animal. Ses cheveux châtain pelucheux sont retombés sur ses yeux marron foncé quand il a collé sa tête contre la poitrine du tigre, comme pour voir si le cœur battait. Trustin s'est glissé discrètement de l'autre côté pour se cacher près de la gueule du fauve avant de pousser un grognement. Effrayé, Lint a reculé et s'est plaqué contre le mur, se recroquevillant sur lui-même tandis qu'il se mettait à pleurnicher. Papa l'a entendu et il est arrivé pour prendre Lint dans ses bras et gronder Trustin.

— C'était juste pour rire, a dit Trustin en se relevant.

Quand il m'a vue, Trustin a mis la main à son étui et a sorti son pistolet à amorces.

— Je vais me payer une Indienne à la place.

Il a commencé à me poursuivre.

— Laisse-moi tranquille.

J'ai essayé de lui échapper.

— Impossible. (Il a tiré en l'air.) J'ai reçu des ordres pour chasser tous les sauvages de ce pays.

Je me suis réfugiée derrière Fraya en tirant sur sa jupe :

— Le laisse pas me tuer.

Leland s'est précipité dans la pièce et a pris le pistolet des mains de Trustin.

* Célèbre émission musicale de télévision diffusée entre 1952 et 1989.

— Tu devrais pas poursuivre ta sœur comme ça, a-t-il dit en regardant le jouet avant de le lever et viser l'impact de balle dans le mur. *Bang*.

Son cri perçant a fait sursauter Fraya.

— L'armée t'a donné un pistolet, Leland ? a demandé Trustin.

— Bien sûr, a répondu Leland en rendant l'arme à son frère.

— Je parie qu'il est pas aussi bien que le mien, a dit Trustin avant de tirer sur un scarabée couleur émeraude qui grimpait sur le mur.

Fraya m'a attrapée par la main et ensemble nous sommes allées dans la cuisine. Sur le plan de travail, il y avait des saladiers cassés et pas moins d'une douzaine de rouleaux à pâtisserie empilés là comme du bois d'allumage. Au fond du grand évier fixé au mur, un livre de cuisine était ouvert, comme si une femme s'en était servie et l'avait feuilleté encore récemment.

— Betty. (Fraya a pointé le doigt vers Flossie qui traversait l'entrée.) Et si on allait voir ce qu'elle fabrique ? Peut-être qu'on va découvrir des trésors.

Nous avons suivi Flossie jusqu'à l'escalier. Sur la septième marche, un cœur avait été grossièrement sculpté. Une idée, comme ça, passée par la tête d'un canif.

— Il y a eu des amoureux dans notre maison, a lancé Flossie en marchant sur le cœur pour continuer à monter.

Les quatre chambres étaient à l'étage. J'ai tendu à Fraya ma boîte avec le pyjama pour faire la course avec Flossie dans cette exploration. La première chambre était tellement spacieuse qu'elle donnait à la fois sur la cour devant et le jardin derrière. Elle n'avait plus de porte, mais on a compris que ce serait celle de Maman et Papa.

De l'autre côté du couloir se trouvait la seule salle de bains de l'étage. La baignoire en fonte, trop lourde pour être emportée par un voleur, était toujours là. Les toilettes aussi, mais le couvercle du réservoir était cassé et le siège avait été arraché de ses charnières.

Flossie a passé la tête dans la petite chambre qui donnait sur l'arrière et a annoncé à Fraya qu'elle pourrait l'avoir pour elle.

— Puisque tu as droit à une chambre pour toi toute seule, tu n'as pas besoin d'en avoir une vraiment grande, a suggéré Flossie en écartant ses cheveux d'un mouvement de la tête.

— Elle a une chambre à elle parce qu'elle est l'aînée, lui ai-je rappelé.

— Elle n'a que dix-sept ans. Même pas l'âge de faire quelque chose d'important, a-t-elle répondu, avant de décider que Lint et Trustin auraient la chambre voisine de celle de Fraya.

En entrant dans la pièce côté façade, Flossie a tapé dans ses mains.

— Ça sera celle-là, notre chambre, Betty.

La pièce sentait le moisi. Les taches d'humidité au plafond ressemblaient à des ecchymoses fraîches, jaunes, blafardes et verdâtres sur les bords. Il y avait des toiles d'araignée, anciennes et récentes, tandis qu'une corde à sauter effilochée était enroulée dans un bol comme un serpent. Des cailloux, probablement jetés pour casser les vitres, jonchaient le sol.

— Bon sang, c'est à croire que dans cette ville il n'y avait rien de mieux à faire que casser les carreaux, a observé Fraya en donnant des coups de pied dans les cailloux. Lint va être content quand il va voir tout ça.

Les pierres étaient enveloppées dans des morceaux de papier qui avaient été attachés avec des élastiques maintenant pourris. Des noms étaient écrits sur ces papiers, comme si la maison avait été prise pour un puits où l'on fait des vœux par des gens qui espéraient attirer la malédiction sur d'autres.

Une boîte, écrasée d'un côté, était restée au milieu de la pièce. J'ai plongé la main dedans pour en sortir un exemplaire en mauvais état du roman d'Helen Hooven Santmyer *Herbs and Apples**, ainsi qu'un flacon vide de parfum Blue Waltz. Flossie m'a pris des mains le flacon en forme de cœur.

— C'est comme être embrassée par un prince.

Elle a fait claquer sa langue tandis qu'elle tamponnait la bouteille sur son cou jusqu'à ses lèvres.

— Qu'est-ce qu'il y a d'autre dedans ? a demandé Fraya en montrant la boîte.

Je l'ai ramassée, puis je l'ai jetée. Un mouchoir bleu pâle en est sorti avec du papier doré en forme de feuilles de chêne et d'érable. Il y avait un article d'un journal de 1937 sur la disparition d'Amelia Earhart** et plusieurs badges de campagne électorale, dont un provenant de celle d'Alfred Landon***, lors de sa candidature en 1936. Sous son portrait s'étalait son fameux slogan : LA VIE, LA LIBERTÉ ET LANDON.

— Il avait le même nom que Papa, me suis-je écriée en prenant le badge pour le montrer à mes sœurs.

— Hmm, a simplement répondu Flossie en posant le flacon de parfum sur le rebord de la fenêtre.

* *Herbs and Apples* (1925) raconte l'histoire d'une jeune fille talentueuse qui rêve d'une carrière littéraire, mais qui, à la mort de sa mère, retourne dans l'Ohio et trouve la sérénité dans une vie simple proche de la nature.

** Première aviatrice à avoir franchi l'Atlantique en solitaire en 1932. Elle disparaît dans le Pacifique en 1937 lors de sa tentative de tour du monde.

*** Alfred Landon, gouverneur du Kansas, candidat républicain battu par F.D. Roosevelt à l'élection présidentielle de 1936.

— Oh, regardez !

Elle venait de repérer les deux impacts de balles dans le mur entre les deux fenêtres.

— Deux trous, ça veut dire que deux personnes ont été tuées ici, a résonné la voix de Maman autour de nous.

Nous nous sommes retournées. Elle se tenait sur le seuil et regardait à l'intérieur avec une curiosité mesurée.

— Ça pourrait aussi vouloir dire qu'on a tiré deux fois sur la même personne, a rétorqué Fraya. Et peut-être que les balles ont raté leur cible, a-t-elle ajouté. Il n'y avait pas de corps.

— Ils ont été assassinés, c'est sûr, a dit Flossie. Probablement pas avec une arme à feu, d'ailleurs. L'assassin s'est servi d'une hache.

En poussant un hurlement, Flossie s'est jetée sur moi les bras levés. Je l'ai repoussée et juste à ce moment-là, Leland a passé la tête sur le pas de la porte. Maman lui a demandé :

— Tu vas rester ici ?

— J'ai deux ou trois endroits où je dois aller avant de retourner voir l'Oncle Sam.

Il s'est appuyé contre le chambranle, campé sur ses talons, le menton collé sur sa poitrine.

— Bah, je peux pas t'en vouloir de ne pas rester avec nous, a dit Maman. Difficile d'appeler ça une maison quand on peut voir le sol à travers le plancher et le ciel à travers le toit. (Elle a pris une profonde inspiration avant d'ajouter :) Au moins on sait où tous les démons faisaient les quatre cents coups tout ce temps-là.

Elle a secoué la tête en partant.

Leland a saisi l'occasion pour entrer dans la chambre et donner un coup de pied dans les badges de campagne tandis que Fraya s'adossait contre les deux trous dans le mur.

— Elle te plaît, ta boîte à bijoux, Fray ? lui a demandé Leland. Tu l'as laissée sur la véranda.

Voyant que Fraya faisait comme s'il n'était pas là, il a poursuivi, d'une voix plus grave :

— Tu aurais préféré que je te ramène un pyjama ?

Elle a serré la boîte contenant mon pyjama contre sa poitrine.

— Je la tiens pour Betty, c'est tout.

Il nous a regardées, Flossie et moi.

— Vous deux, tirez-vous.

— Mais c'est notre chambre, lui ai-je répondu.

C'est tout juste s'il ne m'a pas arraché le bras en me jetant dans le couloir, puis il a poussé Flossie derrière moi. Avant qu'on ait eu le temps de rentrer, il a claqué la porte. J'ai voulu tourner la poignée, mais il la maintenait de l'autre côté, alors j'ai tambouriné sur la porte avec mes petits poings.

— Pas la peine d'en faire tout un plat, Betty, m'a dit Flossie en passant son bras sous le mien. Allez, viens, on va visiter le reste de la maison.

On a traversé le couloir. Au lieu de compter les scarabées morts qui craquaient sous nos pieds comme le faisait Flossie, je me suis rappelé la dernière fois que nous avions vu Leland. Nous avions loué une maison et Papa y avait fait un potager. Il avait planté plusieurs rangées de pieds de maïs. Il nous disait toujours que quand un épi de maïs est mûr, la barbe sèche et l'enveloppe brunit.

— Il y a des gens qui ouvrent l'enveloppe pour jeter un coup d'œil aux grains, insistait-il. Ne faites jamais ça parce que s'il n'est pas mûr, vous allez devoir laisser l'épi sur sa tige. Mais comme vous avez ouvert l'enveloppe, les insectes vont pouvoir y entrer et endommager les grains.

Malgré cela, un jour Leland a ouvert les enveloppes alors qu'il savait que les épis n'étaient pas mûrs.

— Tu abîmes le maïs, mon garçon.

Comme Leland n'arrêtait pas, ils ont commencé à se disputer. Je n'ai jamais su si c'est Papa qui a donné le premier coup de poing ou si c'est Leland. Tout ce que je sais, c'est que quand ça s'est terminé, les pieds de maïs étaient tout écrasés et Papa avait un œil au beurre noir. Peu de temps après, Leland s'est engagé dans l'armée.

— Ça fait quatre-vingt-dix-huit, quatre-vingt-dix-neuf, cent, mille scarabées.

Flossie continuait à compter les insectes morts.

Le bruit de quelque chose que l'on traînait dans le couloir la fit arrêter. C'était Papa qui poussait un matelas dans leur chambre. Lint et Trustin marchaient au pas derrière lui comme s'ils étaient dans un défilé.

— Dis, Betty, tu penses pas que nos frères sont peut-être bien les garçons les plus bêtes sur cette terre ? m'a demandé Flossie.

Trustin, qui l'avait entendue, s'est arrêté de marcher au pas. Il a mis la main sur son étui à pistolet et a déclaré que deux filles n'avaient pas le droit de se promener pieds nus.

— Monsieur l'agent, monsieur l'agent !

Il a couru vers nous en faisant claquer son pistolet à amorces sous notre nez.

— Tu es aussi pieds nus, espèce d'idiot.

Ma voix et celle de Flossie se sont superposées tandis que nous le repoussions.

— Hé là ! Pas de bagarre dans notre nouvelle maison, a dit Papa en revenant dans le couloir suivi de Lint.

Papa s'est frotté les mains en regardant autour de lui, un sourire sur les lèvres. Puis il a dit :

— J'ai l'impression que je pourrais dévorer cette maison tout entière, tellement je l'aime déjà.

Il a regardé vers la porte fermée au bout du couloir. À une époque lointaine, elle avait été peinte en bleu lavande. Des écailles de couleur y restaient collées comme un passé résolu à ne pas disparaître. Ses panneaux en vitrail avaient été cassés, et des éclats de verre coloré étaient éparpillés sur le sol comme autant de pierres précieuses. Avec ses grosses chaussures de travail, Papa a poussé les morceaux dans un coin, afin que ses enfants aux pieds nus puissent le suivre sans danger.

— Je parie que cette porte s'ouvre sur le paradis, a-t-il dit en la poussant.

Nous nous sommes retrouvés face à un entrelacs de toiles d'araignées et un escalier étroit qui montait dans l'obscurité.

— T-t-te plaît, ferme la p-p-porte. (Lint a reculé.) V-v-vite.

— Tout va bien, mon garçon. Faut pas avoir peur. C'est juste un vieil escalier et un vieux grenier. Y a rien d'autre que du bois et des clous.

Ne voulant courir aucun risque, Lint s'est précipité à l'autre bout du couloir et il nous a observés depuis le coin du mur.

— On va aller vérifier d'abord, lui a dit Papa avant de se retourner vers l'escalier. Et vous, faites bien attention où vous mettez les pieds, nous a-t-il dit tandis qu'il passait le premier.

Les marches grinçaient et craquaient sous notre poids. Je me suis surprise à chercher une rampe à laquelle m'agripper. J'ai cru entendre quelque chose en train de gratter. Un courant d'air froid m'a donné la chair de poule et mon cœur s'est mis à battre si fort que je le sentais au bout de mes doigts.

Flossie s'est rapprochée de moi tandis que Trustin gardait la main sur son pistolet, comme s'il était prêt à tirer.

Plus on montait, plus l'air semblait saturé d'un arôme étrange. L'odeur me rappelait celle d'une plume d'oiseau blanche que j'avais trouvée une fois sous la lumière de la lune.

— Je parie que les cadavres des Peacock sont là-haut, a murmuré Flossie avant que nous arrivions à la dernière marche.

Mais comme le reste de la maison, le grenier avait été pratiquement vidé. Il ne restait plus qu'une boîte de peignes usés et un pot rempli de terre avec une étiquette marquée IMPORTANT.

— Ça pue ici, a dit Flossie en se pinçant le nez tandis que nous nous séparions pour explorer tout l'espace.

— Qu'est-ce que c'est, tout ça, par terre, P'pa ? ai-je demandé en retournant mon pied pour m'apercevoir que des espèces de petits vers noirs s'étaient incrustés dans mon talon.

Papa en a ramassé un.

— Il vaut mieux qu'on redescende, maintenant, a-t-il déclaré.

Un petit couinement venant d'en haut nous a fait lever la tête. Papa s'est empressé de mettre sa main sur la bouche de Flossie avant qu'elle se mette à hurler en voyant les chauves-souris accrochées.

Puis il nous a chuchoté, à Trustin et à moi, de ne rien dire tandis que nous retournions vers l'escalier sur la pointe des pieds. Il a attendu que nous soyons en bas pour relâcher Flossie.

— Je peux pas vivre dans une maison avec des chauves-souris, a-t-elle dit.

— D-d-des chauves-s-s-souris ? a crié Lint au bout du couloir.

— Elles vont nous sucer le sang pendant notre sommeil, a gémi Flossie en frissonnant comme si elle les sentait s'agglutiner sur elle.

— Elle a raison, P'pa, ai-je ajouté. On va tous devenir des vampires. On va être obligés de jardiner la nuit parce qu'on ne pourra plus supporter la lumière du soleil.

— Les chauves-souris ne nous feront aucun mal, a répondu Papa en refermant doucement la porte. Ce sont des créatures utiles.

— Mais on peut pas vivre avec elles ici.

Flossie a levé les bras au ciel.

— Je vais les faire partir du grenier, et je vais leur fabriquer une petite maison que j'installerai sur un poteau dans le champ, comme ça, même si elles ne vivent plus à l'intérieur, elles auront toujours l'impression d'être chez elles ici, avec nous, les Carpenter.

— Comment tu vas les faire partir ? a voulu savoir Trustin.

— En me servant d'étoiles de sang, a répondu Papa en prenant une voix grave.

— C'est quoi, une étoile de sang ? lui ai-je demandé, imaginant un ciel inondé de rouge.

— Ce sont des étoiles remplies du sang de nos anciens qui sont morts. Le sang de ces Cherokees était tellement vénéré qu'il s'est élevé dans les cieux avec leur esprit pour devenir des étoiles rouges qui ont ensuite répandu la lumière de leur sagesse sur les vivants.

— Ça n'existe pas, des étoiles de sang, a immédiatement réagi Flossie.

— Oh que si, ma fille. Avant les étoiles de sang, il n'y avait pas de saisons. Une goutte de sang pour le printemps. Deux pour l'été. Trois pour l'automne et quatre pour…

— N'importe quoi, t'es bête, P'pa, l'a interrompu Flossie avant de s'éloigner, utilisant son petit doigt pour faire comme si elle se mettait du rouge à lèvres. Allons voir la grange.

Elle est passée la première tandis que Papa prenait Lint dans ses bras pour descendre l'escalier, et Trustin a suivi.

Je me suis arrêtée devant la porte ouverte de ma chambre. La pièce était vide, mais mon pyjama était par terre, sorti de la boîte, qui était écrasée comme si on avait marché dessus.

Dans la chambre suivante, Maman était assise sur le matelas. Tandis qu'elle se massait les jambes, j'ai vu les carrés familiers coincés entre ses bas et ses pieds. À l'époque je croyais que ces carrés étaient des morceaux de papier qu'elle mettait pour empêcher ses chaussures de glisser.

— Où sont Fraya et Leland ? lui ai-je demandé.

— Laisse-moi tranquille. (Elle s'est retournée et s'est allongée sur le matelas.) Je vais faire un petit somme avant de préparer le dîner.

— Mais ils sont où ? M'man ? M'maaan ?

Elle s'est relevée pour me regarder, ses deux sourcils arqués au maximum.

— Si tu continues à m'embêter, j'vais t'pendre par ta grande tignasse d'Indienne dans un arbre et je vais appeler les corbeaux pour qu'ils viennent te picorer les yeux. C'est ça qu'tu veux, Pocahontas ?

J'ai filé dans l'escalier, où j'ai failli tomber dans le virage. J'ai rattrapé Papa et les autres. Ils étaient dans le jardin, devant l'immense grange. Ses flancs élevés et abîmés se rejoignaient sous un toit en ardoise sur lequel était peinte la date "1803", chaque chiffre s'étalant sur toute la longueur du toit lui-même.

— L'année où l'Ohio est devenu un État, nous a dit Papa.

Nous avons baissé les yeux pour regarder les empreintes de mains délavées sur les planches de la grange. J'imaginais les gens en train de tremper les mains dans de la peinture de toutes les couleurs, puis se précipitant à corps perdu sur le bâtiment pour s'y écraser les paumes en avant. Certaines empreintes étaient barbouillées, comme si, une nuit, ils s'étaient tous mis à danser et avaient essayé d'entraîner la grange dans la ronde.

— Ce sont les mains de ceux qui l'ont construite, a précisé Papa en posant la sienne sur une empreinte jaune. Ou alors, elles appartiennent à quelqu'un qui ne pouvait pas s'en séparer.

Il a souri en contemplant le bâtiment, comme si tout le bonheur d'une vie pouvait dépendre de la possession d'une telle grange.

— Je parie que je vais trouver un poney à l'intérieur, a dit Trustin en y courant avec Flossie pour l'explorer.

Lint les a suivis, mais en s'arrêtant sans cesse pour ramasser des cailloux.

— P'pa ? Tu sais où sont partis Leland et Fraya ?

— Je les ai vus partir sur le chemin quand on est sortis. Je crois qu'ils sont allés en ville pour voir de quoi les gens ont l'air.

Il s'est retourné et a regardé le vaste terrain attenant à la maison.

— Imagine les saisons ici, ma Petite Indienne, m'a-t-il dit en souriant. Tout le reste du printemps, tu vas t'amuser à grimper dans cet arbre, là-bas. (Il a fait un geste en direction du grand chêne des marais tortueux dans la cour.) Ensuite, quand l'été arrivera, tu passeras la journée à manger des tomates dans le premier potager, qui sera là, à cet endroit. (Du doigt, il m'a montré un carré d'herbes hautes sur le côté de la maison.) À l'automne, tu resteras assise sur la véranda à regarder les feuilles tomber. L'hiver venu, tu taquineras les arbres nus en leur disant qu'ils ressemblent tous à des araignées sur le dos.

Il s'est fermement campé sur ses deux pieds pour observer le petit cours d'eau qui coulait au fond de la propriété, tout près d'un plaqueminier.

— Il n'y a pas meilleur endroit qu'ici, au bout de Shady Lane. C'est comme si Dieu nous avait ramassés pour nous mettre bien à l'abri dans Sa poche.

Un coup de tonnerre s'est répercuté dans le ciel. Lint est ressorti de la grange en courant et s'est rué vers Papa tandis que je regardais les nuages gris s'accumuler au-dessus de la cime des arbres.

— On dirait la fumée d'un incendie.

— Peut-être qu'un orage n'est rien d'autre que ça, m'a répondu Papa en levant les yeux, les paupières plissées. Vaudrait mieux tout rentrer à l'intérieur avant que ça se mette à tomber.

Lint et moi l'avons suivi jusqu'à l'allée, où il a fait basculer sur sa tête le matelas qui était sur le toit de la voiture. Lint a imité Papa pour aller d'un même pas jusqu'à la véranda.

Je me suis tournée vers la maison voisine de la nôtre. Dans le jardin, tondu et impeccable, une petite fille couverte de boucles dorées attachées avec un ruban blanc avait un gros ballon rouge dans les mains. Elle a fait rebondir son ballon en caoutchouc très haut au-dessus de sa tête.

— Moi j'ai sept ans, lui ai-je dit quand j'ai été suffisamment près.

— Et moi six.

Sa robe était d'un bleu exquis et ses chaussettes avaient des parements assortis à ce bleu.

— J'aime bien tes chaussettes.

Elle a souri. J'ai regardé derrière moi pour voir à qui elle souriait. Quand je me suis rendu compte que c'était à moi, je lui ai fait un large sourire aussi. Elle a fait rebondir son ballon dans ma direction. Je l'ai attrapé et lui ai renvoyé. On se l'est passé ainsi plusieurs fois. Quand elle riait, cela sonnait comme une clochette.

— Lance-le plus haut, m'a-t-elle demandé.

Je l'ai lancé aussi haut que j'ai pu.

— T'es ma meilleure copine, m'a-t-elle dit en captant le ballon.

— T'es ma meilleure copine aussi.

J'ai sautillé en tapant des mains.

— On jouera ensemble tous les jours, a-t-elle ajouté en me renvoyant le ballon.

Je l'ai attrapé juste au moment où la porte-moustiquaire fraîchement repeinte de sa maison en pierre s'ouvrait. Un homme en pantalon bleu pastel s'est avancé en pointant le doigt vers moi.

— Rends-lui son ballon. Immédiatement, m'a-t-il dit. Dans ce quartier, il n'y a pas de voleurs.

— On joue seulement, ai-je protesté.

— On joue seulement, Papa, a confirmé la petite fille.

— J'ai rien piqué, ai-je voulu ajouter.

— *Piqué*, c'est du langage de païen, a-t-il lâché tout en tirant sa fille derrière lui. Et je t'ai dit de rendre ça.

Je lui ai renvoyé le ballon. J'ai remarqué qu'il n'avait pas les mains d'un homme pauvre, et il n'en avait pas la transparence non plus. Le cadran de sa montre a reflété le soleil, jetant un éclair éblouissant. Ses yeux froids ont semblé faire de même.

— Chéri ?

Une voix de femme a jailli en même temps que la porte-moustiquaire s'ouvrait à nouveau. La femme en question a paru flotter dans le jardin et devant ses bordures de zinnias pour finalement se planter derrière l'homme. Jetant un coup d'œil par-dessus son épaule massive, elle lui a demandé :

— D'où est-ce qu'elle vient ?

Je n'ai pas hésité à lui répondre moi-même en tendant le doigt vers notre maison :

— De là, derrière. On emménage.

Ses boucles d'oreilles en perles se sont agitées quand elle a agrippé le bras de l'homme.

— Des gens de couleur ? a-t-elle hoqueté. Quand des gens de couleur se sont installés dans le quartier de Maman, elle a dit que même l'eau a commencé à avoir un drôle de goût.

— Ça ne m'étonne pas. (Il a fait un signe de tête en direction du ballon.) Elle a essayé de le voler.

— Mais on ne peut plus le reprendre, maintenant. Pas si elle l'a touché, a dit la femme en prenant la petite fille dans ses bras. Les gens de couleur ont toujours une maladie ou une autre. Elle a mis ses microbes dessus.

— Tu as raison.

Il a immédiatement lâché le ballon, puis il a sorti son beau mouchoir bien propre pour s'essuyer les mains.

— Ruthis, il ne faut pas jouer avec n'importe qui, ma chérie, a dit la femme en nichant la tête de sa fille au creux de son épaule tandis qu'elle la portait à l'intérieur. Les enfants dégoûtants peuvent te faire attraper des trucs dégoûtants.

Dès que sa femme et sa fille ont été en sécurité à l'intérieur, l'homme a frappé dans ses mains dans ma direction.

— File d'ici. Va-t'en. Allez.

Il a frappé encore plus fort dans ses mains, comme si je marchais à quatre pattes et que j'avais le ventre qui traînait par terre.

— Je t'ai dit de filer.

Il a tapé du pied, puis il s'est avancé vers moi.

J'ai déguerpi et me suis arrêtée dans notre allée. Il a continué à me surveiller pendant qu'il montait les marches de sa véranda. Avant d'entrer, il a tapoté les coussins à rayures vertes sur ses sièges en osier blanc.

J'ai aussitôt décidé de retourner dans leur jardin pour prendre le ballon rouge. J'ai cru entendre leur porte s'ouvrir à nouveau, mais je ne me suis arrêtée de courir qu'une fois à l'abri, dans les hautes herbes de chez nous. Alors je me suis mise à marcher en faisant rebondir le ballon dans notre allée, et en repensant à cet homme, à la façon dont il avait frappé dans ses mains propres et blanches.

THE BREATHANIAN

Une vitrine fracassée au milieu de la nuit

Les morceaux de verre craquaient sous les pieds des employés du Papa Juniper's Market quand ils ont entrepris le nettoyage, tôt ce matin, après avoir découvert qu'une grande vitre de la façade avait été pulvérisée par un coup de feu. Plusieurs habitants du quartier sont venus témoigner avoir entendu un coup de fusil tout proche vers 1 h 30 du matin.

Interrogé sur cet acte de vandalisme, le shérif a déclaré : "Les destructions volontaires sont prises très au sérieux, ici, à Breathed."

Des témoins affirment avoir vu une silhouette en train de s'enfuir du magasin après le coup de feu. Aucun n'a pu fournir une description précise du suspect.

Un voisin, Grayson Elohim, dont le domicile est situé dans Kettle Lane, venu constater les dégâts, nous a confié : "Quel dommage de voir cette vitrine brisée. C'était du verre de qualité."

Ce qui avait d'abord été pris pour des traces de sang sur les lieux s'est finalement avéré n'être que du ketchup provenant d'une bouteille cassée.

6

Cache-moi à l'ombre de tes ailes.
PSAUMES 17, 8

JE ME SOUVIENS de la douce odeur de la terre et des tiges de courge, aussi longues que mes bras et mes jambes, tandis que j'étais étendue dans le jardin. Les plantes piquantes, le bruit de la terre remuée avec les cailloux. Je plongeais le regard dans le vert sombre des feuilles de courge comme dans des yeux vert sombre. Le pied était encore trop petit pour porter des fruits. Il venait des graines que Papa avait plantées. Quand on avait emménagé dans cette maison il était déjà tard dans la saison, mais Papa pensait qu'on aurait tout de même une récolte avant les premières gelées.

— Oh là là, en voilà une grosse courge.

La voix de Papa m'est parvenue, suivie d'une éclaboussure d'eau froide sur les joues. J'ai ouvert la bouche pour boire l'eau qui coulait du tuyau qu'il avait à la main.

— Je voudrais bien être à ta place, Betty. Tu es aussi libre qu'une plante.

— Tu peux être une plante aussi, P'pa.

— D'accord. Essayons.

Il s'est allongé près de moi. Le soleil inondait notre visage.

— Tu aimes notre jardin, Betty ?

— Je l'adore.

Jardiner, au cours de ces premières années, était toujours une affaire de famille. Au jardin, Papa parlait autant qu'il travaillait.

— Pour les Cherokees, nous racontait-il, la terre est personnifiée au féminin. La mère. La *femme*. La première a été Selu. Elle pouvait faire du maïs en tapotant son ventre et elle faisait des haricots en caressant son aisselle. Mais sa magie a été vue comme de la sorcellerie et elle a été assassinée par des garçons sauvages. Son sang s'est infiltré dans la terre. C'est de ce sang que tout a poussé. Aujourd'hui encore, le sang de Selu est dans notre sol.

L'herbe n'était jamais tondue, mais le jardin était toujours propre, bien entretenu par Papa qui avait fait deux potagers séparés par les quatre-vingts pas que mes sœurs et moi avions mesurés. Le premier carré était cultivé pendant trois ans pendant que l'autre était laissé au repos.

— Dans un sol, il y a trois bonnes années en réserve, nous avait dit Papa. La première vous donnera une récolte spectaculaire. Du genre qu'on n'oublie jamais. La deuxième donnera une récolte correcte, mais vous vous souviendrez seulement de certaines choses. La troisième année, vous obtiendrez une récolte dont vous ne vous souviendrez pas du tout. C'est la terre qui vous dit qu'elle a besoin de repos. Alors vous laissez cette terre dormir aussi longtemps qu'elle vous a donné des récoltes. Trois ans de culture, trois ans de tranquillité.

Il avait entouré chaque carré d'une clôture en vigne qu'il avait taillée en se servant de nous, mes sœurs et moi, comme instruments de mesure.

— Où est mon mètre ruban ? demandait-il jusqu'à ce que l'une d'entre nous vienne lui offrir un bras ou un doigt.

À l'entrée de chaque carré, il avait planté des savonniers. Les arbustes n'étaient pas là pour faire joli, mais parce qu'ils constituaient pour le sol un apport naturel en azote. Il savait toutes ces choses comme d'autres savent qu'ils peuvent acheter un engrais tout prêt dans un magasin.

Papa était une véritable encyclopédie des plantes, particulièrement en ce qui concernait leur usage médical. Partout où nous sommes allés, il a toujours attiré à lui une petite quantité de gens disposés à lui acheter ses tisanes, ses fortifiants et autres préparations. Breathed ne faisait pas exception. Déjà, il aidait un vieil homme souffrant d'hydropisie en lui concoctant une tisane diluée à partir de chanvre du Canada. Il n'a jamais prétendu posséder de remède miracle. Il voulait seulement faire profiter les gens d'une certaine sagesse botanique que, disait-il, nous avions tendance à oublier.

— Tout ce dont nous avons besoin pour vivre une vie aussi longue que ce qui nous est accordé nous a été donné dans la nature, disait-il. Ça ne signifie pas que si vous mangez telle ou telle plante vous ne mourrez jamais, car la plante elle-même mourra un jour, et vous n'avez rien de plus qu'elle. Tout ce que nous pouvons faire, c'est guérir ce qui peut l'être et apaiser les souffrances causées par ce qui ne peut pas l'être. En tout cas, nous apportons la terre en nous et entretenons la conscience que même la plus petite feuille a une âme.

Mon père tenait à ce que nous apprenions tous et toutes à jardiner nous-mêmes, mais Trustin avait plus envie de dessiner le potager que d'y travailler. Lint consacrait toute son attention au ramassage de cailloux. Flossie s'interrompait sans cesse pour prendre des bains de soleil tout en me rappelant que Maman avait dit que je devais rester à l'ombre.

— Sinon tu vas devenir trop noire, me disait-elle en souriant, avant de se mettre sur le dos pour bronzer de face.

Fraya était surtout intéressée par les fleurs. Elle aimait les zinnias et les pivoines, mais ce qu'elle préférait par-dessus tout, c'étaient les pissenlits. Flossie répétait sans arrêt que les pissenlits n'étaient que des mauvaises herbes, mais pour Fraya ils n'étaient en rien inférieurs aux roses. Elle s'asseyait dans l'herbe et mangeait les fleurs d'un jaune éclatant jusqu'à ce que sa langue en prenne la couleur. Elle tirait sa langue jaune de temps en temps, pendant que Papa nous racontait ce que signifiait être une femme cherokee dans le passé. Il nous parlait de ces choses parce qu'il disait qu'il était important que mes sœurs et moi sachions comment c'était autrefois.

— En ce temps-là, avant que l'ombre de l'homme blanc ne vienne s'étendre sur nous, expliquait-il tout en enfonçant sa bêche dans le sol, c'étaient les femmes cherokees qui cultivaient la terre parce qu'elles avaient le sang de Selu en elles. Le sang est très puissant. Après la pluie, après la poussière, seul reste le sang. Les hommes cherokees n'avaient pas le sang de Selu, et donc, ni la terre ni les récoltes ne leur appartenaient. Elles n'appartenaient qu'aux femmes.

— Alors comment ça se fait que c'est toi qui jardines maintenant ? demandait Flossie. T'es pas une femme, Papa.

— Je le fais parce que ma mère et ma grand-mère m'en ont donné la permission. Elles m'ont tout appris. Je n'ai peut-être pas, comme elles, le pouvoir d'être une femme, mais je possède leur sagesse. Et c'est cela que je peux partager avec vous trois.

Il a pris une poignée de terre. Elle était légère car il avait brûlé des brindilles et des branches à la surface. Il a fait couler cette terre friable dans mes mains et celles de mes sœurs en nous assurant :

— Ce n'est pas le soleil qui fait pousser les récoltes, c'est l'énergie qui vient de vous trois. Imaginez ce que chacune de vous peut faire pousser avec le pouvoir qui est en vous.

Près d'une souche d'arbre à côté du potager, Papa a construit une plate-forme avec des planches, soutenue par quatre poteaux en bois. Ces piliers mesuraient un mètre cinquante de haut et ils étaient profondément enfoncés dans le sol. Papa avait aussi taillé des marches dans la souche, afin d'en faire une échelle.

— Il y avait une scène comme celle-là dans le jardin de ma mère, et dans tous les jardins avant le sien, en remontant jusqu'à l'origine des temps. Les femmes et les filles s'asseyaient sur cette plate-forme et elles chantaient pour éloigner des récoltes les corbeaux et les insectes. Tandis qu'elles chantaient, leurs voix s'infiltraient dans le sol et nourrissaient les racines des plantes, et les rendaient plus fortes.

— Les garçons ne montaient pas sur cette scène pour parler et chanter ? a demandé Fraya.

— Non. Ils n'avaient pas le pouvoir que possédaient les femmes et les filles.

Mes sœurs et moi avons appelé cet endroit le "Bout du Monde", parce que même s'il était juste là, tout près, dans notre cour, il nous semblait si éloigné que nous ne nous y sentions retenues par rien ni personne. C'était notre monde à nous, et si vous aviez entendu la langue que nous y parlions, cela vous aurait paru être de l'anglais, mais nous aurions été prêtes à jurer que cela ne pouvait se comparer à rien de connu. Avec nos mots, nous racontions des histoires qui n'avaient pas de fin et nos chants comportaient toujours des refrains infinis. Nous nous transformions les unes en les autres, et chacune devenait conteuse, actrice, chanteuse et compositrice, prenant la mesure des choses qui nous entouraient jusqu'à ce que nous sentions que nous avions tracé les grandes lignes de la géométrie qui devait nous projeter de la vie qui était alors la nôtre à la vie à laquelle nous pensions être destinées.

De bien des manières, le Bout du Monde était nos espoirs et nos désirs qui se manifestaient sous la forme de quatre coins de bois. Je voyais cela dans la façon dont mes deux sœurs se tenaient tour à tour au bord de cette estrade, parfaitement immobiles, le vent fouettant leurs cheveux. Elles ne m'avaient jamais paru si grandes auparavant, tandis qu'elles plantaient leurs pieds à une distance l'un de l'autre qui leur semblait être signe de pouvoir. Elles tripotaient le tissu de leur robe d'une main et tendaient l'autre devant elles, sentant le vent caresser leur paume. À voir comment elles regardaient au loin depuis cette plate-forme, on aurait dit qu'elles vivaient depuis longtemps, qu'elles étaient déjà des femmes.

Pourtant, nous étions encore des enfants, là aussi. Nous courions entre les quatre coins de cette scène sans jamais nous aventurer au-delà de ses limites, comme si le monde était tout entier là, assez grand pour contenir les rêves de trois filles. Nous faisions semblant d'avoir reçu une balle en plein cœur pour ressusciter peu après. Le ciel se retournait pour devenir un océan dans lequel nous nagions, battant des jambes dans l'eau tandis que nous gardions une main posée sur la scène flottante, l'autre étant libre de jouer à projeter des éclaboussures ou de se tendre vers les baleines qui passaient tout près de nous. La nuit, ce n'était plus le bois dur des planches que nous sentions sous nos doigts, mais le corps doux et chaud d'un oiseau assez grand pour s'arracher à la pesanteur et nous emporter si haut dans les airs que le chagrin n'existait plus. Flossie filait sur une aile et nous disait qu'elle allait plonger au milieu des étoiles pour en devenir une elle-même. Nous partagions une même imagination alors. Une seule et belle pensée. L'idée que nous étions importantes. Et que tout était possible.

Et cela finissait toujours par tant de danse que nous nous endormions sur la scène pour nous réveiller le matin suivant dès que le soleil se levait. Accompagné du spectacle – rien que pour nous, nous semblait-il – des nuages roses et orange.

— Il y a trop de soleil, disait toujours Fraya.

— Pas assez, répliquait Flossie.

Je me situais toujours quelque part entre les deux :

— C'est très bien comme ça.

Et, précisément, c'était *très bien comme ça* à notre bout du monde.

— La malédiction ne peut pas nous atteindre ici. (Flossie s'était mise à parler avec un fort accent sudiste.) Non, elle ne viendra pas jusqu'ici.

Mais dès que nous quittions la scène et que nous nous éloignions de notre monde, la réalité ne tardait pas à se rappeler à nous. La malédiction faisait partie de cette réalité. Flossie paraissait l'accueillir à bras ouverts dans la mesure où elle se servait de cette malédiction comme matériau pour parfaire son jeu théâtral. Elle portait la main à son front en s'écriant : "Ce tourment, notre supplice", avant de se renverser en arrière, comme si elle s'évanouissait.

Je ne voulais pas croire en l'existence d'un mauvais sort qui aurait été jeté sur la maison ou sur nous. Pas après tout le travail que nous avions accompli. Toute la saleté et les débris avaient été balayés et poussés dehors, la poussière formant de gros nuages qui avaient roulé au bas des marches de la véranda. Nous avions frotté les sols à genoux, nous avions lessivé les murs jusqu'à ce que même les ombres soient propres. Je me souviens comment brillaient les lambris après que ma mère les eut cirés. Plus tard, avec la chaleur, le bois allait se dilater, racontant sa propre histoire.

Crac, crac.

Dans la cuisine, au-dessus de l'évier, Maman a accroché les rideaux jaunes provenant de sa chambre quand elle était petite. Elle a contemplé les fleurs blanches imprimées sur chaque panneau et elle a dit qu'ils allaient bien à cet endroit. Puis elle a pris son seau et elle a lavé autour des impacts de balles. Je m'attendais à voir du sang sur sa serpillière, mais il n'y avait que du plâtre, des morceaux de papier peint et des éclats de bois.

Pendant ce temps, mon père aussi travaillait à la maison. Il ressemblait à n'importe quel autre homme, avec son marteau à la main. Tout au moins jusqu'au moment où il commençait à raconter des histoires à chaque clou qu'il enfonçait. Entre ses *il était une fois* et ses activités manuelles, il a chassé les chauves-souris du grenier, puis il a fait des charnières avec de vieilles ceintures en cuir pour toutes les portes qui en avaient besoin. Il a réparé les trous dans le toit, dans les murs et dans le plancher, mais la bâtisse ne pourrait jamais retrouver l'allure qu'elle avait eue dans ses plus beaux jours. Peut-être qu'en la regardant sous un bon angle on pouvait encore se faire une petite idée de ce qu'elle avait été. Mais le passage des saisons fait beaucoup de mal à une maison abandonnée à elle-même. Nous avons fait de notre mieux pour lutter contre la ruine. Malgré ses défauts, j'aimais bien cette maison, et je me demandais si elle nous aimait en retour. Nous avons essayé de la remplir de jolies choses, comme la peau de cerf que Papa a accrochée pour servir de porte à leur chambre qui n'en avait plus. Nous avons posé nos tapis catalognes sur le parquet un peu partout et disposé le peu de meubles que nous possédions. Les tables, les chaises, les placards et tous les autres équipements dont nous avions encore besoin étaient des choses que Papa allait fabriquer au fil du temps en suivant la tradition de son père.

Cinderblock John nous a procuré des appareils ménagers, car en plus d'acheter des maisons, il achetait les objets qui allaient avec. Papa a payé Cinderblock John en effectuant des travaux dans les maisons qu'il louait. Nous n'avons pas tardé à avoir un réfrigérateur avec le compresseur sur le dessus ainsi qu'un congélateur coffre.

Peu de temps après, Leland a fait sa réapparition. Il avait avec lui un meuble télévision.

— Ça vaut dans les combien, un truc comme ça ? lui a demandé Papa.

— Je l'ai eu pour trois fois rien, a répondu Leland en détournant le regard et en se mordant l'intérieur de la joue. Tu le veux, oui ou non ?

— Oh, s'il te plaît, prends-le, s'il te plaît, a supplié Flossie en tirant sur la chemise de Papa.

— Bon, très bien, a répondu Papa, puis il a aidé Leland à transporter la télévision dans le salon.

L'image était en noir et blanc, mais Flossie a couiné de plaisir comme si c'était un arc-en-ciel de couleurs.

Après cela, Leland est resté à la maison. Parfois il dormait sur le canapé à fleurs orange, en bas. Quand il ne passait pas la nuit à la maison, il rentrait le matin avec la chemise à moitié boutonnée et un appétit qui donnait l'impression qu'il pourrait manger tout le gibier dans les bois à lui tout seul. L'armée ne lui avait accordé qu'une courte permission, mais il est resté beaucoup plus longtemps. C'est dans les premiers jours d'août que les types de la police militaire, avec leurs brassards, sont venus le chercher. Ils l'ont conduit à leur véhicule sous bonne escorte pendant que nos voisins assistaient au spectacle depuis leur jardin.

— Il n'y en a pas un parmi eux qui soit comme il faut, ont-ils dit d'une seule voix. J'espère qu'ils vont tirer profit des bonnes mœurs de cette ville.

Peut-être pensaient-ils que l'endroit tout indiqué où nous pourrions apprendre leurs prétendues bonnes mœurs était leur école. Fraya allait entrer en avant-dernière année au lycée et Flossie en dernière année d'école élémentaire. Moi, je n'étais pas allée à l'école l'année précédente, alors que j'avais déjà six ans.

— Je veux pas quitter Papa, avais-je alors dit.

Maintenant, habitant Breathed et âgée de sept ans, j'entrais au cours préparatoire.

Le premier jour, j'attendais le bus avec mes sœurs quand une voiture rouge étincelante est passée. Appuyé contre la vitre arrière, j'ai aperçu le visage de la petite fille aux cheveux d'or de nos voisins. J'ai dit à Fraya et Flossie qu'elle s'appelait Ruthis.

— Petite mademoiselle Ruthis, a répété Flossie en se servant de la pointe de ses chaussures basses pour éparpiller du gravier.

— Tu es nerveuse, Betty ? m'a demandé Fraya en me voyant faire rouler dans mes mains une des billes de ginseng de Papa.

— Pourquoi il faut que j'aille à l'école ? ai-je répondu en haussant les épaules. Je sais déjà tout.

— Dis Betty, m'a lancé Flossie en se tournant vers moi, t'es au courant qu'on peut pas rester collées l'une à l'autre à l'école, hein ?

— Flossie, a dit Fraya en lui donnant un coup de coude. Arrête ça.

— Je veux dire, à la maison, ça va, bien sûr, a poursuivi Flossie, ignorant Fraya. Mais à l'école, il faut pas qu'on nous voie ensemble.

— Pourquoi ?

— Ça ne te paraît pas évident ? Je veux dire, regarde-toi. Tu vas pas être l'élève la plus populaire en classe, Betty. Je peux pas te laisser plomber mon image comme ça.

— C'est moi qui veux pas être vue avec toi.

Je lui ai lancé ma bille.

— Bon. (Elle a enfoncé la bille dans la terre avec son talon.) Alors on est d'accord.

— Je te déteste. Je vais écraser un crapaud et je dirai à Dieu que c'est toi qui l'as fait.

— Ferme-la. Tu es en colère juste parce que tu sais que tu ne vas pas te faire d'amis.

— Elle ne pense pas ce qu'elle dit, Betty, m'a dit Fraya en tendant la main vers moi, mais je me suis reculée.

— Je vais aller à l'école à pied. Je veux pas qu'on me voie avec cette mocheté de Flossie dans le bus.

Je suis partie en courant dans les bois pendant que mes sœurs prenaient le bus. Au lieu de prendre la direction de l'école, j'ai suivi le chemin qui me ramenait à la maison. En arrivant, j'ai vu Papa devant le garage en train de donner un bocal de liquide sombre à une femme que j'ai reconnue, car elle habitait quelques maisons plus loin. Lint était collé contre la jambe de Papa. Il avait le pouce dans la bouche et il écoutait Papa qui expliquait à la femme que le contenu du bocal était une décoction.

— Ce sont différentes écorces que j'ai fait bouillir. Avez-vous déjà entendu parler de *Gleditsia triacanthos* et de *Clethra acuminata* par hasard ?

La femme a secoué la tête.

— C'est du carouge à miel et du poivre de montagne, me suis-je dit tout bas tandis que je me baissais derrière les buissons.

— C'est du carouge à miel et du poivre de montagne, lui a dit Papa. C'est bon pour votre toux.

— Quel goût ça a ?

— Ce qui compte, c'est pas quel goût ça a pour vous, mais quel goût ça a pour le serpent. C'est pour ça que vous toussez. Vous avez un serpent juste ici, a poursuivi Papa en lui touchant la gorge. Et le serpent va trouver cette boisson très très bonne. Si bonne en fait, qu'il va avoir envie de se glisser hors de vous immédiatement. Si vous sentez cela, allez à la rivière et laissez le vomi sortir. L'eau apaisera la colère de la toux et rafraîchira la chaleur du serpent.

— On m'avait prévenue que vous pourriez dire des choses bizarres comme ça, a réagi la femme.

— Je trouve qu'une petite dose d'histoire à raconter complète bien le remède.

Tandis que la femme s'éloignait, je me suis glissée dans la grange et j'ai grimpé au grenier. J'ai pris mon carnet et mon crayon dans la poche de ma jupe et je me suis mise à écrire. Quelques secondes plus tard, j'ai entendu Lint demander à Papa pourquoi les empreintes de mains sur la grange bougeaient.

— Non, mon garçon, elles ne bougent pas.

Leurs voix pénétraient dans la grange.

— Si, elles b-b-bougent, s'est écrié Lint en prenant un caillou dans sa poche.

Après l'avoir lancé sur la grange, il est reparti en courant vers la maison où Trustin était occupé à dessiner sur la véranda.

— Betty ? a lancé Papa. Je sais que tu es là. Je t'ai vue traverser la cour.

— Non, tu ne m'as pas vue, ai-je répondu en reculant vivement. Je ne suis pas là.

L'échelle du grenier s'est déplacée sous son poids quand il a commencé à grimper.

— Pourquoi t'es pas à l'école ?

— Je veux pas y aller, ai-je sifflé comme un serpent pris au piège. J'ai pas envie qu'ils me fassent respirer le dernier souffle d'un mourant.

— Mais ils ne vont pas faire ça, Betty.

— Comment tu le sais ?

— Parce que je ne les laisserai pas faire.

Il était en haut de l'échelle maintenant, et il me tendait la main.

— Allez, viens. Tu ne peux pas rester éternellement cachée dans un grenier, Petite Indienne. Tu ne t'instruiras jamais. Si tu n'as pas d'instruction, les gens auront une bonne raison de dire que tu es bête comme tes pieds. Tu as envie qu'on dise que tu es bête comme tes pieds ?

J'ai secoué la tête.

— Alors viens, je vais t'y conduire.

Pendant que je descendais de l'échelle, il m'a assuré que j'allais bien m'amuser à l'école.

— Si c'est si amusant, comment ça se fait que tu n'y vas pas, toi ? lui ai-je demandé en sautant du dernier barreau.

— J'y suis allé quand j'étais petit, mais j'ai dû arrêter au bout de trois ans pour travailler dans les champs et subvenir à nos besoins. Tu ne sais pas quelle chance tu as de pouvoir aller à l'école. Personne dans notre famille n'a jamais eu le diplôme de fin d'études au lycée. Fraya sera la première. Ensuite il y aura Flossie. Après, ça sera toi et les garçons. Ne tourne pas le dos à cette possibilité qui t'est offerte, Petite Indienne. (Il a passé son bras autour de mes épaules tandis que nous sortions de la grange.) Tu vas te faire tant d'amis.

— Non, ils vont me demander pourquoi j'ai l'air différente. Les gens me posent toujours cette question.

— Tu leur diras ce qu'on leur dit toujours. Tu es…

— Cherokee, je sais. (J'ai baissé les yeux en marchant vers la voiture.) Mais je ne veux pas y aller, c'est tout.

— Si tu n'y vas pas, tu ne pourras jamais trouver l'Œil Fabuleux d'Antan.

— Quel Œil Fabuleux d'Antan ?

— Celui qu'un vieux sage cherokee a sculpté, il y a de cela très longtemps, pour les enfants qui devaient aller à l'école. Cet ancien voulait créer un œil qui n'avait jamais été fait auparavant. Un œil avec cinq pupilles et un iris appartenant à la rivière. Toujours en mouvement, toujours une surprise sous la surface. Mais seuls les enfants comme toi sont capables de le voir.

— Des enfants comme moi ?

— Des Cherokees.

— Et qu'est-ce qu'il a de spécial, cet œil ?

— Si tu plonges ton regard dans cet œil, tu vois toutes les choses de chez toi qui te manquent.

— Tout ? (J'ai levé les yeux vers lui.) Même toi ?

— Tout. Même moi.

En imaginant cet œil, j'ai sautillé devant mon père et je suis montée dans la Rambler. Plus tard, Papa jurerait que j'avais eu un sourire sur les lèvres tout le long du chemin, mais plus on se rapprochait de l'école, plus je devenais nerveuse.

Papa s'est garé près d'un petit bouquet d'arbres et je suis sortie de la voiture, m'attendant à le voir redémarrer. Au lieu de cela, il est descendu avec moi.

— Je peux y aller toute seule.

— Oh, je sais très bien ce que tu vas faire, a-t-il répliqué. Tu vas te trouver un autre grenier dans une grange ou une caverne dans les montagnes pour te cacher.

— Une caverne, ai-je marmonné. Mais pourquoi je n'y avais pas pensé ?

Papa a ouvert la porte et nous sommes entrés dans l'école. À la différence de l'extérieur en briques beiges, l'intérieur était entièrement couvert de bois sombre, ce qui faisait ressortir la porcelaine blanche de tout l'éclairage. Les couloirs étaient déserts. Il y avait une affiche collée sur chaque porte fermée indiquant le nom de l'enseignant et la classe.

— Ah, c'est ici, a dit Papa en trouvant l'affiche du cours préparatoire.

Il a frappé doucement à la porte, mais n'a laissé à personne la possibilité de l'ouvrir avant lui. La porte était située au fond de la classe. Tout le monde s'est retourné pour nous dévisager d'un air étonné. Quelques enfants se sont mis à rire en voyant mon père. Je l'ai détaillé de la tête aux pieds pour essayer de voir ce qu'ils auraient pu trouver drôle.

— Que puis-je pour vous ? a demandé la maîtresse.

— Ma petite fille est prête pour son premier jour d'école. (Papa m'a poussée en avant.) Elle ne le dira pas, mais elle est très impatiente. Elle s'est brossé les cheveux et tout.

Les enfants ont commencé à chuchoter entre eux.

— Regardez-moi ça, tous ces jeunes, a lancé Papa en s'adressant à toute la classe tandis qu'il sortait de sa poche un bonbon à la menthe.

Il a écrasé le bonbon sur une table avec son poing, chaque coup faisant sursauter tous les élèves.

— Un petit bout pour chacun, leur a-t-il dit, cassant le bonbon en suffisamment de morceaux qu'il a ensuite distribués.

Certains morceaux n'étaient rien de plus que de minuscules éclats.

— Les enfants, la maîtresse a tapé dans ses mains. Ne mangez pas cela.

— C'est juste un bonbon, lui a dit Papa.

— Je n'en doute pas.

Elle a récupéré tous les morceaux.

— Bon, je vais bien, P'pa, maintenant. Tu peux partir.

J'ai essayé de le pousser hors de la pièce.

— Je vais te trouver une bonne place.

Il a arrondi ses mains en forme de longue-vue et il a fait le tour de la classe. La salle était petite, mais il a fait comme s'il inspectait une surface de cinquante hectares. J'ai tiré sur son bras.

— P'pa, là, il y en a une.

J'ai tendu le doigt vers une table inoccupée, dans le fond, près des fenêtres ouvertes. Il m'a soulevée comme il l'aurait fait avec Lint, puis il m'a portée jusqu'au siège. Pendant ce temps, j'ai bien regardé la maîtresse. Elle était plus jeune que ce à quoi je m'attendais. J'avais imaginé un chignon gris, des mocassins aux talons éculés et une broche au col de son corsage, à la manière dont Flossie avait toujours décrit ses maîtresses. Mais la mienne n'avait pas l'air beaucoup plus âgée que Fraya. Elle avait des chaussures à hauts talons et au lieu d'être fermé par une broche, le col de sa robe à pois était ouvert.

— Je peux marcher toute seule, P'pa, ai-je dit en me tortillant pour me dégager de ses bras, avant de m'asseoir, essayant de me cacher derrière la table. Très bien, P'pa. Rentre à la maison, maintenant.

Il a dit à la maîtresse qu'il aimerait bien lui parler. Elle a porté la main à la boucle blond vénitien qui retombait sur sa tempe avant de le rejoindre dans le couloir.

Le garçon assis devant moi s'est retourné. Il avait des cheveux bruns raides et des yeux rapprochés.

— Tu t'appelles comment ?

— Betty.

Il a fait une grimace et il m'a dit :

— T'as une drôle de façon de parler.

— La tienne est encore plus drôle.

— En plus, t'as un drôle d'air. Et ton vieux aussi.

— C'est toi qui as un drôle d'air, ai-je répondu en fronçant les sourcils. Et mon père n'est pas vieux. C'est Papa.

Le garçon a fait claquer ses lèvres en m'examinant.

— Je n'en avais jamais vu une comme toi, à part dans des films.

— Il y a des tas de filles dans la classe, ai-je répliqué en les montrant du doigt. Là. Là. Là…

Mon doigt s'est pointé vers Ruthis. Elle me regardait fixement.

— Tu parles, je le sais bien qu'il y a des filles dans la classe. (Il s'est tourné complètement vers moi et a posé les bras sur ma table.) Je veux dire que j'avais jamais vu une personne de couleur avant.

— Et moi, j'avais encore jamais vu quelqu'un qui avait les fesses à la place du visage, et si tu ne te retournes pas tout de suite, je vais prendre le couteau de mon père et te découper en tout petits morceaux que j'enverrai à ta mocheté de mère dans une boîte en forme de cœur. Elle devra écrire des lettres à toute la famille pour leur raconter ce qui t'est arrivé et elle pleurera, pleurera sans arrêt, jusqu'à ce qu'on soit obligé de la piquer comme un chien enragé.

— Petite.

La voix de la maîtresse m'a fait sursauter.

Le garçon a ricané en se retournant.

— Petite, a répété la maîtresse. On ne parle pas comme ça ici.

J'ai levé les yeux. Son visage avait un air menaçant.

— Qu'est-ce que mon père vous a dit ? lui ai-je demandé.

— Quand tu me parles, tu me dis madame.

— Bon, qu'est-ce que mon père vous a dit, *madame* ?

— Il m'a dit que tu t'appelles Betty Carpenter et que tu es sournoise.

— Il ne dirait jamais ça.

— Oh si, il me l'a dit. (Elle a pris sa grande règle sur son bureau et l'a fait claquer dans sa paume.) Il a dit que tu étais sournoise et que je devrais t'avoir à l'œil pour t'empêcher de t'éclipser. (Elle a fait marcher deux doigts en l'air comme si c'étaient des jambes.) Mais c'est vrai que vous autres avez tendance à être du genre plutôt fourbe, pas vrai ?

Elle s'est approchée et a passé son doigt sur mon bras nu. Elle a regardé son doigt comme si elle s'attendait à voir que quelque chose était parti de ma peau.

— Pourquoi elle est si foncée, m'dame ? a demandé une fille à l'autre bout de la classe.

— Parce qu'elle se passe de la graisse, a répliqué la maîtresse.

— Non, c'est pas vrai, ai-je protesté.

— Si, c'est vrai. (La maîtresse s'est plantée au-dessus de moi.) Tu te passes de la graisse sur la peau et tu restes assise toute la journée au soleil à ne rien faire, et tu deviens de plus en plus paresseuse et de plus en plus foncée.

— Je ne mets pas de graisse sur ma peau.

— Tu mens.

Elle a donné un coup de règle sur le dos de mes mains.

J'ai senti les larmes me monter aux yeux, mais je ne voulais pas qu'elle me voie pleurer.

— Je vais dire à mon père que vous m'avez frappée.

— Si tu le dis, je ferai traîner ton père jusqu'ici et je le ferai battre aussi.

— Pas vrai.

— Ah, tu crois ? Eh bien, essaie un peu, ma petite, et tu vas voir ce qui va se passer.

Elle a tapoté sa règle dans sa paume tandis qu'elle commençait à expliquer la différence entre la gêne que l'on a à respirer quand on a le nez bouché et les gènes de l'hérédité.

— Sais-tu ce qu'est l'hybridation ?

Elle a prononcé ce mot savant comme si c'était un péché.

J'ai secoué la tête.

— Cela veut dire que le mélange des gènes de ton père avec ceux de ta mère n'est pas naturel. C'est comme si on mélangeait des échardes de bois à du lait et qu'on le vendait au public. Tu aurais envie de boire une bouteille de lait qui contiendrait des échardes, Betty ?

Non, Mme Flèche.

— Ça serait vraiment désagréable. Tu es bien d'accord, Betty ?

Oui, Mme Poignard.

— Et tu dois aussi admettre, petite squaw, que toi et tes semblables, vous êtes les échardes dans notre bon lait frais, crémeux et sain.

Oui, Mme Couteau-dans-mon-ventre.

Je me suis caché le visage dans les mains. Quand l'heure de la récréation est arrivée, j'ai été soulagée de pouvoir sortir et rester éloignée des autres élèves. Tandis qu'ils jouaient aux balançoires et tournaient sur le manège, je suis allée marcher dans les hautes herbes sur le côté du bâtiment. C'était le seul endroit de cette école qui me rappelait ma maison.

— Elle est tellement bizarre.

La voix m'a fait me retourner et j'ai vu un groupe d'enfants près de la cage à barres. Ils étaient tous en train de me regarder. Ruthis était parmi eux.

— Tu viens pas te balancer sur les barres ? m'a lancé un des garçons. La cage, c'est bien pour les singes. Singe, singe, singe.

J'ai regardé Ruthis, et je me suis demandé si elle se rappelait qu'on avait joué ensemble avec son ballon rouge. J'étais sur le point de lui poser la question, mais deux autres filles sont venues lui parler à l'oreille.

— Vas-y. Fais-le, lui ont-elles dit ensuite en la poussant en avant.

— Je peux pas.

Elle s'est retournée vers elles. Je me suis assise et j'ai commencé à parler à l'herbe.

— De toute façon, j'ai pas envie d'être leur copine. Je préfère être ton amie, ai-je dit en passant la main sur la pointe des brins.

J'allais dire à l'herbe qu'elle était très jolie quand j'ai vu un œil fraîchement gravé dans l'écorce d'un des arbres près desquels Papa avait garé la voiture.

— L'Œil Fabuleux d'Antan.

J'ai couru vers l'arbre.

L'œil me rappelait ceux que Papa faisait pour les personnages en bois qu'il sculptait, mais je me suis laissé croire que celui-là en particulier n'était pas l'œuvre de son couteau. Tandis que je me penchais pour regarder de près chacune des cinq pupilles, j'ai été poussée par derrière. Perdant l'équilibre, j'ai tendu les mains, mais il n'y a eu personne pour me rattraper. Je suis tombée à plat ventre par terre. Avant que j'aie pu redresser la tête, on a relevé ma jupe tandis que deux enfants me tenaient les bras.

— Arrêtez, ai-je hurlé, pendant que quelqu'un descendait ma culotte jusqu'à mes genoux.

— Elle en a pas, a dit une voix.

— Lâchez-moi, ai-je crié en essayant de dégager mes bras.

Les deux qui me maintenaient m'ont libérée. J'ai aussitôt remonté ma culotte et en me retournant j'ai vu que c'était Ruthis qui l'avait baissée.

— Elle en a pas du tout, a dit une autre voix derrière elle.

— Qu'est-ce que j'ai pas ?

Je me suis relevée rapidement. Mes larmes coulaient comme du feu sur mes joues.

— Une queue, a répondu Ruthis en détournant les yeux. C'est eux qui m'ont poussée à le faire.

— Comment t'as pu penser que j'avais une queue ? ai-je demandé en agrippant ma jupe au cas où ils recommenceraient. J'suis pas un chat ni un chien.

— Les gens comme toi, ils ont une queue, a dit un garçon.

— Tout le monde dit ça, a ajouté un autre.

— Espèces d'idiots. J'ai pas de queue.

La maîtresse qui surveillait la récréation a donné un coup de sifflet et a commencé à rappeler tout le monde en classe. Le groupe s'est dispersé. Ruthis a été la dernière à partir, me laissant seule. Mon regard s'est alors posé sur l'œil sculpté.

— Tu as vu ce qu'ils m'ont fait ? lui ai-je crié, parce qu'il fallait que je crie sur quelque chose. Et tu ne les as pas empêchés.

J'ai ramassé un caillou et je l'ai lancé en plein sur les cinq pupilles. Ne pouvant rien faire d'autre, je suis rentrée dans le bâtiment, gardant les mains sur ma jupe tout le long du chemin, de peur que tout ça recommence.

Personne n'avait vu la moindre queue, mais quand on a regagné nos places, tous les élèves racontaient de quoi elle avait l'air en chuchotant.

— Elle avait tout plein de poils noirs et elle était grande comme mon pouce, disait une des filles.

J'ai posé la tête sur ma table et je suis restée comme ça tout le reste de la journée. Quand la cloche a sonné, je me suis précipitée et j'ai dépassé les bus sans m'arrêter. J'ai aperçu Flossie occupée à discuter avec un groupe de filles qui semblaient déjà être ses meilleures amies. Fraya était au milieu des plus petits. Je savais qu'elle était en train de me chercher.

J'ai couru aussi vite que j'ai pu à travers bois pour rentrer à la maison. En arrivant, je suis allée dans le garage, où Papa installait des étagères sur le mur du fond.

— Tu m'as obligée à aller dans cet endroit horrible, lui ai-je dit.

Je suis ressortie immédiatement, mais il m'a rattrapée dans la cour et m'a dit de me calmer.

— Je te déteste.

Je l'ai martelé avec mes petits poings.

— Tout va bien, m'a-t-il dit en m'attirant contre lui.

J'ai enfoui mon visage au creux de son épaule en criant :

— Ils ont dit que j'avais une queue. Mais j'ai pas de queue. C'est pas vrai.

— Évidemment que tu n'en as pas, ma Petite Indienne.

Il m'a cajolée pour que je relève la tête de son épaule. Il a enlevé les larmes de mes joues comme s'il enlevait des tiques.

— J'allais partir dans les bois à la recherche de ginseng, m'a-t-il dit. Tu veux venir ?

J'ai essuyé mon nez sur la manche de sa chemise avant d'accepter d'un hochement de tête.

— Attends, je vais chercher mon sac.

Il est allé dans le garage pour prendre son sac à cordon coulissant plein de billes qu'il avait taillées dans des branches.

— Prête ?

Il m'a tendu la main et nous sommes partis tous les deux dans les bois. Au passage, il me montrait les arbres.

— Celui-là, c'est une viorne à feuilles de prunier, Betty. Une espèce indigène de l'Ohio. Les oiseaux mangent ses baies en été. Et ça, c'est un genévrier de Virginie. Regarde comme son écorce a été grattée ? Ça veut dire qu'un cerf est passé par ici et y a frotté ses bois. Quand tu prélèves de l'écorce, souviens-toi bien, Betty, tu la prends à quel endroit ?

— Du côté exposé aux rayons du soleil.

— C'est ça. Et quelles racines dois-tu toujours récolter ?

— Celles qui s'étendent vers l'est.

— Très bien.

— Tu vois ? Je sais tout. Je n'ai pas besoin de retourner à l'école. Dis que je suis pas obligée d'y retourner, P'pa, s'il te plaît, l'ai-je supplié en tirant sur sa main.

— Ah, nous y voilà.

Il m'a lâchée et s'est avancé vers les asiminiers trilobés sous lesquels le ginseng se plaît particulièrement. Ignorant les jeunes pousses au bas de la colline, il a grimpé le flanc abrupt vers les plantes plus âgées, prêtes à être récoltées.

— Aide-moi à trouver un ginseng à trois branches, m'a-t-il dit. Comme ça, on sera sûrs que ce n'est pas sa première année.

J'ai cherché parmi les plantes jusqu'à ce que j'en trouve une à trois branches. Je les ai comptées tout haut.

— Très bien, m'a-t-il dit. Tu es une vraie chasseuse de ginseng.

Malgré la douleur de sa jambe droite raidie, il s'est mis à genoux, parce qu'il sentait que c'était ce qu'il devait faire. Cela faisait partie de tout un rituel, dans lequel il demandait au ginseng sa permission avant de le déterrer. Je me suis mise à genoux près de lui tandis qu'il fermait les yeux et que ses lèvres commençaient à bouger silencieusement. Je l'ai observé. Ses sourcils étaient crispés et sa concentration se lisait dans la façon dont sa tête était inclinée vers le sol plutôt que relevée vers le ciel. Je me suis demandé si je pourrais jamais parler à la nature avec la même ferveur que lui.

Pour l'imiter, j'ai fermé les yeux et posé les mains sur le sol. Au début, je n'ai pas su quoi dire, alors je me suis contentée de sentir. La terre molle qui remontait entre mes doigts. La lumière chaude du soleil sur mes épaules. Les plantes qui s'agitaient dans le vent et qui caressaient le côté de mes mollets. J'ai été envahie par le sentiment que mes doigts pouvaient s'allonger et se transformer en rivières, et que mon corps pouvait rester si immobile qu'il lui serait possible de se changer en montagne. Mes lèvres s'étaient mises à bouger avant même que j'aie pu m'en rendre compte. J'étais en train de demander à la terre d'où elle venait, puis je lui disais d'où je venais, moi. Tout ceci m'a ramenée au ginseng auquel j'ai demandé sa bénédiction, juste avant d'ouvrir les yeux.

J'ai vu Papa qui m'observait en souriant.

— Allons-y, Betty.

D'abord, il a cueilli les baies rouges, les déposant dans le creux de ma main. Avec le tournevis qu'il avait dans la poche, il a commencé à creuser autour des racines jusqu'à ce qu'elles soient bien dégagées, puis il a tiré le tubercule, prenant soin de laisser intacts les filaments. Il a choisi une bille dans son sac. Il l'a pressée entre ses doigts avant de la mettre dans le trou.

— Très bien, Petite Indienne, a-t-il dit en se tournant vers moi. Mets tes graines maintenant.

Avant de laisser tomber les baies dans le trou, je les ai doucement pressées, comme il l'avait fait avec la perle. Les baies assureraient la stabilité de la population de ginseng. La bille était la contribution de Papa en paiement des bienfaits de Mère Nature.

— Nous avons remercié la terre, a-t-il dit en comblant le trou.

Sur le chemin du retour avec notre récolte, Papa a arraché un petit morceau de l'écorce d'un tulipier. Nous sommes rentrés au garage, que Papa avait commencé à transformer en atelier pour ses plantes. Il avait déjà construit un plan de travail et un ensemble d'étagères contre le mur du fond. Dans un coin, il avait installé un petit poêle à bois, sur lequel il faisait bouillir ses herbes pour en faire des tisanes ou des décoctions qu'il stockait ensuite dans des bocaux alignés sur le plan de travail.

— Il me faut ma dent.

Il a attrapé la boîte de conserve, à l'arrière du comptoir. À l'intérieur, il y avait la dent qu'il avait enlevée au serpent à sonnette qui l'avait mordu au moment où il avait voulu le prendre dans mon berceau, quand j'étais bébé.

— L'esprit du serpent est dans sa dent, a déclaré Papa. Un esprit qui a failli me tuer quand son croc s'est enfoncé dans ma peau. Cela signifie un pouvoir immense. *Sssss, sssss*, a-t-il fait, pour parler comme le serpent.

J'ai fait cliqueter sa calebasse pendant qu'il remplissait une casserole avec de l'eau de la rivière, dans un seau posé par terre.

— Toujours de l'eau de la rivière. Souviens-toi de ça, Betty.

Il a fait tourner la dent de serpent dans sa bouche, la faisant dépasser sur sa lèvre inférieure jusqu'à ce que je me mette à rire. Puis il a porté la casserole sur le poêle à bois.

— Ça doit être aussi chaud que le soleil, a-t-il précisé.

Pendant qu'il mettait d'autres bûches dans le poêle pour activer le feu, j'ai posé la calebasse pour ramasser une branche de pin. Je l'ai trempée dans l'eau et me suis mis quelques gouttelettes sur le front.

— Toujours de l'eau de la rivière, a-t-il répété tandis qu'il écrasait de la racine de ginseng avec son marteau.

Il a plongé la racine et les feuilles de ginseng avec le morceau d'écorce de tulipier dans l'eau qu'il a fait bouillir, ajoutant quelques feuilles déchirées à la surface.

D'une boîte de conserve, il a tiré deux gousses de carouge à miel séchées. Il les a ajoutées à l'eau bouillante. Pour adoucir le breuvage. J'ai imaginé qu'il devait préparer cette mixture pour quelqu'un qui ne supportait pas le goût amer. Tout en remuant sa préparation, il a continué la leçon.

— Efficace contre les coups de froid, *Prunus virginiana*.

— Prou… nesse…, ai-je essayé de répéter aussi bien que je pouvais.

— Son nom courant, c'est le cerisier de Virginie.

— Bon pour les coups de froid, ai-je dit, et il a hoché la tête.

— Pour la fièvre, on utilisera le *Castanea pumila.*

— Catas…

— *Castanea pumila.* Nom courant : châtaignier nain.

Il s'est interrompu pour regarder la toile d'araignée dans le coin.

— Tu savais qu'on peut utiliser une toile d'araignée pour arrêter le saignement d'une plaie ? Souviens-toi de tout ça, Betty.

Il s'est écarté de l'eau en ébullition pour attraper la boîte de pointes de flèches. Il a choisi une grosse pointe de la couleur du grès et l'a mise dans la casserole.

— Pour donner à la mixture la force de la pointe, a-t-il expliqué.

J'ai écouté la pointe de flèche cliqueter sans cesse contre le fond de la casserole dans l'eau qui bouillonnait.

— J'apprends plus de choses avec toi que dans cette stupide école, P'pa.

Il a versé une louche de la potion bouillante dans une tasse en bois qu'il a posée sur le plan de travail pour la laisser refroidir un peu.

— Si tu ne vas pas à l'école, Betty, c'est eux qui gagnent. Ils gagnent cette guerre les doigts dans le nez, parce qu'il leur suffit de te pousser pour te faire tomber.

Il a enlevé la dent de serpent de sa bouche pour la tendre entre nous.

— C'est comme quand j'ai été mordu par le serpent à sonnette, a-t-il poursuivi. J'ai pensé que j'étais perdu, mais ce qui m'a mordu m'a rendu plus fort. Maintenant, c'est toi qu'on est en train de mordre.

Il a pris ma main et m'a piqué la paume avec la pointe du croc de serpent.

— Aïe !

J'ai retiré ma main d'un coup sec.

— Tu dois survivre à ça, Betty.

— Je peux pas, ai-je répondu en frictionnant le creux de ma main. J'suis pas forte comme toi.

— Si, tu es forte. Il faut juste que tu t'en souviennes. (Il a pris la tasse en bois.) C'est pour cette raison que je t'ai préparé ça.

— C'est que du ginseng.

— Avec une pointe de flèche. C'est ce qui en fait une boisson de guerrier.

Il m'a tendu la tasse encore chaude. J'ai regardé le liquide brun et j'ai plissé les yeux à cause de la vapeur.

— Ça va me brûler la langue.

— C'est suffisamment refroidi.

Les yeux toujours fixés sur le liquide, je l'ai regardé tournoyer un peu avant de porter la tasse à mes lèvres et d'aspirer lentement le breuvage chaud. J'ai bu jusqu'à ce qu'il ne reste plus que la pointe de flèche et le morceau d'écorce.

— Tu sens l'esprit en toi ?

— Je sens de la terre sur mes dents, ai-je répondu en y passant la langue tandis que je reposais la tasse.

— Mais est-ce que tu sens l'esprit, Petite Indienne ?

— Je ne sais pas. (J'ai plongé mon regard dans ses yeux.) Comment je peux être sûre ?

— Je vais te montrer.

Il a saisi ma main et, tout en faisant attention à sa jambe douloureuse, il a commencé à sauter sur place. Il s'est mis à rire comme s'il ne s'était jamais autant amusé de sa vie.

— Si tu restes immobile, Betty, tu vas passer à côté de quelque chose d'extraordinaire.

J'ai commencé à sauter aussi, un peu, au début, mais le large sourire de mon père m'a fait décoller du sol et rebondir de plus en plus haut, comme si nous étions sur le point de toucher le ciel.

— Tu le sens ? Tu sens l'esprit ?

— Je sens quelque chose, ai-je dit, ressentant le bruit sourd sous mes pieds quand je retombais.

— Il faut que tu le sentes complètement.

Il m'a traînée derrière lui pour courir en rond dans le garage.

— Tu sens l'esprit, maintenant ?

— Je le sens un peu plus.

— Il faut que tu le sentes complètement, a-t-il répété en nous faisant sortir du garage.

Me tenant toujours la main bien serrée, il m'a emmenée courir dans le champ.

— Où est-ce qu'on court ?

— Vers quelque chose de merveilleux.

Nos pieds ont martelé la terre en rythme jusqu'au moment où notre vitesse a été telle que j'ai eu la certitude que j'avais décollé du sol.

— Je le sens, ai-je crié. Je le sens complètement.

Et effectivement, je sentais l'esprit. Comme quelque chose qui se déversait en moi ; je voyais passer des traînées de couleurs. Bleues, jaunes, vertes. Le ciel, le soleil, l'herbe. L'expérience que j'avais vécue à l'école avait fait des nœuds dans mon âme dont j'étais maintenant capable de me débarrasser. J'éprouvais tout à coup pour tout ce qui m'entourait une sorte d'affection qui balayait la sensation de solitude qui m'avait presque anéantie dans la cour de récréation. Ruthis et tous les autres étaient ailleurs. J'étais certaine d'être en mesure de porter les choses les plus pesantes qui soient sur terre. Non pas de la pierre ou du fer, mais plutôt des spirales et toutes choses qui tournoient et tourbillonnent.

Je courais tellement vite que je doublais mon père et il me laissait partir devant, ma main glissant de la sienne. J'ai fait le tour du champ avant de m'arrêter et de revenir sur mes pas, en direction de mon père qui se tenait là, les bras grands ouverts pour m'accueillir. À cet instant j'ai compris vers quoi nous nous étions mis à courir. Nous courions l'un vers l'autre. J'ai sauté dans ses bras.

— Ma petite guerrière, m'a-t-il dit, blottissant son visage contre le mien.

7

Et les bêtes sauvages hurleront dans leurs maisons désertes,
et les chacals dans leurs beaux palais.
Isaïe 13, 22

Lint avait un visage d'enfant. Il avait un visage d'enfant et les yeux d'un vieil homme. Il avait un visage d'enfant et les yeux d'un vieil homme inquiet.

— Septembre l'apaisera, a dit Papa. Et toutes ses peurs détaleront devant lui comme un renard qui s'enfuit dans la nuit.

Papa disait cela chaque mois, comme si découvrir une nouvelle page du calendrier s'apparentait à l'ouverture d'une porte. Mais quand septembre est arrivé, suffisamment mince pour se glisser entre les branches d'un arbre, Lint a attrapé ce que Papa a appelé la tremblote des scarabées en raison du fait qu'il tremblait un peu à la manière de certaines larves.

— Il n'a que quatre ans, a dit Papa. Ce n'est qu'un enfant. Et les enfants croient qu'on ne les voit que quand ils bougent. Ça n'est que ça. Il bouge simplement pour qu'on n'oublie pas de le voir. Pour qu'on sache que, dans cette maison, il est là, avec nous.

Comme Lint continuait à trembler, Papa l'a porté dehors, devant un feu qu'il avait allumé dans le champ. Puis il s'est chauffé les mains aux flammes vives et orangées. Ensuite il les a posées sur Lint.

— Je te vois, mon garçon, a-t-il dit en appuyant les mains sur la poitrine de Lint. Je te vois.

Le tremblement s'est arrêté, d'abord dans le bras droit, puis dans le gauche.

— Je te vois.

Ses jambes ont cessé de trembler, puis sa tête a suivi.

— Je te vois.

Quand Lint a été aussi immobile que l'herbe autour d'eux, Papa a dit :

— C'est bien, mon garçon. Je te vois.

Lint s'est redressé et a souri. Papa a peut-être pensé que son fils irait assez bien pour continuer à se développer sans problème. Qu'il garderait la raison et que son rire viendrait le confirmer. Mais le dimanche qui a suivi, Lint a commencé à se plaindre de la présence d'animaux dans son corps.

— Sous ma p-p-peau, a-t-il dit à Papa. Ils b-b-bougent. Ça gratte et ça f-f-fait mal. Je sens le cerf qui p-p-pousse avec ses cornes dans mon d-d-dos. Un écureuil sur mon bras. Un op-opossum dans mon pied. Un co-co-coyote sur mon genou.

Partout où Lint prétendait sentir une bête, Papa soufflait sur l'endroit en question en imitant le cri de l'animal. Quand Lint disait qu'il y avait un loup dans son coude, Papa poussait un hurlement. Quand Lint disait qu'il y avait un tigre qui courait sur son dos, Papa grognait et montrait les dents. Après que Papa eut imité le cri perçant du faucon, Lint a affirmé que c'était le dernier animal.

Papa savait alors qu'en donnant de l'amour à Lint, il y aurait des ponts qui se créeraient, mais ils ne seraient pas toujours faciles à franchir. En vue de nous y préparer, Papa nous a avertis : nous ne devions pas parler de notre frère à des étrangers.

— Ils nous l'enlèveraient pour l'envoyer quelque part, nous a expliqué Papa, à un moment où Lint était dans le champ en train de chercher des cailloux.

— Où est-ce qu'ils l'enverraient ? ai-je demandé, sans vraiment savoir à qui ce "ils" faisait référence.

— Habiter dans une maison de scorpions, a répondu Papa. Des scorpions qui le piqueront jusqu'à ce qu'il oublie comment on parle. Pire encore, ils essaieront de le rafistoler, mais tout ce qu'ils feront, en fait, c'est le chasser hors de ce monde.

Chaque fois que Lint disait souffrir de symptômes imaginaires, tels que des cils douloureux ou des araignées dans les oreilles, Papa le soignait avec des remèdes comme si les troubles étaient réels.

— Promets que t-t-tu laisseras pas les d-d-démons m'emporter, P-p-papa.

Les nuits sont devenues de plus en plus difficiles pour Lint. Il était effrayé par les mauvais esprits qu'il sentait à moins de deux mètres de lui à tout moment. Souvent Trustin dormait sur le canapé, en bas, à cause du bavardage incessant de Lint. Les tisanes ne parvenaient plus à apaiser ses nerfs, alors Papa a essayé le café.

— Peux p-p-pas dormir, se plaignait Lint. Les dé-démons.

— Tu ne peux pas dormir, disait Papa, parce que quand tu es né, je t'ai lavé les yeux avec une eau où j'avais laissé tremper une plume de merle pendant trois jours. Je voulais faire de toi un lève-tôt, mais j'ai laissé tremper la plume trop longtemps. Maintenant tu veux te lever tellement tôt que tu ne peux même plus te coucher du tout. Il n'y a pas de démons, mon garçon.

Mais Lint continuait à se plaindre et tendre les bras vers Papa.

— Papa ? demandait-il. Tu seras t-t-toujours Papa ?

— Bien sûr, répondait Papa en hochant la tête.

— Et Maman, elle sera t-t-toujours Maman ?

— Toujours.

— Je veux pas de-de-devenir grand. Je veux pas être tout seul. Je veux rester avec M-M-Maman et P-P-Papa, disait-il en serrant Papa encore plus fort.

Comprendre Lint n'était pas chose facile. À un moment, il pouvait être heureux. L'instant d'après, une ombre traversait son visage. Mon père disait que c'était quelque chose qu'aucun d'entre nous ne pouvait comprendre, mais que nous devions tous nous y efforcer.

— Ce n'est pas sa faute s'il crie ou dit des choses un peu bizarres. La poussière se glisse dans ses oreilles et elle fait du vacarme dans sa tête. C'est un vacarme qu'on ne peut pas comprendre parce qu'on n'a pas à le supporter comme lui. Mais c'est toujours votre petit frère. Ses pas le portent toujours vers nous. C'est son esprit qui l'emporte ailleurs. Nous devons le respecter. Il faut comprendre que tout ce qu'on dit et tout ce qu'on fait a un impact sur lui.

— Papa a raison, a approuvé Fraya.

— Il faut qu'on soit une famille pour Lint, a poursuivi Papa. Je ne veux pas que l'un ou l'autre d'entre vous le laisse tout seul. En grandissant, il ne pourra se libérer de ce qui s'est emparé de lui que si vous passez assez de temps avec lui. Si on le laisse seul dans son coin, le silence va entretenir ses démons.

On ne laissait donc jamais Lint tout seul, on l'emmenait avec nous, à la rivière, par exemple.

— L'enfer, disait-il en tendant le doigt vers le fond.

Il s'asseyait sur la rive et faisait des éclaboussures en tapant du pied dans l'eau.

Il aimait regarder Trustin plonger, alors Trustin grimpait dans un arbre, s'avançait sur une branche et appelait Lint :

— Regarde-moi, Lint. Regarde un peu.

Lint frappait dans ses mains tandis que Trustin imitait le cri du coq avant de plisser les yeux en direction de l'eau. Trustin n'avait que cinq ans à l'époque, mais il n'y avait pas plus sérieux que lui quand il était sur le point de plonger. La branche rebondissait légèrement sous son poids quand il s'élançait. Les jambes parfaitement jointes. Les orteils parfaitement pointés comme s'il n'avait jamais eu les pieds plats de sa vie. Son corps formait une ligne droite, dirigé par ses bras, et les mains jointes, comme s'il priait, à l'instant où il entrait dans l'eau.

Il refaisait surface sur le bord, où il secouait ses longs cheveux noirs à la manière d'un chien. Les franges de son jean coupé en short collaient à ses cuisses fines tandis qu'il se pavanait sur la rive, le sable s'incrustant entre ses orteils.

— La vache, vous avez vu un peu le plongeon ? se félicitait-il lui-même. Non mais, vous avez vu ça, tous ?

— Bof, répliquait Flossie en haussant les épaules. J'ai vu mieux.

— C'était bien, Trustin, s'empressait de rectifier Fraya.

— Un plus grand plouf, réclamait toujours Lint. Fais un plus grand p-p-plouf, Trustin.

Trustin grimpait à nouveau dans l'arbre et, cette fois, il sautait en position groupée. Mais même de ce simple plongeon, il faisait une œuvre d'art. Les bras enserrant soigneusement ses jambes tandis que le soleil apparaissait au-dessus de la courbure de son dos. Depuis la rive, Lint applaudissait et éclatait de rire chaque fois que les éclaboussures retombaient sur lui.

Et Trustin recommençait, encore et encore. Il sortait de la rivière, grimpait dans l'arbre, les pieds mouillés, et lançait systématiquement :

— Là, ça va être mon meilleur plongeon. Attendez, vous allez voir.

— Ouais, cancanait Lint depuis la berge. Grand p-p-plouf.

Un après-midi particulièrement ensoleillé, Trustin, sous les encouragements de Lint, a grimpé plus haut qu'il ne l'avait fait jusque-là. Au moment où il allait lancer son cri du coq, son pied humide a glissé.

Ses plongeons étaient toujours des chutes parfaitement calculées et maîtrisées. Mais là, tandis qu'il tombait, le côté artistique de ses plongeons a rapidement été éclipsé. Ses bras se sont agités dans tous les sens, pendant que ses jambes fouettaient l'air et son corps s'est contorsionné avant qu'il ne touche le sol ferme.

Nous sommes sorties de l'eau précipitamment, mes sœurs et moi. Lint, assis sur la rive, a commencé à prier pour Trustin.

— Ça va, tu n'as rien ? a demandé Fraya en se penchant sur Trustin.

Elle était essoufflée. Je ne savais pas si c'était parce qu'elle avait nagé le plus vite possible ou parce que Trustin était étendu, face contre terre.

— T'es mort ? lança Flossie en poussant Trustin du bout du pied.

— Ça suffit, a dit Fraya en donnant une tape sur le bras de Flossie. Trustin ? Tu nous entends ?

Il a roulé sur le dos et son regard s'est fixé sur les nuages au-dessus de nos têtes.

— Ça t'a juste coupé le souffle, hein, c'est ça ? a dit Fraya.

Elle l'a aidé à s'asseoir.

— Ben alors, tu dis rien ? lui ai-je demandé. Ça t'a coupé le sifflet aussi ?

Il a levé les yeux vers l'arbre d'où il était tombé et il a eu l'air de le trouver immense.

— Bon, a-t-il dit.

Si on s'imaginait qu'il allait en dire plus, il nous a bien détrompées. Il s'est mis debout, puis il est parti en direction de la maison.

Le plus étrange, c'est que Trustin n'avait pas crié en tombant. Quand on a tout raconté à Papa ce soir-là, il a dit que c'était une bonne chose qu'on ait été là, et il a ajouté :

— Un garçon qui tombe comme ça en silence, il a besoin que quelqu'un soit là pour crier à sa place.

8

Ils sont tous des chiens muets, incapables d'aboyer ;
dormant, restant couchés, aimant à sommeiller.
ISAÏE 56, 10

JE CONSACRAIS des après-midi entiers aux collines, explorant des cavernes dont j'embrassais les parois fraîches. Je plongeais dans l'eau brune des étangs et je me balançais, agrippée à des lianes, jusqu'à ce que j'aie suffisamment le vertige pour me disperser comme un rayon de lumière. Flossie, pendant ce temps, essayait de kidnapper Corncob* Diamondback.

Flossie adorait regarder des films. Le drive-in et le cinéma étaient ses endroits favoris sur terre. Pendant le film, elle copiait les gestes et les expressions du visage de ses idoles. Elle est vite devenue une lectrice obsessionnelle des magazines de stars, remplis de photos en couleurs d'actrices prenant des poses alanguies sur leur canapé.

— Elles vivent toutes à Hollywood, Betty, me faisait-elle remarquer en tournant les pages juste sous mon nez. Si je suis née en Californie, c'est pas par hasard. Je suis faite pour

* *Corncob* signifie épi de maïs.

vivre là-bas. Pas ici, dans cette stupide petite ville de Breathed. Moi, il me faut des néons et du velours blanc.

Flossie pensait que si elle kidnappait Corncob, elle pourrait s'acheter un billet d'autocar avec l'argent de la rançon. Elle avait choisi Corncob pour une raison bien précise. C'était le chien d'Americus Diamondback. Flossie avait entendu dire qu'Americus était venu de New York dans les années 1930. Il portait en permanence un complet trois pièces avec une montre Cottle dans la poche de son gilet. Il avait toujours un cigare à la bouche et était coiffé d'un feutre orné de plumes de faisan doré. Il se promenait avec le *New York Times* sous le bras, et venait le lire quotidiennement sur un banc devant le salon de coiffure pour hommes.

Flossie n'ignorait pas qu'Americus portait tous les jours le même costume à chevrons et que ce costume était élimé et en loques, mais elle s'en fichait. Tout comme elle se fichait du fait qu'il lisait le même *New York Times* de 1929 avec sa fameuse une : LE GRAND KRACH. Son feutre était déchiré sur le côté, et des plumes de faisan il ne restait plus que la tige creuse cassée. Le cigare était son dernier. C'était la raison pour laquelle il ne l'allumait jamais, bien qu'il l'eût toujours au coin de la bouche comme s'il le fumait vraiment. Americus n'était pas plus riche que nous, mais pour une petite fille d'une dizaine d'années mourant d'envie de s'enfuir vers son rêve, il était facile de croire qu'un homme qui a été riche le sera toujours.

Flossie n'a eu aucune difficulté à capturer Corncob. Le chien allait souvent dans les champs, où il cherchait sans se presser des épis de maïs qu'il gardait dans sa gueule édentée pendant qu'il creusait des trous pour les y cacher. Flossie a agité un de ces épis jusqu'à ce que le chien s'avance tranquillement jusqu'à elle. Elle lui a fait traverser les bois. Cela lui a pris tout l'après-midi. L'animal était devenu extrêmement lent, comme tout ce qui est vieux. Flossie ne lui a donné l'épi en récompense que lorsqu'il a été dans l'appentis.

Pendant tout le dîner, ce soir-là, Flossie a eu du mal à tenir en place. Quand Papa lui a demandé ce qui la faisait sourire, elle s'est rempli la bouche de purée de maïs et a répondu :

— Rien.

Plus tard, après que Maman et Papa furent allés se coucher, j'étais assise dans mon lit, occupée à écrire un poème sur une fille qui avait rétréci et n'était pas plus grande qu'une feuille d'arbre.

Elle descend le versant de la colline à califourchon sur un gland, prenant soin d'éviter les loups en bas de la pente…

Flossie m'a arraché le crayon des mains et a essayé de l'enfoncer dans mon nez.

— Fiche le camp, lui ai-je dit en lui donnant une tape.

— Viens, je veux te montrer quelque chose.

— Je suis en train d'écrire.

— Betty, ce que je veux te montrer est plus important que tes histoires stupides.

— Laisse-moi tranquille, Flossie, ai-je grogné comme un chien.

— Très bien, m'a-t-elle répondu en grognant comme un loup. Alors je ne te le montrerai pas.

Elle s'est éloignée, mon crayon toujours à la main. Elle s'est plantée devant le miroir sur notre commode et a relevé son T-shirt. Quand elle a placé mon crayon sur sa poitrine nue, je lui ai demandé ce qu'elle faisait.

— Le test du crayon, a-t-elle dit comme s'il fallait être vraiment bête pour ne pas savoir. J'ai lu ça dans un magazine au Papa Juniper's Market. Tu places le crayon sous tes nichons et s'il reste coincé, alors ça veut dire que tu es prête pour un soutien-gorge. S'il tombe, c'est que tu n'es qu'une petite fille qui n'a besoin de rien d'autre que de fleurs dans ses cheveux.

Quand elle a lâché le crayon, il est tombé en cliquetant sur le parquet.

— C'est pas ce soir que tes nichons vont pousser, bêtasse, lui ai-je lancé.

Elle a recommencé le test plusieurs fois avant de laisser le crayon par terre. Elle l'a enjambé et m'a tiré le bras.

— Allez, Betty, viens. Je veux te montrer quelque chose d'incroyable.

— Ça ne m'intéresse pas.

— C'est quelque chose de vivant, a-t-elle insisté en écarquillant les yeux.

— Vivant ? (Je suis sortie de mon lit en gardant la couverture autour de mes épaules.) Tu ne m'avais pas dit que c'était vivant.

— Je savais que tu aurais envie de le voir, Betty.

Après avoir passé la tête à la porte de notre chambre, nous avons doucement fait glisser nos pieds dans le couloir pour éviter de faire craquer le parquet. Pendant que nous descendions l'escalier en nous collant au mur, elle m'a murmuré à l'oreille :

— Être réveillée pendant que tout le monde dort, tu trouves pas ça chouette ?

Une fois dehors, elle a voulu se mettre sous la couverture avec moi. Je l'ai repoussée et j'ai resserré la couverture autour de mes épaules tandis qu'elle avançait d'un pas décidé devant moi. Elle a sursauté quand un opossum a croisé son chemin.

— C'est drôle comment tout donne la chair de poule la nuit, a-t-elle remarqué au moment où une rafale de vent a semblé faire crépiter le sol.

Au loin, une chouette a poussé son cri. Flossie s'est mise à marcher plus près de moi.

— Tu as la frousse, ai-je dit. Aussi trouillarde qu'un petit chat. *Miaou, miaou, miaou.*

— Ferme-la. (Elle s'est arrêtée et s'est retournée.) T'as pas une sensation bizarre ?

— Comme quoi ?

— La sensation qu'on nous suit.

Nous avons entendu une brindille craquer sous un pas. Flossie a pris une profonde inspiration.

— Tu sens ? Y a une odeur de myrrhe.

— De la myrrhe ? Tu as vu ça dans quel film ?

— Je la sens vraiment.

— Tu sais pourquoi ça sent la myrrhe, hein ? lui ai-je demandé en prenant ma voix la plus sinistre.

Elle a secoué la tête.

— Ça sent la myrrhe parce que c'est l'odeur qu'on sent toujours quand l'homme au ventre rouge est tout près.

— Pourquoi il a un ventre rouge ?

Son regard inquiet est passé d'une ombre à l'autre.

— Parce que son ventre est trempé du sang de toutes les filles qu'il a assassinées et dévorées au milieu de la nuit. (Me glissant derrière elle, j'ai soufflé dans sa nuque.) C'est comme ça qu'on sait toujours quand l'homme au ventre rouge s'approche, l'odeur de la myrrhe devient de plus en plus forte.

— Ferme-la, Betty, m'a-t-elle chuchoté.

— Qu'est-ce qui bouge, là ? (J'ai pointé le doigt dans l'obscurité.) Oh, mon Dieu ! Flossie, qu'est-ce que c'est ?

— Arrête ça, Betty.

— Je suis sérieuse. Il y a quelque chose là-bas. C'est… c'est… l'homme au ventre rouge !

Je l'ai agrippée. Elle a sursauté en hurlant :

— Empêche-le de me manger.

J'ai éclaté de rire, mais il lui a fallu quelques secondes pour comprendre qu'il n'y avait aucun danger.

— J'ai même pas eu peur, a-t-elle ronchonné en repartant.

— Tu avais pourtant bien l'air effrayée.

Je l'ai rattrapée d'un bond.

— Je travaillais seulement mon expression "femme effrayée" pour tous les films d'horreur dans lesquels je jouerai un jour.

Sans en dire plus, elle m'a conduite jusqu'à l'appentis à l'arrière de la grange. À une époque, l'appentis était accompagné d'une volière. Le grillage avait disparu depuis bien longtemps – cela faisait des années qu'il n'y avait plus d'oiseaux – et les plantes grimpantes s'étaient enroulées autour de la structure en bois jusqu'à la faire s'affaisser en partie. L'appentis avait servi à entreposer les provisions pour la volière.

Flossie s'est retournée vers moi et a posé son doigt sur ses lèvres avant d'ouvrir la porte en silence. Un petit ronflement nous est parvenu dans l'obscurité de l'appentis. Flossie a tiré sur la corde de la lampe pour l'allumer. Dans le flot de lumière éclatante, mon regard a d'abord fait le tour des étagères poussiéreuses avant de tomber sur le chien endormi, sa tête grise posée sur un sac vide de graines pour les oiseaux. Avant que j'aie eu le temps de lui poser la moindre question, Flossie m'a expliqué en détail comment elle avait piégé le chien et quels étaient ses plans.

— C'est vraiment moche. Kidnapper un chien rien que pour de l'argent.

— Mais je vais pas lui faire de mal, ni rien. En plus, peut-être que ça va lui plaire de devenir célèbre en tant que chien kidnappé. On peut devenir célèbres ensemble.

Elle s'est accroupie pour passer ses bras dégingandés autour du cou de l'animal, ce qui l'a réveillé. Le chien s'est contenté de bâiller. Pendant qu'il avait la gueule ouverte, elle a regardé à l'intérieur et a constaté qu'il ne lui restait plus qu'une dent.

— Ça doit être une dent porte-bonheur, a-t-elle dit en s'adressant à Corncob.

— Il n'aboie jamais, ni rien ?

— Je pense qu'il est trop vieux pour se rappeler comment on fait.

Je me suis étendue près de Corncob et je l'ai gratté sous le menton. Les coins de ses babines se sont relevés tandis que sa patte arrière tapotait le sol.

— Je parie que dès demain Americus aura collé des centaines d'affiches sur tous les arbres de Breathed, a dit Flossie. Tu penses qu'il donnera combien, Betty ?

— À mon avis, tout ce qu'il a, ai-je répondu pendant qu'elle frottait son nez contre le museau de Corncob.

— Tu crois vraiment ?

— Bien sûr. Papa dit qu'y a rien de tel qu'un vieux chien pour adoucir un cœur dur comme la pierre. C'est pour ça qu'ils ont tant de valeur.

— Je me demande comment on arrive à avoir un cœur dur comme la pierre, m'a répondu Flossie toute songeuse.

— En mangeant tous les cailloux de Lint, je suppose.

En pouffant de rire, nous sommes sorties de l'appentis. Flossie a continué à parler de la somme qu'Americus allait payer.

— Probablement plus que ce qu'il me faut, a-t-elle dit avec un sourire fendu jusqu'aux oreilles.

Mais Americus n'a pas collé d'affiches. Au lieu de ça, il est allé dans une des porcheries du coin et il a pris le petit dernier d'une portée de porcs pour remplacer Corncob. Flossie était si furieuse que, lorsqu'elle l'a aperçu dans la rue, elle s'est précipitée vers l'animal et lui a donné une tape sur le derrière. Le regard d'Americus a croisé celui de Flossie juste avant qu'elle ne prenne la fuite.

— Voilà ce qu'on va faire, m'a-t-elle confié un peu plus tard ce jour-là, après être restée un certain temps assise sur une souche à réfléchir. On va prendre une photo de Corncob.

— On n'a pas d'appareil, lui ai-je rappelé.

— Eh ben, Trustin peut dessiner Corncob, ça sera aussi bien. (L'excitation a fait monter sa voix d'un ton.) Puis on ira porter le dessin à Americus. Peut-être qu'il a pris un cochon parce qu'il a cru que Corncob était mort. Avec le dessin on mettra une note exigeant quinze dollars. Non, attends. Vingt dollars, ça devrait aller.

— Pourquoi tu dis toujours "on"? (J'ai croisé les bras.) Je ne l'ai pas kidnappé, moi.

— Je te donnerai une partie de l'argent.

Avant que j'aie eu le temps de répondre, elle a ajouté quatre billes, un *fireball**, et la carapace de tortue légèrement fendue qu'elle avait trouvée près de la rivière. Pour une enfant de la campagne pauvre comme moi, c'était comme un million de dollars. On a aussitôt conclu le marché d'une poignée de main, non sans avoir craché dans nos paumes au préalable. Quand on est allées à l'appentis pour parler de notre plan à Corncob, on l'a trouvé étendu sur le flanc. Il avait la gueule ouverte, la tête dans une flaque d'écume.

— Tu lui as donné à manger?

* *Fireball*: bonbon acidulé en forme de boule, épicé à la cannelle.

Flossie est tombée à genoux près de lui.

— Oui, je lui ai donné des petits pains avec de la sauce au jus, ce matin même.

— Tu lui as donné de l'eau ?

D'un signe de la tête, elle a désigné une vieille boîte de café sous les étagères. Une petite boîte en fer-blanc flottait à la surface de l'eau.

J'ai lu l'étiquette à Flossie.

— Mort aux rats.

Elle s'est relevée d'un bond. Elle a regardé l'eau trouble, puis les étagères sous lesquelles se trouvait la cafetière.

— Le poison a dû tomber de là et s'ouvrir dans l'eau. Quand il a eu soif, il a bu l'eau empoisonnée. (Elle a écarquillé les yeux.) Il est mort, Betty.

— Mort ?

Je me suis rendu compte que Corncob n'avait pas bougé depuis notre arrivée.

— N'importe quoi d'autre aurait pu tomber dans l'eau, Betty. Cette boîte de boutons, ou ces épingles à chapeau cassées. (Elle m'a montré ces objets pour être sûre que je comprenais ce qu'elle voulait dire.) Pourquoi a-t-il fallu que ce soit le poison, chère sœur ? Tu veux que je te dise ? C'est la malédiction de cette maison.

“Et pourquoi, après toutes ces années ? Ce poison appartenait aux Peacock. Ça fait des dizaines d'années qu'il est là, sur cette étagère. Si Papa l'avait trouvé, il s'en serait débarrassé. Tu sais à quel point il a horreur des poisons. Mais il est resté là pendant toutes ces années, sans que personne le voie, et juste maintenant, voilà qu'il tombe de l'étagère. Tu peux me dire pourquoi ?”

Elle a plaqué ses mains de chaque côté de son visage comme si elle était dans un film d'horreur.

— Pourquoi tu as mis cette boîte juste sous les étagères ? C'est ta faute, Flossie.

— C'est *pas* ma faute. Je ne voulais pas que le soleil qui entre par la fenêtre réchauffe l'eau, c'est tout. Sous les étagères, elle était bien à l'ombre. Je voulais qu'il ait de l'eau fraîche à boire.

Elle a mis une main sur son cœur.

— Il va falloir enterrer le corps pour que personne ne sache, à part nous, a-t-elle ajouté.

— Faut le dire à Papa.

Je suis sortie de l'appentis avec la boîte à café et je l'ai vidée pour que rien d'autre ni personne ne risque de boire l'eau.

— S'il te plaît, Betty. Si tu le dis à Papa, les garçons vont le découvrir. Toute la ville va être au courant. Je ne veux pas qu'on m'appelle la tueuse de chiens. En plus, si je tombe, je dirai que c'était ton idée de kidnapper Corncob. Une actrice sait mentir de manière à ce que tout le monde finisse par la croire. Je suis née le jour de l'anniversaire de Carole Lombard. Je sais jouer un rôle. Allez, Betty. S'il te plaît, aide-moi.

Elle m'a entourée de ses bras et elle a pris ses grands yeux larmoyants. J'ai cédé. Je lui ai dit, en enfonçant un doigt dans sa poitrine :

— Très bien. Mais c'est toi qui creuses le trou.

— Bien sûr. Loin de moi l'idée de te demander ça.

Ensemble, nous avons déposé le corps de Corncob dans la brouette.

— Attends. (Elle a ramassé l'épi de maïs avec lequel elle avait attiré le chien et elle l'a placé près de son corps.) Tout le monde devrait être enterré avec quelque chose qu'il aime.

On a posé la bêche en travers de la brouette, puis on l'a poussée ensemble jusqu'à la ligne de chemin de fer.

— Comme ça, il pourra regarder passer les trains a dit Flossie en me tendant la pelle.

Je lui ai rappelé que je ne voulais pas creuser le trou.

— Mais, Betty, je viens juste de me faire les ongles.

Elle m'a montré ses doigts. Elle n'avait pas l'argent pour acheter du vernis et elle n'était pas bête au point d'utiliser celui de Maman, alors elle avait eu l'idée de faire fondre nos pastels en cire d'abeille. Elle se servait d'une boule de coton pour appliquer la cire sur ses ongles, ce qui fait que des fibres ressortaient de la cire une fois que celle-ci avait durci, mais ces petites imperfections ne se voyaient pas de loin.

— Mes ongles sont trop jolis pour que je les abîme.

— Les miens aussi.

Je lui ai montré mes ongles nus encore couverts de la terre que j'avais remuée plus tôt, à la recherche de vers.

Flossie a levé les yeux au ciel, puis, à contrecœur, elle a essayé de planter la bêche dans le sol. La terre n'était pas molle, si bien qu'elle n'a pas pu enfoncer la bêche de plus de quelques centimètres.

— S'il te plaît, Betty, aide-moi.

— Je savais que ça allait se passer comme ça.

J'ai attrapé le manche de la bêche. Ensemble, nous avons creusé une tombe suffisamment grande pour y déposer Corncob.

— Je suis désolée, Corncob, a dit Flossie quand nous y avons fait glisser son corps. C'était pas comme ça que ça devait se passer. Tu devais pas mourir.

Elle a pris l'épi de maïs dans la brouette et elle l'a lancé sur le corps de Corncob. En silence, nous avons rebouché le trou, puis nous nous sommes assises par terre.

— Tu penses que ce vieux chien s'est dit que je l'avais empoisonné ? m'a-t-elle demandé pendant qu'on rebouchait la tombe.

— Tu lui as préparé un lit dans l'appentis et tu lui as donné des petits pains avec de la sauce. Il n'a pas pu imaginer qu'une fille qui fait ça pourrait l'empoisonner.

Elle a levé les yeux vers moi.

— Dis, Betty, tu crois qu'il a souffert quand il est mort ?

Je me suis souvenue de la flaque de bave couverte d'écume sous sa gueule. J'ai rapidement secoué la tête. Flossie a eu l'air de s'en satisfaire.

— On devrait y aller, maintenant, ai-je dit avant qu'elle ne pose d'autres questions.

Quand nous sommes arrivées à la grange, Papa était à l'intérieur, en train de prendre des clous pour terminer les châssis froids qu'il fabriquait avec de vieilles fenêtres.

— Qu'est-ce que vous faites, toutes les deux ?

Il s'est immobilisé, jetant un regard étonné sur la bêche entre nous. Je me suis empressée de répondre :

— Un dindon sauvage s'est fait écraser dans Shady Lane. On est allées l'enterrer dans les bois, comme tu le fais toujours quand tu vois un animal mort.

— C'est pas bien de les laisser sur la route où ils continuent à se faire écraser par toutes les voitures. Comment vous avez fait pour soulever une aussi grosse bête ?

— On l'a fait ensemble, a lâché Flossie avant que j'aie eu le temps de répondre.

— Bon, vous avez toutes les deux bien agi avec ce dindon. La terre s'en souviendra, a dit Papa en prenant une boîte de clous avant de repartir.

— Et s'il y avait vraiment une malédiction ? ai-je demandé, arrêtant net mon père. Et si ce chien…

Flossie m'a donné un coup de coude.

— Je veux dire ce dindon. (J'ai évité le regard de Papa.) Et si ce dindon mort n'était que le premier ?

— Le premier de quoi ?

— Le premier de nous tous à disparaître. Comme les Peacock.

— Il y a toujours des bêtes qui se font écraser sur la route, Betty. C'est pas de la sorcellerie.

Pendant que Papa se remettait à taper avec son marteau, Flossie et moi sommes allées au Bout du Monde, où Flossie gardait sa carapace de tortue fêlée. Ensemble, nous nous sommes étendues sur le dos pour contempler le ciel. Nous n'avons pas dit un mot. Nous nous sommes contentées de nous passer et repasser la carapace, faisant glisser nos doigts sur la fêlure jusqu'au moment où nous avons fermé les yeux.

9

Au milieu des loups.
MATTHIEU 10, 16

DES CITROUILLES CREUSÉES en lanternes accrochées à l'extérieur des maisons, prêtes à me saluer avec leur sourire et leurs yeux en triangle. Des bonbons achetés à l'épicerie dont les emballages crissent dans les sachets tandis que les feuilles mortes s'envolent hors d'atteinte du vieil homme trop fatigué pour les mettre en tas. Une écharpe violette emportée par le vent dans un chemin de terre et une corneille quelconque qui passe dans le ciel. Voilà ce que signifie pour moi le mois d'octobre. Un cercle envahissant d'ombres automnales, de fantômes et de mères.

En ce jour d'Halloween, quand Maman m'a appelée dans sa chambre pour me mettre mon déguisement, je savais exactement ce que je voulais.

— Des cigales. Je veux être une princesse avec une robe faite d'enveloppes de cigales. Je veux des ailes aussi. Des ailes faites de violettes et…

— Et moi, je veux être une reine avec le vagin d'une vierge, me répond ma mère. Mais il y a peu de chances que ça arrive, tu crois pas ? (Elle a ajouté une nouvelle couche de rouge sur ses lèvres déjà maquillées.) De toute façon, les princesses n'ont rien à voir avec toi, Betty. Cette peau couleur de boue, ces cheveux raides. T'as déjà vu une princesse qui te ressemblait ?

Elle a posé son tube de rouge et d'un geste brusque m'a tirée devant elle pour me placer devant son miroir.

— Qu'est-ce que tu vois ? m'a-t-elle demandé tandis que son reflet scrutait le mien.

Ce que je voyais en moi, c'était mon père. Les mêmes cheveux noirs, les mêmes sourcils fournis. J'avais la même mâchoire prononcée et son nez fort. Mon père disait que les os de nos joues étaient ceux des pattes des premiers cerfs. Nos pommettes s'approchaient autant du ciel que le bond d'un cerf. Et puis il y avait notre peau brune. Quelque chose dont j'essayais de me débarrasser en offrant des sacrifices à la rivière. Je me disais que c'étaient des offrandes que la rivière allait aimer. Des fleurs de cerisier, de l'écorce d'arbre, une paire de bas en nylon de Maman. Un jour, j'ai même attrapé un grillon que j'ai lancé dans l'eau brunâtre. J'ai pensé qu'il atteindrait la rive, mais il s'est noyé avant. J'espérais que ce sacrifice serait suffisant, si bien que j'ai sauté dans la rivière et j'ai retenu ma respiration aussi longtemps que mes poumons l'ont permis. Je croyais que lorsque j'émergerais à la surface, l'eau aurait lavé la couleur de ma peau. Le grillon est mort pour rien.

— Et même si tu étais belle, Betty, a poursuivi ma mère, tu ne pourrais pas être une princesse. Une Carpenter n'a pas les moyens de s'offrir une couronne ou un trône.

Elle a pris un vieux peignoir que nous avions trouvé dans un coin de la chambre de Trustin et Lint quand nous avions emménagé. Après avoir nettoyé la maison et jeté la plupart des objets décrépits, Maman avait gardé ce peignoir. Il avait la couleur de la rouille. Il était tacheté de marques sombres qui donnaient l'impression que quelque chose y avait saigné. La poche de devant contenait le squelette d'une souris partiellement préservé, et la peau desséchée était restée collée aux tout petits os. La souris était enveloppée dans une feuille de papier jauni sur laquelle on avait tracé d'une écriture tremblotante un vers d'Emily Dickinson. *Because I could not stop for death, he kindly stopped for me*[*]. Enlever le papier ou le squelette nous donnait le sentiment de profaner une tombe, alors nous n'avions pas touché aux restes.

— Oh, Maman, je veux pas mettre ce peignoir.

Elle s'est mise à hurler, estimant que j'étais trop longue à enfiler les manches. Ensuite, elle a placé un coussin sur mon ventre. Pendant qu'elle refermait et nouait le peignoir sur le coussin, je lui ai demandé ce que j'étais censée être.

— Une ensorceleuse. Une harpie. Une diablesse.

Elle a souri, découvrant ses dents. Puis elle a ajouté :

— On dit aussi une vilaine sorcière. Et ça, une Carpenter peut se permettre de l'être sans problème.

Elle a poussé un grognement de cochon en enfonçant le doigt dans le coussin sur mon ventre.

— Rien n'est plus vilain qu'une fille incapable de contrôler ses appétits.

Elle a ri pour elle-même, puis elle a attrapé sous son lit une boîte à chaussures pleine de lacets sales. Les nouant dans mes cheveux, elle m'a fait toute une série de queues de cheval minuscules. Sur une table de chevet, elle a pris une allumette brûlée près de la bougie. Elle a serré mon visage de sa main

[*] Puisque je ne pouvais m'arrêter pour le trépas, il eut l'amabilité de s'arrêter pour moi.

libre, plantant un ongle dans mon menton pour m'empêcher de bouger la tête, et elle a commencé à dessiner sur mon front avec le bout noir de l'allumette.

— Je ne crois pas t'avoir déjà raconté comment mon frère s'est retrouvé six pieds sous terre. Mon frère. Beau comme un coucher de soleil. Si tu m'avais demandé s'il avait des secrets, je t'aurais répondu pas le moindre. Et puis il y a eu ce jour où j'ai entendu des bruits venant du grenier.

Elle a imité des gémissements rauques comme quelqu'un qui a trop bu, mais ce jour-là, je n'ai senti sur son haleine rien d'autre qu'un bonbon à la menthe.

— J'ai suivi le bruit jusqu'au grenier. J'avais imaginé des tas de choses, mais jamais je ne me serais attendue à voir mon frère penché au-dessus d'une table et le garçon des voisins derrière lui.

Elle a appuyé si fort l'allumette sur ma peau que j'ai tressailli en grimaçant.

— D'abord, j'ai cru que mon frère se faisait agresser. Ensuite je me suis rendu compte qu'il était seulement en train de faire l'amour. (Elle a fait *tsss-tsss* avec la langue.) Quand j'ai raconté à mon père ce que j'avais vu, il a forcé mon frère à manger la bible, page après page, afin d'avaler son péché. Mon frère s'est débattu, mais Papa a toujours été un homme fort. Arrivé au milieu de l'histoire d'Adam et Ève, il avait fourré tellement de pages dans la bouche de mon frère que ses joues étaient remplies à craquer. Même après que mon frère est mort étouffé, Papa a tout de même continué à enfoncer des pages jusqu'à ce que les lèvres commencent à se déchirer aux coins.

Elle m'a tournée vers le miroir. J'ai regardé fixement dans mon reflet l'œil noir qu'elle m'avait dessiné au milieu du front.

— Tout ça, à cause de ce que j'avais vu, a-t-elle ajouté en appuyant le doigt sur la pupille de l'œil noir.

Elle a émis un de ces gloussements profonds qui m'ont toujours donné à penser que la seule chose à faire était de m'enfuir loin d'elle. Avant de me laisser m'échapper, elle m'a tirée vers le placard et m'a tendu une taie d'oreiller bordée de hannetons brodés.

— Pour mettre tes bonbons.

Elle m'a examinée encore un instant, puis elle a recommencé à dessiner sur ma joue avec l'allumette. J'ai essayé de voir dans le miroir, mais elle m'en a empêchée.

— C'est juste une fleur, m'a-t-elle promis. Allez, maintenant file.

Le peignoir était trop long pour ma stature d'enfant de sept ans. Une fois dehors, il traînait sur le sol, ramassant les feuilles mortes et d'autres débris.

Je me suis mise à chanter pour moi-même "J'aimerais être une princesse" en sortant dans Shady Lane. La rue était pleine de chasseurs de bonbons portant toutes sortes de déguisements. Un coussin péteur. Une horloge à pendule. Un piège à doigts chinois. Mais après tout, peut-être n'étaient-ils tous que des petits monstres.

Au milieu du chemin, j'ai aperçu un groupe d'enfants de ma classe. Ruthis en faisait partie. Elle a arrêté de compter ses sucettes quand elle m'a vue approcher. Elle a ricané en redressant le diadème qu'elle avait sur la tête. Les pierres précieuses étaient fausses, mais le diadème faisait tout de même d'elle une princesse.

— Pourquoi tu vas demander des bonbons à toutes les portes, toi ? m'a-t-elle lancé. Je croyais que tu ne mangeais que du maïs et des cow-boys.

Elle a imité un cri d'Indien en se tapotant la bouche. Il n'y a pas de petites guerres entre filles. Tout se transforme tout de suite en une lutte épique, comme deux oiseaux qui se disputent le dernier ver.

— Oh, mon Dieu, Ruthis, ce que tu peux être drôle. (J'ai glissé un index à chaque coin de ma bouche et j'ai étiré mes lèvres en louchant des deux yeux.) Regarde-moi. Je m'appelle Ruthis. Je suis la *plus jolie* fille du monde. En tout cas, c'est ce qu'ils disent au cirque.

— Va te faire foutre, espèce de squaw. T'es tout juste bonne à me lécher le cul.

Elle a craché sur mon pied nu. Un bonbon avait coloré sa salive en rouge. J'ai sorti les doigts de ma bouche et me suis avancée près d'elle, serrant les poings.

— Te lécher le cul ? me suis-je écriée. Ah ah ! Même pas s'il avait trempé dans du chocolat fait par Dieu Lui-même.

J'avais entendu Maman utiliser cette expression un jour, au cours d'une dispute avec Papa. J'attendais l'occasion de pouvoir l'utiliser moi-même.

— Espèce de sale métisse aux cheveux raides.

Ruthis s'est approchée encore. On était de la même taille, si bien que le bout de son nez touchait le mien.

Elle a grincé des dents tandis qu'on se regardait dans le blanc des yeux.

— Je vais te…

Un garçon déguisé en rouleau à pâtisserie l'a interrompue. Il a demandé ce qui était écrit sur ma joue droite. Ruthis a reculé d'un pas pour mieux voir par elle-même. Quand je l'ai vue sourire, j'ai compris que ce n'était pas du tout une fleur que ma mère avait dessinée.

— C'est écrit "sorcière", a dit Ruthis en éclatant de rire plus fort que les autres.

— C'est une sorcière pour Halloween ? a demandé quelqu'un.

— C'est une sorcière tout le temps.

Ruthis s'étranglait tellement de rire qu'elle ne pouvait plus respirer.

Les quatre frères Jubilee se sont avancés, habillés en Barbershop Quartet, avec leur gilet à rayures, leur canotier et leur moustache en guidon de vélo collée sur leur lèvre supérieure. Ils ont commencé à claquer des doigts en rythme et tous les autres ont suivi en soufflant dans leur sifflet en bonbon. L'aîné des Jubilee a agité le nœud papillon accroché à son col et s'est mis à chanter tandis que ses frères faisaient l'accompagnement.

— *Ici à Breathed, il y a une sorcière. Son nom est Betty, elle nous fait peur avec sa crinière. Sur sa tête elle devrait mettre une soupière. Plutôt embrasser une serpillière que Betty la sorcière. À Breathed, c'est la sorcière des sorcières.*

— Sorcière, sorcière, sorcière, a gloussé Ruthis.

— Ferme-la.

J'ai hurlé pour couvrir son rire et je me suis bouché les oreilles avec mes mains.

Comme elle ne s'arrêtait pas, j'ai laissé tomber ma taie d'oreiller et je lui ai arraché son diadème.

— Rends-moi ça.

Elle a agrippé une extrémité de la tiare pendant que je tirais sur l'autre, jusqu'à ce que les fausses pierres finissent par tomber.

— Espèce d'ordure, m'a-t-elle lancé.

Elle s'est baissée pour ramasser les pierres.

— Je vais le dire à mes parents. Ils vont vous faire tous déguerpir d'ici. Ils disent que vous êtes crasseux. Que vous allez nous donner des maladies.

J'ai plié la tiare jusqu'à ce que le métal casse. J'ai jeté les deux morceaux par terre, devant elle.

— Tu ne mérites pas de porter une couronne, Ruthis, lui ai-je dit. Tu n'as rien d'une princesse. Une vraie princesse n'utiliserait pas des mots méchants comme ceux que tu me dis.

Elle a laissé échapper ses pierres précieuses et s'est relevée lentement. Elle m'a regardée en plissant les yeux, puis elle a remis de l'ordre dans sa robe rose de princesse et elle a levé le menton.

— Je n'ai pas besoin d'une couronne pour être meilleure que toi, a-t-elle souri. Tu ne comprends pas ça ? Je serai toujours meilleure que toi, P'tite Indienne.

Au milieu d'un chœur d'éclats de rire mené par Ruthis, j'ai ramassé ma taie d'oreiller et je suis rentrée chez moi en courant. Je me suis accroupie devant un enjoliveur de roue de la Rambler garée dans la cour. Avec un peu de salive, j'ai nettoyé la saleté sur le chrome afin d'y voir mon reflet et le mot SORCIÈRE que Maman avait écrit sur ma joue.

— Pourquoi tu pleures, Petite Indienne ? a demandé Papa en sortant du garage.

— Je ne pleure pas. (J'ai vite essuyé mes larmes.) Et arrête de m'appeler Petite Indienne.

— Qu'est-ce que tu as écrit là, sur ton visage ?

Il a essayé de toucher ma joue, mais je ne l'ai pas laissé faire.

— C'est pas moi.

— C'est qui ?

— Maman. Elle m'a dit qu'elle dessinait une fleur.

J'ai fait glisser la taie d'oreiller sur ma tête, espérant disparaître dans son coton blanc et ne plus jamais être vue.

— Alors faisons-en des fleurs.

Papa a doucement enlevé la taie d'oreiller de ma tête. Il était agenouillé devant moi, malgré son genou abîmé. Il a sorti de sa poche une allumette qu'il a enflammée avant de l'éteindre aussitôt.

— C'est pas juste, ai-je alors dit tandis qu'il utilisait le bout noirci de l'allumette pour dessiner sur ma joue. Halloween, c'est le jour où on peut être quelqu'un d'autre, mais moi je suis toujours moi.

— Tu voudrais être qui ?

— N'importe qui sauf moi, mais en fait je voulais être la princesse de Breathed, avec une robe en cigales. Mais surtout je voulais des ailes faites de violettes.

— Ah, la plus rouge de toutes les fleurs.

— Elles sont violettes, Papa. Tu oublies toujours que les violettes sont violettes.

Il a éclaté de rire avant de dire :

— Tu sais, les Cherokees n'avaient pas de princesses.

— Ça ne veut pas dire que je n'ai pas envie d'en être une.

Il a hoché la tête.

— Quand j'avais ton âge, moi aussi je voulais être quelqu'un d'autre.

— Tu voulais être qui, P'pa ?

— Quelqu'un d'important. Tu sais pourquoi je t'appelle Petite Indienne ? (Il s'est arrêté de dessiner pour me regarder dans les yeux.) C'est pour que tu saches que tu es déjà quelqu'un d'important.

Il m'a tournée vers l'enjoliveur chromé. Dans mon reflet, j'ai vu que les lettres de SORCIÈRE avaient été grossièrement transformées en fleurs.

— Allons chercher tes ailes, ma princesse, a-t-il dit en me prenant dans ses bras.

Il m'a portée jusqu'à l'érable argenté dans la cour devant la maison, où il m'a reposée par terre. Après avoir cherché quelques instants dans les feuilles tombées, il en a pris deux. La première était d'un vermillon éclatant avec des veines dorées. L'autre était bordeaux sombre avec des pointes recourbées ocre brun. Il s'est placé derrière moi avec les deux feuilles.

— Qu'est-ce que tu veux faire, P'pa ?

— Je vais te donner tes ailes, Petite Indienne. Je suis désolé, ça ne va pas être des ailes fabriquées avec des violettes rouges, mais si tu veux mon avis, les feuilles d'érable argenté font les meilleures ailes qu'on puisse trouver.

Avec du ruban adhésif, il a fait tenir les feuilles par la tige dans le dos du peignoir.

— C'est pas les ailes d'une princesse, ai-je dit, tournant la tête en arrière aussi loin que possible pour voir les feuilles. C'est les ailes de quelqu'un qui peut pas se permettre d'avoir des plumes.

— N'oublie pas que les autres filles ne sont des princesses qu'à l'occasion d'Halloween. Et même ce jour-là, elles ne peuvent que faire semblant d'être des princesses. Mais toi, tu es une vraie princesse chaque jour de ta vie. Tu descends d'un roi cherokee.

— Quel roi ?

— Moi. Je suis un roi. C'est quelque chose que tu ne savais pas sur ce vieux Landon Carpenter ?

J'ai secoué la tête.

— Je suis le puissant roi du jardin. Et cela fait de toi une princesse cherokee. Personne ne peut t'enlever ça, parce que c'est dans ton sang.

Il a relevé les manches du peignoir et a tapoté les veines à l'intérieur de mon poignet.

— Dans ton sang, a-t-il repris.

— Dans mon sang, ai-je répété en regardant mes veines, comme si je pouvais voir à l'intérieur. Mais je croyais… tu as dit que les Cherokees n'avaient pas de princesses.

— Ça ne veut pas dire que tu ne peux pas en être une, a-t-il répondu avec un sourire.

En repartant dans Shady Lane, j'ai essayé de croire que j'étais une vraie princesse. J'avançais pas à pas comme si j'avais de vraies ailes. Le vent soufflait dans mes cheveux, le soleil brillait sur mon visage, et j'avais l'impression de vraiment compter.

— Je suis une princesse. Je compte. Je suis importante.

Et puis j'ai vu Ruthis qui riait encore, et j'ai compris que devant le soleil qui brillait sur moi, il y aurait toujours un nuage. Peut-être que Flossie avait raison. Peut-être que nous étions maudits, condamnés à notre condition dans la vie sans pouvoir espérer mieux. À ce moment-là, j'ai eu envie qu'Halloween soit passé. Que l'automne prenne fin. Que vienne l'hiver, qu'il gèle le sourire de Ruthis jusqu'en février. J'aurais huit ans alors et peut-être que je serais assez grande pour devenir ce que je voulais être.

J'ai senti une main qui prenait doucement la mienne. En baissant les yeux, j'ai vu Trustin. Maman l'avait déguisé en posant un carton sur sa tête.

— Je veux bien aller avec toi si ça t'aide à arrêter de pleurer.

Il m'a regardée d'en dessous le rabat du carton.

— Je ne pleure pas, lui ai-je répondu en essuyant mes joues. Tu es déguisé en quoi ?

— Je suis une boîte. (Il a souri, tout fier de son costume.) Maman a dit qu'être une boîte, y a rien de mieux, parce que tout le monde en a besoin au moins une fois dans sa vie.

Il m'a examinée de haut en bas, puis il m'a demandé :

— Et toi, Betty, t'es quoi ?

— Je suis…

— Attends. Je sais ce que tu es, Betty. Tu es un ange. Je vois bien, tu as des ailes.

THE BREATHANIAN

Un fusil identique à celui associé à la mystérieuse disparition des Peacock

C'est désormais confirmé : l'arme utilisée pour fracasser la vitrine du Papa Juniper's Market est un fusil de chasse à un seul canon du même type que celui avec lequel les coups de feu ont été tirés dans les murs de l'ancienne maison des Peacock lors de leur disparition.

La nouvelle a créé un grand émoi dans toute la communauté. À la simple évocation du nom des Peacock et de la façon énigmatique dont ils se sont volatilisés, les habitants de la ville ne peuvent s'empêcher de frissonner. On peut affirmer que bien rares sont les mères qui ne recommandent pas à leurs enfants d'éviter ce qui fut la résidence des Peacock, et qui est aujourd'hui celle des Carpenter.

"Je me souviens du jour où les Peacock ont disparu, nous a confié une habitante de la ville, Fedelia Spicer. On a l'impression que le poison de l'époque est toujours là. Comme s'il n'était jamais parti. Il y a toujours eu quelque chose d'épouvantable attaché à la disparition des Peacock. Maintenant, on dirait que le même serpent a la gueule à nouveau grande ouverte."

Devant l'inquiétude grandissante au sein de la communauté, le shérif Sands a fait une déclaration.

"Étant donné ce que l'on connaît des faits aujourd'hui, il est difficile de ne pas relier les coups de feu récents à la disparition des Peacock."

Dans l'atmosphère de peur qui s'installe, nombreux sont ceux qui se sont armés pour se protéger.

"Je n'ai pas envie de disparaître comme les Peacock", nous a déclaré un habitant de Red Possum Lane qui a souhaité rester anonyme. Cet habitant nous a aussi livré sa théorie sur l'identité du tireur.

"Je ne peux pas faire confiance à quelqu'un dont le visage se fond dans l'obscurité de la nuit. C'est comme ça que j'ai été élevé et je n'ai pas changé d'avis. Quand il n'y a plus de séparation entre les races, on a droit à ce genre de violence."

10

Elles tombent dans la bouche de celui qui veut les manger.
NAHUM 3, 12

APRÈS CE JOUR d'Halloween, j'ai plié le peignoir et je l'ai caché dans un coin du grenier. Quand j'ai eu huit ans, en février, j'ai soufflé mes bougies en faisant le vœu que ce peignoir se transforme en une robe de princesse plus belle que celle de Ruthis. Je me suis ensuite précipitée au grenier pour voir, le peignoir n'avait pas changé. Je l'ai attrapé par une manche et l'ai traîné derrière moi pour sortir de la maison. Je suis allée dans les bois, j'ai choisi un sentier tapissé de feuilles mortes qui se sont accrochées au tissu, et j'ai marché comme ça jusqu'à ce que la chose que je tirais ne ressemble plus qu'à une branche tombée d'un arbre. Quand j'ai eu l'impression d'être allée assez loin, j'ai craché sur le peignoir, puis je l'ai maudit avant de l'enfouir dans une tombe anonyme.

— T'aurais pas dû gâcher ton vœu avec ce peignoir dégoûtant, Betty, m'a dit Flossie. T'aurais dû l'utiliser pour me souhaiter un soutien-gorge.

Depuis son onzième anniversaire, on avait l'impression que Flossie ne pensait à rien d'autre. Elle échouait toujours au test du crayon, mais cela ne l'empêchait pas de supplier Maman de lui acheter son premier soutien-gorge.

— Oh, allez, Maman, disait-elle, les mains jointes. Je vais mourir si j'en ai pas un.

— T'as pas encore de nichons à mettre dedans.

— Mais ça fait un moment que je prie pour en avoir.

— Arrête de prier pour une livre de chair en plus tant que tu n'es pas prête à la porter.

Flossie a finalement vu sa prière exaucée sous la forme d'un paquet posé sur son lit. Tout excitée, elle l'a ouvert.

— Qu'il est beau, s'est-elle exclamée en regardant le soutien-gorge avec un sourire tel que j'ai cru qu'elle allait le manger.

— Alors, tu es contente, maintenant ? a demandé Maman depuis le seuil de la porte, derrière nous.

— Je l'adore.

Se débarrassant de son T-shirt à la va-vite, Flossie a immédiatement enfilé le soutien-gorge. Elle a touché le petit nœud crème entre les bonnets qui étaient trop grands.

— Avec le temps, je finirai par les remplir, s'est-elle empressée de dire avant que j'aie pu ouvrir la bouche.

Maman a secoué la tête, puis elle est retournée en bas.

— Je vais le montrer à Fraya.

Filant dans le couloir, Flossie est entrée en coup de vent dans la chambre de Fraya, qui était assise sur son lit avec son journal intime. J'ai aperçu des notes de musique qu'elle avait gribouillées sur la page. Elle essayait de faire correspondre sa voix à chacune d'entre elles.

— Vise un peu, Fraya. (Flossie a virevolté devant sa sœur.) C'est pas chouette ?

— Il ne faut pas te promener comme ça en soutien-gorge, Flossie. Tes frères pourraient te voir.

— Et alors ?

Flossie a tiré sur les bretelles, dont elle découvrait l'inconfort.

— Ne te montre jamais à moitié nue à tes frères, a dit Fraya. C'est un péché. Dieu va s'arracher les yeux et Il restera aveugle pour l'éternité.

— Y a pas de frères en vue, a dit Flossie.

Fraya a tendu le doigt vers les pieds de Lint qui dépassaient de dessous son lit. Je me suis accroupie et j'ai vu Lint qui posait un caillou sur le sol.

— Lint compte pas, a dit Flossie en apercevant son image dans le miroir de la commode.

Elle a souri à son reflet avant de se pencher pour l'embrasser.

De cet hiver jusqu'au printemps, le soutien-gorge est devenu l'accessoire principal de Flossie. Quand elle rejouait des scènes de films, elle l'enlevait et s'en servait pour gifler le visage de son partenaire imaginaire. Ensuite, dès que le temps est devenu plus doux, en mars, elle a commencé à s'étendre sur l'estrade du Bout du Monde pour prendre des bains de soleil simplement vêtue de son soutien-gorge et d'un short. Chaque fois que Fraya disait à Flossie que c'était déplacé, Flossie levait les yeux au ciel avant de répondre :

— Le soutien-gorge, c'est juste comme un haut de maillot de bain. Oh là là, Fraya ! On croirait que t'as cent ans.

Plus tard, ce jour-là, pendant que Flossie était allongée, je me suis assise sur la scène pour écrire une histoire sur Fraya qui était partie dans les bois, un petit morceau de papier à la main.

La fille s'en alla. Personne ne savait où ni pourquoi. Elle partit dans les bois, tout simplement, disparaissant peu à peu au milieu des arbres, jusqu'à ce que je ne puisse plus la voir, ni elle ni le bleu de sa robe.

Je venais de m'allonger sur le ventre, quand j'ai senti qu'on baissait mon short sur mes cuisses. En me retournant, j'ai vu ma sœur en train de sourire.

— Qu'est-ce que tu fabriques ?

Je l'ai repoussée d'une claque et j'ai remonté mon short.

— Je voulais voir si tu avais une queue.

— Tu sais bien que j'en ai pas. Et de toute façon, si j'en avais une, tu en aurais une aussi. On est sœurs, Flossie.

— On n'en a pas l'air pourtant. (Elle a saisi quelques mèches de ses cheveux châtain clair en les tortillant.) Ils disent que ton père est noir.

— C'est ton père aussi, idiote.

— Je sais pas. Mes yeux verts pourraient venir d'un homme qui a une peau de star de cinéma et un coffre rempli d'émeraudes.

Elle a ramassé son T-shirt et l'a enfilé avant de sauter en bas de la scène. Elle m'a dit qu'elle allait en ville retrouver quelques filles devant le cinéma. Elle ne m'a pas demandé si je voulais aller avec elle. Elle ne me le demandait jamais quand elle était avec ses amies.

Dès qu'elle a été partie, je suis allée dans la cuisine pour prendre un des biscuits que Maman avait faits. Sur le plan de travail, il y avait un tas de pulpe de citron, mais pas de peau. Dans le réfrigérateur, la carafe était vide. J'ai appelé dans la maison :

— Maman ? Elle est où la citronnade ?

Seul le craquement du plancher à l'étage m'a répondu. J'ai attrapé un gâteau et je suis montée. J'ai trouvé Maman assise bien droite au bord de son lit. Elle avait les pieds et les jambes serrés. Les peaux de citron que je n'avais pas vues en bas étaient accrochées avec des épingles de sûreté au-dessus des citrons imprimés sur le bleu clair de sa robe.

Sa tête était enveloppée du film de cellophane jaune vif que l'on utilisait pour emballer nos paniers tous les ans au printemps. Elle l'avait passé tout autour de sa tête pour faire un joli nœud sur le devant de son cou, comme avec le petit foulard qu'elle portait pour aller en ville quand elle voulait paraître élégante.

À travers la pellicule transparente, je voyais son visage. Son maquillage faisait penser à celui d'un clown. Le rouge à lèvres éclatant. L'épaisse couche de mascara. Deux ronds de blush comme des lunes sur ses joues, se détachant sur un fond de poudre blanche. Et tout cela prenait une nuance particulière, comme si à l'intérieur du film de cellophane il y avait une lumière particulière qui jaunissait ma mère. J'étais habituée à l'entendre dire, après avoir rempli la baignoire, qu'elle préférerait se noyer plutôt que continuer à vivre. À la voir débrancher une lampe et se passer le fil électrique autour du cou en annonçant qu'elle n'en avait plus pour longtemps. Papa nous assurait qu'elle ne le pensait pas sérieusement. Étant donné qu'elle n'allait jamais plus loin, on se disait qu'il avait raison. On vidait la baignoire, on rebranchait la lampe et elle se remettait à faire ce qu'elle était en train de faire juste avant l'incident.

J'ai fini mon biscuit en regardant son haleine se condenser à l'intérieur du film.

— Je ne sais pas comment tu fais pour respirer là-dedans, lui ai-je dit en m'approchant.

J'ai pensé qu'elle ne m'avait peut-être pas entendue, alors j'ai répété plus fort, mais elle ne m'a toujours pas répondu.

— Bon, Papa ne va pas être content si je te laisse comme ça.

J'ai défait le nœud dans son cou et j'ai enlevé la pellicule de cellophane de sa tête. Pendant tout ce temps, elle a gardé les yeux fixés sur le mur en face d'elle comme si elle y était rattachée par un fil.

Au moment où je me suis retournée pour partir, j'ai entendu sa voix, mais je n'ai pas compris ce qu'elle avait dit.

— Tu peux répéter, Maman ?

— C'était si beau dans ce monde tout en jaune.

J'ai attendu qu'elle ajoute quelque chose, mais elle est restée assise là, totalement immobile et silencieuse.

Dans le couloir, j'ai mis le film de cellophane devant mes yeux. Tout était coloré en jaune, depuis le parquet jusqu'aux dessins au fusain de Trustin que Papa avait accrochés au mur. En continuant à regarder à travers cette couleur, je me suis aperçue que ces objets finissaient par disparaître jusqu'à ce que je me retrouve au milieu d'un champ de hautes herbes jaunes qui se balançaient mollement dans la brise. C'était comme si ma mère m'avait transmis un doux et tendre rêve.

— C'est si beau dans ce monde tout en jaune, ai-je murmuré, juste avant que le hurlement poussé par Maman ne me transperce les oreilles.

Je me suis précipitée dans sa chambre. Le sang. C'est ce que j'ai vu en premier. Puis je l'ai vue, elle, sur le sol, un couteau de cuisine tranchant près d'elle.

— M'man, qu'est-ce que t'as fait ?

Ses poignets étaient tailladés. Elle tremblait et se recroquevillait sur elle-même. Elle avait beau penser à toutes sortes de façons de s'échapper de cette vie, elle n'en restait pas moins terrifiée par ce que cela signifiait. Que pouvait être la mort pour une femme comme elle ? Il est possible qu'à cet instant, où elle en était si proche, elle ait craint que la mort ne soit rien d'autre qu'elle-même, toujours elle. Elle, se lovant en elle-même, jusqu'à ce qu'elle ait dans la bouche le goût de ses propres seins, et qu'elle s'étouffe sur ses propres cuisses.

J'ai glissé sur le sang et je me suis affalée dans la flaque qui s'était formée. J'ai laissé tomber le cellophane et j'ai empoigné ses bras. Ses mains semblaient sans consistance, pareilles à celles d'une poupée de chiffon. J'ai plaqué ses poignets contre ma poitrine. Je sentais son sang chaud tremper mon T-shirt tandis que ses yeux se retournaient et que sa tête retombait sur le côté.

— Qu'est-ce qui est arrivé à tout ce jaune ? a-t-elle demandé.

J'ai repris la cellophane et je l'ai posée devant ses yeux pour que son monde redevienne beau.

— Je reviens tout de suite, ai-je dit en me levant.

J'ai pensé qu'il fallait qu'elle sache que je ne m'enfuyais pas tout simplement.

Un peu plus tôt, Papa avait emmené Trustin et Lint pêcher dans la rivière. J'ai couru à travers les broussailles dans les bois, piétinant brindilles et pommes de pin. Je n'avais qu'une seule chose présente à l'esprit : la couleur du sang de ma mère. Elle me rappelait les betteraves qu'elle m'avait demandé d'aller arracher le matin même. Elle m'avait tendu un grand saladier jaune en me disant de le remplir avec cette première récolte printanière. Je n'étais pas encore arrivée dans le jardin quand elle m'avait hurlé de revenir.

— Mais je n'ai pas encore arraché les betteraves.

— Reviens, je te dis.

Je suis revenue, lui montrant le saladier encore vide, et elle m'a donné une gifle.

— Je t'avais dit de le remplir.

— J'allais le faire, M'man, mais tu m'as rappelée.

D'un geste vif de la main, elle m'a renvoyée dans le jardin. Et une fois encore, elle m'a rappelée.

— Reviens, Betty.

Le temps que je me retourne, elle avait disparu. J'ai rempli le saladier de betteraves jusqu'à ce qu'il déborde.

— Reviens.

J'ai filé à travers bois.

Quand je suis arrivée à la rivière, j'ai senti de la fumée. J'ai suivi l'odeur vers l'amont et j'ai trouvé Papa. Il jetait du poisson dans les flammes d'un petit feu.

— Nous offrons une partie du poisson au feu, était-il en train d'expliquer à mes frères, tournés dans ma direction et qui me regardaient avec de grands yeux. Le feu apaise la colère de l'esprit des animaux morts. Si on n'apaise pas cet esprit, il va chercher à se venger et prendre une autre forme à partir du sang versé.

— Comme elle ? a demandé Trustin en pointant le doigt vers moi.

Papa s'est retourné. Il a sursauté en me voyant.

— Où est-ce que tu t'es blessée, Betty ?

Il m'a palpé les bras de haut en bas comme un forcené, cherchant la blessure.

— C'est pas mon sang. (J'ai tendu la main en direction de chez nous.) C'est celui de Maman.

Papa m'a bousculée pour se précipiter vers la maison, nous criant de jeter de la terre sur le feu. Nous en avons lancé aussitôt de pleines poignées pour éteindre les flammes.

— Dépêchez-vous, ai-je crié à mes frères. Il faut aider Papa à sauver notre famille. Puis nous sommes partis tous les trois, aussi vite que possible.

— Attendez-m-m-moi, nous a demandé Lint.

Trustin s'est arrêté pour attraper la main de Lint et le tirer. Je les ai laissés tous les deux en arrière pour rejoindre Papa.

— Alka ! J'arrive !

Il a continué d'hurler son nom dans les bois, comme si elle pouvait l'entendre.

Une fois arrivé à la maison, il a grimpé les marches quatre à quatre.

Maman gisait inconsciente sur le sol. Il a glissé sur le sang et il est tombé sur le côté, puis il a rampé jusqu'à elle. Mes frères se sont arrêtés juste derrière moi. Lint s'est mis à trembler et pleurer, et Trustin l'a emmené dans le couloir, où je l'ai entendu dire :

— Tout va bien, Lint. Tu veux bien me montrer les nouveaux cailloux que tu as dans tes poches ?

J'ai regardé Papa poser les mains sur les entailles de Maman. Le sang coulait entre ses doigts.

— Arrête de serrer comme ça, P'pa, lui ai-je lancé. Tu fais sortir encore plus de sang.

C'était ce que je croyais. Que ses mains la pressaient comme si elle était une éponge.

— Appelle le docteur Lad, Betty.

Au lieu d'aller au téléphone, j'ai tiré le tabouret de Maman sur le parquet jusqu'au fond de la pièce, où il y avait une grande toile d'araignée, dans le coin.

— Mais qu'est-ce que tu fais, Betty ? a demandé Papa. Appelle le docteur.

— Je vais prendre la toile d'araignée. (Grimpant sur le tabouret, j'ai tendu la main dans le coin, mais j'étais encore loin de la toile.) Tu te souviens ? Un jour tu nous as dit d'utiliser de la toile d'araignée pour empêcher une blessure de saigner.

— Bon Dieu, Betty. Appelle le docteur Lad. Tout de suite.

Il a tiré un drap du lit et s'en est servi pour envelopper les poignets de Maman.

Après avoir sauté du tabouret, j'ai filé, bousculant mes frères dans le couloir. En descendant l'escalier, j'ai entendu Lint pleurnicher. J'ai pris le bloc sur la table près du téléphone. J'ai cherché parmi les noms et les numéros écrits par ma mère jusqu'à ce que je tombe sur celui du docteur Lad. J'ai mis l'index dans le trou du disque circulaire, comptant les secondes interminables pendant que le cadran tournait. Dès que le docteur Lad a dit bonjour, j'ai débité :

— Maman s'est coupée. Il y a du sang partout. Papa a mis le drap autour de ses poignets et elle va être furieuse quand elle ira mieux. Furieuse qu'il ait abîmé un drap en bon état.

— C'est bien la voix de Landon Carpenter que j'entends, là, derrière ?

— Oui, c'est mon père. Il crie que vous avez intérêt à apporter quelque chose pour la sauver, vu que lui, il pense pas pouvoir y arriver.

— Vous êtes bien dans Shady Lane ?

— Oui.

— J'arrive.

Pendant qu'il attendait le docteur, Papa m'a dit d'emmener les garçons et de sortir.

— Faut pas que vous voyiez ça.

Lint ne s'est arrêté de courir qu'une fois dehors, dans la cour, où il s'est frotté les mains dans l'herbe. Trustin a passé tout ce temps à dessiner des tourbillons sur ses bras avec son doigt, comme s'il créait des symboles destinés à écarter les mauvais esprits, ou tout au moins, à empêcher ce moment de s'installer dans son âme.

J'ai bondi dans l'allée, agitant les bras en l'air alors même que le docteur Lad n'était pas encore en vue. Mais je n'ai pas tardé à apercevoir l'avant d'une voiture. Je me suis mise à sauter sur place et à agiter les bras encore plus énergiquement. Il roulait si vite que des cailloux ont giclé des pneus arrière quand il a pris le virage dans notre allée.

— En haut, elle est en haut, ai-je continué de crier tandis qu'il sortait de sa voiture avec son sac noir.

Il a couru vers la maison. J'ai couru avec lui. Je répétais :

— Elle est en haut. Elle est en haut.

Je me suis arrêtée au bas des marches du porche, comme si c'était un seuil que je ne pouvais pas franchir, tandis que le docteur Lad disparaissait à l'intérieur.

— Attention, il y a un m-m-monstre avec un couteau là-dedans, a hurlé Lint.

Mes frères sont venus tout près de moi, un de chaque côté, et tous les trois, nous avons attendu, sans quitter la porte des yeux.

— Je me demande ce qu'ils font là-haut, ai-je dit au moment même où des pas lourds descendaient l'escalier.

La porte-moustiquaire s'est ouverte violemment et Papa est sorti de la maison avec Maman dans les bras. Le docteur Lad s'est précipité devant eux pour ouvrir la portière arrière de sa voiture. J'ai regardé Maman au passage. Ses yeux étaient fermés et ses jambes pendaient, inertes.

— Vous allez où ? a voulu savoir Trustin.

D'abord, il a semblé qu'ils partaient tous. Le docteur s'est installé au volant tandis que Papa allongeait Maman délicatement sur le siège arrière. Mais après avoir claqué la portière, il s'est éloigné de la voiture.

— Il nous a p-p-pas donné de s-s-sucette, a dit Lint. Le docteur Lad nous d-d-donne toujours des sucettes. Il est en co-co-colère contre nous à cause du s-s-sang ?

Trustin a passé son bras autour des épaules de Lint pendant qu'on regardait le docteur Lad partir avec notre mère.

Une fois la voiture hors de vue, Papa s'est retourné vers nous trois. On est restés là, à regarder le sang de Maman sur lui.

— Elle est morte ? a demandé Trustin.

— Non. (Papa s'est rapproché et nous a tous serrés contre lui.) Non, elle n'est pas morte. Tout ce que vous devez retenir de cette journée, c'est que votre maman mettait des betteraves en bocaux. Le jus a coulé sur ses poignets. C'est ça, le rouge, mes enfants. Rien que du jus de betterave. Bientôt elle ira mieux.

Un peu plus tard, nous avons parlé tous les trois de la façon dont la voix de notre père s'était brisée en prononçant le mot "mieux".

Ce soir-là, Papa n'est pas allé se coucher. Il s'est mis à nettoyer la maison. C'est ce que font toujours les maris. Ils s'imaginent que tant que la maison est propre et le travail fait, leur femme sera heureuse, comme si le bonheur dans la vie dépendait d'un sol impeccable. Dans les jours qui ont suivi, Papa a terminé divers meubles qui étaient en cours depuis un certain temps et il les a installés, donnant aux pièces des airs de modèles d'exposition pour intérieur rustique. Il a fabriqué une coiffeuse pour Maman, tout en nous expliquant qu'il nous faudrait prendre garde à ne pas énerver notre mère à son retour. Il faudrait faire la vaisselle après manger. Passer la serpillière immédiatement s'il y avait de la boue sur le sol. Nous comporter en enfants calmes et silencieux, et ne pas être toujours dans les jambes de notre mère, comme si cela pouvait suffire.

— Elle revient qu-qu-quand, Maman ? a demandé Lint.

Papa n'avait pas de date précise à donner à Lint, alors il se retranchait derrière une réponse évasive :

— Bientôt, mon garçon. Bientôt.

Pendant l'absence de Maman, Fraya a abandonné le lycée. Papa a été tellement déçu qu'il a peint en noir la dernière marche du porche devant la maison.

— Parce qu'une marche vient de mourir, a-t-il dit à Fraya.

— Les marches ne meurent pas, Papa.

— Elle est morte, Fraya, parce que tu n'as pas franchi cette dernière marche qui te menait vers une vie meilleure.

— Ce ne sont que des marches d'escalier, Papa. Elles nous permettent d'entrer et sortir de la maison, c'est tout.

— Tu sais, quand je me suis entendu dire que j'étais bête, j'ai eu le sentiment de l'être vraiment. Tout ça parce que je suis un homme adulte avec une instruction de troisième ordre. Être au bas de l'échelle te remplit d'amertume, Fraya, et je suis bien placé pour le savoir. J'y ai passé toute ma vie et je n'ai pu que contempler le sommet. Et tu sais ce qu'on trouve au sommet?

— Quoi donc ? a demandé Fraya.

— Une belle vue sur le monde. Tu pourras le voir tout entier. De là-haut, tu peux décider quelle partie de ce grand et beau monde Dieu a faite spécialement pour toi. Mais si tu abandonnes tes études, Fraya, tu ne pourras jamais y parvenir et avoir une vie meilleure. Tu allais être la première personne de la famille à pouvoir dire que tu avais reçu une éducation. Tu n'étais pas obligée d'abandonner le lycée. Ce n'est pas ce que ta maman voudrait pour toi. Tu peux encore y retourner. Je peux encore repeindre cette marche en blanc. Ressuscite-la. La mort n'est pas nécessairement éternelle pour les marches.

— Il est important que j'assume plus de responsabilités dans cette maison. Maman a besoin d'aide, tu ne penses pas ?

Elle a jeté un coup d'œil à la marche noire avant d'ajouter :

— De toute façon, je crois bien que pour commencer, cette marche n'a jamais été vivante pour moi.

Fraya n'a éprouvé aucune difficulté à se couler dans le rôle laissé vacant en l'absence de notre mère. Elle a mis les tabliers de Maman et elle arpentait la maison, chiffon à la main, comme si elle était un soldat nouvellement affecté à la guerre contre la poussière. Pendant toute cette période, c'était Papa qui préparait la plupart des repas, mais il y avait quelque chose en Fraya, lorsqu'elle était dans la cuisine, qui donnait l'impression que c'était elle qui avait fait tout le travail. La façon dont elle nous servait la soupe. La façon dont elle déposait le pain encore tout chaud sur la table, après l'avoir sorti du four. Elle s'est aussi occupée de Lint pendant toute cette période comme si elle avait en réserve plus d'instinct maternel que ce dont elle aurait jamais besoin.

— Je crois que tu n'as pas envie que Maman revienne du tout, a dit Flossie à Fraya, un jour où nous étions toutes les trois dans la cuisine. Je crois que tout ce que tu veux, c'est être notre mère à tous.

Fraya a enlevé le tablier de Maman, puis elle a pris le couteau que Maman avait utilisé pour se tailler les veines. Elle a poussé la porte-moustiquaire pour sortir. J'ai voulu la suivre, mais Flossie m'a retenue par le bras.

— T'es pas folle ? Elle va nous tuer avec ce couteau. Elle va sûrement offrir notre sang en sacrifice à un Dieu quelconque en échange d'un tablier en or.

— Dis pas de bêtise. C'est Fraya. Elle ne nous fera pas de mal.

Je me suis précipitée vers la porte pour rattraper Fraya. Après un instant d'hésitation, Flossie m'a suivie. Quand nous sommes arrivées au Bout du Monde, Fraya était déjà assise sur la scène.

— Comment ça se fait que vous avez mis tout ce temps ? nous a-t-elle demandé.

— Flossie croit que tu vas nous poignarder.

Je me suis assise près d'elle.

— C'est normal de penser ça quand les filles se promènent avec des couteaux, a répondu Flossie tandis qu'elle se laissait tomber sur les planches.

— Alors tu crois que je vais te tuer, hein ? lui a demandé Fraya en plantant brusquement le couteau sur la scène.

Flossie a sursauté. Fraya l'a regardée avant de faire une longue incision dans la planche, puis une autre et encore une autre.

— Ces coupures représentent les entailles sur les poignets de Maman, nous a-t-elle expliqué. Si nous gravons ces blessures ici sur la scène, celles de Maman guériront plus vite.

Flossie et moi avons observé Fraya scarifier le bois avec le couteau, puis Flossie a dit :

— Je me demande pourquoi Maman a fait ça, pour commencer.

Fraya a haussé les épaules en répondant :

— Obsédée par la tristesse.

— C'est ça qu'elle a, Maman ? a demandé Flossie. Elle est obsédée par la tristesse ?

— C'est ce que Leland a dit de toutes les femmes, dans sa lettre. (Fraya a levé les yeux vers nous.) Mais en général, il se trompe sur tout.

Fraya a posé le couteau.

— Maintenant que nous avons mis les entailles ici, au Bout du Monde, elles seront bien obligées de guérir.

Flossie ne s'est pas moquée de Fraya comme je pensais qu'elle allait le faire. Même quand Fraya nous a demandé de poser notre main sur la sienne au-dessus des entailles, Flossie lui a obéi sans hésiter. Quand Flossie et moi avons remarqué que les doigts de Fraya tremblaient, nous avons pensé que cela faisait partie du pouvoir invoqué, et nous avons fait trembler nos doigts aussi.

— Je veux vraiment que Maman rentre, a dit Fraya directement à Flossie. Que je donne un coup de main dans la maison ne veut pas dire que je veux prendre sa place. Elle est un peu plus que du ménage, non ? Que de la nourriture sur la table ? Que je la remplace pour ces choses ne fait pas que je *suis* elle, parce qu'être *elle*, c'est quelque chose qu'*elle* seule peut faire.

Fraya s'est mise à chanter. Flossie et moi l'avons accompagnée pour le refrain :

— *Maman, rentre à la maison, nous t'aimons tant. Il fait froid dans cette maison sans toi, et les fleurs ne poussent plus. Tu nous manques tellement, nous t'envoyons un baiser. Maman, rentre à la maison, nous t'aimons tant.*

Je chantais tellement fort que ça sonnait faux. Là où on ne connaissait pas les paroles nous en inventions d'autres, nos voix se chevauchaient.

Après ce soir-là, nous avons continué à nous rendre au Bout du Monde pour y chanter au-dessus des entailles parce que, comme Maman, nous aussi, nous avions besoin de guérir. Nous avons pensé que nos efforts n'avaient pas été vains, parce que lorsque Maman est rentrée à la maison, nous n'avons pas vu les blessures sur ses poignets. Elles étaient masquées par des pansements d'un blanc éclatant.

— Elles sont guéries, nous a dit Fraya. Les coupures sont loin. Les bandages ne sont là que pour protéger les cicatrices du soleil, de manière à ce qu'elles ne brillent pas et finissent par se rouvrir. Il faut faire en sorte que Maman n'essaie plus de se blesser. Il va falloir continuer à chanter sur la scène, au-dessus des entailles, tous les jours. C'est notre responsabilité en tant que filles envers notre mère.

Nous avions espéré que, grâce à notre pouvoir, les bandages de Maman seraient enlevés. Mais ils étaient toujours en place le jour où Leland est apparu sur le seuil de la porte, disant qu'il avait été renvoyé de l'armée.

— Ils ont essayé de dire que je prenais des choses qui ne m'appartenaient pas. Mais ils n'avaient aucune preuve. Tout ce qu'ils ont pu faire, c'est me virer. J'me suis dit que je pourrais rester ici un moment.

Il a installé sa chambre dans le grenier, et à part coller des insectes sur le mur avec son chewing-gum, il n'a pas fait grand-chose.

Avec nous tous réunis, Papa a décidé qu'un pique-nique en famille pourrait lever l'ombre qui semblait tout obscurcir. L'air guilleret, il nous a emmenés à travers bois derrière notre maison. Il serrait la main toute molle de Maman dans l'une des siennes, et de l'autre il tenait le panier tandis que nous suivions.

En chemin, Lint a ramassé tant de cailloux qu'il s'est trouvé à court de place dans ses poches, alors il a commencé à en mettre dans les miennes, dans celles de Papa et de Fraya. Il a essayé d'en mettre dans celles de Flossie également, mais elle les a jetés pendant qu'il regardait ailleurs.

Papa avait choisi un endroit agréable pour notre pique-nique. Il a étalé une couverture de coton blanc. Il a mis de la nourriture sur l'assiette de Maman mais elle n'a rien mangé d'autre qu'un morceau de biscuit.

— C'est joli, Trustin, a dit Fraya en regardant le dessin qu'il était en train de faire.

C'était une nature morte du pique-nique. Pour ajouter de la couleur, il a cueilli des brins d'herbe à côté de la couverture et il les a frottés sur le papier jusqu'à obtenir des taches de vert.

— J'ai l'air bien c-c-comme ça, pour un p-p-pique-nique ? a demandé Lint à personne en particulier, en faisant rouler une pierre sur sa chemise.

Flossie me donnait un coup de coude au moindre geste de Maman. Puis elle m'a murmuré à l'oreille :

— Combien tu paries qu'elle va essayer de se pendre à un de ces arbres ? Ou alors tu crois qu'elle va se planter une fourchette dans la gorge ?

En tournant la tête, j'ai vu Leland tendre une part du gâteau de Papa à Fraya.

— Tu veux quelques pierres précieuses ?

Une fois le gâteau coupé, on voyait l'intérieur, constitué de petits cubes de gélatine multicolores pris dans une gelée rose. C'était le dessert préféré de Fraya. Elle commençait toujours par manger ce qu'il y avait autour des cubes, qu'elle alignait sur son assiette.

— Quelles belles pierres précieuses, disait-elle avant de les enfourner l'une après l'autre, sans les mâcher, comme si son corps était un coffre où elle mettait à l'abri saphirs, émeraudes et rubis.

Elle ne refusait jamais un morceau de ce gâteau, pourtant quand Leland lui en a tendu une part, elle a dit qu'elle n'en pouvait plus tellement elle avait mangé. Il a regardé le gâteau un moment, puis il l'a mangé lui-même.

Tout à coup, j'ai senti quelque chose s'enfoncer sous mes côtes. C'était le coude de Flossie. D'un signe de la tête, elle m'a montré Maman qui prenait le bocal de betteraves rouges au vinaigre. Elle l'a fait tourner pour lire l'étiquette où était notée la date à laquelle la conserve avait été faite. Et d'un seul coup, elle a renversé les betteraves et le jus sur la couverture. Je ne m'étais jamais rendu compte jusque-là que l'on pouvait faire sur du coton blanc une tache aussi soudaine et aussi belle.

Papa a relevé Maman et a dit que nous allions tous faire une promenade. Il a gardé sa main bien serrée dans la sienne tandis que nous nous éloignions sous la voûte formée par les branches.

— Regardez en l'air, nous a-t-il dit.

En levant les yeux, nous avons vu des citrons.

— Oh ! s'est exclamée Maman, tout sourire. Tu as fait ce monde en jaune pour moi.

Il y avait des citrons accrochés aux érables, aux chênes, aux platanes, aux ormes, aux noyers et aux pins. Des arbres qui n'avaient bien sûr jamais porté des fruits aussi jaunes. Cette couleur ressortait sur leur branchage, et c'était si magnifique qu'il était difficile de ne pas penser que ces citrons étaient, en quelque sorte, des joyaux. C'était presque comme un rêve. J'ai eu envie de le savourer pleinement. J'ai caressé des yeux le contour des citrons. Le jaune, si éclatant sur le bleu du ciel. De bien des façons, ces petites boules jaunes ressemblaient à des fragments de soleil. Ils semblaient émettre leur propre lumière.

Il n'est pas possible qu'ils soient si nombreux, me suis-je dit, pourtant j'avais l'impression que mon père avait appelé à lui tous les arbres de la forêt et avait laissé sa marque sur chacun d'entre eux.

J'ai levé la main vers l'un des citrons. J'ai eu envie de le cueillir, mais j'ai eu peur que ça les fasse tous tomber d'un coup, comme s'ils étaient tous reliés à la même tige, au même rêve, à ce même moment magique auquel je ne voulais pas mettre un terme.

— Pourquoi y a-t-il tous ces citrons ? a demandé Fraya.

— Parce qu'un jour, il y a longtemps, a répondu Papa, une jeune fille m'a dit combien ça lui plairait d'avoir toute une plantation de ce fruit jaune pour elle toute seule. (Il s'est tourné vers Maman avec un sourire.) La voilà, ta plantation de citrons.

J'ignore avec quel argent Papa avait acheté tous ces citrons. J'ignore comment il a réussi à tous les accrocher tout seul sans que son genou abîmé lui cause de gros soucis. Mais savoir ces choses n'aurait fait que gâcher le rêve. Et aucun de ces détails n'avait d'importance pour Maman non plus tandis qu'elle se serrait contre lui si fort que je ne voyais plus ses poignets.

Derrière les citrons un ballon rouge s'est élevé dans le ciel.

— Le vieux Cotton n'oublie jamais d'écrire sa lettre, a dit Papa, comme nous étions tous en train de nous en faire la remarque.

En 1934, la femme de Cotton, Vickory, avait été battue, puis pendue à un carouge à miel tout près de Breathed. Elle avait été empalée sur les épines de l'arbre, les bras écartés, comme si ça n'était qu'une crucifixion du dimanche soir parmi d'autres. Quand nous sommes partis en promenade sous les citrons, cela faisait des dizaines d'années qu'elle avait été pendue. Depuis, Cotton lui avait écrit au moins une lettre tous les jours. Il roulait sa lettre, la mettait dans un ballon qu'il gonflait à l'hélium, puis il le lâchait.

Un jour, j'ai trouvé un de ses ballons, dégonflé sur le sol. À l'intérieur, il y avait sa lettre. Il écrivait comme si Vickory n'avait jamais été assassinée. Il lui parlait des enfants qu'ils n'avaient jamais eus. De la vie qu'ils n'avaient jamais vécue.

Ma Vickory, mon Hickory,*

Aujourd'hui notre cadet s'est présenté devant le pasteur sous le magnolia de Papa. Notre fils épouse une fille merveilleuse, tu ne crois pas ? Tu l'as sûrement gêné avec toutes tes larmes. Tu as tellement trempé mon mouchoir que j'ai cru qu'il allait partir en lambeaux. Oui, en lambeaux, tout simplement. Comme gâteau de mariage, tu as fait le gâteau préféré de notre fils. Ton incroyable gâteau au citron avec le glaçage à la framboise qu'on trouve si délicieux. Ah, on peut dire que ça n'a pas été facile d'éloigner les abeilles, pas vrai ?

Pour toutes ces danses que tu leur as fait endurer, mes pieds t'en veulent un peu, mais pas mon cœur. Je crois que je ne comprendrai jamais pourquoi c'est avec moi que tu veux encore danser, après toutes ces années. Ce que je crains, c'est pas la mort, mais le paradis. Tu me demandes pourquoi ? Parce que je sais que tu ne m'inviteras jamais à danser, là-haut. Non. Tu valseras avec Hypatie et Sappho, les poètes et les philosophes, et avec Dieu. Ceux que tu préfères. Moi, je resterai tranquille dans un coin. Je serai en enfer au paradis. Mais pour l'instant, je t'ai. Oui, je t'ai pour l'instant. Ce soir nous ferons l'amour et nous partagerons le même rêve. Demain, nous ferons la grasse matinée, puis nous irons en voiture aux abords de Breathed. Tu y seras ? S'il te plaît, sois là. Sinon je deviendrai fou.

Un baiser de mon cœur sur le tien.
Ton morceau de Cotton

Étant donné les insultes racistes gravées dans la chair de Vickory, il n'y avait eu guère de doute quant aux raisons pour lesquelles elle avait été assassinée. Cotton était né et avait grandi à Breathed, et il était aussi blanc que le coton de son

* *Hickory* est l'autre nom du noyer blanc.

nom. Ce qui expliquait d'ailleurs certainement pourquoi ils ne l'avaient pas pendu à cet arbre avec elle. Ou peut-être était-ce parce que pendre un homme n'est pas aussi excitant que pendre une femme.

— Si elle n'était pas morte, il ne lui aurait jamais écrit une seule lettre, a dit Maman, qui s'était déjà un peu écartée de mon père. On pense qu'ils s'aimaient comme ça parce qu'elle est morte trop tôt, mais si elle était restée en vie, aujourd'hui ils seraient divorcés ou malheureux ensemble. C'est sûr qu'ils ne seraient plus amoureux.

Je crois que c'est à ce moment-là que tous les citrons sont tombés des arbres d'un seul coup, et que nous avons eu l'air de n'être plus, les uns pour les autres, que des étrangers sans la moindre importance.

II

Et les étoiles du ciel tombèrent sur la terre…
APOCALYPSE 6, 13

CE MOIS DE MAI 1962, Flossie a trouvé un livre sur la sorcellerie qui avait été oublié dans la maison. Il avait pour titre *Le Dictionnaire des âmes*. L'intérieur de la couverture était illustré par un dessin. Il représentait une sorcière qui traînait un sac portant l'inscription ÂMES. Selon les instructions écrites à l'encre noire sur le sac, si l'on veut savoir si quelqu'un est une sorcière, on écrit son nom sur un morceau de papier que l'on met dans une poêle chaude. Si le papier ne brûle pas, cela veut dire que la personne est une sorcière. Flossie et moi avons décidé de faire l'essai. Nous sommes allées dans la cuisine où Trustin était assis à la table. Il avait des feuilles de papier et il était occupé à dessiner les boîtes à farine, à sucre et à thé alignées sur le plan de travail. À l'instant où je me disais que c'était un artiste sérieux, il a frotté son doigt noirci par le fusain sous son nez pour se faire une moustache.

— *Hé, hé, hé*. (Trustin faisait comme si cette moustache l'avait transformé en vieil homme et il parlait d'une voix grave et traînante.) De mon temps, Dieu n'avait pas plus de quatre ans.

Il a dit ce que répétait Papa les jours où il se sentait particulièrement vieux.

Flossie et moi avons levé les yeux au ciel en regardant notre frère, puis nous avons posé une poêle à frire sur le réchaud à gaz. Trustin nous a laissé déchirer quelques bandes de ses feuilles blanches afin d'y inscrire tous les noms que nous voulions tester. Comme on pouvait s'y attendre, certains noms ont mis du temps à brûler.

— À ton tour, maintenant, a lancé Flossie à Trustin tandis qu'elle déposait son nom dans la poêle. Hé Betty, tu te souviens quand Papa nous a raconté l'histoire de ces garçons sauvages qui ont tué une femme parce qu'ils pensaient que c'était une sorcière ? Y a du maïs qu'est sorti de son sang, après. Si l'un de vous deux est une sorcière ou un sorcier, je vous tuerai pour voir ce qui sort de votre sang.

Trustin s'est arrêté de dessiner et il s'est approché pour regarder. Le bout de papier avec son nom a noirci dans la poêle.

— Ça pourrait être chouette d'être un sorcier. Je pourrais vous transformer toutes les deux en vilains crapauds. Oh puis, c'est pas la peine. C'est ce que vous êtes déjà.

Il s'est mis à glousser de façon satanique jusqu'à ce qu'on le renvoie à sa place. Il a continué à rire en reprenant son dessin, nous laissant, Flossie et moi, tranquilles dans la cuisine.

— Maintenant, c'est ton nom, Betty.

Flossie a posé le bout de papier au centre de la poêle. Elle l'a remué avec la spatule, puis elle m'a jeté un coup d'œil. Il ne se passait rien.

— Eh ben, *Par la cloche, le livre et la bougie**, tu es une sorcière, Betty.

— Je ne peux pas être une sorcière. Je n'ai que huit ans. La poêle n'est pas assez chaude.

— Elle était assez chaude pour brûler tous les autres noms, sorcière.

Elle a laissé tomber la spatule pour pouvoir mettre ses doigts en croix devant moi, en ajoutant :

— J'vais dire à Papa que tu es une sorcière sur son balai.

— Non, tu feras pas ça.

Je l'ai poussée violemment et elle s'est cognée contre le plan de travail.

— Espèce de sorcière puante. Tu oses me faire ça à moi ?

Elle m'a poussée encore plus fort. En une fraction de seconde, nous nous sommes lancées l'une sur l'autre dans une de ces fameuses bagarres des sœurs Carpenter. Nous nous sommes retrouvées en train de rouler sur le linoléum, essayant de nous arracher les yeux. Je lui mordais le bras et elle essayait de me tordre les mamelons quand Fraya est arrivée en courant.

— Vous allez mettre le feu à la maison.

Elle a pris la manique pour pousser la poêle fumante sur un brûleur éteint. Elle a regardé dedans et a demandé :

— Qu'est-ce que vous avez fait brûler ?

J'ai repoussé Flossie d'une tape et je me suis relevée pour jeter un coup d'œil dans la poêle. Le morceau de papier avec mon nom était carbonisé. J'ai crié à Flossie :

— Je t'avais bien dit que j'étais pas une sorcière.

La bretelle de son soutien-gorge avait glissé. Elle l'a remontée, puis elle a porté la main à ses cheveux. J'avais

* L'expression est empruntée au rite d'excommunication pratiqué au Moyen-Âge.

défait sa queue-de-cheval. Son élastique cassé était sur le sol avec une poignée de ses cheveux châtain clair.

Flossie m'a lancé un regard furieux en prenant un nouvel élastique dans le tiroir et elle s'est fait une nouvelle queue-de-cheval encore plus haut sur son crâne. Nos bras étaient couverts de marques de morsures et d'égratignures. Il était un fait établi que celle qui avait le plus de marques avait perdu. En silence, nous nous sommes mises à compter nos blessures réciproques. Incapables de désigner clairement une gagnante, nous n'avons plus rien dit, ni l'une ni l'autre. À la place, nous sommes allées à la fenêtre voir ce que Fraya observait à l'extérieur.

— Papa est en train de fabriquer son eau-de-vie, nous a-t-elle dit en souriant. Et si on en prenait un bocal ?

— Ouais, super ! a répondu Flossie, tout de suite intéressée.

Voyant son excitation, Fraya a ajouté :

— Mais à condition de ne pas oublier que l'alcool est le diable passé à l'état liquide.

— Comment on va faire ? a demandé Flossie, ignorant l'avertissement de Fraya.

— Une de vous deux va devoir détourner l'attention de Papa. (Fraya m'a regardée.) Betty, faut que ça soit toi.

— Pourquoi moi ?

— Parce que tu es sa préférée.

— Non, c'est pas elle.

Flossie a croisé les bras pendant que Fraya me poussait dehors sur la véranda en me donnant ses instructions.

— Occupe-le. Flossie et moi, on va se faufiler dans la grange pendant ce temps-là.

Je me suis dirigée vers Papa, qui était occupé à verser son mélange fermenté de sucre, de maïs et de levure dans son alambic artisanal. À une certaine époque, quand nous habitions dans l'Arkansas, il avait vendu son eau-de-vie de contrebande. Les gens s'arrêtaient chez nous pour en acheter. Un jour, c'est le shérif qui a débarqué, disant qu'il avait entendu dire que Papa traficotait avec son alcool illégal. Papa a répondu au shérif que c'étaient des histoires à dormir debout et qu'il pouvait fouiller partout s'il voulait. Alors le shérif et son adjoint se sont mis à faire le tour du jardin, couvert de rangées de grosses pierres que Papa avait soigneusement alignées.

— Qu'est-ce que c'est que tous ces rochers ? a demandé le shérif à Papa.

— Oh, ça, a répondu Papa en se balançant sur ses talons, un sourire aux lèvres. Je suis le genre de fermier qui cultive les pierres.

Il avait creusé des trous dans le jardin pour y enterrer ses bocaux, puis il avait rebouché les trous avec des grosses pierres. Pendant tout ce temps, le shérif et son adjoint avaient marché sur l'alcool sans le savoir. Par la suite, Papa a arrêté de vendre son tord-boyaux. En revanche, il continuait à en fabriquer pour son usage personnel.

Quand il distillait son eau-de-vie, il avait toujours sur le visage cette expression qui donnait à penser qu'il *faisait quelque chose de très spécial*, en tout cas, c'était ce que disait Maman. J'ai vu cette expression en entrant dans la grange à l'instant où il prenait une cuillerée de sa mixture. Il a mis la flamme d'un briquet sous la cuillère et il a souri en voyant une belle flamme bleue s'élever du breuvage.

— Waouh. Ça, c'est le genre de truc qui te rend honnête, s'est-il exclamé en allant à son établi de fortune, en fait une planche posée sur des parpaings.

Les queues de deux écureuils qu'il avait dépouillés un peu plus tôt étaient encore là, sur la planche. Il utilisait toujours toutes les parties d'un animal. Il mangeait même la cervelle des écureuils. Il faisait cuire les têtes dans du jus de tomate, où elles dansaient au milieu des gros bouillons rouges. Puis il cassait les crânes délicatement avec son marteau et enlevait les petits fragments d'os jusqu'à ce qu'il puisse prendre la cervelle et la fourrer dans sa bouche.

— Miam-miam. J'me sens déjà plus intelligent, disait-il tout en mâchonnant.

Je me suis approchée de l'établi où il y avait les queues d'écureuil. Plus tard, Papa prendrait les poils afin d'en faire des pinceaux pour Trustin.

— On peut en garder une pour mettre sur l'antenne avec la queue de raton laveur ? ai-je demandé en m'appuyant contre la planche.

Il a levé les yeux vers moi et a vu les égratignures.

— À ce que je vois, vous vous êtes encore bagarrées comme des chiffonniers, Flossie et toi. Un de ces jours, vous allez carrément vous entre-dévorer. Il n'y a que les serpents qui seront contents.

Il a fait le tour de l'établi.

— Tu as grandi depuis hier ?

Il a levé la main pour évaluer ma taille.

— Je ne crois pas.

J'ai regardé mes jambes pour essayer de voir par moi-même.

— C'est ça le problème avec vous, les enfants. Un jour vous êtes tellement petits que vous pourriez partir dans le siphon avec l'eau du bain, et l'instant d'après j'ai du mal à me souvenir que vous avez été aussi petits.

Quittant l'établi, je suis allée m'asseoir dans la cour, assez loin de la grange pour que mes sœurs puissent s'y glisser sans se faire voir, puis je lui ai dit :

— T'as pas une histoire aujourd'hui ?

— Comme si j'en avais pas toujours ! J'en ai même une sacrément bonne.

Lentement, il s'est assis près de moi. Il a plié sa jambe droite de manière à ménager son genou. Flossie et Fraya en ont profité pour se précipiter dans la grange en passant discrètement par la porte située sur le côté.

— Tu as déjà entendu parler des Attrapeurs d'Étoiles Agités, Petite Indienne ?

Avant que j'aie eu le temps de répondre, il y a eu un bruit de verre cassé dans la grange. Papa a voulu se lever, mais je lui ai pris le bras.

— Raconte un peu. C'est qui, ces Attrapeurs d'Étoiles Agités ?

— Tu as entendu ce bruit ?

— J'ai rien entendu, moi. (J'ai essayé d'imaginer ce que Fraya et Flossie avaient bien pu casser.) Alors, dis, c'est quoi ?

Il a jeté un dernier regard en direction de la grange avant de se détendre.

— J'ai dû rêver. Bon, où est-ce que j'en étais ?

— Aux Attrapeurs d'Étoiles Agités.

— Ah, oui. (Il a hoché la tête, comme pour signifier qu'il était prêt à discuter de choses sérieuses.) Les Attrapeurs d'Étoiles Agités. Ils sont agités parce qu'ils ne peuvent pas arrêter de voler.

— Pourquoi ?

— Parce qu'ils doivent attraper les étoiles, qui ont la fâcheuse habitude de tomber. D'ailleurs, il y en a une qui est tombée sur notre terrain ici, dans Shady Lane, la nuit dernière.

Dans le dos de Papa, j'ai aperçu Fraya et Flossie qui avaient réussi à sortir de la grange avec un bocal d'alcool.

Depuis l'orée des bois, Flossie m'a fait signe de me dépêcher de les suivre. J'ai vu sa queue-de-cheval se balancer tandis qu'elle repartait et disparaissait avec Fraya au milieu des arbres. Papa s'est retourné pour voir ce que je regardais, mais il n'y avait que des feuilles emportées par le vent.

— Elle est tombée où, cette étoile, P'pa ?

— Oh, eh bien, juste ici, près de la grange. (Du doigt, il m'a indiqué l'endroit.) Je te montrerais bien l'étoile, mais il a fallu que je la rende à l'Attrapeur Agité. T'es sûre que t'en as jamais vu un, Betty ?

J'ai hoché la tête.

— Alors, tu rates vraiment quelque chose de spécial. Ce sont de magnifiques lions noirs, de la taille de notre Rambler.

— Aussi grands que ça ?

— Oui, aussi grands que ça. Moi-même, j'ai eu du mal à le croire. D'abord, je me suis dit que je devais rêver, alors j'ai fait le tour de ses quatre énormes pattes et j'ai touché sa fourrure, épaisse et froide. Je sentais l'odeur des milliards d'années qu'il avait vécues. Une odeur de terre après la pluie. Quand j'ai regardé ses yeux, j'ai vu qu'ils n'avaient ni pupilles ni iris. En fait, ses yeux étaient des boussoles, et dans chacune, l'aiguille tournait sans arrêt comme pour rechercher la localisation de plusieurs choses à la fois.

Papa s'est massé le menton, comme s'il caressait une barbe, avant de continuer :

— Mais le plus spectaculaire, c'était sa crinière. La façon qu'elle avait de tourbillonner comme de la poussière, mais pas une poussière ordinaire. C'étaient les particules dont est fait l'univers. De tout petits grains scintillants argentés qui tournoyaient sans cesse, et c'était si plein de vie. Je me suis mis à pleurer.

— Pourquoi ça, P'pa ?

— C'était tellement beau. Je crois bien que le lion aussi s'est demandé pourquoi je pleurais, parce qu'il m'a regardé un moment. Puis il m'a parlé, d'une voix profonde et douce.

— Qu'est-ce qu'il t'a dit ?

— Qu'il était venu chercher l'étoile. Il l'a ramassée avec sa grosse patte, puis il l'a posée sur son dos, et elle a été absorbée dans sa fourrure, elle a disparu dans le noir. J'ai pensé qu'il allait partir aussi vite qu'il était venu. Au lieu de ça, sa crinière a commencé à se dresser et à se partager. Une moitié est allée vers la droite et l'autre vers la gauche. J'avais déjà trouvé qu'elle était énorme au début, mais elle est devenue encore plus grande et elle s'est allongée pour prendre la forme d'ailes, dont les plumes n'étaient autres que les tourbillons de poussière scintillante. La crinière s'était transformée en ailes.

"'Vous allez vous envoler, maintenant ?' ai-je demandé au grand lion, et il m'a répondu :

"'Je peux t'emporter sur la lune pour voir un arbre très particulier.'

"Bon, tu parles, j'allais pas rater cette occasion. Une fois grimpé sur son énorme dos noir, je me suis bien accroché tandis qu'il décollait. Les ailes provenant de sa crinière laissaient des traînées de lumière à mesure qu'on prenait de la hauteur. J'ai regardé en bas, vers le monde que je quittais, puis j'ai levé les yeux vers l'espace où je m'enfonçais. Quand on est arrivés en vue de la lune, ça a été un sacré spectacle, Petite Indienne. Il a atterri dans un des profonds cratères où poussait un arbre imposant. Son écorce était rouge sang et elle était couverte de hiéroglyphes. Il y avait des cloches en verre violettes qui pendaient des branches, et à l'intérieur de ces cloches, les étoiles mûrissaient lentement. Le lion m'a dit que j'étais le premier être humain à voir cet arbre et à cueillir un de ses fruits. Aussitôt, il a ajouté : 'Mais tu ne peux cueillir que ce qui n'est pas encore mûr, car aucune étoile ne peut vivre sur terre ; en revanche, ce qui est destiné à en devenir une en est tout à fait capable.'

Papa a cherché dans la poche de sa chemise et il en a tiré une pierre couverte de petits cratères.

— Tu vois, ça c'est l'étoile pas encore mûre que j'ai cueillie.

Il me l'a tendue. Puis il a relevé la jambe de son pantalon et m'a montré une décoloration violacée sur sa rotule droite.

— Je me suis cogné le genou contre le tronc de ce gros arbre en y grimpant, et j'ai récolté cette ecchymose. (Il a posé la main sur sa rotule.) Si les gens me demandent pourquoi je boite, eh ben maintenant, je leur dirai que je me suis abîmé le genou en grimpant à l'arbre aux étoiles.

J'ai regardé de plus près cette décoloration violacée. C'était la même tache que celle que la confiture de mûres avait laissée sur le bout de ses doigts au petit déjeuner.

— C'est pas une étoile, lui ai-je dit en soupesant la pierre. C'est juste un caillou de la rivière que tu as pris à Lint. Et c'est pas une ecchymose. Tu t'es juste barbouillé de confiture de mûres.

— J'avais jamais imaginé que tu pourrais arrêter de croire à mes histoires, Petite Indienne.

Sa voix a paru écrasée sous le poids de la tristesse qui figeait les plis de son front. Il a baissé les yeux, comme si le sol pouvait détenir une réponse.

— Mais je crois que tu es allé sur la lune, P'pa.

Mais c'était trop tard.

Faisant porter le poids de son corps sur sa jambe gauche, il s'est levé lentement.

— Nan. C'est comme t'as dit. C'est juste un caillou. Rien d'autre. C'est stupide de croire que je pourrais aller sur la lune, hein ? Pas un zéro comme moi.

Je venais de provoquer une nouvelle fêlure dans un homme qui était déjà brisé.

Ses épaules se sont affaissées quand il s'est retourné pour partir. Je me suis demandée où son chemin pourrait le conduire, mais alors Lint est sorti de la maison en courant.

— Il m'a mordu, a-t-il dit en se tenant la main.

Papa s'est retourné et s'est précipité vers son fils.

— Qu'est-ce qui t'a mordu ?

— Un serpent à s-s-sonnette.

Lint a laissé Papa regarder sa main. Sa blessure n'était autre que deux traits rouges qu'il avait dessinés sur sa peau avec un feutre. Mais il gémissait de douleur.

— Ça fait m-m-mal, Papa. Fais qu-qu-quelque chose.

— Bon, on va te guérir ça.

Papa a pris sa blague à tabac dans sa poche. Il en a mis quelques brins dans sa bouche, qu'il a mâchés quelques secondes.

— Le tabac va aider à faire sortir le venin, a-t-il dit, puis il a posé ses lèvres sur les deux traits rouges.

Pendant que Papa faisait semblant d'aspirer le venin, je me suis éclipsée. J'ai gardé le caillou dans ma main pendant que j'entrais dans le bois à la recherche de mes sœurs. Presque aussitôt, quelqu'un a sauté sur mon dos, m'expédiant par terre la tête la première et me faisant lâcher la pierre.

— J'tai eue, a crié Flossie dans mes oreilles tandis qu'elle pressait de tout son poids sur mon dos.

— Dégage, face de rat.

Flossie a éclaté de rire en se redressant.

— Il t'en a fallu du temps !

J'ai vu Fraya appuyée contre un arbre, un bocal à la main.

— Je lui ai pourtant dit de ne pas t'attaquer par surprise, Betty, a-t-elle soupiré. Mais tu connais Flossie.

Flossie lui a tiré la langue.

— Dites, vous avez pas vu où est passée l'étoile pas mûre ? leur ai-je demandé en me relevant.

— L'étoile pas mûre ? a répété Fraya en regardant autour d'elle.

— Ah, la voilà.

Elle était au bord d'un massif de mûriers. Je me suis avancée, mais Flossie m'a attrapée par le bras.

— Tu fais comme Lint, maintenant ? Ce n'est qu'un caillou tout bête. Viens. Fraya va nous montrer un aigle.

Fraya était déjà partie en courant, le bas de sa robe lavande volant comme un esprit guilleret. Elle nous conduisait à travers la forêt vers un bois de pins aux vieux troncs noircis sur un tapis d'aiguilles acérées qui me faisait penser à tous ces contes pour enfants où les petites filles se font manger par un loup.

— Le nid est tout là-haut.

Fraya s'est arrêtée et a tendu le doigt vers un pin immense. Nous avons levé les yeux vers le gros amas de brindilles construit sur une fourche.

— Papa dit que l'aigle vole plus haut que n'importe quel autre oiseau, a dit Fraya en serrant contre elle le bocal d'eau-de-vie. Il dit que la plupart des gens pensent que c'est le vautour qui vole le plus haut. Mais ils se trompent. C'est l'aigle. Papa dit que c'est pour ça qu'ils ont la tête blanche. Ils volent si haut que leur tête touche le paradis et cette caresse est tellement sacrée que les plumes deviennent blanches.

L'aigle femelle a poussé un cri perçant. Elle rentrait et décrivait des cercles au-dessus de la cime du pin.

— Donne-m'en un peu, tu veux ? a dit Flossie en arrachant le bocal des mains de Fraya pour en prendre immédiatement une gorgée. Waouh ! s'est-elle exclamée en faisant une grimace de douleur.

Les yeux toujours fixés sur l'aigle, Fraya a pris un crayon et un bout de papier dans la poche de sa robe.

— Je viens ici pour écrire mes prières, nous a-t-elle alors expliqué en déchirant proprement le papier en trois. Vous pouvez en faire autant. Ensuite l'aigle les emportera jusqu'à Dieu.

— Tu parles ! Aucun oiseau n'ira donner quoi que ce soit à Dieu, s'est moquée Flossie en faisant claquer ses lèvres.

— Bien sûr que si. (Fraya a jeté un regard vers l'aigle comme s'ils étaient de vieux amis.) C'est Papa qui le dit. Ça veut dire que c'est vrai.

Fraya a semblé sur le point de pleurer à cette idée. J'ai compris une chose à ce moment-là : non seulement Papa avait besoin que l'on croie à ses histoires, mais nous avions tout autant besoin d'y croire aussi. Croire aux étoiles pas encore mûres. Croire que les aigles sont capables de faire des choses extraordinaires. En fait, nous nous raccrochions comme des forcenées à l'espoir que la vie ne se limitait pas à la simple réalité autour de nous. Alors seulement pouvions-nous prétendre à une destinée autre que celle à laquelle nous nous sentions condamnées.

— Moi je le crois, ai-je dit à Fraya en prenant le crayon et un bout de papier de ses mains pour écrire :

J'aimerais être un aigle pour emporter la prière de Fraya jusqu'à Dieu.

J'ai tendu le crayon à Flossie. Elle a levé les yeux au ciel, mais elle a tout de même pris son bout de papier dans les mains de Fraya. Puis elle a écrit sa prière, la disant à haute voix en même temps.

— Je prie pour devenir une star et vivre à Hollywood et être plus célèbre qu'Elizabeth Taylor.

Fraya s'y est mise à son tour, prenant soin d'écrire en nous tournant le dos.

— Laisse-moi regarder, a dit Flossie en essayant d'apercevoir ce que Fraya écrivait. Sois pas cachottière comme ça.

Fraya n'a pas voulu nous en confier un seul mot et elle s'est empressée de plier le papier.

— Maintenant, il faut qu'ils arrivent dans le nid.

Elle a pris ma prière et celle de Flossie. J'ai tiré sur le bas de sa robe quand elle a commencé à grimper à l'arbre.

— Et si la maman aigle revient ? Elle va t'arracher les yeux, Fraya.

— Tout va bien, Betty, m'a-t-elle dit en souriant. Je le fais tout le temps. Elle me laisse faire.

J'ai lâché ma sœur à contrecœur. Elle grimpait vite. Quand elle a atteint le nid, elle a soigneusement déposé nos prières au milieu des œufs.

— L'aigle se rapproche, Fraya. (J'ai agrippé le tronc entre mes deux mains, comme si je pouvais la faire redescendre en secouant l'arbre.) Allez, reviens.

Elle a commencé à s'éloigner du nid juste au moment où l'aigle a poussé un cri.

— Attention ! avons-nous hurlé, Flossie et moi, en voyant l'aigle se diriger vers Fraya, les serres en avant.

Fraya n'a eu d'autre choix que lâcher prise et se laisser tomber de toute la hauteur. Elle a atterri sur le derrière avec un bruit mat. Flossie s'est mise à rire si fort qu'elle grognait comme un cochon tandis que j'aidais Fraya à se relever.

— Ça va, je n'ai rien, a dit Fraya en regardant vers l'aigle qui s'était posée dans son nid. On peut partir maintenant. Elle portera nos prières là où elles doivent aller.

Elle m'a pris le bocal et a bu une longue gorgée. Elle a grimacé en portant la main à sa gorge pour nous faire remarquer que l'alcool était particulièrement fort.

— Ça va nous brûler l'estomac, a dit Fraya.

— Ça m'est égal.

Flossie a essayé d'attraper le bocal.

Sans le lâcher, Fraya est sortie du bois de pins en courant. Flossie l'a poursuivie. Je suis restée en arrière pour observer l'aigle se déplacer dans son nid et compter ses œufs.

— Un, deux, trois.

J'ai compté avec elle.

Satisfaite, elle a pris son envol, emportant avec elle, sans s'en rendre compte, une de nos prières. Tandis qu'elle prenait de la hauteur, le morceau de papier est tombé. J'ai attendu qu'il passe à travers les branches.

— Je te tiens, ai-je lancé à la prière en l'attrapant juste avant qu'elle ne touche le sol.

Comme si c'était un papillon que je craignais de voir s'envoler, j'ai ouvert les mains lentement, jetant un petit coup d'œil à l'intérieur. En faisant très attention, j'ai pris le papier, je l'ai déplié et j'ai immédiatement reconnu l'écriture de Fraya.

Je veux être libre. S'il vous plaît, délivrez-moi de lui. C'est ma prière.

— Lui ? ai-je demandé. Qui lui ?

Je me suis souvenue d'une chanson que Fraya avait écrite. Elle parlait d'un garçon qui avait des serpents à la place des doigts.

En sifflant, partout sur mon corps il se glisse comme le péché. Comme si, depuis le Jardin d'Éden, il n'avait plus rien mangé.

J'ai rangé le bout de papier dans ma poche avant de courir pour rattraper mes sœurs. Elles étaient sorties du bois de pins et se disputaient la possession de l'alcool.

— Betty n'en a même pas encore eu, hein, Betty ?

Fraya m'a tendu le bocal et Flossie a essayé de le prendre pour elle. Je l'ai repoussée d'une claque et me suis dépêchée d'en boire un peu.

— J'ai l'impression d'avoir avalé le soleil, ai-je dit en toussant.

Nous avons ri toutes les trois, puis nous avons partagé l'alcool tout le reste de la journée, nageant nues dans la rivière et dansant dans les collines. Fraya, qui avait dix-huit ans à l'époque, avait bu presque la moitié du bocal à elle toute seule, mais moi je n'avais pris qu'une goutte par-ci par-là, recrachant la plus grande partie. Flossie, qui, à onze ans, n'avait pas froid aux yeux, parvenait à boire de plus longues gorgées. Quand nous sommes arrivées dans le champ où il y avait ce tracteur, il faisait nuit et nous étions aussi ivres que trois sœurs peuvent l'être sans s'écrouler. Fraya s'est approchée et a laissé courir sa main sur le côté du tracteur tout en disant qu'elle ne pensait pas que le tireur était parmi nous.

— Moi, je crois que c'est Betty.

Flossie a souri en montrant toutes ses dents pendant qu'elle inclinait le bocal entre ses mains.

— Ha ha, s'est esclaffée Fraya en se tapant sur les genoux. Tu ne crois pas que quelqu'un aurait remarqué une petite fille de huit ans en train de se balader avec un vieux fusil ? En plus, pourquoi Betty irait tirer des coups de feu ?

— P'têt parce qu'elle a pas d'arc ni de flèches tout simplement.

Flossie a mis sa main en l'air derrière sa tête comme si c'était une plume.

— Tu es une Cherokee aussi, espèce d'idiote, lui ai-je fait remarquer en lui pinçant le bras.

— Oui, mais toi, ton problème c'est que t'as vraiment l'air d'en être une, a-t-elle rétorqué en me pinçant aussi.

— C'est pas une fille qui tire, a dit Fraya. C'est un foutu bonhomme qu'a rien de mieux à faire. (Elle a posé sa joue contre le tracteur, comme si elle essayait de l'inhaler.) Les loups rôdent à cette heure-ci. Ils vont sentir nos seins et ils vont avoir envie de les voir. On ferait mieux de rentrer.

Après avoir confronté nos trois avis plus ou moins éméchés, nous avons pris la direction que nous pensions être la bonne. En chemin, nous sommes passées près d'une église. C'était le seul bâtiment au milieu des champs de maïs qui s'étendaient à l'infini. Nous avons collé notre visage à l'une des fenêtres. Une lampe était allumée à l'intérieur, éclairant l'image de Jésus sur la croix.

— Elle est vide, a dit Flossie en souriant. Allons mettre les croix à l'envers. En arrivant demain matin, le pasteur croira qu'il a été rattrapé par tous ses péchés.

En gloussant toutes les trois à cette pensée, nous avons poussé la porte d'entrée. À ce moment-là, l'église n'était jamais fermée à clé. Cela aurait signifié que le pasteur n'avait pas confiance dans ses fidèles. Comment auraient-ils pu avoir confiance en lui dans ce cas-là ?

— Toc-toc. Vous êtes là, Dieu ? a demandé Flossie en s'avançant dans l'allée centrale.

C'était la première fois que nous mettions les pieds dans cette église. Papa pensait que Dieu était plus dans les bois que dans un édifice.

— Pas besoin de s'asseoir sur un banc pour entendre parler de la création divine, disait-il. Tout ce que vous avez à faire pour savoir qu'il existe quelque chose de plus grand, c'est aller vous promener dans les montagnes. Un arbre prêche mieux que n'importe quel homme.

Du sol au plafond, l'église était lambrissée d'étroites planches de chêne. Il y avait des rideaux plissés marron aux fenêtres et une moquette bordeaux au sol. Près du lutrin se trouvait une table en bois avec un cierge éteint.

Fraya a sorti une cigarette et une allumette de sa poche. Elle a allumé sa cigarette, les yeux fixés sur le cierge.

— Pour éloigner les démons, a-t-elle dit en approchant l'allumette de la mèche jusqu'à ce qu'elle commence à brûler.

— Cette toute petite flamme n'est pas un ange pour nous, a répliqué Flossie. Sa lumière ne sera pas assez forte pour éloigner les ténèbres, et encore moins les démons.

Elle s'est approchée de la flamme, mais elle a trébuché. Tombant en avant, elle s'est retrouvée à genoux tandis que le bocal d'alcool lui échappait des mains et roulait sur la moquette. L'alcool qui restait s'est répandu, imbibant les fibres sous la table.

— J'allais le boire, a râlé Flossie, avant d'aller à quatre pattes jusqu'au banc le plus proche et de se hisser sur le siège.

— Les jeunes filles et les femmes ne sont pas autorisées à s'asseoir au premier rang, lui a lancé Fraya d'une voix qui imitait celle du pasteur. Tu ne sais donc pas ça, ma petite Flossie ?

Fraya a rejoint Flossie pour lui passer sa cigarette.

— Mais c'est là que je veux m'asseoir, a répondu Flossie. Au premier rang.

— Faut que tu ailles t'asseoir dans le fond, avec toutes les autres femmes, a poursuivi Fraya d'une voix encore plus grave en se déhanchant jusqu'au pupitre. Et aucune fille ni aucune femme ne devrait porter un pantalon, Betty. (Elle a pointé le doigt vers ma salopette.) Tu sais pas qu'c'est un foutu péché ? (Elle s'est raccrochée au pupitre, s'affalant complètement dessus.) Je crois, mes bien chères sœurs, que nous avons un peu trop bu.

— Les filles au fond, les fils au premier rang, a dit Flossie en fronçant les sourcils. Et nous, on n'a pas de bouche ? On n'a pas de mains ? Les gens pensent qu'on n'saura pas les utiliser. Je déteste les endroits où les garçons peuvent faire ce qu'ils veulent. Qu'ils aillent au diable. Nous, on a un aigle rien que pour nous qui emporte nos prières tout là-haut. (Elle a levé les bras.) On a le pouvoir de la maman aigle et… et… euh… j'crois que j'ai oublié ce que je voulais dire.

— Je sais ce que tu veux dire.

Fraya a donné un coup de pied dans le pupitre, qui est tombé sur le côté.

— Ils nous prennent tout, a-t-elle poursuivi. Même quand on dit non.

Elle a déboutonné sa robe, puis l'a enlevée, gardant sa combinaison.

— Je ne me sens pas très bien, ai-je dit, juste avant de vomir sur le banc le plus proche.

— T'es une vraie boute-en-train, toi.

Flossie m'a fait une grimace en se levant. La cigarette fichée au coin de ses lèvres, elle est allée en titubant jusqu'au mur où il y avait une croix en bois. Elle l'a retournée. Puis, craignant peut-être pour son âme, elle l'a remise à l'endroit.

— Faut que j'aille à la rivière, ai-je lancé à la cantonade. Je vais encore vomir. Faut que j'aille à la rivière, elle emportera tout.

— Pas étonnant qu'une femme soit pleine de ressentiment, dit Fraya, sa robe à la main. Il n'y a pas de place pour le bonheur. Pas après qu'ils en ont fini avec nous.

En me tenant aux bancs, je me suis avancée jusqu'au premier rang, où j'ai posé ma tête tout embrumée sur le siège.

— Ève a mangé la pomme, a continué Fraya en prenant le cierge. (Sans se presser, elle a contemplé la flamme, puis un sourire s'est dessiné sur ses lèvres.) Eh bien, bravo Ève, parce que la première chose qu'on a apprise de cet arbre de la connaissance a été comment faire un feu, nom de Dieu.

— Non, Fraya, ai-je dit.

— On doit montrer que nous aussi, on est capables de détruire par le feu, Betty. Sinon les bêtes sauvages domineront le monde.

Ses yeux se sont agrandis tandis que la flamme se reflétait, tremblotante, dans ses pupilles. Elle a incliné le cierge, faisant couler la cire liquide, et la flamme est entrée en contact avec le tissu. Le feu a englouti le coton, la fumée est montée en volutes vers le plafond.

— Comme ça brille, a ri Flossie, avant de mettre la main devant sa bouche, comme si elle ne savait plus si le feu était amusant ou effrayant.

Dès que les flammes ont commencé à monter vers ses mains, Fraya a tout lâché. Nous avons toutes retenu notre respiration en voyant le cierge et la robe tomber sur la moquette trempée d'eau-de-vie. Dans une explosion de lumière, les flammes avivées par l'alcool sont devenues plus violentes et se sont propagées.

Fraya a empoigné le vase rempli de fleurs sauvages sur l'armoire basse.

— Arrête-toi, espèce de feu stupide.

Elle a versé l'eau du vase sur le brasier.

Les fleurs sauvages se sont éparpillées, s'enflammant aussitôt.

— Tu n'arriveras pas à l'éteindre. (Flossie a jeté sa cigarette dans les flammes orange et a commencé à danser tout autour.) C'est la malédiction. Nous sommes tous maudits.

— C'est pas de l'eau qu'il faut pour éteindre un feu, Fraya, lui ai-je fait remarquer tandis qu'elle me tirait le bras pour me faire quitter le banc. Tu sais bien qu'il faut prendre de la terre.

— Faut sortir d'ici, Betty.

Elle m'a traînée dans l'allée, sans cesser de crier à Flossie de nous suivre. Mais Flossie a défait sa queue-de-cheval et a continué à danser. Ses longs cheveux lui balayaient le dos tandis qu'elle se balançait de droite à gauche. Fraya a crié, une fois de plus :

— Bon Dieu, Flossie, viens, je te dis.

Flossie a accouru en ricanant et Fraya m'a tirée par le bras. Elle m'a lâchée quand nous avons été toutes les trois dehors, en sécurité.

— Mais qu'est-ce que j'ai fait ? s'est demandé Fraya en regardant les flammes voraces s'élancer à l'assaut de la croix blanche, au sommet du clocher.

Flossie s'est mise à pousser des acclamations et à applaudir. Je l'ai écartée de mon chemin et j'ai couru vers l'église. Je suis allée aussi près du brasier que je pouvais sans risquer d'être réduite en cendres moi-même. Mettant la main dans ma poche, j'ai trouvé la prière de Fraya et je l'ai jetée dans les flammes.

— Attention, Betty, m'a hurlé Fraya au moment où des poutres embrasées s'abattaient tout près de moi.

J'ai été projetée au sol et j'ai senti la chaleur qui provenait de l'herbe. J'ai pensé que je pourrais fondre si je restais étendue là. Des mains se sont refermées sur mes bras. Mes sœurs étaient venues me sauver.

Tandis que nous allions nous réfugier sur la colline la plus proche, je n'arrêtais pas de tomber, mais chaque fois mes sœurs me relevaient. Nous respirions toutes les trois si fort que je me demandais comment il était possible que rien ne sorte en même temps que notre souffle, comme une rafale de vent ou un éclair fulgurant.

Une fois arrivées en haut de la colline, nous nous sommes écroulées. Nous retournant pour nous asseoir sur des rochers, nous avons contemplé le brasier. Nous savions que l'un des fermiers des environs allait voir l'incendie et alerter le shérif.

— Maudite soit cette nuit.

Fraya a ramassé un caillou et l'a lancé le long du flanc de la colline. C'est seulement quand elle a été sûre que le caillou était arrivé en bas qu'elle m'a demandé pourquoi j'avais couru vers le feu.

— Tu aurais pu être carbonisée, Betty.

Flossie a répondu à ma place :

— Je vais te le dire, moi, pourquoi elle a fait ça. C'est parce qu'elle est complètement bourrée.

Nous avons écouté la sirène du camion de pompiers au loin. Mes sœurs avaient les yeux fixés sur les flammes, moi je contemplais la fumée.

— La fumée est sacrée, ai-je laissé échapper.

Je me disais que si la fumée pouvait emporter la peur dans les nuages, alors elle pouvait bien emporter la prière de Fraya encore plus haut, jusqu'au ciel.

12

Les collines fondent et la terre brûle.
NAHUM I, 5

MÊME APRÈS M'ÊTRE BAIGNÉE et m'être lavé les cheveux, ce soir-là, je sentais encore l'odeur de la fumée qui s'échappait de ma peau, comme si c'était là qu'elle vivait désormais. J'étais couchée dans mon lit, les cheveux encore humides, et j'écoutais la mélodie de la boîte à musique japonaise de Fraya qui traversait le couloir depuis sa chambre.

— Bonne nuit.

La voix de Fraya a flotté jusqu'à nous.

— Bonne nuit, a répondu Flossie.

Le silence n'attendait plus que moi.

J'ai dit “Bonne nuit” avant de fermer les yeux pour voir trois sœurs. Les flammes orange. La nuit sombre. Les planches blanches de l'église noircie avant d'être réduite en cendres.

Pour tout commentaire sur l'incendie, Flossie a fait fondre un pastel orange et s'est peint les ongles avec. Elle faisait des marques sur le papier au mur en laissant traîner ses ongles dessus au passage. Il y avait aussi des marques sur son oreiller, en raison de la façon dont elle dormait, les mains glissées dessous. Je l'avais surprise en train de frotter ses ongles sur des feuilles de papier, dès qu'elle voyait un espace libre, y traçant de petites rayures orange, et j'ai compris que c'était un brasier qu'elle dessinait.

Quant à Fraya, elle refusait d'admettre que nous étions sorties la nuit de l'incendie. Puis un jour, une semaine environ après l'incident, elle m'a attrapée par la main et m'a conduite dehors. J'ai pensé qu'elle voulait m'emmener à nouveau au nid de l'aigle pour y déposer une autre prière. Quand je lui ai demandé où on allait, elle m'a répondu :

— Au Papa Juniper's.

Elle a acheté une bouteille de soda pour chacune de nous deux, ainsi qu'un seau de glace pilée. Elle a placé les bouteilles dans le seau pour les garder au frais et après être montées dans les collines, nous nous sommes assises dans une prairie d'herbe haute du même vert que sa robe. Elle a sorti les bouteilles et a plongé la main dans la glace.

— Je sens quelque chose, Betty. (Elle a enfoncé sa main jusqu'au fond du seau.) Il y a quelque chose là-dedans.

Elle a renversé la glace sur le sol. Au milieu des morceaux, nous avons vu rouler une petite orange.

— Dieu est en train de fondre, a dit Fraya tandis que nous regardions la glace se transformer en liquide au soleil. Mais l'orange est toujours très froide.

Elle a pris l'orange pour la coller contre la peau douce et tendre de sa joue.

Mes sœurs avaient chacune leur façon d'accepter ce que nous avions fait. La mienne consistait à aller dans la chambre de mes parents, là où ma mère rangeait ses bas. Elle en avait suffisamment pour faire une pile dans son tiroir, son second porte-jarretelles étant posé sur le dessus. Elle achetait des bas avec la couture derrière. Une ligne qui remontait tout le long de sa jambe comme un serpent trop honnête pour s'enrouler sur lui-même.

Ces bas épousaient la forme des mollets et des pieds de ma mère. Parfois, je les enfilais sur mes bras, pensant pouvoir encore sentir la chaleur de son corps restée là depuis la dernière fois qu'elle les avait portés. La plupart du temps, je les posais en travers de la chaise devant sa coiffeuse de manière à ce qu'ils pendent du siège. Ensuite, je m'allongeais sur le ventre sous cette chaise, et je regardais les bas qui descendaient jusqu'au plancher comme s'ils étaient ses jambes.

Les coudes sur le sol, je tenais mon visage entre mes mains et tout en donnant des coups de talon, je chantonnais, imaginant ma mère assise là, au-dessus de moi, en train de se maquiller. Malgré ses sautes d'humeur, j'avais envie d'être près d'elle, ou tout au moins d'être dans son orbite pendant qu'elle se consacrait à ces pratiques féminines qui étaient encore déconcertantes pour moi, à cet âge. Je trouvais une sorte de réconfort à rester ainsi aux pieds de ces bas, imaginant ma mère sur la chaise, occupée à enlever le duvet de sa joue.

C'était cette sorte de réconfort que je désirais trouver dans la chaleur du feu. J'ai écarté la peau de cerf qui pendait sur le seuil et je suis entrée dans la chambre vide de mes parents. Maman était dans la cuisine, en train de rouler de la pâte pour faire des nouilles. J'ai pensé que je pouvais tranquillement aller sur la pointe des pieds jusqu'à sa coiffeuse, ouvrir le tiroir du haut et glisser mes doigts sous ses bas. J'aimais sentir leur fine texture sur ma peau. C'était comme plonger la main dans une eau que ma mère gardait pour elle, comme un secret.

D'habitude, je n'enfonçais pas ma main aussi profondément. Flossie m'avait avertie que Maman se nourrissait de langues de serpent et en gardait un bocal bien fermé dans un tiroir.

— Il suffit de toucher le bocal et tu deviens folle comme Maman, je te jure. Tu vas te mettre à manger des langues de serpent aussi, jusqu'à ce que tu ne puisses plus être aimée que des créatures à langue fourchue.

Flossie m'avait dit que Maman rangeait le bocal dans un tiroir différent tous les soirs. C'était pour cette raison que je m'efforçais de ne pas trop enfouir ma main à l'aveuglette. Mais ce jour-là, les bas étaient si doux que j'ai fermé les yeux et j'ai laissé ma main s'enfoncer. Mes doigts ont aussitôt touché quelque chose.

Avais-je trouvé une langue de serpent tombée du bocal par hasard ?

Ma main s'est refermée sur ce que je sentais. En la retirant, je me suis aperçue que c'était un paquet de photographies identiques glissées à l'intérieur d'un bas. L'image était celle d'une petite fille dans une robe sombre avec un gros nœud clair qui tombait d'un col marin. La fille était mince et ses bras pendaient gauchement le long de son corps. Ses cheveux pâles descendaient devant jusque sur ses maigres épaules et sur son visage encore plus pâle. Elle ne souriait pas. Ses yeux gris paraissaient blancs sur la photo, mais je pouvais voir la peur qu'ils exprimaient. Elle avait l'air d'être le genre de petite fille qui sursaute au bruit de la pluie. C'est alors que j'ai remarqué qu'elle avait deux doigts croisés, comme si elle faisait une prière.

Debout près de l'enfant, il y avait un homme qui avait l'air d'avoir une vingtaine d'années. Ses bras, de part et d'autre de son corps, étaient raides. Je suis allée regarder la photo à la lumière du soleil. Je voulais voir le visage de cet homme plus clairement. Il avait quelque chose de familier. Le regard assuré, mais dur. Les cheveux blond blanc. J'ai tout de suite détesté cette mâchoire crispée.

D'une certaine façon, cet homme me faisait penser à des herbes amères.

— Qui es-tu ?

J'ai posé cette question à l'homme de la photographie comme s'il pouvait s'animer et répondre à ma question. Il portait un pantalon de travail qui montait haut sur la taille, des bretelles et une chemise à boutons de laquelle on voyait dépasser un maillot de corps.

Tout comme la petite fille, il ne souriait pas, mais il regardait droit dans l'objectif, le mettant presque au défi de préserver son image. Son corps était celui d'un homme. Mais j'ai senti que son esprit était celui d'un loup.

Je suis redescendue avec la photographie. Flossie était dans le salon, en train de danser devant l'émission *American Bandstand.* Lint, assis sur le canapé, se mettait des petits points rouges partout sur la peau.

— Qu'est-ce que c'est, ces points rouges, Lint ? lui ai-je demandé.

— C'est les f-f-fées qui m'ont m-m-mordu. D-d-dans la forêt.

— Mais qu'est-ce qu'il est b-b-bête ! s'est moquée Flossie qui continuait à danser autour de nous.

— Je suis p-p-pas b-b-bête, lui a-t-il répondu. C'est vrai, B-b-betty. (Il a levé les yeux vers moi.) C'est les fées qui m'ont m-m-mordu. Les gens croient que c'est les m-m-moustiques qui les piquent, mais essaie d-d-d'en attraper un et tu verras. Il faut b-b-bien regarder de près, et tu v-v-verras qu'en fait, c'est une t-t-toute petite fée, avec des d-d-dents coupantes co-co-comme des couteaux.

— Bon, allez Betty, m'a dit Flossie en me tirant par le bras pour que je danse avec elle. Faut pas rester collée à Lint. Son bégaiement pourrait être c-c-contagieux.

Lint lui a fait une grimace et a dessiné un gros point rouge sur son bras.

— Je ne peux pas rester, lui ai-je répondu en me libérant avant de me diriger vers le couloir.

Je suis entrée dans la cuisine où Maman coupait la pâte qu'elle venait de rouler.

Maman cuisinait toujours pieds nus. Elle avait quarante-deux ans à cette époque-là, mais elle ne paraissait pas son âge quand elle était jambes nues. Elle avait juste l'air d'une jeune fille, en fait, qui se tenait debout, un pied posé sur l'autre quand elle se concentrait, comme c'était le cas à cet instant.

J'ai essayé de deviner dans quel genre d'humeur elle était. Après avoir coupé la pâte, elle a posé le couteau et s'est servie de ses mains pour séparer délicatement les nouilles. Elle chantonnait. Quand elle s'est mise à chanter tout haut, j'ai su que je pouvais m'approcher d'elle.

— Qui est-ce, la petite fille, et cet homme, là ?

J'ai pris une voix particulièrement douce pour poser la question en lui montrant la photographie. Dès qu'elle l'a vue, elle m'a donné une gifle. J'ai respiré le petit nuage de farine qui s'est échappé de la paume de sa main.

Quand elle s'est retournée vers les nouilles, j'ai remarqué comment ses cheveux pâles retombaient sur son visage. En examinant la petite fille sur la photo, j'ai vu que ses cheveux pâles faisaient la même chose. La petite fille avait semblé figée dans le temps, incapable de vieillir d'un seul jour à partir du moment où l'objectif l'avait saisie. Pourtant, cette petite fille avait grandi. Elle se tenait devant moi, elle mettait les nouilles à sécher.

Je me suis demandée, au cas où ma mère et moi aurions grandi ensemble comme deux enfants du même âge, si nous aurions été amies. Je savais qu'elle aurait été si peu loquace que j'aurais dû faire toute la conversation. J'aurais pu l'emmener à notre Bout du Monde. Peut-être y aurions-nous partagé des secrets. En mettant une main devant notre bouche, chuchotant tout bas.

Maman a réglé le minuteur pour le séchage des nouilles. Elle n'a ouvert la bouche qu'une fois le tic-tac en marche.

— Ton Grand-père n'a que trente-deux ans, là. Un homme jeune, comme j'en ai rarement vu.

Elle a essuyé la farine de ses mains. Quand elle a commencé à éplucher des pommes de terre, elle m'a dit de remettre la photo où je l'avais trouvée.

Je me suis reculée hors de portée d'une autre gifle pour lui demander :

— Pourquoi tu as tant d'exemplaires de la même photo ?

Elle a inspiré profondément, mais il n'y avait plus en elle la colère à laquelle je m'attendais quand elle a répondu :

— Pour faire disparaître quelque chose sous ton talon, il faut bien marcher dessus aussi longtemps que nécessaire.

Quand elle s'est mise à couper les pommes de terre en cubes pour les faire cuire, je suis remontée avec la photo.

Au lieu de retourner à la chambre de mes parents, j'ai suivi le fredonnement que j'entendais dans le couloir. Il m'a conduite à la chambre de Fraya, où j'ai trouvé Leland étendu, adossé à la tête de lit. Il avait gardé ses chaussures. Ses semelles sales mettaient de la boue sur la couverture de Fraya. Il ne m'avait pas remarquée et continuait à chantonner. J'ai reconnu la chanson comme étant une de celles écrites par Fraya. Je l'ai observé encore quelques instants tandis qu'il mangeait des betteraves au vinaigre dans un bocal.

— C'est pas ton lit. C'est celui de Fraya.

— *C'est pas ton lit*, a-t-il répété en essayant d'imiter ma voix. Faudrait que t'arrêtes d'être casse-pieds comme ça, Betty. Pourquoi tu t'occupes pas de *ton* foutu lit ?

J'ai jeté un coup d'œil à Grand-père Lark. Sur la photo, ses yeux étaient les mêmes que ceux qui me regardaient sur le lit de Fraya.

— Qu'est-ce que t'as à froncer les sourcils comme ça ?

Comme je ne répondais pas, il a tapoté le lit.

— Viens ici. Viens me raconter ta dernière histoire, petite Betty. Je te promets que je ne gâcherai pas la fin.

Je me suis précipitée dans la chambre de mes parents. J'ai fait aussi vite que possible pour remettre tous les clichés dans le bas en nylon. Alors que je le rangeais dans le tiroir, je suis tombée sur d'autres photos dans un autre bas. Les images étaient tellement abîmées qu'on ne distinguait plus le contour des arbres, et j'ai tout de suite compris que c'étaient des photos que ma mère avait déjà écrasées sous son pied. J'ai refermé le tiroir avec le sentiment que, tout compte fait, j'avais trouvé les langues de serpent.

En sortant de la chambre, j'ai jeté un coup d'œil par la fenêtre et j'ai aperçu Fraya assise sur le Bout du Monde.

J'ai murmuré son nom en courant la rejoindre. Plus je me rapprochais de l'estrade, plus j'entendais clairement sa chanson. "*Anges et démons, ils écrivent mon nom, dans un halo ou en lettres de feu, la différence m'importe peu.*" Elle chantait les paroles qu'elle avait elle-même écrites. "*J'ai cru que tu m'ouvrirais comme une chanson. Comme j'avais tort, comme j'avais tooort.*"

J'ai grimpé sur la scène pour m'asseoir près d'elle.

— Tu chantes comme un rayon de miel.

— Vraiment ? (Elle s'est tournée vers moi.) Hé, Betty, tu as perdu un cil.

Elle a appuyé le doigt sur ma joue pour enlever le poil.

— Tes mains sont tachées de rouge.

— J'ai mangé des betteraves au vinaigre. (Elle tenait le cil devant ma bouche.) Tu as le droit de faire un vœu.

Par-dessus son épaule, j'ai vu Leland qui se tenait sur la véranda. Il a levé son briquet pour allumer une cigarette. Juste au moment où le bout est devenu orange, j'ai fermé les yeux et j'ai soufflé pour faire s'envoler le cil du doigt de ma sœur.

THE BREATHANIAN

Le diable serait l'auteur des coups de feu

Selon le pasteur, le tireur n'est autre que le diable lui-même. Il affirme qu'il en a eu la révélation alors qu'il achetait une pelle toute neuve à la quincaillerie.

"J'entre acheter une pelle pour creuser une tombe afin d'enterrer le meilleur chien que j'aie jamais eu, et là, je vois un visage monstrueux qui se reflète dans la lame de la pelle. Je me retourne et je m'aperçois qu'il n'y a personne derrière moi", nous a-t-il déclaré.

Le pasteur est convaincu que le récent incendie qui a détruit l'église, ainsi que les coups de feu répétés, sont le signe que notre ville est la proie du péché.

"J'ai combattu le diable pas moins de dix-sept fois, a-t-il ajouté, et je sais quand il est là. Il aime ronger les cœurs et vous dérober votre âme. Je soupçonne le diable d'être l'auteur des coups de feu dans Breathed parce qu'il sait que nous nous éloignons de notre Seigneur. J'invite chacun à se joindre à notre prière du soir. Nous pouvons prier afin d'éloigner le diable avant que le mal ne prospère tout autour de nous."

13

Celui qui trouble sa maison héritera du vent.
Proverbes 11, 29

Les plants de tabac que Papa avait coutume de cultiver fleurissaient vers le milieu de juin. Nous pincions les fleurs avec l'ongle du pouce, plissant les paupières parce qu'au bout d'un moment, le tabac nous piquait les yeux comme lorsqu'on coupe un oignon.

Ensuite, nous étalions ces fleurs au soleil pour que Papa puisse les arroser de graisse animale. Elles séchaient toute la journée, après quoi Papa les hachait en fins morceaux. À la différence des feuilles de tabac, qu'il roulait dans du papier à cigarette, il gardait les fleurs séchées pour les fumer dans la pipe en stéatite qui avait appartenu à sa mère.

— Les fleurs sont tellement jolies, elles méritent quelque chose de mieux que les feuilles, disait-il, satisfait, la pipe à la bouche, tandis que la fumée odorante emplissait ses narines.

Trustin et Lint étaient encore assez petits pour s'asseoir aux pieds de Papa et faire comme si la brindille entre leurs lèvres était une pipe. Flossie les traitait de bébés quand ils faisaient cela, mais dès que plus personne ne nous voyait, elle et moi, nous nous plantions une brindille dans la bouche aussi. Papa nous ébouriffait les cheveux et disait qu'il n'y avait rien de mal à faire semblant de fumer, mais que nous devions attendre d'avoir dépassé le demi-siècle pour fumer une vraie pipe.

— Ménagez vos poumons pour courir dans les champs, répétait-il, un œil sur le jardin, toujours attentif à sa récolte.

L'été était une période d'intense activité pour lui, car il faisait pousser des herbes et cueillait des plantes sauvages pour ses clients toujours plus nombreux. Non seulement il devait préparer des recettes pour ce qui devenait peu à peu un commerce florissant, mais il devait aussi faire la même chose pour Lint et ses douleurs imaginaires. Ce matin-là, Lint avait commencé à serrer les poings en affirmant que ses mains se transformaient en serres. Il gardait les doigts repliés de telle façon qu'ils faisaient effectivement penser aux griffes d'un faucon. Papa a pris une cuillère qu'il a remplie d'une décoction et qu'il a ensuite tenue au-dessus de la tête de Lint.

— Quitte le corps de mon fils, prédateur du ciel, a-t-il dit tandis qu'il faisait voler la cuillère en direction de la bouche de Lint, imitant le mouvement du faucon qui fond sur sa proie. Prends ton esprit et envole-toi d'ici. Ce corps n'est pas le tien, Faucon. Les doigts de mon garçon ne sont pas tes serres. Cherche-les là où tu les as perdues, mais ne les trouve pas ici.

Papa a ensuite présenté la décoction devant la bouche de Lint pour qu'il la boive. Gorgée après gorgée, les doigts de mon frère se sont dépliés et ses mains se sont décrispées. Le garçon était de retour, le faucon avait disparu.

— Peut-être que tu ne te fatigues avec cet enfant que pour pouvoir te vanter de remporter quelques petites victoires, avait dit Maman. Mais c'est peine perdue, tu devrais le savoir.

Papa n'a jamais voulu renoncer. D'une certaine manière, peut-être que Lint était comme une plante qu'il espérait parvenir à faire pousser en dépit des conditions difficiles et contre toute adversité. Ne pas croire une telle chose possible doit être terrible pour un bon père.

Pendant ce temps, Papa faisait partie de l'équipe engagée pour reconstruire l'église. Parfois, j'allais observer l'avancement des travaux. J'avais vu la charpente dressée. La pose de la toiture, bardeau après bardeau. Un jour, Trustin est venu avec moi. Il s'est assis dans l'herbe et a trempé son pinceau en poils d'écureuil dans un pot de peinture noire.

— Tu ne crois pas que c'est quelqu'un qui a mis le feu à l'église, Betty ?

— C'est un défaut dans l'installation électrique, Trustin. Tout le monde le sait.

C'était ce à quoi l'enquête avait conclu. La seule preuve qui aurait pu nous incriminer était la robe de Fraya, et elle avait brûlé.

— Juste un défaut dans l'installation électrique, ai-je répété.

Il est retourné à sa peinture pendant que j'observais Papa et les autres ouvriers. À l'automne, ils avaient fini le gros œuvre et ils travaillaient à l'intérieur.

À la rentrée, cette année-là, Ruthis avait dit à tout le monde :

— Betty a dû passer trop près et elle est si vilaine que l'église s'est enflammée.

Les autres avaient éclaté de rire, tellement elle était spirituelle.

Pour ne rien arranger, Thanksgiving n'était plus très loin. J'ai commencé à entendre de plus en plus de cris de guerre indiens et à trouver des plumes collées à ma table. En plus de tout cela, la classe de cours élémentaire montait un spectacle de Thanksgiving tous les ans et cette fois je devais faire partie de la distribution.

— Que ceux qui veulent être un Pèlerin lèvent la main, a dit le maître d'école, M. Chill.

— N'essaie même pas de lever la main, Betty, m'a soufflé Ruthis, dont le bandeau écossais était parfaitement assorti à sa robe chasuble. Toi tu feras une Indienne.

Quand M. Chill m'a vu, il a fait claquer sa langue.

— Tu seras une Indienne, m'a-t-il dit en inscrivant mon nom sur sa fiche.

— J't'avais prévenue.

Ruthis a secoué ses cheveux dorés.

— C'est toi qui es bien attrapée, Ruthis. Moi je n'ai aucune envie d'être une saleté de Père pèlerin.

Plus tard dans la journée, on nous a fait aller dans la grande salle pour les répétitions, dirigées par Mme Needle, qui enseignait la musique. C'était une grande femme dont la jambe droite était plus maigre que la gauche. Elle avait eu la polio quand elle était petite et elle devait porter un appareil orthopédique, constitué de tiges métalliques et de lanières en cuir avec des boucles qui avaient l'air très inconfortables. À cause de la différence de taille de ses jambes, sa hanche droite se soulevait toujours un peu quand elle marchait, ce qui donnait l'impression qu'elle était désarticulée.

— Écoutez bien tous, nous a-t-elle dit en se plaçant devant nous.

Son appareil grinçait tandis qu'elle installait les Pèlerins d'un côté de la scène et tous les Indiens de l'autre. Ruthis a ricané avec ses amis les Pèlerins en me voyant avec les enfants aux cheveux bruns. Mme Needle est venue me mettre une coiffe de plumes sur la tête.

— Mes ancêtres étaient cherokees, lui ai-je dit.

— C'est très bien, ma chérie.

Elle a appuyé le doigt sur ses lèvres tandis qu'elle examinait la position des plumes.

— Les Cherokees ne portent pas de coiffes, ai-je précisé.

— Ouais, eh ben tous les Indiens en portent, a lancé Ruthis depuis l'autre extrémité de la scène.

— Je crois bien que c'est vrai, ma petite.

Mme Needle a tendu une hachette en carton au garçon près de moi, et elle lui a dit de se mettre près du tipi.

— Non, on n'en porte pas, ai-je insisté. Et on n'a jamais vécu dans des tipis non plus.

Du bout du pied, j'ai touché la toile du tipi.

— Je suis presque sûre que c'était le cas de tous les Indiens, ma petite, a répondu Mme Needle. Ils ne connaissaient rien de mieux.

Puis elle nous a dit de nous placer sur le carré de feutre vert qu'elle avait posé sur la scène.

— Ça représente la terre, a-t-elle dit.

Ruthis a mis le pied sur le carré en même temps que moi.

— Va-t'en, lui ai-je dit. Ce n'est pas ta terre.

— Elle est à moi, maintenant.

Elle a tiré le feutre de sous mes pieds et a commencé à l'enrouler de son côté.

— Voleuse.

D'une bourrade, je l'ai fait tomber.

Les autres autour de nous ont poussé des cris quand elle s'est relevée et a serré les poings.

— Allons, allons, les enfants, a dit Mme Needle en haussant la voix et en venant s'interposer. Ça ne rime à rien de se comporter comme des sauvages.

Plus tard, ce jour-là, Ruthis m'a accusée de lui avoir volé son porte-monnaie. Il était en plastique jaune avec un smiley dessus. Je regardais souvent Ruthis l'ouvrir et le fermer en classe. J'aurais aimé en avoir un comme ça, et Ruthis l'avait bien remarqué.

— C'est Betty qui l'a pris, a-t-elle dit.

Cette simple accusation a suffi pour que M. Chill vienne à ma table, soulève le couvercle et regarde à l'intérieur.

— Je vous ai déjà dit que ce n'est pas moi, monsieur Chill.

Il m'a ordonné de me lever et de vider mes poches. Il n'a rien trouvé d'autre qu'un carnet sur lequel j'écrivais mes poèmes et une petite feuille d'arbre que j'avais ramassée ce matin-là parce que j'avais trouvé jolies ses couleurs d'automne.

— Enlève tes chaussures et retourne-les.

J'ai fait ce qu'il demandait.

— Maintenant, secoue tes cheveux, m'a-t-il dit, comme si j'y avais caché le porte-monnaie.

— Très bien, Betty, où est-il? m'a-t-il demandé, agacé de constater que je ne l'avais pas caché sur moi.

— Tout ce que je sais, c'est que je ne l'ai pas volé.

Il a pris sa règle sur son bureau.

— Tends les mains, Betty.

— Non. (J'ai mis les mains derrière moi.) Je n'ai rien fait de mal.

— Petite demoiselle, tends ces mains de voleuse.

— Non. Je dis la vérité.

Il m'a coincée contre le mur. Je me suis laissé glisser par terre pendant que les autres élèves montaient sur leur chaise pour mieux voir. J'ai remonté les genoux contre ma poitrine et j'ai caché mes mains contre mon ventre.

— Je veux mon père, ai-je dit en me fichant bien de savoir si ça faisait bébé. Je veux rentrer à la maison.

— Bon, ça suffit, maintenant.

M. Chill m'a tirée par le bras et m'a traînée jusqu'à ma table. Il a essayé de me faire mettre les mains sur le dessus, mais je les ai glissées dans la ceinture de ma jupe et j'ai refusé de bouger.

— Si c'est ce que tu veux, alors très bien.

Il m'a penchée sur ma table et il a commencé à me donner des coups de règle sur les fesses.

— Arrêtez, M. Chill, s'il vous plaît.

J'ai appelé Papa, espérant qu'il pourrait m'entendre où qu'il fût.

— Avoue que tu l'as pris, a dit M. Chill par-dessus mes hurlements.

— Mais je ne l'ai pas volé. Je le jure.

— Menteuse.

Il m'a frappée si fort que la table s'est déplacée sous moi. J'ai essayé de relever la tête et de regarder au loin en oubliant la douleur, de m'imaginer au Bout du Monde, dans ce rêve d'ailleurs qu'il représentait, mais chaque fois que la règle s'abattait, je me retrouvais à nouveau dans la classe, et j'ai fini par ne plus pouvoir le supporter.

— J'ai pris le porte-monnaie de Ruthis, ai-je hurlé sur le couvercle de ma table. Je l'ai pris. Maintenant arrêtez, s'il vous plaît.

Mais il ne s'est pas arrêté.

— Voilà ce que méritent les menteuses.

Il m'a frappée si violemment que je me suis mordu la langue. J'ai senti le goût du sang juste au moment où on a entendu la voix de Ruthis.

— Je l'ai retrouvé !

Tout le monde s'est retourné vers elle, assise à sa place, le couvercle de sa table relevé. Son porte-monnaie jaune était là, en dessous.

— Il était là tout du long, je crois bien, et je ne l'ai pas vu, a-t-elle dit en regardant la règle dans la main de M. Chill.

M. Chill a remonté ses lunettes sur son nez.

— Bon, alors c'est réglé, a-t-il dit en se dirigeant vers son bureau.

J'ai demandé :

— Vous n'allez pas la punir ? Ruthis a menti. Elle l'avait depuis le début. Elle a menti exprès.

Ruthis a regardé devant elle, sans dire un mot. Elle avait les jambes croisées au niveau des chevilles et le pied du dessus s'agitait nerveusement.

— Ouvrez tous vos livres d'histoire à la page…

— C'est pas juste.

— Si tu ne t'assieds pas, Betty Carpenter, je t'envoie dans le bureau du directeur. (Il m'a lancé un regard furieux par-dessus ses lunettes.) Et je peux te garantir que la règle du directeur est beaucoup plus grosse que la mienne.

Je me suis assise doucement, les fesses douloureuses. J'ai cru que les autres allaient rire et me montrer du doigt, mais ils ont seulement ouvert leur livre et écouté M. Chill qui a commencé à nous parler de la guerre de Sécession.

Après la classe, je suis rentrée chez nous à pied, sans me presser, en passant par les bois. J'espérais que Papa aurait une pommade pour calmer la douleur, mais quand je suis arrivée devant le garage, Lint était déjà là. Il avait écrasé un biscuit sur ses cheveux. Il était en train de dire à Papa que c'était de la poussière de démon.

En silence, je suis entrée dans la maison et j'ai filé à la salle de bains de l'étage. Devant le miroir, j'ai relevé le bas de mon T-shirt et j'ai examiné les zébrures rouges sur ma peau.

— Qu'est-ce qui t'est arrivé, Betty ?

J'ai aussitôt baissé mon T-shirt. Trustin se tenait sur le seuil de la porte. Il m'a demandé :

— Tu vas bien ?

Je l'ai écarté du passage et je me suis précipitée dehors, pour me réfugier au Bout du Monde.

Ça me faisait mal aux fesses d'être assise sur le bois dur de la scène, mais j'ai supporté la douleur et j'ai sorti mon carnet de ma poche. J'ai arraché les pages de mes poèmes pour les disposer en cercle autour de moi et je me suis mise à chantonner :

"La, la, la, va-t'en de moi, douleur". "Va t'enfouir dans la terre, profondément."

J'ai fermé les yeux, puis je les ai rouverts. Le monde était toujours là. Quand le vent a emporté le cercle de mes poèmes, j'ai quitté la scène. Dans ma chambre, j'ai trouvé des oiseaux dessinés sur le mur tout autour de la tête de lit en métal blanc. Trustin était à l'autre bout du couloir. En posant son fusain il m'a dit :

— Voir des oiseaux voler, ça me fait toujours sourire. J'me suis dit que ça serait peut-être pareil pour toi.

14

Errer dans un désert où il n'y a pas de chemin.
Psaume 107, 40

Ils ont fini l'église à temps pour les célébrations de Noël, cette année-là. Papa nous a dit que pendant qu'il travaillait à la construction de la charpente, il avait gravé nos noms dans l'une des planches derrière les plaques de plâtre.

— Comme ça, a-t-il éclaté de rire, personne ne pourra accuser un Carpenter de n'être jamais présent à l'église.

Mais en ce qui nous concernait, Flossie, Fraya et moi, ça nous a donné l'impression que notre signature avait été laissée sur la scène du crime.

— C'était seulement une plaisanterie, a dit Papa quand il a vu quelle tête on faisait. D'ailleurs, qui a besoin d'aller à l'église ? Dieu est dans chaque arbre, et on en a des tas par ici.

J'ai commencé à rêver que nos noms suffisaient à eux seuls pour déclencher un nouvel incendie. Le feu partait là où Papa les avait gravés, et toute l'église finissait par brûler une deuxième fois.

Je me suis réveillée de cette vision le matin de Noël. J'ai jeté un coup d'œil en direction de Flossie encore endormie.

Il y avait des petites taches de sang sur son oreiller. Le soir précédent, elle s'était percé les oreilles avec l'aiguille en os de Papa.

Je suis sortie de mon lit et j'ai vu qu'une croûte s'était formée autour des boucles, des camées qui avaient appartenu à Maman. Elle avait donné ces boucles d'oreilles à Fraya, qui les avait ensuite données à Flossie le moment venu. Les camées étaient magnifiques. Ils représentaient une jeune fille aux yeux en rubis et qui portait un bonnet parsemé de fleurs.

La grimace sur le visage de Flossie m'a avertie qu'elle pouvait se réveiller d'un instant à l'autre. Je me suis dépêchée de descendre et j'ai trouvé Lint sur la dernière marche de l'escalier. Il avait près de lui un sachet de sucre et une bouteille de lait vide. De la porte d'entrée jusqu'au bas des marches, on pouvait suivre une trace de neige fondue qu'il avait ramenée de l'extérieur. Le bol en métal sur ses genoux contenait de la neige, du sucre et du lait. Il était en train de mélanger les trois ingrédients afin d'en faire cette fameuse crème glacée à la neige façon Carpenter.

— T-t-t'en veux un peu, Betty ?

J'ai regardé ses pieds nus. Ils étaient encore si petits quand il recourbait ses orteils qu'ils paraissaient presque ne pas exister du tout. De la neige avait fondu, formant de petites flaques tout autour.

— Tu serais pas encore sorti sans tes chaussures, par hasard ? Tu vas avoir les pieds gelés, Lint.

— S-s-seulement sur le porche. J'suis r-r-rentré aussitôt.

— Faut pas recommencer. D'accord ?

Je lui ai ébouriffé les cheveux.

— D'accord.

Il a pris une pierre dans sa poche et l'a mise dans le sachet de sucre.

— Maman va encore te disputer si tu mets des cailloux dans la nourriture.

— J'ai pas mis de c-c-cailloux dans le sucre.

— Et ça, c'est quoi ?

Je lui ai montré les cailloux dans le sachet.

— C'est des araignées du s-s-sucre. Elles sont douces comme le sucre, elles m-m-mordent pas. C'est mes a-a-amies.

Je lui ai répondu qu'il était bête, puis je l'ai laissé là, attirée par les bruits dans la cuisine où j'ai trouvé mon père en train de préparer du punch dans un saladier en verre. Il l'a mis au réfrigérateur en me disant :

— C'est bien que tu sois levée, Betty. Sortons chercher ton cadeau pendant qu'on est encore tranquilles.

Nous sommes passés par la porte de derrière, bien emmitouflés dans nos manteaux. Il n'avait pas cessé de neiger depuis des jours. Breathed était blanche. L'air était glacial dans toute cette blancheur et nos chaussures s'enfonçaient à chaque pas dans l'épaisse couche. À voir la façon dont Papa s'est frictionné les mains, j'ai eu l'impression qu'il n'avait jamais eu aussi froid.

J'ai couru en avant jusqu'à notre arbre de Noël, un épicéa dans la cour. Nous n'avons jamais eu un sapin de Noël dans la maison, parce que Papa disait que ce n'était pas bien d'arracher un arbre de ses racines simplement pour le décorer de guirlandes et d'anges en plastique.

— Le plus bel arbre de Noël, c'est celui qu'on laisse dans sa terre pour qu'il puisse y grandir et vivre sa vie.

J'ai cherché parmi les cadeaux sous l'arbre. Papa les avait enveloppés dans du papier journal et attachés avec de la ficelle. J'ai déchiré le papier de celui qui portait mon nom. C'était une boîte en bois sculpté.

— On dirait trois courbes mises ensemble.

J'ai caressé les côtés lisses.

— Ce sont des rivières réunies, a dit Papa. C'est pour cette raison que je les ai peintes en bleu et que j'ai placé les charnières sur le côté, de manière à ce que tu puisses ouvrir ces rivières.

Dans la boîte, il y avait des carnets neufs, des crayons et un stylo.

— L'autre nuit, j'ai fait un rêve. C'était toi, Petite Indienne. Tu étais sur une scène.

— Comme notre Bout du Monde ?

— Non. Une avec de grands projecteurs et un rideau de velours. Tu portais une robe bleue. (Il a écarté lentement les mains, comme pour représenter le cadre d'une scène.) Les projecteurs t'éclairaient tandis que tu écrivais un poème. Quand tu as lu ce poème à voix haute, ça ressemblait à des rivières réunies. Des rubans bleus. Des courbes qui serpentent jusqu'à la mer.

Il a joint ses mains nues et a soufflé son haleine chaude dans le creux. Il avait les doigts rouges. Le même rouge que celui de son manteau écossais.

— Toute cette neige, Petite Indienne. À ton avis, qu'est-ce qu'on ressentirait si on vivait à l'intérieur d'un flocon de neige ?

— Le froid.

— Si tu écrivais un poème sur ton père vivant dans un flocon, qu'est-ce que tu dirais, Betty ?

— Je dirais : Mon papa vit dans un flocon de neige. Il a froid. Je le vois en hiver seulement. Une fois, j'ai voulu le serrer contre moi. Mais il a aussitôt fondu dans ma main. Mon papa vit dans un flocon de neige. Il a froid. En été, il me manque énormément.

Il m'a regardée comme s'il y avait quelque chose d'irrémédiable dans l'air autour de nous.

— Je suppose que vouloir vivre dans un flocon n'est pas une bonne idée, tout compte fait. J'avais oublié que ça fond. J'avais oublié l'été.

— De toute façon, pourquoi tu voudrais vivre dans un flocon de neige, P'pa ?

— C'est tellement tranquille, un flocon. Je crois que le simple fait de vivre dedans t'obligerait à être aussi tranquille qu'eux.

Il a froncé les sourcils et pendant un moment, j'ai perdu ses yeux. Avant que j'aie pu lui poser une autre question, j'ai entendu la moustiquaire grincer en s'ouvrant. Mes sœurs et mes frères sortaient sur la véranda. J'ai vu Fraya avec les chaussures de Lint à la main. Elle les lui a mises aux pieds avant de le laisser s'élancer dans la neige.

C'est Leland qui est arrivé à l'arbre de Noël le premier. Il a ouvert son cadeau, un nouveau couteau de poche. Il avait cassé la lame de l'ancien peu de temps auparavant. Fraya a eu ce qu'elle avait demandé. Un journal intime marron avec un chat matelassé sur la couverture.

— C'est qu-qu-quoi ? a demandé Lint en montrant l'espèce de corne en pierre qu'il avait reçue.

— Ça, mon garçon, c'est un corail fossile en forme de corne, a dit Papa. Tu sais ce que c'est, un fossile ?

Lint a secoué la tête.

— C'est les restes de quelque chose qui a été vivant il y a très longtemps. Ce fossile, dans ta main, a plus de trois cents millions d'années. Il date de l'époque où l'Ohio était sous la mer.

— Mon cadeau, il est encore mieux, a dit Trustin en montrant un crâne d'écureuil avec un pinceau planté dans chaque œil.

Papa avait fabriqué quelques pinceaux avec des poils d'écureuil, mais les autres étaient faits avec des aiguilles de pin.

— Oh, je suis si impatiente, s'est exclamée Flossie en déchirant son emballage.

Quand elle a vu ce que c'était, elle a été tellement heureuse qu'elle ne pouvait plus parler. C'était la chose qu'elle semblait désirer le plus à ce moment-là. Elvis Presley. Elvis figurait sur les couvertures de tous les magazines de l'époque. Papa avait pris une de ces couvertures et l'avait doublée de carton mince afin qu'elle ait l'air d'une véritable photo comme celles qui étaient envoyées aux fans. Papa avait signé le nom d'Elvis avec un feutre noir.

— C'est vraiment l'autographe d'Elvis ?

Flossie souriait jusqu'aux oreilles en agitant sa queue-de-cheval.

— Et comment ! a répondu Papa en riant.

Je n'ai jamais dit à Flossie qu'elle embrassait l'écriture de son père.

— Landon, tu as une cliente, a annoncé Maman en désignant Persimma.

Persimma était une voisine d'un certain âge qui habitait à quelques maisons de chez nous. Elle avait des cheveux roux crépus et ne ratait pas une occasion de porter un pull pailleté. Elle serrait quelques billets dans sa main déformée par l'arthrite. Elle les a agités pour les faire voir à Papa. Il lui a fait un signe, puis il est entré dans le garage.

Deux minutes plus tard, il en est ressorti avec une décoction brunâtre. Avant d'aller la donner à Persimma, il s'est arrêté devant moi pour me demander :

— Tu dirais que ces racines ressemblent à quel genre d'insecte ?

Il a levé le bocal à la lumière et a montré les racines de mûrier à l'intérieur. Les radicelles se déployaient comme des petites pattes qui se tortillaient.

— Un mille-pattes.

— C'est ça. Et pourquoi certaines racines ressemblent à des insectes ?

— Parce que c'est des racines qui… (J'ai essayé de me souvenir de ce qu'il avait dit mot pour mot.) Des racines que la terre, dans sa grande sagesse, a préservées.

— Exactement, Petite Indienne. On peut supposer que la terre a choisi cet insecte en particulier à cause de son énergie. Une énergie que nous devons capter et utiliser avec la même sagesse que celle dont la nature a fait preuve.

J'ai marché à son côté tandis qu'il apportait la décoction à Persimma. Quand nous sommes arrivés devant elle, elle a demandé :

— La même que la dernière fois ? Pa'ce que moi je veux pas de racines de tomates ni rien.

Elle l'a observé comme si elle venait pour la première fois.

— Vous m'entendez ?

— Je vous assure, Persimma, c'est la même.

Mon père lui a tendu le bocal.

— Paraît que vous acceptez des plumes en paiement. C'est vrai, ça ? J'ai pas envie de payer des bons dollars…

— Je ne prends pas les plumes, a dit Papa sans qu'il y ait dans sa voix la colère que j'aurais ressentie à sa place. Ni les perles, ni les peaux de bêtes. Quoi que vous ayez pu entendre dire.

Elle lui a tendu l'argent. Papa l'a mis dans sa poche sans le compter. Elle est restée là, sans bouger, se mordant la lèvre.

— Quelque chose d'autre ? a demandé Papa.

Elle s'est penchée pour murmurer à son oreille. J'ai essayé de comprendre ce qu'elle chuchotait, mais tout ce que j'ai entendu, c'étaient les craquements de sa mâchoire.

— Vous êtes constipée, c'est ça ? a-t-il dit à haute voix.

— Le diable emporte les gens comme vous, Landon Carpenter.

Elle lui a donné une tape sur le bras, puis elle a fini par sourire, elle aussi, avant de demander :

— Vous avez quelque chose qui me ferait du bien ?

Il lui a dit d'attendre là, puis il m'a prise par la main et nous sommes allés jusqu'à l'orme glissant qui poussait derrière notre garage.

— Toujours prendre l'écorce à quel endroit ? m'a-t-il demandé.

— Sur le côté de l'arbre exposé au soleil.

Satisfait de ma réponse, il m'a dit de poser mon index sur le tronc pour mesurer un bout d'écorce. Avec son couteau, il en a découpé un carré pas plus long que mon doigt. En retournant auprès de Persimma, il m'a montré comment il enlevait la couche superficielle de l'écorce, faisant apparaître le cœur couleur crème, en dessous.

Il a expliqué à Persimma qu'elle devrait le faire bouillir dans de l'eau et boire la tisane ainsi obtenue.

— On appelle ça un orme glissant, lui a-t-il précisé, parce que quand il est mouillé, c'est la chose la plus glissante qui puisse exister.

— J'ai plus d'argent sur moi.

— Vous me paierez la prochaine fois.

— Très bien, d'accord, monsieur le profiteur.

Elle a fait demi-tour et elle est repartie dans la neige, levant les genoux bien haut.

Papa a sorti l'argent de sa poche et l'a compté. Il me l'a donné à recompter, mais j'ai seulement fait semblant. Puis on s'est fait un signe de tête, comme si nous étions en affaires ensemble.

— Constipée, ça veut dire qu'elle arrive pas à faire caca, hein ? je lui ai demandé pendant qu'on rentrait à la maison.

— Ouais, a-t-il souri.

— Et l'écorce, ça va l'aider à faire caca ?

Cette fois il a éclaté de rire.

— Oui, ça va l'aider à faire caca.

Nous avons tapé du pied pour enlever la neige en montant les marches de la véranda où se trouvaient Maman et Fraya. Fraya serrait son journal contre sa poitrine tandis que Maman avait le regard perdu au milieu des flocons.

Je suis allée près de Fraya et je lui ai donné un petit coup de coude pour attirer son attention.

— Tu savais, toi, que l'écorce de cet arbre, là-bas, t'aide à faire caca ?

Mais elle n'a pas ri comme Flossie l'aurait fait. J'ai repris un visage normal pour demander à Papa si l'écorce en question était bonne pour autre chose – je voulais montrer à Fraya que je pouvais aussi être sérieuse.

— Oh, c'est bon pour les maux de gorge et…

— Hé, Papa, Flossie et Lint sont en train de manger le gâteau, a dit Trustin depuis la cuisine.

— Ferme-la, sale rapporteur, a-t-on entendu Flossie répliquer.

— C'est pour le dessert, les enfants.

Papa a ouvert la moustiquaire, puis il a poussé la porte et il est rentré.

Maman s'est alors tournée vers Fraya et moi.

— Vous savez pour quoi d'autre cet arbre est bon ? nous a-t-elle demandé à mi-voix. Ça vous fait perdre un bébé.

— Perdre un bébé ?

Alors que je posais cette question, flottait dans mon esprit l'image d'une femme en train de marcher dans les bois avec son enfant. J'imaginais que la main du petit glissait de celle de sa mère et tous deux disparaissaient, chacun d'un côté, dans les ténèbres.

— On ne peut pas utiliser de l'écorce pour une chose comme ça, a dit Fraya.

— Ben si, on peut, a dit Maman à Fraya, Quand j'étais jeune, j'ai connu une fille qui s'était retrouvée dans une situation embarrassante. Elle en était arrivée à se convaincre que la seule solution était d'introduire en elle un morceau d'écorce d'orme glissant. Le problème, c'est qu'elle n'a jamais pu l'enlever ensuite. Ça a fini par pourrir à l'intérieur. Non seulement le bébé est mort, mais elle aussi, elle est morte. Maintenant, quand je vois une femme venir pour avoir de l'écorce d'orme glissant, je me demande toujours si c'est parce qu'elle est constipée, ou si c'est parce qu'elle est... *constipée.*

Elle s'est tapoté le ventre avant de rentrer à l'intérieur.

Je me suis tournée vers Fraya.

— J'ai pas compris. Pourquoi le bébé est mort ?

— Ne fais pas attention, Betty. Tu es trop petite pour entendre des choses comme ça.

J'allais rentrer au chaud, mais Fraya est descendue dans la cour. Renversant la tête, elle a laissé la neige tomber dans ses yeux.

— Oui, m'a-t-elle répondu quand je lui ai demandé si elle venait à l'intérieur.

Cet après-midi-là, Fraya s'est mise à griffonner dans son journal. Sur le canapé, Leland s'est curé les ongles avec son nouveau couteau. Trustin a peint avec un de ses pinceaux en aiguilles de pin tandis que Flossie dansait en embrassant la photo d'Elvis. C'était une bonne journée, qui s'est terminée par un bon repas, à la suite de quoi nous sommes tous allés nous coucher heureux. Le plus heureux était peut-être Lint quand il a placé sa corne sous son lit.

— C'est p-p-pas du tout une c-c-corne, a-t-il dit. Ce fossile, c'est la dent d'un m-m-mangeur de démons. Et il va dévorer tous les démons…

J'écrivais sur le fossile de Lint ce soir-là, assise sous mes couvertures, à la lumière d'une lampe de poche, quand j'ai entendu des bruits de pas assourdis de l'autre côté de la porte. J'ai jeté un coup d'œil à Flossie. Elle dormait.

Quand un autre grincement m'est parvenu, je me suis levée. Une fois dans le couloir, je n'ai vu personne. Devant la chambre de Maman et Papa, j'ai écarté le rideau en peau de cerf. Ils étaient dans leur lit, Papa ronflait et avait toutes les couvertures sur lui tandis que Maman dormait sur le ventre, le bras ballant sur le côté du lit et sa combinaison remontée jusqu'au milieu des cuisses. Un peu de bave avait taché l'oreiller sous sa bouche. J'ai mis la main sur mes lèvres en pouffant de rire.

Sur la pointe des pieds, je suis allée jusqu'à l'escalier et je me suis penchée au-dessus de la balustrade juste à temps pour apercevoir l'extrémité d'une couverture balayer le sol derrière une silhouette qui allait vers l'arrière de la maison. Un instant après, la porte s'est ouverte, puis s'est refermée en douceur, heurtant l'encadrement avec un bruit étouffé. Je me suis alors précipitée en bas et j'ai tout de suite vu qu'il manquait une paire de bottes de neige dans la rangée près de la porte.

De la fenêtre la plus proche, j'ai vu la silhouette se diriger vers le garage, les bottes laissant des empreintes dans la neige. La personne avait la couverture sur la tête, comme une capuche, et on ne pouvait pas voir son visage.

Comme si elle avait senti ma présence, la silhouette s'est retournée brusquement. J'ai plongé sous la fenêtre. J'ai attendu quelques secondes avant de risquer un autre coup d'œil.

La personne disparaissait derrière le garage.

— Qu'est-ce que ça veut dire ? ai-je demandé à la lampe près de moi.

Quand la silhouette a réapparu, elle avait quelque chose à la main et marchait vers le Bout du Monde.

— Tu n'as pas le droit d'aller là-bas, ai-je murmuré.

Mais la personne a grimpé l'échelle en serrant fort ce qu'elle avait à la main. Elle a balayé la neige et s'est assise sur la scène. C'est seulement quand la couverture est retombée que j'ai vu son visage.

— Fraya ?

Son haleine faisait des nuages dans l'air froid tandis qu'elle chantait, refermant bien la couverture autour d'elle.

THE BREATHANIAN

Un homme, encorné par un cerf, en rend les coups de feu responsables

Un fermier, encorné dans son champ par un cerf sorti des bois, rejette la responsabilité de cet incident sur l'auteur des mystérieux coups de feu. "Le cerf a été effrayé par tous ces coups de fusil. Je me suis juste trouvé sur son chemin. Il aurait pu me tuer avec ses bois", a-t-il déclaré.

L'homme est dans un état stable.

Après avoir été appréhendé à l'ouest des terres du fermier, le cerf a été abattu par le shérif Sands.

Une biche est sortie des bois et a veillé le corps du cerf jusqu'à ce qu'il soit enlevé.

15

Se prostituer dans la maison de son père.
Deutéronome 22, 21

Le lendemain matin, j'ai été réveillée par des coups de fusil. J'ai vite enfoui ma tête sous les couvertures, craignant que le tireur soit juste au-dessus de moi.

— Qu'est-ce qui te prend ? a demandé Flossie.

J'ai jeté un coup d'œil circonspect ; elle était devant la commode, en train de se brosser les cheveux.

— Qui est-ce qui a le fusil ?

— Quel fusil ?

— Tu n'as rien entendu, Flossie ? Quelqu'un a tiré des coups de feu dans notre chambre.

— Betty, j'ai pas bougé de là. Y a pas eu de coup de feu. T'as rêvé.

Elle a posé la brosse sur la commode avant de sortir.

Même si elle avait dit le contraire, j'étais certaine qu'on avait tiré avec un fusil. Ne voulant prendre aucun risque, j'ai regardé sous mon lit, puis dans le placard. Voyant que la chambre était vide, je me suis recouchée, toute tremblante, tandis que j'entendais encore le bruit de la détonation, et j'ai attendu que mes frères et mes sœurs aient tous libéré la salle de bains.

Quand j'ai entendu le dernier d'entre eux descendre à la cuisine, je me suis levée. J'ai bâillé bruyamment en entrant dans la salle de bains ; je ne m'attendais pas à y trouver Fraya penchée au-dessus du lavabo.

— Oh, désolée, je croyais que c'était libre.

Je me suis excusée en reculant dans le couloir. Ses phalanges étaient blanches tellement elle s'agrippait de chaque côté du lavabo.

— Tu es malade, Fraya ?

Elle a vite essuyé la sueur de son front avant d'attraper deux barrettes sur l'étagère pour tenir ses cheveux derrière ses oreilles.

— Je vais bien, m'a-t-elle répondu, avant de déglutir péniblement et de se regarder dans le miroir.

Quand elle a vu que le haut de sa robe était ouvert, elle s'est empressée de le refermer. Ses doigts tremblaient sur les boutons.

— T'es sûre que t'es pas malade ?

— Tout va bien, Betty.

Elle a grincé des dents en me souriant. Quand elle m'a caressé la joue, j'ai senti sa paume moite.

— Tu n'as pas l'air bien du tout. Je pense que tu as la grippe ou quelque chose comme ça.

— Je te dis que je me sens en pleine forme, ma petite Betty.

Elle s'est efforcée d'assurer son pas. S'appuyant au mur, elle est sortie dans le couloir.

— Peut-être que tu as attrapé froid quand tu es allée dehors hier soir.

Elle s'est arrêtée en haut de l'escalier.

— Ça gelait, hier soir. Je n'ai pas sorti le bout du pied de mes couvertures.

— Pourtant je t'ai vue. Tout au moins j'ai cru te voir. J'ai dû le rêver, comme les coups de feu.

— Sûrement, parce que j'étais dans mon lit.

Elle a descendu les marches. Je n'ai rien dit sur le fait que ses joues étaient devenues blêmes.

Dans la salle de bains, j'ai posé le pied sur quelque chose d'humide. En le retournant, j'ai vu une goutte de sang écrasée sur mon talon. Il y avait une autre goutte sur le siège des toilettes. La porte de l'armoire était entrouverte et les serviettes hygiéniques de Maman étaient sorties. J'ai repoussé la boîte dans le fond avant de refermer l'armoire, puis j'ai essuyé le sang sur le siège avec un mouchoir en papier.

Quand je suis arrivée en bas, Fraya a glissé son assiette de pancakes devant moi tandis que je m'asseyais à côté d'elle.

— Tu peux prendre ma part, Betty. Je n'ai pas faim.

Elle a pris le petit pichet du sirop de Papa pour en verser sur mon assiette. Ce sirop n'était rien d'autre que du sucre et de l'eau qu'on avait fait bouillir, mais j'aimais en mettre plein. La main de Fraya tremblait tellement que j'ai eu peur qu'elle lâche le pichet.

— C'est bon comme ça, Fraya.

Elle a posé le sirop et a commencé à s'agiter sur sa chaise. Je n'ai même pas eu le temps de lui demander ce qui n'allait pas, elle a vomi sur la table. Tout le monde s'est écarté aussitôt.

— Pouuuah, Fraya ! s'est exclamée Flossie en recrachant ce qu'elle avait dans la bouche.

— Je suis désolée.

Fraya s'est levée de son siège en titubant. Papa l'a rattrapée juste avant qu'elle ne tombe en arrière.

— Tu te sens malade depuis quand ?

— Ça a commencé ce matin, a-t-elle répondu en s'essuyant la bouche. Il faut que je m'allonge.

Elle s'est recroquevillée, se tenant le ventre.

— Tu es brûlante, ma fille, a dit Papa en lui touchant le front. J'appelle le docteur Lad.

— Non, a réagi Fraya en le retenant par le bras. Je commence à me sentir mieux déjà. Et puis, tu n'aurais pas une tisane ou un truc à me donner ?

— Je ne soigne pas les urgences.

— C'est pas une urgence, Papa. C'est seulement la grippe ou quelque chose comme ça. J'ai juste besoin de me reposer. Je ne veux pas que tu fasses venir le docteur. Ce n'est pas la peine d'en faire toute une histoire.

Papa l'a soulevée dans ses bras et l'a portée vers l'escalier. Maman s'est dépêchée de mettre la vaisselle dans l'évier. Elle nous a dit d'aller secouer la nappe pour enlever le vomi, afin qu'elle puisse la laver.

— Il faut aller à la rivière, ai-je suggéré. Comme ça, l'eau l'emportera.

En passant, Maman m'a donné une tape derrière la tête.

— Et faites bien tous attention à ne pas vous approcher de Fraya, a-t-elle ajouté. Je ne sais pas quel microbe elle a attrapé, mais si tout le monde l'attrape aussi, cette maison sera tellement infectée qu'on sera obligés de déménager.

Flossie a refusé de toucher ne fût-ce qu'un coin de la nappe. Elle s'est pincé le nez en disant :

— Ça pue. Je vais être malade aussi.

C'est Leland qui a attrapé la nappe pour aller la secouer dehors. Il a fait glisser le vomi sur la neige en levant les yeux vers la fenêtre de Fraya.

Nous avions tous cru qu'elle irait mieux dans l'après-midi, mais elle a rendu la tisane que Papa lui avait préparée. Il a décidé de brûler de la sauge et de répandre la fumée dans toute la chambre pour la désinfecter. Après cela, il est allé dans le garage faire bouillir un sirop au gingembre sauvage pour frictionner l'estomac de Fraya. Depuis le couloir, j'ai jeté un coup d'œil par sa porte ouverte. Maman n'a pas voulu me laisser entrer à cause des microbes. Elle m'a dit de retourner en bas, où Flossie et les garçons regardaient la télévision, mais la façon dont Fraya transpirait et trempait ses draps m'a poussée à rester pour la surveiller.

— Bon, a dit Maman, alors si tu restes, autant te rendre utile. Va donc faire couler de l'eau froide sur une serviette et rapporte-la-moi.

J'ai vite fait ce qu'elle me demandait et je lui ai tendu la serviette mouillée. Elle l'a posée sur le front de Fraya.

— Je vais être obligée d'appeler le docteur Lad, a dit Maman à Fraya. Si on ne peut pas enrayer cette grippe, ça va rapidement s'aggraver. J'ai déjà vu comment ça se passe.

— S'il te plaît, n'appelle pas le docteur. (Fraya a tendu la main vers Maman.) Il va juste appuyer et regarder partout, ça va me rendre encore plus malade. J'ai seulement besoin de me reposer, c'est tout. Je t'en prie, Maman.

Peut-être était-ce la manière dont Fraya l'avait appelée maman, toujours est-il que Maman a cédé.

— Bon, très bien. Je vais te le remplir, a-t-elle dit en prenant le verre vide sur la table de chevet.

À l'instant où elle se tournait pour sortir, elle a posé les yeux sur la couverture bleu marine. Autour des hanches de Fraya, le tissu était plus foncé que le reste. Après avoir reposé le verre elle a mis la main sur l'endroit sombre. En voyant ses doigts tachés de rouge, elle a immédiatement rejeté la couverture. La jupe de Fraya était trempée de sang.

— Seigneur Jésus, a crié Maman en portant la main à la bouche.

— Il y avait des gouttes de sang dans la salle de bains, ce matin, ai-je dit.

— Pourquoi tu l'as pas dit plus tôt ?

— J'ai cru que c'était toi. J'ai vu tes serviettes hygiéniques sorties de la boîte. J'ai cru que…

— Va chercher ton père. (Elle m'a poussée vers le couloir.) Vite.

J'ai failli tomber en dévalant l'escalier et je me suis mise à crier dans toute la maison.

— Qu'est-ce qui se passe, Betty ?

Leland s'est levé du canapé.

— Je cherche Papa, ai-je dit en courant.

— Il est dans le garage, m'a dit Flossie.

J'ai ouvert la porte de devant en toute hâte et j'ai sauté par-dessus les marches pour atterrir dans la neige.

— Papa, c'est Fraya, ai-je dit, essoufflée en arrivant dans le garage.

Il était en train de préparer le sirop de gingembre. Laissant tout tomber, il s'est précipité dans la maison, avec moi sur ses talons.

Quand nous sommes arrivés en haut, Maman lui a montré le sang et a dit que ce n'était pas la grippe.

Papa est immédiatement resdescendu. Je l'ai entendu au téléphone.

— Docteur ? C'est Landon Carpenter. C'est ma fille. Elle saigne abondamment. Non. Pas du tout comme Alka. Ça vient de… Écoutez, venez le plus vite possible.

Flossie et les garçons sont venus voir la raison de toute cette agitation. Leland a écarté tout le monde pour arriver le premier dans la chambre de Fraya.

— Qu'est-ce qu'elle a ? a-t-il aussitôt demandé à Maman.

Elle l'a repoussé dans le couloir.

— Va pas falloir vous mettre dans les jambes du docteur quand il sera là.

Puis elle s'est tournée vers Fraya qui n'arrêtait pas de s'excuser. Maman a essayé d'obtenir des réponses, en particulier pour savoir quand le saignement avait commencé.

— Je ne sais pas, a répondu Fraya d'une voix tremblante. Je l'ai vu en me réveillant. D'abord, c'étaient des gouttes. J'ai utilisé une de tes serviettes.

Papa a remonté l'escalier en toute hâte.

— Le docteur va arriver, a-t-il annoncé en allant prendre la main de Fraya. Ça va aller, Fraya. On est tous là.

Il s'est tourné vers nous et nous a fait signe d'approcher.

— Attrape ma main, m'a-t-il dit. Et toi, Flossie, attrape la sienne. Les garçons, faites pareil. On va transmettre notre force à Fraya. Elle a besoin de sa famille.

Nous avons formé une chaîne autour du lit de Fraya, Maman tenant la main de Lint à l'autre bout.

— Ça va aller, Fraya, lui a dit Papa. Pas vrai, les enfants ?

Il a attendu que nous ayons tous hoché la tête.

— Ça va aller, Fraya, a-t-il répété. Tu vas te rétablir, tu écriras tes chansons et tu les chanteras, assise dehors sur le Bout du Monde. C'est ta chanson Fraya. Ici, dans cette chambre. Même dans la douleur. Ne crois pas que le soleil ne se lèvera plus. Je vois des images de toi parsemées à travers tout le terrain. (Il a tourné la tête pour regarder par la fenêtre située près du lit.) Je vois ces images de toi qui se poursuivent dans l'avenir. Dans ces images, tu chantes et tu franchis toutes les décennies de ta vie, jusqu'à ce que tu te retrouves au bout du champ, les cheveux argentés et, derrière toi, toute la vie que tu es destinée à vivre. L'avenir t'envoie ce message maintenant, Fraya. Il t'écrit maintenant pour te dire ne meurs pas ici dans ce lit. (Il s'est retourné vers elle.) N'oublie pas combien tu es puissante, ma fille. Tu es si puissante.

Je ne suis même pas sûre que Fraya se rendait compte de notre présence. Elle pouvait à peine garder les yeux ouverts.

— C'est stupide, a lancé Leland en brisant la chaîne pour arpenter la pièce. Qu'est-ce qu'il fabrique, ce foutu docteur ?

Quelques minutes plus tard, nous avons entendu les pneus du docteur crisser sur le gravier.

— Ici, en haut, lui a crié Papa.

Quand le docteur Lad est arrivé sur le palier, il nous a souri. C'était un homme qui vous donnait l'impression d'avoir toujours été vieux, avec son odeur de moisi, sa barbe broussailleuse et ses lunettes à double foyer. Régulièrement, il nous donnait, à nous, les enfants, des pilules contre les vers comme si c'étaient des bonbons.

— Le docteur Lad est là, maintenant, nous a-t-il dit. Il n'y a pas à s'inquiéter.

Mais quand il a vu Fraya et le sang, il a eu l'air de s'attendre au pire.

— Vaudrait mieux éloigner les petits, Landon, a-t-il demandé avec un geste vif de la main.

Papa nous a poussés dans le couloir.

— Allez attendre en bas, a-t-il dit en refermant la porte.

— Moi, je ne vais nulle part, a décidé Flossie.

On a tous collé une oreille à la porte pour écouter les voix à l'intérieur.

— Ma petite, tu comprends ce que je te dis ? a demandé le docteur à Fraya. Est-ce que tu t'es fait quelque chose ?

— Pourquoi il demande ça ? s'est étonné Trustin.

Leland lui a donné une claque en lui ordonnant de se taire.

— Je t'ai posé la question, est-ce que tu t'es fait quelque chose, ma petite ? a répété le docteur Lad.

— Non, a dit Fraya suffisamment fort pour qu'on l'entende.

J'ai reculé pour m'éloigner de la porte.

— Qu'est-ce qui te prend ? a demandé Flossie.

J'ai filé dans l'escalier. Je ne me suis arrêtée qu'une fois devant l'orme glissant et j'ai immédiatement repéré l'endroit où Papa en avait découpé un morceau pour Persimma. Juste à côté, il y avait un autre carré découpé, indiquant qu'un autre bout d'écorce avait été enlevé.

J'ai fait demi-tour, tombant dans les amoncellements de neige.

— J'arrive, Fraya, ai-je dit en me précipitant à l'intérieur de la maison pour regagner enfin la chambre.

— Bon sang, où t'étais passée ? a demandé Flossie.

— Je sais pourquoi Fraya saigne, ai-je dit.

— Pourquoi ? a demandé Leland.

Comme je ne répondais pas immédiatement, Leland m'a empoigné les épaules et m'a secouée.

— Bon Dieu, Betty. Pourquoi ?

— C'est à cause de l'écorce. L'écorce de l'orme glissant.

— Qu'est-ce que tu racontes ? (Leland m'a secouée encore plus fort.) Explique-toi.

— Maman sait. Elle…

Je n'ai pas eu le temps de finir. Leland a ouvert la porte de Fraya et m'a poussée à l'intérieur. Il m'a ordonné de répéter ce que je venais de dire, et j'ai marmonné :

— L'écorce.
— Quelle écorce, Betty? a demandé Papa.
— Maman, tu sais, toi. (Je me suis tournée vers elle.) C'est comme ce que tu as dit que cette fille avait fait.

J'ai regardé Fraya qui secouait faiblement la tête pour me faire signe d'arrêter, mais j'ai continué.

— Fraya a mis un morceau d'écorce d'orme glissant dans son corps, comme la fille dont tu nous as parlé. Celle qui voulait perdre le bébé.

Flossie a pris une grande inspiration et a porté la main à sa bouche.

— Seigneur Jésus, a lâché Maman en se laissant tomber sur la chaise derrière elle.

— Fraya? a demandé le docteur en se penchant au-dessus d'elle. Est-ce que tu as mis quelque chose dans ton corps? Surtout, ne me mens pas, ma petite.

Fraya s'est passé la langue sur les lèvres, comme si elle avait soif, puis elle a dit:

— Oui.
— Un morceau d'écorce, c'est ça?
— Oui.
— Mais comment tu as pu faire une chose aussi stupide? a demandé Maman.
— J'ai pensé qu'il fallait que je le fasse.
— Je ne peux pas évaluer les dégâts sans examen approfondi, a dit le docteur Lad à Maman et Papa. Quand une infection…

Fraya a tiré la manche du docteur.

— Qu'y a-t-il, ma petite?
— Je l'ai perdu. J'ai perdu le morceau à l'intérieur.
— Seigneur Dieu. Il est toujours dans ton corps?

Elle a hoché la tête.

— Dieu du ciel, il faut l'enlever sans perdre une minute.

Le docteur a cherché dans son sac noir et il en a sorti ce qui m'a semblé être une grande pince.

— Sortez ces enfants d'ici, a-t-il ajouté.

Maman s'est levée de sa chaise et nous a tous poussés dans le couloir. Je me suis baissée pour lui échapper et j'ai vu Papa prendre la main de Fraya tandis que le docteur lui écartait les jambes. Il avait l'air de se préparer à fouiller à l'intérieur de son corps. J'ai hurlé :

— Qu'est-ce qu'il veut lui faire ?

Je me suis débattue contre Maman pour m'approcher de Fraya.

— Ça suffit Betty.

Maman avait de la peine à me tenir à l'écart.

— Empêche-le de lui faire ça. Il va lui faire mal.

Maman a réussi à me soulever et m'a confiée à Leland qui m'a emprisonnée dans ses bras. Il m'a portée dans le couloir tandis que Maman fermait la porte. Il m'a laissée m'épuiser en lui martelant la poitrine de mes poings, puis je suis retombée sur le plancher et je suis restée collée contre le mur.

Le temps m'a semblé passer très lentement. Quand la porte s'est à nouveau ouverte, Papa est sorti, portant Fraya dans ses bras. Le docteur Lad, qui le suivait de près, était en train de dire :

— Nous allons la transporter à mon cabinet, je vais lui administrer de la pénicilline. Espérons que nous avons pris les choses suffisamment tôt pour que l'infection ne se propage pas dans le sang.

Maman était restée dans la chambre. Je l'ai regardée enlever les draps du lit. Ses yeux étaient rouges tandis qu'elle contemplait la tache de sang sur le drap. Au milieu, il y avait le morceau d'écorce. Humide et glissant. Elle a vite replié les coins du drap autour du fragment, et elle est sortie en serrant le tout contre sa poitrine.

Dehors, elle s'est agenouillée, puis elle s'est mise à creuser dans cette terre froide avec une pierre, pour ensevelir le drap. Mais le trou qu'elle avait fait n'était pas assez profond, si bien qu'un coin du drap dépassait de la terre, marquant l'endroit comme une tombe.

16

Dès le ventre de ma mère, Tu as été mon Dieu.
PSAUME 22, 10

LA PREMIÈRE NUIT sans Fraya à la maison, Flossie et moi nous sommes dit bonne nuit dans notre lit. Quand j'ai dit bonne nuit à Fraya, seul le silence m'a répondu. Le deuxième jour, Papa s'est mis à jardiner, alors que nous étions au cœur de l'hiver. Il est allé dans le potager, où il a étalé des branches mortes, toutes dans la même direction. Puis il les a brûlées pour ramollir la terre. Tout emmitouflée, j'étais assise sur le Bout du Monde et je le regardais debout près du feu, les flammes se reflétant dans ses yeux absents.

— N'éteins jamais un feu avec de l'eau, a-t-il dit, plus pour lui-même que pour moi. Le feu déteste l'eau et l'eau déteste le feu. Seule la terre peut s'interposer entre les flammes et le liquide pour apaiser leur antique querelle.

Estimant que le feu avait brûlé assez longtemps, il a jeté de la terre dessus. Une fois les flammes éteintes et le sol libéré des griffes de l'hiver, il s'est mis au travail avec son râteau-ramure. Il avait fabriqué ce râteau avec les bois perdus par un cerf qu'il avait fixés à un long bâton pour servir de manche. Papa tenait à utiliser ces bois parce qu'il disait que les limaces n'aiment pas les cornes et que, par conséquent, il y aurait moins de limaces dans le sol.

— La première femme avait une ramure sur la tête afin de pouvoir étendre son pouvoir dans le monde, a-t-il expliqué, enfonçant son râteau plus profondément. Les limaces craignent ce pouvoir parce que ce sont des créatures invertébrées, et toutes les créatures invertébrées ont peur du pouvoir des femmes…

Sa voix s'est éteinte tandis qu'il laissait tomber son râteau. Il s'est servi de ses mains pour relever la terre en monticule.

— Va me chercher mes semences de maïs dans le garage, Betty.

— On peut pas planter en hiver. Les graines vont geler.

— Va les chercher, Betty.

Sa voix s'était élevée, se répercutant contre le flanc de la maison.

J'ai sauté de la scène. Je me suis mal reçue sur le sol gelé, mais j'ai couru dans le garage et j'ai pris le sac de graines de maïs. En le tenant serré contre moi, je l'ai porté à mon père. Il avait déjà préparé toute une rangée. Il a pris le sac et a mis quelques graines dans sa bouche pour les humidifier. Quand elles ont été assez mouillées, il les a laissé tomber dans le creux de ma main, parce qu'il disait toujours que c'était une femme qui devait planter si l'on voulait que la récolte vaille quelque chose.

— Et on a vraiment besoin qu'elle vaille quelque chose en ce moment. N'oublie pas, Petite Indienne, plante à la profondeur de ta deuxième phalange.

— Mais P'pa, on est en hiver. Ça va pas pousser.

— Avec la chaleur de tes mains, tu vas faire revenir le printemps pour les semences et pour Fraya, m'a-t-il répondu.

J'ai détourné le regard pour ne pas voir les larmes dans ses yeux. Je me suis agenouillée devant le monticule de terre. Utilisant mes deux premiers doigts et mon pouce, j'ai planté les graines.

— Tu es ma largeur, ma longueur et ma profondeur, m'a-t-il dit en déposant d'autres graines dans le creux de ma main. C'était toujours une femme qui était responsable du jardinage.

— Je sais, P'pa.

J'avais les mains qui tremblaient tandis que j'enfonçais les semences dans le sol.

— Si une femme tombait malade et était incapable de s'occuper de son jardin, alors c'étaient les autres femmes qui prenaient la relève, m'a-t-il dit. Elles le faisaient à sa place pour permettre à la femme malade de se reposer et se rétablir, parce qu'en plantant les graines dans son jardin, elles confiaient à la terre ses chances de guérison. Tu comprends maintenant, Betty ? On est en train de planter pour Fraya. Quand le maïs poussera et qu'il sera grand et fort, elle aussi sera grande et forte.

Je n'ai plus dit un mot sur le froid et les graines qui ne pourraient pas germer. Je me suis contentée d'accepter les semences qui venaient de la bouche de mon père, pour les planter dans la terre froide, jusqu'à ce que l'on ait fait deux rangées.

— Ça devrait aller, a dit Papa.

Il est allé dans le garage et il a pris un seau rempli d'eau provenant de la rivière. Mettant les mains en coupe, il a arrosé les semences de maïs. Dans son esprit, l'hiver n'existait pas.

Posant le seau, il a entassé le reste des branches et il y a mis le feu. J'ai surveillé le brasier pendant qu'il allait à la maison chercher des morceaux de charbon pour que ça brûle plus longtemps.

Il est revenu accompagné de Flossie et des garçons. Lint et Trustin l'ont aidé à s'occuper du feu, tandis que Leland avait le regard perdu dans l'obscurité.

— Mais qu'est-ce que vous avez fabriqué ici, Papa et toi ? m'a demandé Flossie.

— On a jardiné, lui ai-je répondu comme si c'était parfaitement normal.

Elle a fait claquer sa langue avant de dire :

— Je crois que Fraya va mourir.

— Ferme-la, ai-je répliqué. Bien sûr que non.

Flossie a jeté un coup d'œil en direction de notre père et de nos frères pour voir s'ils écoutaient. Rassurée, elle m'a glissé tout bas à l'oreille :

— J'ai entendu Maman pleurer. Et Papa est bizarre. Peut-être que Fraya est déjà morte et qu'ils attendent un peu avant de nous le dire, tout simplement.

— Je t'ai dit de la fermer.

Je l'ai éclaboussée avec l'eau du seau. Elle a poussé des hurlements comme si je lui avais versé toute la rivière sur la tête.

— Pas de bagarre et pas de hurlements près du jardin, nous a averties Papa. La terre va absorber vos cris et votre rage jusqu'à ce que le sol finisse par pleurer et gâter la récolte que nous essayons de faire pousser. On n'a vraiment pas besoin de toute cette énergie négative, surtout pas au moment où nous nous efforçons d'apporter à Fraya tout le bien que nous pouvons.

J'ai repris l'arrosage des semences avec l'aide de Flossie. Trustin a ramassé un bâton inutilisé et il a tracé des traits dans la terre meuble pour représenter le feu. Lint tournait le dos et se frottait les yeux. Leland, le regard toujours perdu dans l'obscurité, s'est éloigné et a disparu dans les ténèbres. Papa l'a observé un instant, puis il s'est retourné vers nous, comme s'il craignait de nous voir disparaître aussi. Il a posé les yeux sur le seau à mes pieds et a pris un peu d'eau dans ses mains. La mélangeant avec de la terre du jardin, il a fait une boule de boue d'une belle taille.

— J'ai l'impression que de la boue, on en a plus qu'il n'en faut dans notre vie en ce moment, nous a-t-il dit. Autant en faire quelque chose.

Il a écrasé la boule de boue sur un morceau de charbon incandescent au bord du feu, avec suffisamment de force pour que la braise s'incruste dans la boue. Puis il a lancé la boule très haut dans le ciel et l'éclat orange vif de la braise s'est détaché sur le fond de la nuit, tournoyant en redescendant, comme si un morceau de feu retombait sur la terre.

— Oooh, s'est exclamé Lint.

— Que c'est beau, a souri Trustin.

— On dirait une étoile, a remarqué Flossie en applaudissant.

Tout excités, nous nous sommes mis à mélanger de la terre et de l'eau, projetant les boules de boue sur les morceaux de charbon rougeoyants au milieu des rires, pour imiter Papa. La nuit s'éclairait de ces sphères ardentes qui fusaient et se croisaient dans le ciel. J'aurais voulu que Fraya, où qu'elle fût, puisse voir toutes nos étoiles de sa fenêtre et qu'elle sache que nous les avions faites pour elle.

Plus tard, ce soir-là, quand le feu a été éteint et que les braises ont cessé de briller, Flossie et moi sommes restées assises sur notre lit, les cheveux lavés et les ongles débarrassés de toute la boue.

— Je savais même pas qu'elle avait un petit ami, a dit Flossie en faisant une grimace.

— Qui ?

— De qui tu crois que je parle, face de ragondin ? Je veux dire, Fraya n'a jamais eu de rendez-vous galant. Je l'ai même jamais vue discuter avec un garçon. Enfin, à part nos frères. Mais eux, c'est pas des garçons. Ils sont pas assez humains. (Elle s'est passé le peigne dans les cheveux avant de poursuivre.) Tout ce temps elle était enceinte et nous, on se doutait de rien. Elle avait pas l'air grosse ni rien.

J'ai continué à me peigner en silence. Flossie m'a regardée en plissant les yeux.

— Tu savais, toi, qu'elle était enceinte ? T'étais au courant pour l'écorce. Peut-être que tu savais qu'elle était enceinte. Oh, (elle a mis la main devant sa bouche, puis l'a baissée pour finir sa phrase) tu sais qui est le père. C'est qui, dis, Betty ? Allez, dis-moi. (Elle a sauté de son lit pour venir sur le mien.) S'il te plaît, allez.

— Je ne sais pas qui c'est. Et d'ailleurs, peut-être qu'elle n'était pas enceinte.

— Triple buse. Elle a mis le morceau d'écorce à l'intérieur d'elle pour tuer le bébé.

— Pour le *perdre*.

— C'est la même chose, tête de piaf. Quelle autre raison on pourrait avoir de s'enfoncer un morceau d'écorce tout dégoûtant dans le corps comme ça ?

— Peut-être qu'elle était constipée.

Flossie a commencé à rire, puis elle s'est arrêtée.

— Bon sang, je me demande si elle a des échardes. Je me demande si elle est pas déjà morte.

— Je t'ai dit de la fermer avec ça.

Je l'ai poussée hors de mon lit. Après avoir éteint ma lampe de chevet, j'ai fermé les yeux et attendu que Flossie se couche aussi. Elle m'a dit bonne nuit et je lui ai répondu.

Finalement, on a dit bonne nuit à Fraya en même temps, nos deux voix se superposant. Après, nous avons écouté le silence. Mais je n'ai pas pu le supporter, et j'ai rallumé ma lampe.

— On devrait prendre un bocal et mettre nos "bonne nuit" dedans. Comme ça, Fraya saura qu'on ne l'a pas oubliée. On lui donnera nos "bonne nuit" quand elle reviendra.

— C'est idiot, m'a dit Flossie, mais quelques secondes plus tard, elle a demandé : Comment on ferait ça ?

J'ai arraché une feuille de mon carnet et je l'ai coupée en deux. J'en ai donné une moitié à Flossie. Nous avons écrit "*Bonne nuit, Fraya*". Puis j'ai pris un bocal et j'y ai mis nos "bonne nuit", et régulièrement je les ai remués, pour qu'ils restent vivants.

Nous avons continué à ajouter notre bout de papier tous les soirs pendant l'absence de Fraya. J'espérais que faire cela m'aiderait à sortir de mon esprit l'idée terrifiante qu'elle pouvait être déjà morte. Mais c'était tout de même la pensée qui me venait en tête chaque fois que je voyais la mine de mes parents.

Malgré tous les espoirs que Papa avait placés dans nos travaux de jardinage censés aider Fraya à recouvrer la santé, le sol était trop froid pour se couvrir d'autre chose que de gel. Alors j'ai pris des aiguilles de pin, dont j'ai fait de petits bouquets, avant de les planter au-dessus des semences de maïs, donnant l'impression que les aiguilles vertes étaient les premières pousses de maïs. J'ai pensé que ça n'avait peut-être pas été inutile, car quelques jours plus tard, Fraya est rentrée à la maison.

— Pour toi, lui ai-je dit en lui donnant le bocal de "bonne nuit".

Elle a plongé la main dedans et a sorti un des morceaux de papier.

— Comme ça, tu sais qu'on te disait bonne nuit. Même si tu n'étais pas là.

J'aurais voulu en dire plus, mais Maman nous avait tous avertis de ne pas parler de l'écorce avec Fraya. Nous devions nous conduire comme si rien ne s'était passé. Maman et Papa avaient même retourné le matelas de Fraya de manière à ce que les taches de sang soient cachées. Puis Maman avait mis de nouveaux draps sur le lit.

À part le nettoyage de la chambre, Papa avait fait un gâteau pour le retour de Fraya. Il a mis des bougies dessus, comme si c'était l'anniversaire de ma sœur. Gauchement, elle les a soufflées tandis que nous étions tous autour d'elle. Seul Leland n'était pas avec nous. Il avait trouvé un emploi comme chauffeur de poids lourd et il allait partout dans le pays. Il a annoncé qu'il serait absent quelques mois, peut-être plus. Flossie a dit que c'était parce qu'il était à la recherche du garçon qui avait mis Fraya enceinte.

— C'est la responsabilité d'un frère, de tuer le garçon qui a fait du mal à sa sœur, a-t-elle expliqué en regardant Trustin et Lint dans les yeux.

— Moi, je le t-t-tuerai pour toi, Flossie, a répondu Lint sans hésiter. Pour toi aussi, B-B-Betty.

— Moi je veux tuer personne, a dit Trustin.

— C'est dommage, lui a rétorqué Flossie. C'est pourtant ce que tu devras faire.

J'ai pensé à Leland dans son camion, parcourant la terre à la recherche du garçon qui avait, pour reprendre l'expression de Flossie, fait du mal à sa sœur. Et j'y pensais encore tandis que j'étais dans mon lit, incapable de trouver le sommeil, la première nuit après le retour de Fraya. Je m'agitais et me retournais, m'efforçant de garder les yeux fermés, quand j'ai entendu un bruit de pas amorti dans le couloir. Je me suis levée et j'ai jeté un coup d'œil à la porte de ma chambre. Fraya était au bout du couloir, près de l'escalier.

Le doigt sur les lèvres, elle m'a fait signe de la suivre en bas. Elle est allée sur la véranda où se trouvait la machine à laver. En cherchant dans le panier de linge sale elle m'a demandé :

— Où c'est ? Le drap ? Le morceau d'écorce ?

— Maman les a enterrés dans le jardin.

— Montre-moi.

Je l'ai conduite au bon endroit du jardin. Elle a empoigné le coin du drap qui dépassait toujours et a tiré dessus jusqu'à ce que la terre gelée cède.

Une fois le drap dégagé, elle s'est empressée de le déplier et elle a fini par retrouver le morceau d'écorce. Elle l'a gardé au creux de ses bras pour regagner la maison. Je l'ai suivie en silence jusque dans sa chambre.

— Donne-moi un bout de tissu, dans le tiroir du haut, m'a-t-elle demandé en montrant sa commode.

J'ai ouvert le tiroir rempli de bouts de vieilles robes découpées qu'elle gardait pour des projets de couture.

— Choisis le plus joli.

Elle avait toujours le fragment d'écorce dans les bras et le regardait tendrement pendant que je cherchais dans le tiroir. J'ai fini par prendre un tissu rose pâle avec des fleurs rose foncé. Quand je lui ai tendu le carré d'étoffe, elle l'a pris pour emmailloter le morceau d'écorce, puis elle l'a replacé dans le creux de son bras. Elle s'est assise dans le fauteuil, dans le coin, berçant l'écorce en chantonnant.

— Chut, mon bébé, ne dis pas un mot.

— Fraya ?

— Chut, Betty. Faut pas réveiller le bébé.

17

Enfants, obéissez à vos parents,
selon le Seigneur, car cela est juste.
ÉPHÉSIENS 6, 1

IL Y A des petites filles qui grandissent avec un père irréprochable, bon et tendrement lié au cœur de sa fille. D'autres petites filles grandissent sans père du tout, sans rien connaître donc des hommes bons et de ceux qui le sont un peu moins. Les plus malheureuses de toutes les petites filles grandissent avec un père qui n'a pas son pareil pour transformer un ciel bleu et ensoleillé en une violente tempête. Ma mère était l'une de ces petites filles malheureuses, et elle a enduré le genre d'enfance que vous fuyez le plus vite possible. Sauf si vous n'avez nulle part où fuir.

Ma mère était originaire de Joyjug, dans l'Ohio. C'était une femme si belle que les miroirs se lamentaient en son absence. Elle était bien plus que sa simple beauté. Mais aussi nombreuses et fantastiques que fussent les merveilles que je discernais chez ma mère, elle était déjà loin de moi de bien des façons même quand je croyais la voir devant moi. Cela n'a jamais été aussi manifeste qu'au cours de ce mois de février 1963.

Fraya était rentrée à la maison depuis un mois et j'allais avoir neuf ans. Maman m'a crié de la rejoindre dans sa chambre et elle m'a dit que pour cadeau d'anniversaire, j'aurais droit à une histoire qu'elle n'avait jamais racontée à personne. Elle était en train de danser, secouée de mouvements saccadés comme un serpent à sonnette dans une poêle à frire, ses pieds, dans ses bas de nylon, glissant sur le parquet tandis que Thurston Harris chantait *Little Bitty Pretty One*[*] à la radio. Alors qu'elle levait les pieds, j'ai vu une photographie sous chaque talon.

— "*Ma petite, ma mignonne, viens me parler*", chantait-elle, et elle m'a attirée près d'elle en essayant de me faire bouger les bras comme les siens. "*J'vais te raconter une histoire, qui est arrivée il y a longtemps. Ma petite, ma mignonne, je t'ai observée grandir.*"

Elle avait mis une couche encore plus épaisse que d'habitude de mascara, et il avait coulé avec ses larmes, formant de longues traînées noires qui m'ont fait penser à l'été précédent, quand les poteaux électriques avaient été arrachés par la tempête et que les fils encore sous tension se tortillaient sur le sol.

— Comme danseuse, t'es nulle à chier, m'a-t-elle dit une fois la chanson terminée.

Après avoir éteint la radio, elle s'est adossée contre le mur de la chambre. Elle a étendu les bras en croix. Le papier peint derrière elle était vaguement vert, vaguement violet, je me souviens qu'il me plaisait beaucoup. Elle a dit :

— Mon Pappy était un homme qui avait les orteils dans la rivière de Dieu et les talons dans la boue du diable.

[*] Petit bout de chou, mignonne petite fille.

Je suppose que c'est pour ça que j'ai jamais apprécié les jardiniers empotés. Avec leurs mots rassurants et leurs manières de garde-malade.

Je ne saurais vous dire si Grand-père Lark portait un chapeau pour aller à l'église ou si Mamie Lark croyait vraiment en Dieu. En revanche, je pourrais vous dire tout ce qu'il y a à savoir sur le cerisier dans leur jardin. Quand on allait là-bas, Papa ne venait jamais, seule ma mère était autorisée à entrer dans la maison de ses parents. Nous les enfants, préférions rester à l'extérieur de toute façon, surtout quand les cerises étaient mûres.

Nous avions le droit de lever les yeux vers les fruits d'un rouge foncé. On pouvait se passer la langue sur les lèvres. On pouvait même ouvrir la bouche et rester comme ça sous une branche, à attendre qu'une cerise tombe. Mais il était interdit d'en cueillir une dans l'arbre. Ordre de Grand-père. Comme des charognards, nous n'étions autorisés qu'à manger les fruits tombés. Afin de s'assurer qu'on ne désobéissait pas, il s'asseyait dans sa maison près d'une fenêtre ouverte et il tenait le rideau de coton relevé avec sa tapette à mouches de manière à avoir l'œil sur nous en permanence.

Faire preuve d'une telle méchanceté à notre égard devait lui procurer un grand plaisir après la façon dont notre père l'avait roué de coups dans sa propre cour. Le cerisier était sa manière à lui de rendre les coups à Landon Carpenter par l'intermédiaire de ses enfants et de nous renvoyer chez nous avec des bleus à l'intérieur plutôt que sur la peau.

Grand-père Lark avait patienté avant de prendre sa revanche et elle se présentait sous la forme d'invitations à sa fille, qu'il faisait revenir à la maison dans le seul but de retrouver un certain pouvoir. Je suppose que ma mère retournait chez le monstre afin de lui montrer ce qu'était devenue la petite fille à qui il avait fait tant de mal. Une femme qui était assez forte pour se souvenir de tout.

Je n'ai jamais aimé mon grand-père, mais je n'ai jamais pu oublier de quoi il avait l'air. C'était un homme petit et gros qui portait toujours des bretelles vertes pour tenir son pantalon. Il avait un gros grain de beauté blanchâtre dans le creux de sa narine gauche. Je crois qu'il essayait de le cacher en bourrant de tabac à chiquer le côté gauche de sa bouche pour gonfler sa joue. La cicatrice due à l'entaille faite par Papa formait un bourrelet sur l'arête de son nez. Cette cicatrice semblait faire la jonction entre l'odieuse lueur qui brillait dans chacun de ses deux yeux. Le blond de ses cheveux raides s'était affadi avec l'âge. Il se coiffait encore, comme il l'avait toujours fait, avec une raie au milieu. Sa peau claire était toujours légèrement tannée, indépendamment du temps qu'il passait dehors.

Je pensais que sa voix serait aussi dure qu'un champ abandonné, mais en fait elle était douce. J'imaginais qu'il aurait pu chanter une jolie berceuse s'il avait été le genre d'homme à en connaître une. Il ne me parlait jamais, mais il parlait beaucoup de moi.

— T'avise pas d'amener cette métisse avec toi quand elle est malade, disait-il à Maman sur sa véranda quand il voyait que j'avais le nez qui coulait. Je suis vieux, tu veux me faire attraper quelque chose pour que je meure ? Je sais que tu veux avoir ma maison. C'est pour ça que tu m'amènes tous tes sauvageons. Tu espères qu'ils vont me refiler une maladie de sauvages. Tu es aussi mauvaise que ton frère, disait-il en fronçant les sourcils et en faisant claquer ses lèvres. Un pédé et une putain. Quand on a des enfants comme ça, on a certainement pas peur de l'enfer.

Mamie Lark se tenait toujours derrière lui. Elle ne nous regardait jamais. On aurait dit qu'elle faisait tout son possible pour se persuader que nous n'existions même pas, que nous n'étions pas ses petits-enfants. Elle avait toujours sur elle une robe de maison avec un tablier et ne se séparait jamais de son torchon, qu'elle enroulait autour de ses grosses phalanges. Contrairement à Maman, Mamie Lark ne portait que des chaussures plates noires à lacets. Je me disais que c'était pour pouvoir se déplacer plus facilement et être à l'entière disposition de son mari.

Je m'efforçais d'imaginer Mamie Lark jeune, mais ses cheveux avaient blanchi. Ils étaient attachés en un chignon bien serré. Sa peau était si translucide que je pouvais voir ses veines en dessous. Parfois, je ne me rendais même pas compte qu'elle était là, aussi longtemps qu'elle restait sans bouger. Elle savait se fondre dans sa petite maison blanche avec une croix au-dessus, comme une église.

— Où est ton père ? m'a demandé Maman en se dirigeant lentement vers sa commode.

— Il est allé jeter un coup d'œil au toit du séchoir à maïs de M. Deering, s'il n'est pas trop glissant.

— J'espère qu'il va pas tomber de ce toit. Il a pas les moyens de se payer des ailes.

Elle a mis en marche le ventilateur posé sur la commode. Relevant ses cheveux au-dessus de sa nuque pâle, elle m'a regardée.

— Qu'est-ce que t'as dit ?

Elle a élevé la voix au-dessus du bourdonnement irrégulier du ventilateur.

— J'ai rien dit.

— Ne me mens pas. (Elle a bondi vers moi et m'a prise aux épaules.) Tu es toujours en train de mentir.

Elle a relevé ma manche.

— Toujours à te prélasser au soleil, aussi. (Elle m'a crié dessus encore et encore.) Je t'ai dit de ne pas rester au soleil. Ça te fait la peau noire.

— On est en hiver, M'man. J'ai pas été au soleil.

— Bon sang, t'es tellement noire.

Elle m'a traînée jusqu'à sa commode et elle a attrapé sa houppe et sa poudre. Elle s'est mise à me tamponner brutalement la peau avec sa poudre blanche jusqu'à ce que j'en sois couverte.

— Seigneur Jésus. (Elle m'a repoussée et a jeté sa houppe par terre.) À quoi bon.

Elle a pris la bouteille de whiskey à moitié vide sur une étagère.

— C'est l'heure de ton cadeau d'anniversaire.

Elle a titubé jusqu'au bord du lit et elle s'est assise. Elle a tapoté la place à côté d'elle. Sachant que je ne pourrais pas m'enfuir sans qu'elle me poursuive pour m'arracher les yeux, je me suis assise près d'elle.

— J'avais neuf ans quand Dieu m'a tourné le dos pour la première fois, m'a-t-elle dit, le regard fixé droit devant elle. L'âge que tu viens d'avoir, petite fille. L'été avait apporté tellement de pluie à Joyjug qu'on avait l'impression que le déluge était arrivé. "Heureusement qu'on avait appris à nager avant", disait Pappy en pratiquant la brasse. La pluie a fini par cesser de tomber, et tout a pu dégouliner, s'égoutter et moisir tranquillement. Le premier jour sans pluie, j'étais dans le jardin en train de plumer un poulet pour le dîner. T'as jamais eu à t'occuper d'un poulet, toi, alors je vais te dire comment on fait. D'abord, faut laisser la stupide bestiole se vider de son sang. Pour faire ça, tu la tiens en l'air par les pattes et tu lui coupes le cou.

Elle a posé l'ongle inégal de son petit doigt sur ma carotide, avant de poursuivre d'une voix douce :

— Je mettais toujours le sang dans un bocal pour Pappy. Il le buvait le matin, avec des biscuits et de la sauce de viande.

Elle a pris une longue gorgée de whiskey et ses yeux sont devenus tellement vitreux que j'ai cru que j'allais devoir la coucher pour qu'elle dorme.

— Une fois que le poulet s'est vidé de son sang, faut le plonger dans de l'eau bouillante quelques minutes pour que les plumes soient plus faciles à arracher. Ensuite, tu tiens la bête par les pattes et tu commences à la plumer.

Elle a fait comme si elle arrachait des plumes de la bouteille qu'elle tenait par le goulot.

— Plumes, plumes, plumard.

Elle s'est interrompue pour boire une autre gorgée.

— Pendant que je plumais le poulet, Momma se tenait sur la véranda, où elle attendait le retour de Pappy. Elle avait un linge humide et frais à la main, comme tous les jours. Elle lui posait ce foutu linge sur le cou quand il s'asseyait sur la balancelle de la véranda. Après, elle se mettait à genoux en souriant et elle lui enlevait ses chaussures pour lui masser les pieds. Je me souviens, un jour Momma a oublié de sourire. Pappy lui a fait lécher la boue de ses semelles. Je vois encore sa langue s'enfoncer dans toutes les rainures.

— Elle a dû enlever la boue avec sa langue ?

À l'instant où j'ai ouvert la bouche, j'ai su que c'était une erreur. Mais je n'étais pas préparée à la violente claque que ma mère m'a donnée sur l'arrière de ma tête.

— *Elle a dû enlever la boue avec sa langue ?* a-t-elle singé ma question sur un ton moqueur avant de reprendre une gorgée de whiskey.

Je me suis demandé comment une femme pouvait boire autant d'alcool à elle toute seule. Elle s'est levée en marmonnant.

— Ça brûle comme le feu de l'enfer.

Tenant la bouteille par le goulot, elle a chancelé jusqu'à la fenêtre en répétant :

— Comme le feu de l'enfer.

On était en février, et il faisait froid, mais ce qui donnait chaud à ma mère n'avait rien à voir avec le temps. Après avoir ouvert la fenêtre, elle a passé la tête à l'extérieur, sous la neige, et ses cheveux, parsemés de flocons, semblaient saupoudrés de farine. Lentement, elle s'est redressée à l'intérieur de la pièce et, s'appuyant contre le rebord de la fenêtre, elle s'est tournée vers moi.

— Momma a enlevé les chaussures de Pappy. Il a repris un peu de tabac à chiquer avant de lui murmurer quelque chose à l'oreille. Après, il est allé dans la maison et Momma est venue vers moi. Elle m'a dit de laisser le poulet dans l'herbe. Elle a dit qu'elle le finirait. Elle a pris son torchon pour enlever les plumes qui collaient à mes mains. Puis elle a craché sur un coin de son tablier et elle m'a nettoyé le visage avec, comme elle le faisait tous les dimanches avant l'église. Je lui ai même demandé : "On va à l'église, Momma ?" Elle a rien répondu. Elle m'a juste soulevée dans ses bras en me tapotant le dos, comme elle l'aurait fait à un bébé tandis qu'elle me portait dans leur chambre.

"Pappy y était déjà, il enlevait ses bretelles et défaisait les boutons de sa chemise. Elle m'a doucement allongée sur leur lit avant d'aller à la commode chercher sa bouteille de parfum. Je l'avais aidée à faire ce parfum avec les roses de notre jardin. Elle l'avait mis dans une vieille bouteille d'amer. Seigneur, je me souviens encore de l'étiquette, mot pour mot. “*Amer du Dr Cherryweather. Soulage l'estomac chargé, les violents maux de tête, les sensations de malaise, les affections hépatiques, la fièvre rhumatismale et tous les troubles liés à des problèmes d'ordre sanguin.*”

Je n'avais jamais autant souhaité voir Papa arriver. J'espérais que le toit de M. Deering serait trop glissant pour que Papa grimpe dessus, et qu'il allait rentrer et ouvrir la porte à cet instant même, forçant Maman à arrêter de raconter son histoire. Mais il n'y a eu que du silence, tandis que Maman s'éloignait de la fenêtre pour aller à la commode où elle a pris le bouchon en liège de la bouteille de whiskey. Elle l'a enfoncé dans le goulot et a retourné la bouteille pour que le liquide restant baigne le dessous du bouchon.

— Momma a mis du parfum dans mon cou, comme ça. (Pour me montrer, elle m'a tamponné le cou avec le bouchon mouillé de whiskey.) C'est bien, hein ? m'a-t-elle dit. C'est bien frais.

À sa façon de dire “frais”, j'ai pensé que ça pouvait être dangereux.

J'ai regardé Maman finir le whiskey avant de jeter la bouteille vide par la fenêtre ouverte.

— Le *shortening*[*], tu sais ce que c'est, hein, Betty ? Momma en avait toujours une boîte dans le tiroir de sa commode. C'est pas seulement pour faire de la pâtisserie. On s'en sert aussi pour baiser. Pour que l'homme puisse entrer plus facilement. Je devrais être reconnaissante à Momma d'avoir enlevé ma culotte pour me mettre de cette graisse entre les jambes. Maintenant je sais qu'elle l'a fait pour que j'aie moins mal.

* Sorte de margarine à base d'huiles végétales hydrogénées, principalement utilisée dans la pâte à gâteau.

Maman a grimacé de douleur et elle a paru retenir sa respiration.

— Mais ça m'a fait drôle qu'elle me frictionne à cet endroit. J'ai eu tellement peur que j'ai pas pu m'empêcher de pisser. J'ai cru que Momma allait me tuer d'avoir sali les draps propres comme ça, mais elle a rien dit. Elle m'a juste essuyé les jambes et glissé une serviette sous moi. Puis elle est allée couper les ongles de Pappy et elle est sortie de la chambre. "Momma, où tu vas?" que j'ai crié. Mais elle a juste refermé la porte derrière elle. J'ai entendu grincer la moustiquaire de devant et j'ai compris qu'elle était retournée finir le poulet.

Je n'avais pas envie d'en entendre plus, je me suis levée en disant :

— Bon, maintenant je m'en vais.

Maman a placé ses deux mains sur mes épaules et elle a appuyé pour me forcer à me rasseoir.

— C'est ton cadeau d'anniversaire. Tu ne peux pas partir tant que tu ne l'as pas eu en entier.

Elle a reculé en vacillant, puis elle s'est frotté les yeux.

— Une fois Momma partie, Pappy s'est mis à chantonner. Quand il a enlevé son pantalon, c'était la chose la plus effrayante que j'avais jamais vue. J'ai cru que c'était une excroissance. Une chose monstrueuse. Quelque chose qui ne pouvait provenir que d'une maladie. Il était si dur. Tu comprends ce que je veux dire ? (Elle a serré son entrecuisse d'une main, comme j'avais vu certains hommes le faire.) Est-ce que tu comprends ce que je veux dire ?

J'ai hoché la tête, juste pour qu'elle arrête.

Elle a laissé retomber sa main le long de son corps en disant :

— J'ai pensé qu'il venait dans le lit simplement pour faire un somme à côté de moi. (Son regard s'est fixé dans le vide.)

Quand il s'est couché sur moi, je me suis dit qu'il allait me tenir chaud comme une couverture jusqu'à ce que je m'endorme. Il était tellement lourd que je ne pouvais plus respirer. Je me souviens que la sueur de son front s'était accumulée au bout de ses cheveux. Je ne voulais pas que les gouttes tombent dans mes yeux, alors j'ai tourné la tête et j'ai senti la sueur atterrir sur ma tempe.

Elle a doucement passé un doigt sur ma tempe.

— Ensuite, il s'est redressé et j'ai cru qu'il s'en allait, mais il a seulement relevé le bas de ma robe. C'était ma robe préférée. C'était Momma qui l'avait faite pour moi. Bleu marine, avec un gros nœud crème qui tombait d'un col marin. (Maman a noué ses doigts et a pressé ses deux mains sur sa poitrine.) Je ne comprenais pas pourquoi il me touchait de cette façon-là. Je lui ai dit d'arrêter. Pourquoi il n'arrêtait pas ? Je n'ai pas hurlé, je ne voulais pas me conduire comme une vilaine petite fille et me faire gronder parce que je faisais trop de bruit.

Elle est allée se placer devant le ventilateur. Je ne savais pas quoi dire. J'ai pensé à la rejoindre et à me tenir à ses côtés pour que nous laissions éclater notre rage toutes les deux ensemble, mais comment être ce genre de fille avec ce genre de mère ? J'ai regardé en direction des photographies qui étaient sous ses pieds tandis qu'elle parcourait la pièce du regard. Elle paraissait perdue en se déplaçant, légèrement inclinée, laissant ses mains racler le papier peint, comme si elle *cherchait, cherchait.* Je me suis dit que la nuit serait trop courte pour qu'elle trouve ce qu'elle voulait découvrir. J'ai pensé que la vie serait encore plus courte. Ce dont elle avait besoin, c'était une sorte d'infini soudain. Du temps, sous la forme de multiples rayons de lumière dans lesquels elle pourrait trouver tout ce qu'elle cherchait.

— Il faut que j'appelle Papa, lui ai-je dit.

Mais je ne l'ai pas quittée, car elle commençait à enfoncer ses ongles dans le papier peint, à *les enfoncer*, *les enfoncer*, comme des griffes. Tout de suite, j'ai pensé :

Elle va se mettre à hurler. Et ça va être quelque chose de terrible. Le genre de chose qu'il va falloir enchaîner dans le jardin et nourrir avec de la viande fraîche et sanguinolente.

Elle a appuyé son front contre le mur et elle est restée comme ça sans bouger, jusqu'à ce que je me dise qu'elle ne partirait plus jamais de là. Une nouvelle fois, j'ai dit que je devrais aller à la recherche de Papa. Mais je ne me suis pas levée du lit, incapable de faire le moindre mouvement.

Comme si elle s'était subitement rendu compte que j'étais toujours dans la pièce, Maman s'est écartée de son mur pour venir vers moi. Ses yeux paraissaient délavés par toutes les pluies du monde et rougis par tous les feux de la terre.

— Il m'a peigné les cheveux avec sa main, comme ça.

Elle avait parlé d'une voix douce en passant ses doigts dans mes mèches folles, les repoussant derrière mes oreilles.

— Il m'a forcée à m'allonger, comme ça.

Elle a levé la voix tandis qu'elle saisissait mes bras et me plaquait au milieu du lit. Elle s'est hissée sur le lit afin de pouvoir se pencher au-dessus de moi.

— Il m'a déshabillée, comme ça.

Elle a essayé de baisser mon pantalon, mais je m'y suis aggrippée. Elle s'est arrêtée pour relever le bas de sa robe et se mettre à califourchon sur moi.

— Du jus de sa chique est tombé sur ma joue, comme ça.

Elle a empoigné mon visage. Elle a fait bouger sa bouche pour recueillir de la salive avant de la laisser goutter lentement de ses lèvres sur ma joue. Je me suis essuyée avec la main tandis qu'elle tendait le bras pour attraper le coussin à frange plissée en forme de cœur. Elle l'a serré fort entre ses mains. Je me rendais compte à quel point j'étais prisonnière sous elle. Je l'ai suppliée.

— Maman, s'il te plaît, arrête. S'il te plaît.

— Je ne pouvais plus respirer, Betty. Comme ça.

Et elle m'a plaqué le coussin sur le nez. J'ai essayé de me dégager, mais elle pesait dessus de tout son poids.

— Je n'étais pas préparée pour la douleur atroce que j'ai ressentie quand il est entré dans mon corps de petite fille.

Sa voix était pleine de cette souffrance insoutenable tandis qu'elle commençait à projeter son bassin contre moi.

— J'ai cru qu'il allait me tuer en me déchirant en deux. Je ne savais même pas qu'une telle douleur pouvait exister. J'ai hurlé : "Momma, Momma, au secours." Mais elle n'est jamais venue et il a continué à me transpercer. J'ai su alors que je n'étais pas aimée. Oh, mon Dieu, j'entends encore les grincements du lit.

J'ai réussi à tourner ma tête sur le côté, sous le coussin, et j'ai trouvé une poche d'air pour respirer un peu.

— Il s'est enfoncé en moi jusqu'au bout, et Dieu n'a rien fait, a-t-elle continué en donnant des poussées encore plus violentes. Il n'y a pas eu d'éclairs. Pas d'anges soufflant dans des trompettes pour voler à mon secours. Où était Dieu pendant que mon papa était sur moi ? Je n'étais qu'une petite fille. Rien qu'une toute petite fille, a-t-elle répété avant de rouler sur le côté, emportant le coussin avec elle.

Elle a tenu le coussin serré sur sa poitrine. Je n'ai rien pu faire d'autre que rester étendue là, tremblant de tous mes membres.

En se levant, elle a laissé tomber le coussin par terre. Elle a marché dessus en allant à sa coiffeuse. Elle a fouillé dans le tiroir du bas et en a tiré un mouchoir jaune qu'elle avait brodé de petits perce-oreilles jaunes. Elle s'en est servie pour essuyer le mascara qui avait coulé, mais elle n'a fait que s'en barbouiller davantage. En se frottant les joues encore plus fort, elle a repris :

— Après m'avoir baisée, Pappy a posé sur ma poitrine une barre de chocolat dont il avait déjà mangé la moitié, puis il est allé dîner. J'ai entendu sa fourchette racler son assiette tandis que j'étais toujours allongée. Momma est venue et m'a dit qu'il fallait garder ça pour nous. "Ça arrive dans toutes les familles", qu'elle a dit. "Tu t'y habitueras." Ensuite, elle m'a dit de sortir du lit pour qu'elle puisse m'enfiler ma robe. Elle a mis un chiffon entre mes jambes pour absorber le sang. Mais elle avait tort quand elle parlait de s'y habituer. On ne s'habitue jamais à quelque chose comme ça. Je suppose qu'elle a dit ça parce que c'est plus facile à dire que la vérité, qui est que la douleur reste en toi aussi sûrement que deux et deux font quatre. C'est comme être prise dans une tempête. Tu te sens fouettée par le vent glacial. Martelée par la pluie. J'essaie de trouver l'enfant en moi, comme si elle était encore en vie. J'essaie de la trouver et de la sortir de la tempête et je lui demande : "Qu'est-ce que tu veux devenir quand tu seras grande ?" De cette manière, je peux faire comme si son futur n'était pas moi. Je peux faire comme si la seule raison pour laquelle son père la met au lit est de remonter sa couverture et de lui souhaiter de faire de beaux rêves. Tu sais quelle est la chose la plus lourde au monde, Betty ? C'est un homme qui est sur toi alors que tu ne veux pas qu'il y soit.

Maman a pris un tube de rouge à lèvres et elle a claqué des doigts pour que je vienne me planter devant elle. De sa main libre elle m'a soulevé le menton en disant :

— Dieu nous hait.

— Nous, les Carpenter?

— Nous, les femmes.

Elle a appliqué du rouge sur mes lèvres, se servant de son petit doigt pour l'égaliser dans les coins en poursuivant :

— Dieu nous a créées à partir de la côte d'un homme. C'est notre malédiction. C'est à cause de ça que les hommes ont la bêche et nous avons la terre. Juste là, entre nos jambes. C'est là qu'ils peuvent enfouir tous leurs péchés. Ils les enfouissent si profondément que personne n'est au courant, à part eux et nous.

Reculant d'un petit pas, elle m'a contemplée, son regard cinglant les endroits où il se posait.

— Oh là là, ma pauvre petite Betty, m'a-t-elle dit en souriant. Le rouge n'est vraiment pas ta couleur, ma chérie. Maintenant fiche le camp.

Je me suis ruée hors de sa chambre pour me précipiter dans la mienne. Me laissant tomber dans le coin le plus sombre que j'ai pu trouver, je me suis mise à pleurer en silence. Quand j'ai relevé la tête, j'ai vu des feuilles de papier et un stylo sur mon bureau. J'ai tout attrapé et je suis allée me réfugier au Bout du Monde.

Assise sur la scène, j'ai écrit tout ce que Maman m'avait raconté. À certains moments, je devais fermer les yeux pour m'empêcher de relire ce que j'écrivais et tout revivre encore une fois, mais je n'ai pas posé mon stylo. J'écrivais comme si tout coulait à flots du bout de mes doigts. Toute la cruauté, toute la douleur, j'ai tout écrit pour en faire une histoire qui me détruisait en même temps que je lui donnais forme.

J'ai serré les pages contre moi. J'ai essayé de les étouffer en allant au garage chercher un bocal vide et une pelle à main.

De retour au Bout du Monde, je me suis glissée sous la scène et j'ai creusé la terre gelée avec la pelle. Quand le trou a été assez profond, j'ai mis l'histoire dans le bocal en répétant les paroles de ma mère.

— Ils les enfouissent si profondément que personne n'est au courant, à part eux et nous.

J'ai revissé le couvercle aussi fort que j'ai pu et j'ai enterré cette histoire vivante, m'assurant que le trou était assez profond pour qu'un loup ne puisse pas en sentir le sang et venir la déterrer.

THE BREATHANIAN

Des coups de feu dans la nuit

Cinderblock John, qui habite sur la route de comté N°3, a signalé avoir vu une lumière brillante suivie de coups de feu non loin de sa maison, tard la nuit dernière. S'étant rendu sur place, le shérif Sands a trouvé des traces menant de la résidence de Cinderblock John aux bois environnants. Des douilles ont été découvertes sur les lieux. Deux arbres de la propriété présentent des impacts de balles, mais ils sont anciens et semblent provenir d'une carabine. Cinderblock John a affirmé avoir aperçu par la fenêtre plusieurs silhouettes.

"Ils avaient un visage allongé et des corps argentés", a-t-il déclaré. "Je suis sorti pour les voir et Dieu m'est témoin, ils avaient la même odeur que la salade de pommes de terre de ma mère, mais ça fait trente ans qu'elle est dans la tombe."

Cinderblock John a par la suite été arrêté en état d'ébriété alors qu'il essayait de voler la voiture du shérif pour, selon ses propres termes, "poursuivre ces enfants de salaud jusque dans leur vaisseau". Son lourd parpaing l'aurait gêné dans son entreprise. Le shérif dit qu'il ne poursuivra pas Cinderblock John pour tentative de vol, mais qu'il a tout de même dressé un procès-verbal pour ivresse sur la voie publique.

Sans un second signalement fait par une dame d'un certain âge connue pour sa piété, le récit de Cinderblock John concernant ces coups de feu nocturnes aurait pu être considéré comme une simple divagation due à son ébriété.

"On aurait dit que les coups de feu étaient tirés à l'intérieur de ma maison", a expliqué la fidèle paroissienne lors de sa déposition. "J'étais assise dans mon lit, en train de lire la Bible en buvant ma tisane. Je vis seule. Je ne veux pas d'ennuis. J'ignore pourquoi quelqu'un vient tirer près de ma maison. Maintenant, j'ai peur d'aller ouvrir quand on frappe à la porte. Vous vous rendez compte, si jamais j'ouvrais ma porte au diable !"

D'autres témoins ont fait des déclarations similaires toute la nuit.

"On aurait dit que l'auteur des coups de feu courait à travers toute la ville", a rapporté l'un d'eux. "Incapable de rester au même endroit, fuyant quelque chose, ou courant après quelque chose, je sais pas."

18

La femme recherchera l'homme.
JÉRÉMIE 31, 22

APRÈS AVOIR AINSI pris conscience de ce que signifie être une fille, j'ai rêvé que j'étais entourée d'une silhouette féminine symétrique qui prenait la forme d'une cuisine où se trouvait ma mère. Son corps nu, vêtu de la seule lumière du soleil. Sa taille, pas plus large que le jet d'eau qui coulait du robinet et une nuée d'enfants qui rongeaient la chair de ses chevilles tandis que, debout devant le poêle, elle faisait bouillir du sang. Sa gorge était fendillée comme un vase de porcelaine. Je voyais les pétales roses d'une petite fleur émerger d'une fente dans sa clavicule. Autour de ses narines, des mots tracés dans une écriture minuscule lui rappelaient de respirer. Elle n'avait pas de lèvres. Elles étaient posées sur le plan de travail et elles souriaient sous plusieurs couches de rouge. Traînant les enfants accrochés à ses chevilles, ma mère a traversé la cuisine pour prendre ses lèvres. Elle les a plaquées sur son visage. Quand elle a enlevé sa main, les lèvres ont continué à sourire tandis que ses doigts se dissolvaient dans des tourbillons grisâtres.

Assise dans mon lit, sentant encore la présence de ce cauchemar dans la chambre, je me suis demandé si ma mère était éveillée de l'autre côté du mur, essayant de régler son sommeil sur les souvenirs qu'elle avait de son père. J'ai jeté un regard vers le lit vide de Flossie. Je lui avais écrit un "bonne nuit" sur un bout de papier que j'avais laissé sur son oreiller plus tôt dans la soirée. Elle passait la nuit chez une amie de sa classe. Il valait mieux qu'elle ne soit pas là. Avec ce secret à vif dans mon esprit, je n'étais pas sûre de résister à l'envie de tout lui raconter, mais je savais que Maman comptait sur mon silence.

Je comprenais pourquoi c'était moi que ma mère avait choisie. Flossie se serait empressée de dévoiler ce passé, ne fût-ce que pour ne pas avoir à en supporter le poids toute seule, tandis que Fraya serait devenue encore plus muette et renfermée sous le choc d'une révélation d'une telle gravité. Maman devait se confier à quelqu'un et elle s'était dit que j'étais assez forte. La vérité, c'était que j'avais fait avec son histoire exactement la même chose qu'elle. J'avais essayé de l'enterrer. Seulement voilà, j'avais enterré l'histoire au Bout du Monde, croyant que ce serait assez loin pour que je n'y repense plus jamais. Mais je ne faisais que cela, y repenser.

Sors de mon esprit.

Je me suis vite rendu compte qu'il y avait sur la véranda suffisamment d'espace pour en faire un labyrinthe et m'y perdre dans mes propres pensées.

Reste tout près, Betty, me suis-je dit intérieurement, comme si je sentais que je perdais quelque chose de moi-même, tandis que j'étouffais à cause de la fumée qui sortait de notre cheminée comme un long cri de protestation lancé à l'encontre du ciel glacé.

Chaque fois que je regardais Maman, je la voyais petite fille, frottant ses yeux fatigués, incapable d'échapper à la violence qui lui était faite. Il fallait que je m'éloigne de la maison. J'ai hâté le pas à travers les champs vides et gelés de l'hiver, tremblant au rythme des battements accélérés de mon cœur. Ces heures hagardes se sont transformées en une sorte de fièvre. Prise de vertige, je me suis écroulée sur le sol, m'enserrant de mes propres bras parce qu'il n'y avait personne d'autre pour le faire.

J'avais les yeux de mon père, et désormais j'avais aussi la souffrance de ma mère. Je sentais cette souffrance devenir un corps solide, quelque chose qui – j'en avais peur – serait toujours là. J'ai pleuré en pensant à ses mains, si petites, quand elles essayaient de le repousser, à son corps, minuscule sous l'énormité de celui de son père. À cet âge-là, je ne savais rien de ce qui concernait le sexe et je n'avais pas de mot à mettre sur la réalité du viol, mais je sentais bien que ce qui était arrivé à ma mère était aussi épouvantable que si elle avait été massacrée.

Je n'arrivais pas à comprendre comment elle avait pu endurer cela. J'arrivais encore moins à comprendre comment son cœur avait pu survivre, sachant que c'était sa propre mère qui l'avait portée sur la couche du diable. Que fait-on lorsque les deux personnes qui sont censées nous protéger le plus sont justement les monstres qui nous déchirent et nous mettent en pièces ? La douleur infinie de Maman n'avait rien d'étonnant. Elle n'avait pas été assez aimée.

Je me suis trouvée en train de ressortir la vieille Bible familiale. Après l'avoir ouverte, j'ai rapidement passé sur les dates de naissance, de mariage et de décès écrites à la main sur la page de garde. Les larmes coulaient de mes yeux sur le papier fin tandis que je tournais les feuillets. Voyant le mot

Dieu, je me suis arrêtée. Une de mes larmes est tombée sur un mot particulier, le grossissant comme une loupe.

— La Foi, ai-je dit avant de refermer la Bible.

— Tu vois des dé-dé-démons aussi, Betty ? m'a demandé Lint un peu plus tard ce jour-là, sur la véranda à l'arrière de la maison.

— Comment tu sais ?

— Je suis pas s-s-stupide.

Il a commencé à tirer sur une de ses oreilles, puis sur l'autre. On aurait dit qu'il voulait les arracher.

— Pourquoi tu fais ça, Lint ? Arrête.

— J'aime pas m-m-mes oreilles, Betty.

— Pourquoi ?

— Elles s-s-sont pas à la b-b-bonne place pour entendre d-d-des choses.

— Si, elles sont à la bonne place, Lint. Arrête ça.

— D'accord, Betty.

Cherchant dans sa poche, il a sorti un sachet de semences de ciboulette.

— Qu'est-ce que tu fais ?

— J'ai des lézards s-s-sous mes ongles.

Je l'ai observé prendre les minuscules graines noires et en glisser une sous chacun de ses ongles.

— T-t-tu vois les petits lézards ?

Il a levé la main devant mes yeux, avec les toutes petites graines noires qui semblaient me regarder, coincées entre les ongles et la peau.

Il était difficile de mettre en doute son application. Quand il prétendait souffrir de conjonctivite, il faisait fondre une fraise surgelée qu'il malaxait avec des miettes de biscuit Graham. Il étalait cette mixture sur sa paupière. Quand c'était le rhume des foins, il mettait du sirop de maïs sous ses narines, comme s'il avait le nez qui coulait, et il suçait un bonbon pour colorer en rouge sa langue et sa gorge. La plus insolite de ses trouvailles a été quand il s'est plaint d'avoir des vers et qu'il s'est collé des lacets blancs sur l'estomac avec du ruban adhésif.

— Je les sens qu-qu-qui s'tortillent dans mon ventre.

Malgré toutes ses simulations, je n'ai pas le souvenir d'avoir jamais vu Lint malade, ne fût-ce que d'un simple rhume. Et pourtant, il était là, souffrant, avec des lézards devant mes yeux. Je lui ai dit :

— Je crois bien que j'en ai aussi sous les ongles.

Il m'a pris la main. Soigneusement il a glissé une petite graine noire sous chacun de mes ongles.

— Tu savais qu-qu-que les plus vieilles choses sur t-t-terre, c'est les cailloux ? J'ai b-b-bien réfléchi, et je suis sûr que c'est eux. Je p-p-parie que la terre est un gros c-c-caillou, si on réfléchit b-b-bien.

Après avoir terminé mon autre main, il a sorti une pierre translucide.

— Tu vois ça ?

Il m'a montré une décoloration à l'intérieur du caillou qui semblait prendre la forme d'une créature fantastique.

— C'est un d-d-dragon. Un dragon pris d-d-dans une pierre.

— Qui aurait pu imaginer ça ?

J'ai indiqué la queue de la bête pour que Lint sache que moi aussi, je voyais son dragon.

— Tu peux trouver t-t-toutes sortes de choses dans les cailloux, Betty. C'est p-p-pas seulement des trucs durs. Ils sont b-b-beaux.

— Et si on allait en chercher d'autres ? ai-je demandé. Peut-être qu'on en trouvera un qui contient une licorne ou un sphinx comme ceux qu'ils ont en Égypte.

— Ouais !

Il s'est redressé, tout excité, puis il s'est souvenu qu'il était censé être malade.

— Et les lézards s-s-sous nos ongles ? On d-d-devrait rester au lit.

— Tu ne préfères pas chercher des cailloux plutôt que rester au lit toute la journée ? On pourrait en trouver des gros et des petits. Des bleus et des gris. Des lisses et…

— Et aussi avec d-d-des cratères ?

— On pourrait trouver tout ce qui existe.

Lint nous a guidés par-dessus une colline et a traversé une prairie, et nous sommes passés dans un bosquet de vieux pommiers, puis tout près de chevaux dans une pâture. Tout le temps, Lint n'a cessé de parler de grès et de la façon dont les pierres peuvent prendre telle ou telle forme.

— Des fois je me de-de-demande si les humains étaient pas d'abord des p-p-pierres et si c'est pas la p-p-pluie qui nous a donné notre visage.

Il examinait chaque caillou qu'il ramassait, m'expliquant pourquoi sa couleur ou sa forme étaient importantes.

— Oh, il y en a un b-b-bien, là, s'est-il exclamé en indiquant le caillou qu'il venait de repérer. Regarde c-c-comment il brille au soleil. Je suis sûr que D-D-Dieu nous aime. Regarde t-t-toutes ces pierres qu'il nous a d-d-données. Tu donnes pas un monde co-co-comme ça à quelqu'un que tu d-d-détestes.

Tandis qu'il souriait au caillou, j'ai regardé mes ongles.

— Je n'ai plus de lézards. Toi non plus, lui ai-je dit en montrant ses doigts. Ils ont dû tomber pendant qu'on ramassait des cailloux. Partout où ils ont atterri, ils vont faire pousser de belles petites plantes vertes. Tu trouves pas ça bien ?

Il s'est empressé de sortir le sachet de graines de sa poche.

— Non, ai-je dit. On n'en a plus besoin.

— M-M-Mais on est toujours ma-ma-malades.

— On a juste fait semblant, Lint. Et puis, on s'est bien amusés aujourd'hui, non ? À ramasser des cailloux et à regarder tout ce qui les rend aussi beaux.

Il a hoché la tête.

— Et puis, dis-moi, pourquoi tu fais toujours semblant comme ça, Lint ? Pourquoi tu fais comme si tu avais été mordu par un serpent à sonnette ? Comme si tu avais la scarlatine, ou un bras cassé comme une branche ?

— Il était vraiment c-c-cassé co-co-comme une branche.

— Mais non, Lint. Pourquoi tu inventes toutes ces choses ?

Il s'est mis à chuchoter au caillou qu'il avait dans la main. Puis il l'a porté tout près de son oreille, comme si le caillou lui répondait et qu'il était en train de l'écouter. Au bout de quelques instants de ce manège, il a hoché la tête, comme pour marquer son accord avec la dernière chose que la pierre lui avait soufflée. Quand il m'a regardée, il a baissé le caillou.

— Je fais s-s-semblant parce que si P-P-Papa peut me guérir là (il s'est touché le corps), alors peut-être qu'il peut me g-g-guérir là aussi, a-t-il dit en se touchant la tête.

— Et tu ne penses pas que si c'était comme ça que ça marchait, tu n'aurais plus besoin de faire semblant depuis longtemps ?

— Peut-être que ça p-p-prend du temps. Peut-être que c'est comme les c-c-cailloux. Faut que ça p-p-prenne forme.

— Moi je crois que tu ne devrais plus faire semblant, Lint.

— Ça fait de m-m-mal à personne.

— Si, Lint. Ça fait des fêlures dans le cœur de Papa. Tu savais qu'il avait un cœur en verre ?

Lint a secoué la tête.

— Eh ben, moi je te le dis. Et il y a un oiseau à l'intérieur du verre. Cet oiseau est très fragile. Tout le fait souffrir.

— Qu'est-ce que tu veux d-d-dire ?

— Quand Papa s'occupe de tes faux symptômes, ils deviennent réels. Ils s'échappent de toi et se mettent à flotter dans l'air. Mais il faut bien qu'ils aillent quelque part, alors quand Papa respire, ils entrent en lui, avec l'air, et ils rendent l'oiseau dans le cœur en verre aussi malade que tu prétends l'être. Quand tu as fait semblant d'avoir le rhume des foins, l'oiseau, lui il l'a vraiment eu. Quand tu as parlé de vers, c'est l'oiseau qui les a eus. J'entends le verre de son cœur se fendiller chaque fois qu'il te soigne. C'est l'oiseau qui te demande d'arrêter. Tu ne veux pas que l'oiseau dans le cœur en verre de Papa aille bien ?

Lint a répondu d'un hochement de tête.

— Alors il faut arrêter, Lint. Sinon, tu vas tellement fendiller le cœur de Papa qu'il va finir par se casser et tout ce verre va le tuer.

— Mais si je ne... si P-P-Papa ne... je veux dire, qu-qu-qu'est-ce que je fais avec toutes ces g-g-guerres dans ma t-t-tête ?

— Je vais te dire quelque chose. Chaque fois que tu auras l'impression qu'il y a une sorte de guerre à laquelle tu dois échapper, dis-le-moi et nous irons ensemble à la chasse aux cailloux. Nous discuterons de leur taille, de leur couleur et de tout ce qui les rend beaux et particuliers. Et nous parlerons de tout ça jusqu'à ce que tu sentes que tu as trouvé la paix dans cette guerre. Les flèches ne durent pas éternellement, Lint. Les balles non plus. Le calme existe, même au cœur des tempêtes.

— Tu ferais ça p-p-pour moi ?

— Et comment, bien sûr.

— Et si ça ne fait rien b-b-bien ?

J'ai passé mon bras autour de ses épaules avant de répondre :

— Tu sais, il faut que tu aies un peu la *foi*, il faut que tu *croies* que les choses vont s'arranger.

19

Ses éclairs ont illuminé le monde ;
la terre, en voyant cela, a tremblé.
PSAUME 97, 4

CE PRINTEMPS 1963, les orages semblaient entrer dans la maison, grimper aux murs et faire vaciller la flamme des bougies. Les éclairs incessants embrasaient le ciel de leurs lueurs fulgurantes et de zébrures prodigieuses tandis que des nuages noirs assombrissaient la nuit. Voilà ce qu'est un printemps dans le sud de l'Ohio. Une pluie diluvienne à minuit, le vent qui se déchaîne jusqu'à ce que l'électricité soit coupée, la rivière qui monte de trois centimètres à la fois.

Un soir, pendant un de ces orages, j'étais assise sur le plancher de la véranda avec Trustin, qui était allongé sur le ventre. Je tenais une lampe de poche pour qu'il puisse voir clair pendant qu'il dessinait avec son fusain. Parfois, j'imaginais Trustin vivant comme ces artistes sur les photos des livres qu'il empruntait à la bibliothèque. Je le voyais, adulte, aussi grand que notre père, au milieu des gouttes de peinture sur des sols en ciment et des lourdes bâches couvrant toutes ses toiles pour les protéger de la lumière. Des traces de doigts noircis par le fusain sur tout ce qui était blanc, et suffisamment de dessins pour préserver la beauté de son âme.

— Tu sais que quand les gens sont frappés par la foudre, leurs dents deviennent fluorescentes dans l'obscurité ? m'a-t-il dit. J'ai entendu les vieux qui disaient ça, devant la boutique du coiffeur. Ils doivent le savoir.

À la manière dont il dessinait les nuages, ils tourbillonnaient au premier plan, mais ils semblaient lointains également, comme si l'orage s'étendait sur des kilomètres. Dans l'éclat du papier blanc qui apparaissait entre ses coups de fusain, on pouvait voir un pays écrasé par le ciel et la façon dont la nuit pouvait tout noyer dans une pluie implacable. Il n'avait alors que sept ans, mais c'était ça, le don de Trustin. Il était capable de dessiner un orage et vous faire ressentir les éclairs au plus profond de vous-même.

— Pourquoi tu penses que Maman a fait ça avec le chocolat ? m'a-t-il alors demandé en levant les yeux de son dessin.

La veille, Maman était allée faire des courses au Papa Juniper's. Des témoins ont raconté que Maman avait arrêté son chariot devant le rayon des barres de chocolat. Elle était restée là, à les regarder fixement, une bonne vingtaine de minutes. Un des employés l'ayant remarquée lui avait demandé s'il pouvait faire quelque chose pour elle. La question n'était pas de savoir *si* elle s'était mise à pleurer, mais *comment*. Certains disaient qu'elle avait poussé un long hurlement. D'autres affirmaient qu'elle avait pleuré en silence, les larmes glissant sur ses joues tandis que ses épaules étaient secouées de spasmes. Mais tous étaient d'accord sur ce qui s'était passé ensuite. Tous ont affirmé qu'elle avait attrapé les barres de chocolat et avait commencé à en déchirer les emballages. Elle avait mangé la moitié de chaque barre avant de jeter par terre la moitié restante. Elle se comportait comme un loup affamé, avaient dit les gens présents dans le magasin, essayant de dévorer le chocolat si vite qu'elle avait failli s'étrangler. Elle avait griffé le directeur au visage quand il avait tenté de l'arrêter. Il en garderait la cicatrice.

Quand le shérif Sands est arrivé sur les lieux, il a trouvé des barres de chocolat à moitié mangées éparpillées sur le sol, et ma mère en train de pousser lentement son chariot dans l'allée, et de cocher tranquillement sur sa liste ce qui lui restait à prendre, comme si rien ne s'était passé, comme si elle n'était pas barbouillée de chocolat autour de la bouche. Le shérif lui a ordonné de payer toutes les barres qu'elle avait ouvertes et endommagées. Papa a tout remboursé en faisant des petits boulots de bricolage pour le magasin.

Quand Papa a voulu savoir pourquoi elle avait fait cela, Maman a dit :

— J'avais faim.

— Mais pourquoi tu n'as mangé que la moitié de chaque barre ?

— Je n'avais droit qu'à une moitié.

Cela avait été sa seule réponse et il ne devait plus en être question par la suite.

— Betty ? (Trustin a plissé son petit front.) Pourquoi tu crois qu'elle a fait ça ?

— Elle a déjà dit pourquoi.

— Ouais, mais je ne crois pas qu'elle a fait ça juste parce qu'elle avait faim. Moi, je crois que c'est parce qu'elle pense à partir, a-t-il observé en examinant son dessin. Tu as déjà entendu parler d'un tableau qui s'appelle *Nighthawks** ? Je l'ai vu dans le livre de la bibliothèque. Dans le tableau, il y a un

* *Nighthawks* (1942), appelé *Noctambules* en français, est l'un des plus célèbres tableaux du peintre américain Edward Hopper.

homme assis au comptoir d'un *diner*. Dans le dos de son costume, il y a une ombre. Je crois que j'aimerais bien vivre là, dans l'ombre de son costume bleu foncé. Si jamais un jour je disparais, tu sauras que je me suis enfui dans le dos du costume de cet homme.

J'ai observé mon petit frère tandis qu'il colorait les collines en noir.

— Trustin ?

— Oui, Betty ?

— Tu voudrais bien me dessiner tout un tas d'orages ? J'aimerais les envoyer à quelqu'un.

Il a soufflé sur la poussière de fusain sur sa feuille.

— Bien sûr, je vais t'en dessiner quelques-uns, Betty.

Un violent coup de tonnerre a éclaté.

— On dirait un coup de fusil, hein ?

Après cette remarque, il s'est tourné pour regarder aux deux coins de la véranda, comme s'il voulait s'assurer que nous étions seuls. Puis il s'est rapproché de moi pour chuchoter :

— Le tireur, je sais qui c'est. C'est Fraya. Je l'ai vue sortir des bois, l'autre jour. Elle avait un fusil à la main.

— Tu as vraiment vu un fusil ?

— Bon, ça aurait pu être un grand bâton. Mais avant qu'elle sorte des bois, j'ai entendu un coup de fusil venant de la direction d'où elle est venue.

— Les bois sont grands et le bruit se répercute, Trust. Tu ne peux pas savoir avec certitude d'où venait le bruit. En plus, comment tu peux croire que Fraya pourrait être l'auteur des coups de feu ? C'est pas son genre.

Dans un éclair, j'ai revu l'expression dans les yeux de Fraya quand elle avait mis le feu à sa robe, dans l'église.

— Mais Flossie, en revanche, ai-je ajouté, c'est une fille qui est née avec un doigt à appuyer sur la détente.

— Des fois, c'est la personne à laquelle on s'attend le moins, Betty.

Il a rassemblé tout son matériel à dessin en disant qu'il allait chercher un des mendiants au gingembre que Papa avait faits avant la coupure d'électricité.

Restée seule, j'ai pris un petit carnet avec un stylo dans ma poche et j'ai écrit à la lumière de la lampe de poche.

Peu de temps après, Papa est sorti sur la véranda et m'a tendu un mendiant avant de s'asseoir sur la balancelle pour observer les éclairs.

— La foudre, c'est le diable qui frappe à la porte du paradis, a-t-il dit. Il projette tout son corps contre la porte avec une telle force qu'il fendille le ciel. Le diable ne frappe à la porte du paradis que pendant un orage.

— Pourquoi ?

— Pour que la pluie masque ses larmes pendant qu'il frappe à la porte de son père et le supplie de le laisser rentrer.

Je suis allée m'asseoir près de Papa sur la balancelle. J'ai mangé mon gâteau en écoutant le vent secouer la maison.

— P'pa ? (J'ai essuyé les miettes de mes mains.) Est-ce que parfois tu as envie de fuir l'orage ?

— Ne t'en fais pas, Petite Indienne. Ce temps ne peut pas durer éternellement.

— Je veux dire, est-ce que tu n'as jamais envie de t'enfuir ? Trustin va s'enfuir dans le dos du costume d'un homme. Maman va probablement s'enfuir aussi, mais je ne sais pas encore où.

Papa est resté silencieux le temps de se rouler une cigarette et de l'allumer. Puis il m'a parlé de l'époque où Maman s'est rendu compte qu'elle était enceinte de Leland.

— Ta maman m'a trouvé. J'étais perdu, mais elle m'a quand même trouvé. Je n'avais ni but ni nom avant ta maman. Quand j'étais enfant, les gens m'appelaient Tomahawk Tom ou Tepee Jack ou Pow-wow Paul, toutes sortes de noms, sauf le mien. Personne ne m'avait même jamais demandé comment je m'appelais, avant ta maman. Non seulement elle me l'a demandé, mais elle a même ajouté un "monsieur", à la fin. "Quel est votre nom, *monsieur* ?" On ne m'avait jamais dit "monsieur" avant cela.

Il a soufflé une longue traînée de fumée.

— Au début de ma vie, je n'étais personne, mais parce que ta maman a fait de moi un père, j'ai une bonne chance de finir mon existence sur cette terre comme quelqu'un qui vaut la peine qu'on se souvienne de lui. Pourquoi diable j'aurais envie de m'enfuir et quitter ça ?

— Tu es quelqu'un qui vaut la peine qu'on se souvienne de lui, Papa.

Il a mis son bras autour de moi et m'a attirée contre lui.

— Tes pieds touchent, maintenant ? m'a-t-il demandé en se penchant pour voir mes orteils posés sur le plancher de la véranda. J'imagine que tu n'as plus besoin de moi pour te balancer, alors. Tu peux le faire toute seule.

J'ai remonté les jambes jusqu'à ce que mes pieds ne touchent plus le sol.

— Naaan. Regarde. (J'ai agité les pieds en l'air, d'avant en arrière.) Je n'y arrive toujours pas.

— Bon très bien. (Il a souri.) Je crois qu'on a encore besoin de moi, tout compte fait.

Il nous a fait balancer doucement, le regard fixé sur le ciel d'orage. Il y avait des choses chez mon père qui commençaient à s'écailler, comme une peinture qui vieillit. Quand je lisais les livres que j'empruntais à la bibliothèque, je pensais que mon père – comme les histoires que ces livres racontaient – était né de l'esprit de ces écrivains. Je croyais que le

Grand Créateur avait expédié ces écrivains sur la lune, portés par les ailes d'oiseaux-tonnerre, et leur avait dit de m'écrire un père. Des écrivains tels que Mary Shelley, qui avait donné à mon père une compréhension gothique pour la tendresse de tous les monstres.

Agatha Christie avait créé le mystère qui habitait mon père et Edgar Allan Poe avait conçu pour lui l'obscurité de manière à ce qu'il puisse s'élever jusqu'au vol du corbeau. William Shakespeare avait écrit pour lui un cœur de Roméo en même temps que Susan Fenimore Cooper lui avait imaginé une proximité avec la nature et le désir d'un paradis à retrouver.

Emily Dickinson avait partagé sa sensibilité de poète pour que mon père sache que le texte le plus sacré se lit dans la façon dont les êtres humains riment ou ne riment pas les uns avec les autres, laissant à John Steinbeck le soin de mettre dans le cœur de mon père une boussole afin qu'il puisse toujours vérifier qu'il était bien à l'est d'Éden et légèrement au sud du paradis. Pour ne pas être en reste, Sophia Alice Callahan s'était assurée qu'une partie de mon père resterait à jamais un enfant de la forêt, tandis que Louisa May Alcott avait mis en mots toute la loyauté et l'espoir que contenait son âme. C'était à Theodore Dreiser qu'était revenue la tâche d'écrire pour mon père la tragédie américaine qui devait être son destin, non sans que Shirley Jackson l'ait d'abord préparé aux horreurs qui devaient accompagner cette tragédie.

Pour ce qui était de son imagination, j'étais convaincue que Dieu avait posé le pied sur son esprit. C'était la faute de Steinbeck, qui avait laissé tomber sur la terre l'esprit de mon père pour commencer, donnant à Dieu la possibilité de marcher dessus pour y laisser une petite encoche et l'empreinte de Son pied. Avec une telle empreinte, qui n'aurait pas une imagination semblable à celle de Papa ? Toutefois, cette fantaisie s'écaillait de plus en plus, et je commençais à voir, sous cette couche, la chair et les os.

Sa jambe droite n'avait jamais cessé de le faire souffrir et sa façon de marcher ressemblait de plus en plus à la démarche traînante d'un homme fatigué. Il continuait à porter des poids considérables et à creuser des trous en y mettant toute son énergie, mais tout ceci, et le reste, commençait à user son corps. Toute sa vie, il n'avait exercé que des métiers pénibles. Dès son plus jeune âge, il avait travaillé dans les champs ou à l'usine, mais il était né pour faire quelque chose de plus. C'était peut-être la raison pour laquelle nous avions tant voyagé quand il était encore assez jeune pour trouver insupportable de serrer des écrous ou de devoir pointer tous les matins à l'usine.

Tous ces déplacements d'un endroit à un autre signifiaient que les rentrées d'argent n'étaient pas toujours régulières, surtout dans les premières années. Il fallait voir la mine inquiète de Maman quand son tube de rouge était vide et qu'elle n'arrivait plus à en extirper suffisamment de couleur avec l'ongle de son petit doigt pour couvrir un bout de lèvre.

— Quel orage, a dit mon père tandis que je me dégageais de son bras pour aller m'allonger, sur le ventre un peu plus loin, avec mon carnet et mon stylo devant moi.

Pendant que les éclairs déchiraient le ciel et que mon père fumait, je me suis mise à écrire afin de raconter l'épisode des doughnuts.

Je n'avais alors guère plus de quatre ans. Leland s'était déjà engagé dans l'armée et Papa était absent, ayant trouvé loin de chez nous un emploi dont nous ne verrions pas le salaire avant son retour. Nous étions donc seuls avec

Maman. Nous n'étions pas dans l'Ohio à cette époque. Nous étions dans l'un des États où nous n'avons pratiquement fait que passer. C'était l'hiver et nous avions épuisé toute la nourriture. Maman n'avait pas d'argent pour en acheter. Nous avions tellement faim, mes sœurs et frères et moi, que nous restions assis sur le sol de la cuisine comme si nous attendions que la nourriture apparaisse devant nous. Flossie, âgée de sept ans, pleurnichait en se tenant le ventre. Trustin, qui avait deux ans, était trop petit pour faire autre chose que se balancer d'avant en arrière. Fraya, qui devait avoir quatorze ans à ce moment-là, était assise, les jambes croisées et jouait avec ses cheveux tandis que Lint, qui avait un an, suçait son pouce. Maman nous a regardés. Soudain, elle a pris un grand récipient.

— Et si on se faisait des doughnuts ?

On a tous frappé dans nos petites mains et poussé des hourras tandis qu'elle prenait de la farine, du beurre, du sucre et de la cannelle. Nos placards étaient vides, ses mains étaient vides, le saladier était vide, mais elle a mélangé ces ingrédients invisibles.

— Quatre tasses de farine.

Après avoir pris le sachet de farine imaginaire, elle l'a lancé en l'air en riant.

— Regardez-moi ça, tous mes enfants avec la tête toute blanche.

Elle nous a ébouriffé les cheveux et nous avons imaginé que de la farine en tombait, puis elle nous a relevés pour qu'on puisse l'aider avec les autres ingrédients. Vous pouvez imaginer de la farine et du beurre si vous avez suffisamment faim. Vous pouvez voir les particules brunes de cannelle dans le sucre blanc si vous n'avez pas mangé ce jour-là, ni le jour d'avant. Nous nous sommes passé ces bols vides, nous demandant si nous avions mis assez de ceci ou de cela. Maman chantait en ajoutant du lait fermenté, faisant une pâte qu'elle a roulée sur le plan de travail. Elle s'est servie d'un verre pour découper les ronds. Elle nous a dit d'enfoncer un doigt au milieu de chacun d'eux.

— Pas de doughnuts sans trou au milieu, a-t-elle dit tandis que nous éclations de rire en enfonçant nos doigts dans le vide.

Elle a continué avec une bassine d'huile qui était tellement inexistante qu'une mouche est venue se poser à l'endroit même où nous imaginions voir les doughnuts s'agiter et bouillonner jusqu'à ce qu'ils soient assez dorés pour qu'on les enlève avant de les mettre à refroidir sur une grille.

— Regardez comme ils sont beaux.

Maman s'est penchée au-dessus du plan de travail vide.

— Qui les veut avec un glaçage et qui veut seulement du sucre en poudre dessus ?

— Moi, moi, avons-nous crié en levant la main.

— Très bien. On va en faire avec glaçage et d'autres avec du sucre en poudre.

Elle nous a donné le sachet de sucre imaginaire, que nous avons fait circuler de l'un à l'autre, saupoudrant la moitié des doughnuts, tandis qu'elle prenait un saladier et mélangeait le lait avec le sucre. Elle a fait les gestes pour arroser les doughnuts jusqu'à ce qu'ils soient bien brillants. Puis, assis sur le sol froid de la cuisine, nous avons mangé ces gâteaux invisibles. Ce dont je me souviens clairement, c'est que ma mère n'en a pas mangé un seul.

— Il n'en reste plus que dix, disait-elle. Plus que cinq, maintenant. Qui en veut ?

— Moi, moi.

Nous avons agité nos mains en l'air.

Elle nous a donné tous les doughnuts, comme s'ils existaient vraiment, comme si elle ne voulait pas en enlever un seul de la bouche de ses enfants.

— Elle parle de quoi, ton histoire ? m'a demandé Papa tandis que le tonnerre grondait au-dessus de nous.

— C'est pas une histoire, ai-je répliqué.

— Ah ? (Il a jeté un regard curieux vers mon carnet.) C'est quoi ?

— Un souvenir du jour où Maman nous a fait des doughnuts pendant que tu étais parti.

— Ah oui, elle a fait ça ? Voilà ce que j'appelle une bonne mère.

— Oui, ai-je répondu, les yeux perdus en direction des éclairs qui semblaient tout proches. Une bonne mère.

THE BREATHANIAN

Un ancien combattant perturbé par les coups de feu

La petite-fille d'un ancien combattant de la Première Guerre mondiale – qui souffre de problèmes de mémoire depuis ces dernières années – a fait savoir que son grand-père est gravement perturbé par les coups de feu qui continuent à être tirés partout en ville.

"Quand il entend les détonations, il croit qu'il est reparti à la guerre", a-t-elle déclaré.

Vêtu de son vieil uniforme, l'homme s'est mis à marcher au pas et à monter la garde. Il a même élevé une barricade autour de sa maison.

Quand on lui a demandé à quoi elle servait, il a répliqué : "C'est pour empêcher les Allemands d'entrer."

La petite-fille de cet homme lance un vibrant appel au tireur pour qu'il cesse cette activité "absurde" : "Je vous en prie, arrêtez cela. Ces coups de feu s'insinuent dans ses cheveux, dans ses yeux, dans son esprit désemparé. Pourquoi faut-il que votre détresse devienne aussi la nôtre ?"

Un voisin de cet ancien combattant pense que le tireur est une femme.

"C'est tout à fait le genre d'une femme de faire une chose pareille", a-t-il remarqué. "Quand un homme tire un coup de feu, ça fait un bruit particulier. On ne s'interroge jamais sur ses motivations."

Quand on a demandé à l'homme quelles sont, à son avis, les motivations de la femme qu'il pense être responsable, il a répondu : "Elle a dû égarer son tube de rouge à lèvres, tout simplement."

20

Nous avons une petite sœur, qui n'a pas encore de seins.
CANTIQUE DES CANTIQUES 8, 8

UNE FOIS LES PLUIES de ce printemps passées, nous avons entamé la saison des plantations. Le travail commençait toujours par le désherbage. Les mauvaises herbes trop jeunes pour avoir des graines étaient arrachées et jetées à l'orée du bois. Celles qui risquaient de se disséminer étaient brûlées sur la terre du potager afin de l'ameublir avant de l'ensemencer.

— Il faut toujours faire des buttes pour planter le maïs, nous disait mon père, parce que les monticules stabiliseront la tige quand elle poussera, comme celles-là nous stabilisent, ajoutait-il en désignant les collines autour de Breathed.

Les buttes de terre protégeaient également les racines de maïs du soleil, ce qui était important, d'après Papa, car en des temps reculés, cette plante avait refusé d'être l'épouse du soleil.

— Et depuis ce temps-là, le maïs et le soleil sont ennemis. À la moindre occasion, le soleil brûle les racines de la plante pour essayer de la faire mourir.

Papa racontait les mêmes histoires tous les ans tandis que nous enfoncions les mains dans la terre pour faire de petites buttes pour les haricots, parce que, contrairement au maïs, les haricots sur des buttes trop hautes ont des tiges plus faibles, ce qui occasionne une pression sur les racines après chaque pluie.

— Souvenez-vous de tout cela, disait Papa. Quand vous aurez votre propre jardin un jour, vous ne ferez pas de buttes trop hautes pour vos haricots.

En plus du maïs et des haricots, il y avait des courgettes, des gombos, des poivrons et des aubergines. Papa cultivait aussi différentes sortes de melons, des tomates, des pommes de terre et pratiquement toutes les sortes de légumes à feuilles. Il y avait aussi des baies, du raisin et des tas de fruits sucrés. Il faisait pousser tellement de variétés différentes que *The Breathanian* était venu le prendre en photo debout dans son jardin.

L'homme au jardin de Breathed, disait la légende.

Comme le jardin était très grand, le sarclage était effectué tous les jours et tôt le matin, afin de profiter de la fraîcheur. Nous avions tous notre binette. Flossie se plaignait, affirmant qu'aucune actrice ne devrait avoir des ampoules aux mains. En revanche, Fraya semblait aimer ce travail, et elle enfonçait sa lame dans le sol avec une détermination farouche sur le visage.

Certaines semences, comme les courges, étaient plantées vers la fin du mois de mai. Papa avait une longue perche sur laquelle nous accrochions les graines pour qu'elles sèchent après les avoir arrosées pour les faire germer. Nous les plantions ensuite dans le flanc de leur butte parce que les pluies de la fin du printemps martèlent trop violemment le sommet de la butte et noient les jeunes pousses. Ce qu'il y avait de bien avec les courges, c'était qu'elles poussaient vite. Nous avions à peine le temps de nous en apercevoir que c'était déjà le moment de récolter les fleurs.

— Il y a deux sortes de fleurs sur un plant de courge, disait Papa en nous les montrant. Les fleurs femelles poussent près des racines et porteront des fruits, mais les fleurs mâles, qui poussent plus loin sur la tige, ne donneront rien de plus que leur propre couleur.

— Comment ça se fait que les fleurs mâles ne donnent pas de fruits ? lui ai-je un jour demandé.

— Parce qu'elles n'ont pas la force ni le pouvoir des fleurs femelles.

Étant donné que les fleurs mâles n'auraient pas de fruits, nous les cueillions pour les manger dès qu'elles apparaissaient. Si on attendait trop longtemps et qu'il pleuvait, les averses projetaient de la terre sur les pétales. La plupart de celles que l'on cueillait étaient mangées crues. Nous entassions ces fleurs d'un jaune vif dans nos bouches et nous écrasions les pétales sous nos dents. D'autres étaient mises à sécher sur les plus hautes herbes. Nous prenions une fleur à la fois et nous enlevions son calice avant de la poser à plat sur le dessus des herbes.

— Maintenant, tu prends une deuxième fleur, nous expliquait Papa comme si c'était notre première récolte, et tu la déchires légèrement sur le côté pour pouvoir l'empiler sur la première et l'encastrer afin de faire une chaîne.

Régulièrement, vers le milieu de l'été, on voyait le haut des herbes recouvert. En ce mois de juillet 1963, Flossie et moi nous étions éloignées tout au fond du champ pour faire d'autres chaînes de fleurs. Tandis que nous les empilions, Flossie a commencé à en manger quelques-unes, puis elle m'a demandé :

— Betty, tu penses que je pourrais perdre combien de kilos si je ne mangeais que des fleurs ?

— Tu n'es pas grosse, Flossie.

— Pas encore. Mais j'ai déjà douze ans et une actrice devrait savoir quel régime lui convient le mieux au plus tard quand elle a treize ans.

Elle a levé les yeux vers le soleil avant d'ajouter :

— Retournons au Bout du Monde. J'ai quelques nouveaux magazines de cinéma à lire là-bas.

Quand nous sommes arrivées dans le jardin, Papa était en train de vérifier la tension du fil sur le treillis des haricots.

— J'ai sorti la radio, nous a-dit-il en montrant le transistor sur la scène.

Flossie s'en est emparée immédiatement après avoir grimpé l'échelle. Elle l'a allumé et s'est mise à agiter la tête en même temps qu'elle feuilletait ses magazines. Je me suis assise au bord pour pouvoir laisser pendre mes jambes en écrivant.

Le maïs disait au soleil : Je ne t'aime pas. Le soleil disait au maïs : Je vais te détruire.

Tandis que j'écrivais, j'écoutais la radio en fond sonore. Le présentateur disait que ce jour était le plus chaud jamais enregistré dans les annales.

Après le bulletin météo, ils ont passé la chanson d'Elvis Presley *I Can't Help Falling in Love with You*, ce qui a fait couiner Flossie de plaisir.

— Oh, Elvis, je voudrais me marier avec toi, a-t-elle dit en traversant la scène pour venir s'asseoir à côté de moi.

Elle a laissé pendre ses jambes près des miennes et m'a demandé si je pensais qu'Elvis lisait les lettres qu'elle lui avait envoyées.

— Tu veux dire les lettres que tu fourres dans des bouteilles et que tu balances dans la rivière ? lui ai-je répondu en levant les yeux au ciel. Elvis ne recevra jamais les lettres que tu lui envoies par la rivière de Breathed, Flossie.

— Et pourquoi pas ? (Elle a tiré sur le bas de son T-shirt, essayant de montrer ce qu'elle prenait pour un décolleté.) La rivière de Breathed se jette dans l'Ohio River. L'Ohio River se jette ensuite dans le grand Mississippi. Le grand Mississippi passe tout près de Graceland.

— Et tu crois qu'Elvis va rester assis au bord du Mississippi en attendant de pouvoir repêcher des bouteilles contenant des lettres écrites par une fille qui ne sait même pas écrire son nom de famille ?

— Bien sûr que je sais. P, R, E, S, S, S…

— Un seul *s*, Flossie, a dit Papa, qui s'est joint à la conversation, se déhanchant pour se lancer dans une tentative d'imitation d'Elvis.

Il a cueilli un gombo mûr et s'en est servi comme d'un micro, articulant les paroles d'une chanson sur un fleuve qui coule vers la mer.

— Je te l'ai dit, m'a lancé Flossie en me donnant un coup de coude. Les fleuves coulent même jusqu'à la mer.

Papa a continué son numéro, améliorant son imitation en tordant sa lèvre tandis qu'il attrapait la main de Flossie. Il l'a portée à sa bouche pour y déposer un baiser. Flossie a tellement pouffé de rire qu'elle a failli tomber au bas de l'estrade. Avant que Papa puisse saisir ma main, j'ai sauté par terre en disant :

— Je vais à la pêche.

J'ai rangé mon carnet et mon crayon dans ma poche, j'ai pris une canne à pêche dans le garage, et j'ai appelé ma sœur sur la scène.

— Tu viens, Flossie ? Tu me serviras d'appât.

Nous avons fait signe à Papa, qui continuait à danser et chanter pour lui-même, faisant semblant de remonter son col et de tendre le doigt vers la foule. Flossie s'est esclaffée :

— Il se prend vraiment pour Elvis. Qu'est-ce qu'il est bête. Il pourrait jamais être Elvis.

En riant nous avons couru à travers champs pour ne ralentir qu'à l'orée des bois. Flossie a essuyé la sueur de son front avant de me dire :

— Ça m'étonnerait qu'on attrape des poissons aujourd'hui. Et si on allait en ville voir ce que fabriquent ces garçons, là, les Aster.

— Ces garçons vont au lycée, Flossie.

— Je sais, m'a-t-elle répondu avec un sourire, puis, voyant que je la dévisageais en silence, elle a pris un air sérieux. Je veux seulement dire qu'on va rien attraper, alors on pourrait aussi bien faire quelque chose d'amusant.

— Le vent vient du sud. Ça veut dire qu'on est sûres d'attraper quelque chose. Même si c'est seulement l'odeur de l'enfer.

— Attends. Faut que je fasse pipi.

Elle a cherché un bon endroit pour s'accroupir.

J'ai décidé de faire un peu de pêche à sec – c'était ce que faisait Papa quand il était petit garçon et qu'il n'y avait plus d'eau dans la rivière. Il partait dans les bois avec sa canne et appâtait avec une feuille de bouleau, *parce que c'est les plus tendres*, comme il disait toujours. Un poisson de terre ferme, affirmait Papa, c'est toutes sortes de bêtes en une seule.

— Tu prends un poisson, puis tu prends un écureuil. Maintenant tu mets ces deux choses ensemble, et tu obtiens un poisson de terre ferme parmi un millier d'autres possibles.

J'ai ramassé une feuille de bouleau sur le sol et je l'ai accrochée à l'hameçon. Sans regarder, j'ai lancé la ligne derrière moi. Quand j'ai voulu la projeter vers l'avant, le hurlement terrifiant de Flossie a transpercé les bois, faisant s'envoler d'un coup tous les oiseaux dans les branches.

Je me suis retournée pour voir pourquoi elle avait crié. Elle était toujours accroupie, le pantalon baissé, et il y avait du sang sur sa fesse, là où l'hameçon s'était planté dans sa chair.

— Tu l'as fait exprès.

— C'est un accident. Je ne savais pas que tu étais derrière moi.

— Tu as voulu m'accrocher à ton hameçon. Tu l'avais prévu dès le départ. *Tu viens, Flossie ? Tu me serviras d'appât.* (Elle essayait de m'imiter, mais sa rage faisait monter sa voix plus haut qu'il n'aurait fallu.) C'est exactement ce que tu m'as dit, Betty.

— Je ne voulais pas…

— T'as toujours été jalouse de moi. Je suis plus jolie, et je suis plus intelligente et tout le monde m'aime plus. Attends un peu. Quand j'aurai enlevé cet hameçon, c'est dans ta langue que je vais le planter.

— Alors je ne crois pas que je vais t'aider à l'enlever.

J'ai laissé tomber ma canne à pêche et j'ai tranquillement commencé à grimper à un arbre.

Flossie s'est entourée de ses bras et s'est mise à gémir :

— Oh, ça fait mal. Je souffre.

Lorsque la colère ne marchait pas, elle essayait de jouer la comédie.

— Oh, comme je suis à plaindre. (Elle a appuyé sa joue contre un tronc d'arbre.) Moi, la belle jeune fille prise à l'hameçon de l'horrible mocheté jalouse.

Tandis qu'elle poursuivait son monologue, j'ai grimpé plus haut avant de trouver une branche sur laquelle j'ai pu m'installer à califourchon comme si c'était un cheval. Je ne pouvais pas voir la maison à travers les cimes des arbres, mais j'ai sifflé et mis la main en visière pour faire croire que j'apercevais quelque chose d'extraordinaire.

— Pourquoi tu siffles comme ça, espèce de limace baveuse ? m'a demandé Flossie en regardant dans la direction que j'indiquais.

— Tu ne vas pas le croire, Flossie. (J'ai agité les bras et les jambes comme si je ne pouvais pas contenir mon excitation.) Une Cadillac rose vient de s'arrêter dans Shady Lane.

— J'te crois pas.

Elle s'est avancée, traînant la canne à pêche derrière elle.

— Ne bouge pas, Flossie. Tu vas enfoncer l'hameçon davantage.

— Menteuse. Tu es trop loin.

Elle a attendu un instant, puis elle a demandé d'une voix plus douce :

— Elle est allée où, cette Cadillac ?

— Chez nous.

— J'vois rien.

Elle a essayé de trouver une trouée entre les arbres pour mieux voir.

— Oh, Flossie, tu ne vas pas le croire, devine qui descend de cette Cadillac. Elvis. (J'ai couiné son nom comme elle l'aurait fait.) Toute la banquette arrière de sa voiture est couverte des bouteilles que tu lui as envoyées. Elles débordent par la fenêtre et tout. Il a eu tes lettres et maintenant il vient te demander en mariage.

J'ai battu des cils en direction de Flossie et j'ai fait des bruits de baisers.

Elle a grincé des dents tandis qu'elle arrachait l'écorce de l'arbre comme une bête enragée. En soufflant comme un bœuf, elle a dit :

— Espèce de sale sorcière. Tu crois que j'ai besoin de toi ? Flossie Carpenter n'a besoin de personne. J'enlèverai cet hameçon toute seule.

— Il va falloir que Papa coupe le bout avec une pince. Si tu tires dessus, l'hameçon va te déchirer le derrière. Si tu me le demandes gentiment, j'irai chercher Papa. Mais il faut que tu me le demandes gentiment, lui ai-je dit avec un sourire.

Elle a juré encore un peu, puis, mettant sa rage de côté, elle a plissé les yeux jusqu'à ce que les larmes coulent sur ses joues.

— S'il te plaît, Betty. (Elle parlait comme si elle passait une audition.) Tu veux bien aller chercher notre père avant que je me vide de mon sang et…

— D'accord, d'accord, Vivien Leigh.

Je suis descendue de l'arbre. Elle a remonté sa culotte pour être au moins partiellement couverte. Quand je suis arrivée dans notre jardin, j'ai couru vers Papa en toute hâte pour lui annoncer que j'avais attrapé un poisson de terre ferme.

— C'est vrai ? m'a-t-il dit, l'air surpris, tandis qu'il mettait des concombres dans son panier.

— Ouais, j'ai fait en hochant la tête. Seulement, ma prise est encore accrochée à l'hameçon dans les bois. Elle était trop grosse pour que je puisse la traîner jusqu'ici. Je me demandais, tu pourrais venir la décrocher pour moi ?

— De quoi il a l'air, ton poisson de terre ferme ? m'a demandé Papa en plissant les yeux.

— C'est la créature la plus laide que j'aie jamais vue. Des cheveux raides, des sourcils comme des chenilles et elle sent la pisse. (Je me suis pincé le nez.) Je crois que la pauvre petite a eu vraiment peur.

— Hmm-hmm. (Il a mis les mains sur les hanches.) Où est Flossie, Betty ?

— Je crois qu'elle est allée en ville chercher des asters.

— Des asters, Flossie n'aime pas les asters.

— Si, quand ce sont des garçons.

— Bon, très bien. (Il a commencé à s'éloigner pour sortir du jardin.) Allons voir ce que tu as attrapé.

— Non. (J'ai secoué la tête.) Moi je ne retourne pas là-bas.

— Tu ne veux pas garder ta prise ?

— Nan, j'ai pas envie de manger cette chose qui s'est pissé dessus. Rejette-la dans les bois. Laisse les loups s'en charger.

Une pince à la main, Papa est parti en direction des bois. Dès qu'il a été hors de vue, j'ai couru dans la grange pour me cacher un moment. J'ai grimpé l'échelle du grenier. Plus tôt dans la matinée, j'avais attrapé deux abeilles dans un bocal. Il y avait des trous d'aération dans le couvercle, mais l'une d'elles était tout de même morte. J'ai ouvert le couvercle juste assez pour faire tomber l'abeille morte dans ma main, puis j'ai cherché un endroit où la mettre. Sur la fenêtre s'étendait une toile d'araignée. J'ai décidé de déposer l'abeille dessus.

— Tu es mignonne, ai-je dit à une araignée qui m'observait.

J'ai entendu un grincement venant d'en bas. En jetant un coup d'œil par-dessus le bord de la plateforme, j'ai aperçu Fraya. Elle avait ouvert la portière du vieux camion que Cinderblock John avait garé dans notre grange depuis quelque temps déjà pour qu'il soit à l'abri.

Étant donné le sens dans lequel il était garé, j'avais la cabine dans mon champ de vision et j'ai vu Fraya se glisser sur le siège, les jambes pendant à l'extérieur par la portière ouverte. Elle avait son journal intime. Un jour, elle l'avait laissé sur son lit et je l'ai lu. Au milieu de son écriture illisible, il y avait une phrase :

J'ai attrapé une luciole. La tuer m'a fait mal dans le creux de la main. Mais je l'ai fait quand même. Je trouve difficile de me forcer à croire que la lumière existe dans ce monde.

Je pense encore à Fraya tous les jours. Parfois, je me dis qu'elle est simplement cachée à l'intérieur de moi. Si je pouvais laisser tomber une longue corde dans ma gorge, peut-être qu'elle remonterait et viendrait manger une crème à la pistache, comme elle le faisait quand elle était encore là pour prendre le dessert avec nous. Fraya était une fille merveilleuse. De tant de façons qu'il est difficile d'en faire la liste. Ses cheveux châtain clair étaient encore longs à cette époque. Ses yeux gris comme les bords d'un ciel d'orage. Son petit corps, très menu. On aurait pu la faire tenir tout entière dans le creux d'une main. La perdre de la même façon. Ce serait tellement plus facile si l'on pouvait entreposer toutes les laideurs de notre vie dans notre peau – une peau dont on pourrait ensuite se débarrasser comme le font les serpents. Alors il serait possible d'abandonner toutes ces horreurs desséchées par terre et poursuivre notre route, libéré d'elles.

— "*Non, m'dame*, chantonnait Fraya pour elle-même, *j'ai pas d'endroit où aller. Non, j'ai pas un sou de bon sens.*"

Je pensais que Fraya pourrait devenir célèbre. Elle chantait aussi bien que Loretta Lynn. Fraya avait même gagné une médaille dans un concours de chant à la foire, un jour. Je me demandais si elle aussi croyait qu'elle pourrait devenir célèbre.

J'étais sur le point de descendre l'échelle pour raconter à Fraya l'histoire du hameçon dans la fesse de Flossie, mais l'ombre d'une silhouette entrant dans la grange m'a stoppée net.

Leland.

Il était revenu en visite à la maison après des mois passés sur la route. Il avait d'autres transports à effectuer qui allaient bientôt le conduire en Californie.

Il s'est planté devant le camion, pendant que Fraya écrivait dans son journal. Il avait l'air d'apprécier le fait qu'elle ne se soit pas rendu compte de sa présence. Il s'est mordu la lèvre inférieure, puis il a incliné la tête sur le côté, comme si quelque chose passait au-dessus de son épaule et qu'il devait lui laisser la voie libre. Il a pris une cigarette dans sa poche et il l'a allumée avec son briquet décoré d'une femme nue aux yeux en strass rouge. Un jour, je lui ai demandé :

— Pourquoi elle a les yeux rouges ?

— Parce que rouge sang est la couleur des yeux de toutes les femmes.

Au cliquetis du briquet, Fraya a sursauté et s'est arrêtée de chanter avant de lever les yeux. Tandis que j'observais Leland s'avancer jusqu'à elle, je me suis rendu compte que je reculais pour me cacher dans l'obscurité.

— Faut arrêter de me charcuter, a-t-il lancé à Fraya en remontant sa manche courte pour découvrir une entaille récente dans le haut de son bras. Je suis à court de pansements.

— Leland, pas maintenant, lui a-t-elle répondu en se détournant de lui. Je viens de prendre un bain.

Elle a essayé de fermer la portière, mais il a été plus rapide et l'en a empêchée.

Il a semblé remarquer quelque chose par terre. J'ai regardé, mais je n'ai rien vu.

— J'ai rêvé de toi, la nuit dernière, a-t-il continué. Tu lavais mes chaussettes et tu les étendais sur la corde à linge. Tu trouves pas que c'est drôle de rêver un truc comme ça, Fray ?

Il l'appelait toujours Fray*. Comme si elle était une chose en train de se défaire.

— Tu rêves de moi, des fois, Fray ?

Il lui a tendu sa cigarette. Elle l'a prise sans relever la tête.

— Fray ?

Sa voix était douce. Comme les premiers rayons de lumière du matin.

Elle a laissé la cigarette entre ses lèvres si longtemps qu'elle a commencé à paraître plus âgée que ses dix-neuf ans.

— Une fois, j'ai rêvé que tu avais un million d'yeux et que pas un seul d'entre eux n'était posé sur moi, a-t-elle répondu en rejetant la fumée. J'ai bien aimé ce rêve.

Il l'a regardée, puis il a pris la cigarette qu'elle avait gardée à la bouche, et il l'a écrasée sous son talon. Quand il l'a attrapée par la nuque, elle a simplement eu un hoquet de surprise.

— Pourquoi tu m'as suivi dans les bois, l'autre jour, Fray ?

— Je voulais voir ce que tu faisais.

— Et tu vas dire à quelqu'un ce que tu as vu ?

Elle n'a pas répondu, alors il l'a secouée, lui demandant une nouvelle fois si elle allait le dire.

— Oui, a-t-elle dit. Tu es malade. Ce que tu as fait à mon aigle…

Il l'a rejetée sur le siège. Le journal intime de ma sœur est tombé quelque part sur le plancher du camion tandis qu'elle donnait des coups de pied sur les mains de Leland qui s'activaient pour déboutonner son pantalon.

— Je vais hurler, l'a-t-elle prévenu d'une voix calme. Si tu ne pars pas immédiatement, je jure devant Dieu que je vais hurler.

* Le verbe *fray* signifie (s')effilocher.

— Non, tu ne feras pas ça, s'est-il esclaffé.

J'ai eu l'impression que les larmes bouillonnaient sur les joues de ma sœur tandis qu'elle plissait tellement les yeux que j'ai cru que son visage allait se fendre entre ses sourcils.

— Je te hais, a-t-elle crié en le giflant à plusieurs reprises. Je te hais.

— Et moi aussi, je te hais.

De force, il a pris la jambe droite de Fraya pour la caler d'un côté de son bassin, puis il a mis la gauche de l'autre côté en l'attirant contre lui, tandis qu'il soulevait les plis de sa robe évasée. Elle s'est débattue, il l'a giflée de toutes ses forces avant de plaquer son corps contre elle. Il a saisi une poignée de ses longs cheveux, qu'il a enroulés autour de la manivelle à l'intérieur de la portière jusqu'à ce qu'elle ne puisse plus bouger la tête.

— Tu peux pas savoir ce que tu m'as manqué sur la route.

Il s'est passé la langue sur les lèvres, faisant tomber en même temps son jean sur ses chaussures. Et puis il a donné *des coups de reins*, *des coups de reins*, tandis que les muscles à l'arrière de ses jambes se sont mis à trembler.

— S'il te plaît, arrête.

Sa tête a été projetée en avant et a tendu les cheveux sur le dessus de son crâne qui étaient attachés à la manivelle.

— Betty l'a fait exprès, P'pa. Je le sais.

La voix de Flossie est parvenue jusque dans la grange.

Leland s'est immobilisé et a mis une main sur la bouche de Fraya, en lui chuchotant :

— T'as pas intérêt à faire le moindre bruit.

Flossie parlait à cent à l'heure et sa voix s'est rapprochée.

— Un jour, tu me retrouveras morte, a-t-elle dit. Betty va me tuer tellement elle est jalouse.

— C'était seulement un accident, Flossie.

La voix de Papa a suivi celle de Flossie et peu à peu elles se sont éloignées.

J'ai reporté mon regard sur Leland et Fraya. Les yeux de Fraya étaient restés fixés sur ceux de Leland.

J'ai ouvert la bouche et j'étais sur le point de crier pour faire revenir Papa, mais je me suis souvenue de l'histoire que Maman m'avait racontée sur son frère dans le grenier. Je savais bien que mon père était différent de Grand-père Lark. Et s'il ne faisait rien à Leland et obligeait Fraya à manger la Bible page après page ? Et si tout le monde disait que ce n'était pas la faute de Leland, mais celle de Fraya ?

J'étais terrorisée à l'idée que Leland pourrait ne pas être celui qui serait puni alors que Fraya n'avait rien fait de mal. Cette peur m'a fait garder le silence.

Après avoir attendu encore un instant pour s'assurer que Flossie et Papa ne revenaient pas, Leland a enlevé sa main de la bouche de Fraya.

— Je savais bien que tu n'aurais pas le courage de crier, a-t-il dit en souriant.

Fermant les yeux, elle est restée étendue sans bouger et il a fini ce qu'il avait commencé.

— *Non, m'dame, j'ai nulle part où aller…*, a-t-elle chanté doucement, le visage déformé par une expression de souffrance.

Les ongles enfoncés dans mon cuir chevelu, j'ai reculé jusqu'au mur. J'étais bien trop jeune pour ça. Neuf ans seulement, et j'étais là, à flotter au-dessus du monde, voyant des pères qui détruisaient leur fille. Des frères qui détruisaient leur sœur. J'ai imaginé que le récit du viol de ma mère, que j'avais enterré au Bout du Monde, était en train de griffer la terre pour remonter et sortir de sa tombe. Comme le grincement du lit dans l'histoire de Maman, tout ce que j'entendais était le grincement du siège du camion. Il fallait que je trouve un moyen d'arrêter cela, alors j'ai pris mon carnet et le crayon dans ma poche. J'ai commencé à écrire aussi vite que je pouvais.

Le frère quitte la grange. Il laisse enfin la sœur tranquille. Ça s'arrête. Tout s'arr…

J'ai appuyé si fort sur le crayon que la mine s'est cassée avant que j'aie pu finir. J'ai jeté le crayon contre le mur et je l'ai regardé rouler sur le plancher jusqu'au bocal avec l'abeille encore vivante. L'abeille essayait de comprendre pourquoi elle était emprisonnée. Je me suis précipitée sur le bocal, je l'ai ouvert et j'ai enlevé le couvercle. Avant que l'abeille ait pu s'échapper je l'ai attrapée et je l'ai serrée dans mon poing. Je l'ai serrée, jusqu'au moment où je n'ai plus rien senti d'autre que la douleur de sa piqûre.

21

Cache-les tous ensemble dans la poussière
et enferme leurs visages dans cet endroit secret.
Job 40, 13

Fraya fabriquait une lotion de fleurs de pissenlits. Elle s'en mettait sur tout le corps. Je me souviens comme j'aimais le jaune sur sa peau. J'ai pris cette lotion et je l'ai versée sur ma tête. Du jaune dans mes cheveux noirs. Du jaune sur mes sourcils noirs.

Alors c'est ça être blonde, me suis-je dit quand je me suis regardée dans le miroir et me suis aperçue que je n'aimais pas ce que j'y voyais. C'était le lendemain du jour où j'avais vu mon frère violer ma sœur dans la grange.

Papa était dans la cuisine, occupé à mettre des prunes en bocaux. Des prunes entières. Proches des prunes noires. Il avait toujours cet air absent quand il faisait des conserves.

— C'étaient les fruits que ma mère préférait mettre en bocaux. Les prunes.

Il m'a dit cela sans détourner les yeux de ce qu'il faisait. Il appuyait fermement sur les fruits pour les enfoncer dans les bocaux, mais pas trop, afin de ne pas faire éclater la peau.

— *Qua-nu-na-s-di*, il a soigneusement prononcé le mot cherokee signifiant prune. *Qua-nu-na-s-di*, a-t-il clamé une seconde fois. C'est ma mère qui m'a appris ça, a-t-il ajouté avec fierté. Un jour, Betty, ces prunes te reviendront en mémoire quand tu seras plus vieille. Et toi aussi, tu les mettras en bocaux en disant "*Qua-nu-na-s-di*".

Comme je ne répondais pas, il a tourné les yeux vers moi. Son air rêveur a disparu quand il a vu la lotion jaune qui avait séché dans ma chevelure.

— Pourquoi tu as mis ça dans tes cheveux? Et pourquoi tu as les yeux aussi rouges? Tu as pleuré?

— Je suis blonde. (J'ai pirouetté devant lui comme j'imaginais que Flossie l'aurait fait.) Tu n'aimes pas?

— Tu veux être blonde, Petite Indienne?

Ses doigts étaient tout violets.

— Peut-être qu'alors les gens ne me demanderont plus si je me graisse la peau. Peut-être qu'alors ils ne m'appelleront plus…

— Ne dis pas le mot, Betty.

Une prune encore à la main, il m'a saisie par les épaules. Il m'a serrée si fort que le fruit cuit s'est écrasé entre sa main et moi. J'ai regardé la pulpe molle s'étaler et le jus goutter, puis s'infiltrer dans ma manche crème, tandis qu'il me secouait, me répétant que je ne devais jamais me désigner moi-même par le nom que les autres utilisaient.

— Tu comprends ce que je te dis?

Il semblait être à bout de souffle, comme s'il essayait de combler le million de kilomètres qui nous séparait.

— C'est pas la peine de me casser quelque chose pour ça, lui ai-je dit en me dégageant de ses mains, ajoutant un "Seigneur Jésus" à la manière de ma mère.

— Je veux que tu me dises que tu n'utiliseras pas le nom qu'ils utilisent pour parler de nous.

Il m'a de nouveau empoigné les épaules. La prune dans sa main n'était plus que de la bouillie qu'il tenait entre nous.

— D'accord. Je ne le dirai pas. Tu me fais mal, P'pa.

— Désolé. (Il m'a relâchée.) C'est juste que… (Il a levé les bras au ciel.) Tu serais qui sans tes cheveux ? Sans tes yeux, ta peau. Tu ne serais plus ma Petite Indienne.

— Nom d'un chien, c'est pas une catastrophe. D'accord ? Je vais aller laver cette lotion.

J'ai forcé mes larmes à rester sous mes paupières.

— En plus, ai-je ajouté, c'est Fraya qui devrait être en colère. Pas toi.

— Pourquoi elle devrait être en colère ?

— Parce que toute sa lotion au pissenlit est dans mes cheveux, ai-je répondu avec un sentiment de culpabilité coincé à l'arrière de la gorge comme une mouche prise au piège. Elle va être obligée d'attendre le printemps prochain qu'il y ait assez de fleurs de pissenlit pour en refaire.

— Betty, qu'est-ce qui t'a pris d'utiliser toute sa lotion comme ça ?

— Tout le monde fait des choses à Fraya. (J'ai essuyé mes yeux avec mes poings.) Pourquoi moi je pourrais pas ?

J'ai pris un des bocaux vides, puis je me suis précipitée par la porte de derrière jusqu'au Bout du Monde. J'ai rampé sur le ventre pour me glisser sous la scène. J'ai sorti un stylo et des feuilles blanches de ma poche. Une brindille me rentrait dans la poitrine tandis que j'écrivais, allongée sur le ventre, racontant ce que Leland avait fait à Fraya dans la grange. Le sol inégal sous le papier déformait mon écriture et la rendait chaotique, mais je me suis dit que cela correspondait bien à la façon dont je commençais à voir le monde qui m'entourait.

Après avoir mis un point final à la dernière phrase, j'ai creusé un trou, puis j'ai mis l'histoire dans le bocal. En prononçant le mot cherokee pour prune au-dessus du bocal, j'ai vite revissé le couvercle avant que le mot n'ait la possibilité de s'échapper. Ensuite, j'ai enterré l'histoire de Fraya à côté de celle de ma mère.

En ressortant de sous la scène, j'ai regardé la grange. Tous les souvenirs me sont revenus d'un coup. La violence avec laquelle les cheveux sur le dessus du crâne de Fraya étaient tendus. La façon dont Leland avait grogné de plus en plus fort à la fin. Je me suis couvert les oreilles, mais les sons étaient toujours là. Je sentais que je devais bouger, craignant de m'effondrer si je restais immobile. Alors je me suis mise à courir. Les ronces m'égratignaient les jambes tandis que je passais à travers les buissons épineux. Un oiseau a lancé un cri rauque au-dessus de ma tête. J'ai couru plus vite et j'ai pensé à l'aigle. Alors j'ai compris ce que signifiait la prière de Fraya. J'ai eu l'impression que cette découverte était comme une chose vivante, pantelante, dont je sentais le souffle dans ma nuque. Combien de prières avait-elle écrites ainsi, suppliant d'être libérée de lui ?

Plus loin, au bord de la rivière, il y avait un promontoire que je connaissais bien. Là, les branches et la lumière ont commencé à se combiner pour prendre forme, jusqu'à ce que m'apparaisse, comme suspendue dans le ciel, ma sœur Fraya. Éthérée, légère, elle flottait dans une longue robe qui masquait ses pieds. J'ai couru plus vite vers elle tandis qu'elle me tendait les bras, les épaules nimbées d'un halo.

— Fraya.

J'ai sauté du bord, les bras écartés, essayant d'attraper ma sœur, mais elle s'est volatilisée avant que je l'atteigne. Je suis tombée seule dans le vide au-dessus de l'eau, mon corps s'unissant aux éclaboussures avant de couler dans la rivière juste sous le promontoire.

La lotion est partie pendant que je fermais les yeux dans l'eau brune, la laissant m'attirer vers les profondeurs. J'ai attendu que mes poumons soient sur le point d'éclater pour donner un coup de pied sur le fond afin de remonter à la surface. En flottant, j'ai avalé tout l'air que je pouvais.

— Betty ? C'est toi ?

En me retournant, j'ai vu Leland qui pêchait sur la rive.

— Ne t'approche pas trop de l'hameçon, m'a-t-il dit.

Il n'avait pas sa canne à la main. Elle était près de lui, appuyée sur un rocher, et il était étendu à côté. Il ne portait pas sa chemise. Il avait le corps mince et fort de quelqu'un qui a vingt-quatre ans.

— Je croyais que tu devais partir ?

— Qu'est-ce que c'est que ce ton, ma petite Betty ? Tu sais bien que je suis ici pour quelques jours.

Il a regardé l'eau devant lui, puis en l'air, vers le soleil brûlant.

— Je ferais bien un petit plongeon, moi aussi. De toute façon, ça mord pas aujourd'hui.

Son pantalon était déboutonné avant même qu'il ne soit debout.

— Ne viens pas, lui ai-je crié. J'ai vu une vieille bonne femme en train de baigner son chat noir dans la rivière, un peu plus loin. L'eau est ensorcelée aujourd'hui, Leland.

— Comment ça se fait que tu sois dedans, alors ?

— Moi, je suis déjà une sorcière. Elle ne te l'a pas dit, Flossie ? Mon nom ne s'enflamme pas dans une poêle brûlante.

J'avais espéré que ça lui ferait trop peur pour qu'il me rejoigne dans l'eau, mais il s'est quand même déshabillé, ne gardant que son sous-vêtement et il a sauté dans la rivière en faisant un grand plouf. Quand il est remonté, il était juste à côté de moi. Depuis qu'il avait ce boulot de chauffeur de poids lourd, il sentait le cuir chaud et les tuyaux métalliques. C'est cette odeur qui m'a frappée même là, dans la rivière.

— Pourquoi tu fronces les sourcils comme ça, petite Betty ? Tu ressembles à une feuille de chou.

Il m'a lancée en l'air.

— Arrête, Leland. Me touche pas.

J'ai essayé de lui donner des coups de pied. De sa poigne puissante il m'a enfoncée dans l'eau. J'ai commencé à suffoquer et m'étrangler.

— Désolé, Betty, m'a-t-il dit en me donnant des tapes dans le dos. Respire. Respire bien.

Il m'a donné une tape plus forte.

— J'ai dit me touche pas, Leland.

Je ne voulais pas pleurer en face de lui, même si je sentais les larmes venir. Je l'ai repoussé quand il a essayé de se rapprocher. Il m'a regardée comme s'il était capable de me voler toutes mes dents.

— Allez, viens, ma petite Betty. (Il m'a pris la main de force sous l'eau et m'a tirée vers la rive.) On passe pas assez de temps ensemble, tous les deux.

Il m'a traînée hors de la rivière et m'a jetée sur le sable. Quand j'ai voulu partir, il m'a forcée à m'asseoir près de lui.

— Bon, on va s'asseoir, Betty. J'ai dit qu'on allait juste s'asseoir ici tous les deux.

Il a passé les bras autour de mon ventre, pour me plaquer contre sa poitrine mouillée. J'ai réussi à me dégager en me tortillant, mais il m'a fait tomber en me tirant par les chevilles et avant que je m'en rende compte, il était au-dessus de moi, clouant mes bras au-dessus de ma tête. Son haleine chaude s'est glissée dans ma bouche en même temps que quelques gouttes d'eau qui dégoulinaient de son menton.

— Mais qu'est-ce qui te prend, Betty ?

Il m'a serré les poignets. Son corps était si lourd sur moi que je me suis dit que j'allais étouffer sous son poids.

— Ne me fais pas mal, Leland.

J'ai été surprise de voir ses yeux s'adoucir.

— Je voulais seulement que tu restes là avec moi un moment. On ne se connaît pas, nous deux, c'est tout.

Il s'est assis, les bras en travers de ses genoux. Ses mains pendaient mollement. Il ne paraissait pas plus terrible qu'un matin froid sans chaussettes. Il ne tourbillonnait pas plus que la pincée de cannelle qu'il m'avait mise un jour dans mes flocons d'avoine. Il n'entraînait pas les mouches à s'agglutiner sur le miel, il ne faisait pas s'effriter les plafonds au-dessus des berceaux, son âme n'était pas comme un saut dans des ténèbres sans fond et assourdissantes. Et pourtant, la veille même, je l'avais vu déchirer ma sœur.

Je me suis redressée à côté de lui. Le sable de la rive s'était incrusté dans les vêtements humides qui collaient tellement à ma peau que je me sentais nue. Ayant remarqué que Leland semblait examiner chaque pouce de mon corps, j'ai croisé les bras sur ma poitrine. J'entendais les battements de mon cœur. Je me suis demandé si lui aussi pouvait les entendre.

Il a cessé de me dévisager pour suivre du regard une abeille qui volait d'une petite fleur jaune à l'autre.

— Fray est allergique aux piqûres d'abeilles. Un jour, je l'ai sauvée d'une abeille qui s'était posée sur sa nuque. Elle n'avait pas vu ce que c'était. Elle a cru qu'elle pouvait s'en débarrasser en donnant une tape dessus. Comme une mouche ou un moustique. Je l'ai arrêtée juste à temps. Si elle l'avait frappée, le dard de l'abeille aurait pénétré dans sa paume. Alors, souviens-toi de ça, petite Betty. J'ai sauvé la vie de la fille allergique aux piqûres d'abeilles.

Il avait dit cela d'une voix douce, presque puérile, tandis que nous nous regardions les yeux dans les yeux. Je savais que je garderais de Leland le souvenir des choses horribles qu'il avait faites. Mais alors que je le regardais assis là, je me suis dit que, pour mon propre bien, je devrais essayer de mettre dans un coin de ma mémoire un petit fragment de lui qui ne soit pas totalement mauvais. Comme la façon dont le soleil brillait sur les mèches humides de ses cheveux blonds. Ou la façon dont sa paupière se fermait sur son œil gauche tandis qu'il plissait les yeux. Qu'aurais-je pu garder d'autre d'un frère que j'en étais venue à haïr ?

— Promets-moi une chose, Leland. Promets-moi que tu ne me sauveras jamais la vie.

Je me suis levée et j'ai couru aussi vite que j'ai pu. J'ai cru un moment entendre le bruit de ses pas derrière moi, mais je n'ai pas osé me retourner.

J'avais la ferme intention de hurler ce que Leland avait fait dès que j'aurais ouvert la porte, mais j'ai trouvé Fraya assise à la table avec Papa. Ils mettaient en bocaux le reste des prunes.

— Ah, te voilà, ma petite Betty, a dit Fraya. Tu es toute mouillée.

Elle a regardé l'eau qui gouttait de mes vêtements sur le linoléum.

— Fraya ? Tu t'es coupé les cheveux ?

Lentement, je me suis avancée vers elle.

— J'ai l'air si moche ?

Elle a porté la main à ce qui restait de sa chevelure. Deux ou trois centimètres de longueur, pas plus.

— Non, s'est empressé de répondre Papa. C'est juste qu'on était habitués à te voir avec des cheveux longs. Ça fait un choc, c'est tout. Mais c'est vraiment bien comme ça.

— Pourquoi tu as fait ça, Fraya ?

— J'ai eu envie de changer. (Son regard est allé de Papa à moi.) Je me suis dit que ça serait moins chaud pour l'été, aussi.

— Je déteste ça.

J'ai pris un bocal et je l'ai jeté contre le mur. Des éclats de verre se sont incrustés entre les lames du parquet.

— Betty, arrête, a dit Papa.

J'ai jeté les bocaux l'un après l'autre jusqu'à ce qu'on n'entende plus que le bruit du verre qui se cassait. Les prunes étaient répandues sur le sol avec tout le sirop.

— S'il te plaît, Betty, s'est écriée Fraya en contemplant les prunes, arrête.

Quand je l'ai entendue dire "arrête", j'ai repensé à la façon dont elle l'avait dit à Leland. Je ne voulais pas continuer comme lui l'avait fait, alors j'ai reposé le dernier bocal. Les joues pleines de larmes, j'ai écarté Fraya. J'ai monté les marches quatre à quatre pour aller à la salle de bains.

J'ai vidé la poubelle, mais je n'y ai trouvé que des mouchoirs en papier et des boules de coton. Je me suis précipitée dans la chambre de Fraya, j'ai renversé sa corbeille à papier sur le sol. Au milieu des mouchoirs chiffonnés, j'ai trouvé ses longs cheveux si beaux. Agenouillée, j'ai serré les mèches châtain clair sur ma poitrine.

Fraya est apparue sur le seuil de la porte.

— Betty ? Tu vas bien ? (Elle s'est agenouillée à côté de moi.) Ce n'est pas comme si c'était les tiens que j'avais coupés, m'a-t-elle dit en passant ses doigts dans mes cheveux. Pourquoi tu accordes autant d'importance aux miens ?

— Parce que tes cheveux, c'est toi. (Je me suis essuyé les yeux.) Et tu les as coupés et puis tu les as jetés.

— Tu as raison. Je n'aurais pas dû les jeter. On peut aller les mettre dans les bois pour que les oiseaux puissent les prendre et faire leurs nids avec. Dis, tu ne trouves pas que c'est une bonne idée ? Allons, ne pleure pas.

Elle m'a attirée contre elle. Auparavant, j'aurais senti ses longs cheveux contre ma joue. Désormais, ce n'était plus que le coton froid de sa robe. J'ai commencé à chantonner une des chansons que nous adressions au jardin.

— *La, la, la, la, jolis petits pois, la, la, voulez-vous bien pousser pour moi. La, la, la, la.*

— Qu'est-ce que tu fais, Betty ?

— Je chante, comme on le fait pour les plantes, pour que tes cheveux repoussent vite.

— Je ne veux pas qu'ils repoussent, a-t-elle dit avec raideur. Ils se prenaient partout et s'enroulaient autour de tas de trucs.

L'image de ses cheveux attachés autour de la manivelle dans la cabine du camion m'est subitement revenue. Aussitôt, j'ai laissé tomber les mèches et je me suis agrippée à elle.

— C'est bien, ma petite Betty. Je suis toujours la même. Ce n'est pas moi que j'ai jeté. Je suis bien là.

— Ça me fait de la peine, Fraya.

— Qu'est-ce qui te fait de la peine ? Mes cheveux ? Ne sois pas désolée. (Elle a regardé la flaque d'eau provenant de ma tête mouillée.) Tu es allée nager dans la rivière, Betty ?

J'ai hoché la tête en reniflant contre sa poitrine.

— Ça fait du bien de nager dans la rivière quand il fait aussi chaud, hein ?

Elle a posé la main sur le haut de mon crâne.

J'ai encore hoché la tête tout en jouant avec les boutons de sa robe.

— Je pense toujours que tu es encore un petit bébé, m'a-t-elle dit en essayant de me prendre sur ses genoux, sans y parvenir en raison de ma taille. Il faut que je me mette dans l'idée que tu grandis.

— Je ne le fais pas exprès, lui ai-je répondu avant de me décider à lui dire que j'avais vu Leland à la rivière. Il m'a affirmé qu'il t'avait sauvée. (Je l'ai regardée bien en face.) D'une abeille.

Elle a plissé les yeux, comme si elle essayait de se remémorer quelque chose de lointain, avant de répondre :

— C'est juste une histoire qu'il aime raconter. Ils sont comme ça, les garçons. Faut toujours qu'ils fassent comme s'ils passaient leur temps à sauver les filles de quelque chose. On dirait qu'ils sont incapables de comprendre qu'on peut se sauver nous-mêmes.

22

Humbles et grands, riches et pauvres, ensemble.
PSAUME 49, 2

POUR UNE VOIX PERDUE, réunir quelques glands, de l'écorce de cornouiller et quelques pommes amères. *N'oublie pas l'écorce de cerisier, Betty.* Faire bouillir et boire. En friction sur la gorge, aussi, comme mon père le faisait pour moi. Sa main appuyant sur mon cou.

— On va retrouver ta voix, Betty.

Mais ma voix n'était pas perdue. Elle était dans mon esprit, encerclant le feu, se préparant à découper l'âme de Leland pour la lui enlever.

— Tu te sens mieux ?

Papa a passé ses mains sur ma gorge. Je me suis contentée de hocher la tête. C'était la fin de ce mois d'août. Leland était loin, là-bas, en Californie. Il était parti après être rentré de la rivière, ce jour-là.

J'ai évalué le nombre de semaines qui passaient après le viol en regardant pousser les cheveux de Fraya. Elle ne les laissait jamais devenir plus longs que son petit doigt. C'était sa façon de les contrôler afin de s'assurer qu'ils ne seraient plus jamais assez longs pour qu'ils puissent servir à l'immobiliser. Quand l'école a recommencé, je m'étais habituée à voir Fraya avec ses cheveux courts, et la Fraya aux cheveux longs m'apparaissait comme quelqu'un qui avait franchi le seuil de la maison pour ne plus jamais revenir.

L'idée de reprendre l'école après un tel été me semblait insupportable. Tout comme m'était insupportable celle de devoir retrouver en face de moi Ruthis et tous ses amis. J'entrais en troisième année de l'école primaire. Une nouvelle classe signifiait aussi une nouvelle maîtresse. Mme Hook. Avant le déjeuner, elle m'a fait venir à son bureau pour déposer ma honte au creux de ma main. Deux jetons verts. Un pour une boîte de lait. L'autre pour un plateau-repas complet. Ces jetons faisaient partie d'un programme destiné à venir en aide aux familles à revenu modeste et permettre à l'école de remplir son obligation de fournir un repas gratuit.

J'ai rapidement empoché les jetons tandis que Mme Hook inscrivait mon nom sur la liste. Je suis retournée à ma place tête baissée, passant à côté de Ruthis qui a ri et m'a qualifiée de pitoyable. J'ai regardé les pièces de vingt-cinq cents brillantes sur sa table. Il n'y aurait jamais de jetons pour Ruthis Ryewood. Je me suis demandé comment c'était, d'être elle.

Quand on a fait la queue à la cantine, j'ai attendu que tout le monde soit passé afin d'être la dernière. J'ai sorti les jetons de ma poche, sentant l'odeur de la purée de pommes de terre avec la sauce de viande, qui était un de mes plats préférés.

— Comment ça se fait que ton père travaille pas, Betty? m'a demandé le garçon devant moi en se retournant. S'il travaillait, t'aurais pas besoin de ces jetons. Il doit vraiment être paresseux.

— Son père est un sorcier indien, a lancé Ruthis, qui avait entendu et ne voulait pas rater cette occasion d'ajouter son grain de sel. Il se fait payer en perles. Peut-être que si le repas coûtait une perle tu aurais les moyens de le payer, Betty.

J'ai refermé le poing sur mes jetons et je les ai remis dans ma poche.

— Qu'est-ce qu'il y a, Betty? a dit Ruthis en faisant claquer ses lèvres. Tu ne sais plus parler?

— Peut-être qu'elle ne fait plus que des bruits, maintenant, a ajouté sa voisine avant de grogner *ouh, ouh, ah, ah,* en se grattant sous les bras comme un singe.

Le maître qui surveillait la cantine était juste à côté. Il m'a scrutée des pieds à la tête, puis il nous a tourné le dos et s'est mis à parler à voix basse avec un autre maître.

J'ai quitté la file pour aller m'enfermer dans les toilettes où je suis restée, respirant l'odeur de la purée et de la sauce dont j'avais tant envie.

"Une cuillère de sauce en plus, s'il vous plaît." J'ai fait semblant de tendre un plateau. "Un petit pain, un lait chocolaté et un cookie aux éclats de chocolat. Oh, et puis donnez-moi aussi de cette salade d'ambroisie", ai-je poursuivi, demandant des choses qui n'étaient pas au menu.

J'ai posé mon plateau imaginaire sur mes genoux et j'ai commencé à faire tous les gestes de quelqu'un qui mange. Quand la sonnerie a retenti, j'ai laissé mes mains retomber et je suis allée en classe. À la fin de la journée, j'ai pris le chemin le plus long pour rentrer à la maison.

Papa était assis sur la véranda, occupé à sculpter une tortue. Donnez à mon père un couteau et un morceau de bois et il vous le transforme en quelque chose de beau. Partout dans la maison on pouvait voir les objets qu'il fabriquait, depuis les grenouilles-taureaux sur des étagères jusqu'aux serre-livres qui représentaient les deux côtés d'un pont couvert. Il y avait aussi des créations magiques, qui allaient de la sirène à des petits cubes qui contenaient, selon lui, la fureur des dragons. Mais il sculptait principalement les créatures appartenant au monde dans lequel nous vivions, tels les moineaux qu'il avait faits pour les accrocher à chacune des fenêtres.

— Les moineaux sont les yeux d'une mère, avait-il dit en les fixant. Ils vont surveiller notre maison et battront des ailes au premier signe de danger, comme au premier signe de gel.

Certaines sculptures étaient plus importantes – l'arbre au mouchoir, par exemple, qui était presque aussi grand que Lint. C'était un arbre aux branches noueuses et tordues, au bout desquelles étaient accrochés des lambeaux d'un vieux mouchoir à imprimé cachemire. Et puis il y avait son interprétation de l'embarcation que Noé a lancée sur les flots du déluge. À l'intérieur de cette arche, se trouvait un couple de chaque animal que Papa avait pu imaginer.

De toutes ses créations, mes préférées étaient les tableaux en relief qu'il accrochait à nos murs. Il coupait une épaisse tranche d'une souche, et dans cette tranche, il sculptait des scènes. L'une d'elles représentait Shady Lane, et une autre les collines vues de loin. Elles étaient si ressemblantes qu'on entendait les grillons dans les hautes herbes et le coassement d'un corbeau dans le ciel.

Le tableau en relief dans ma chambre montrait trois filles descendant la Breathed River en canoë. Chacune d'elles avait un panier sur les genoux.

— Ce sont trois sœurs, m'avait dit Papa. Dans différentes tribus indiennes, les Trois Sœurs représentent les trois cultures les plus importantes. Le maïs, les haricots et les courges. Les cultures poussent ensemble comme des sœurs. L'aînée est le maïs. Elle est la plus grande et c'est à elle que s'accrochent les tiges de ses sœurs plus jeunes. La seconde, c'est le haricot. Elle apporte azote et nourriture au sol, ce qui permet à ses sœurs de devenir fortes et résistantes. La plus jeune, c'est la courge. Elle est la protectrice de ses sœurs. Elle étend ses larges feuilles pour faire de l'ombre à la terre et empêche les mauvaises herbes de s'installer. Ce sont les tiges des courges qui unissent les Trois Sœurs par le lien le plus fort qui soit. C'est de cette manière que j'ai su que j'aurais trois filles, même après la mort de Waconda. Fraya est le maïs. Flossie est le haricot. Et toi, Betty, tu es les courges. Tu dois protéger tes sœurs comme les courges protègent le maïs et les haricots.

Papa a taillé un petit épi de maïs pour Fraya et une petite cosse de haricot pour Flossie. Pour moi, il a façonné une courge nichée dans sa feuille. Il a peint chacune de ces sculptures. Jaune vif pour le maïs de Fraya. Vert tendre pour les haricots de Flossie. Vert foncé pour ma feuille qui enveloppe une courge orange. Il a attaché chaque porte-bonheur à notre collier cherokee en grains de maïs qu'il a récoltés dans notre jardin.

Il a aussi fait des colliers pour lui et Maman avec d'autres grains. Leur pendentif était une pomme qu'il a taillée, pas plus grosse que le creux de sa main. Il l'a d'abord peinte en rouge, puis il l'a coupée en deux, tranchant même la queue. À l'intérieur de chaque moitié, il a peint la chair en blanc et les pépins en noir.

— C'est la pomme que tu mangeais la première fois que nous nous sommes rencontrés, a-t-il dit à Maman quand il lui a montré les colliers. Il portait déjà le sien et il a proposé de mettre au cou de Maman celui qui lui était destiné.

Dès qu'elle a senti l'objet sculpté contre sa peau, elle l'a pris entre ses doigts et elle a dit :

— D'abord j'ai eu une demi-barre de chocolat. Maintenant c'est une demi-pomme. Comment une femme peut-elle se sentir entière dans ce fichu monde ?

— Une demi-barre de chocolat ? a demandé Papa.

Sans répondre, Maman a regardé la pomme en citant le passage de la Bible :

— "Fortifiez-moi avec des pommes, car je suis malade d'amour."

Elle portait son collier tous les jours. Si la pomme se glissait par hasard sous son col, elle la ressortait pour la reposer sur sa poitrine, afin que tous puissent la voir.

Mon père était extraordinaire avec un morceau de bois entre les mains. Je pouvais passer des heures à le regarder travailler. Depuis que j'avais cassé les bocaux de prunes, Papa avait repris ses sculptures. Je pense qu'il y trouvait une forme de consolation. Être capable de tenir un morceau de bois et le façonner de telle manière qu'il ne puisse pas devenir autre chose que ce que vous voulez qu'il soit. Peut-être est-ce la raison pour laquelle moi aussi je trouvais une sorte de répit à suivre ses gestes. Je savais qu'il ne sculpterait jamais quelque chose d'aussi horrible que ce que Leland avait fait.

Assise dans le fauteuil à bascule près de lui, je l'observais travailler sur une tortue qui occupait presque toute la place sur ses genoux. Sur le dos on distinguait des lignes entrecroisées qui reliaient des collines, des montagnes et des arbres. Tandis qu'il creusait une vallée, j'ai levé mon pied pour l'appuyer sur le pilier devant moi. À une époque, mon pied avait la même longueur que le socle du pilier, mais cette fois, mes orteils avaient grandi et dépassaient du socle. Quand je m'en suis aperçue, j'ai reposé mon pied et j'ai même essayé de le cacher sous le fauteuil.

— Tu vois tout ça ? m'a demandé Papa en soulevant la tortue pour me montrer la topographie sur la carapace. C'est une carte du paradis. Ça tient sur le dos d'une tortue.

Plus que des tortues et des cartes, j'aurais aimé qu'avec son couteau Papa nous taille assez d'argent pour qu'on puisse s'acheter un passé débarrassé de toute brutalité. Un passé où les filles n'ont rien à redouter de leur père dans leur chambre. Où les sœurs n'ont pas à redouter la venue de leurs frères. Si seulement on pouvait, avec de l'argent, se débarrasser de tous les Grands-pères Lark et de tous les Leland du monde.

— Je peux avoir un peu d'argent ?

J'ai posé cette question d'une voix rauque.

— C'est les premiers mots que tu prononces depuis des semaines et c'est pour dire ça ?

— Tu n'aimerais pas être riche, P'pa ? Tu n'aurais jamais ton nom sur une liste pour bénéficier de jetons et tu pourrais acheter n'importe quoi.

— N'importe quoi ? (Il a ralenti ses gestes.) Je ne suis pas sûr d'en avoir besoin.

— Tout le monde en a besoin, P'pa.

Il a soufflé sur la lame de son couteau pour faire partir la poussière de bois avant de dire :

— Tu sais, cette tortue est au milieu d'un océan extraordinaire, comme une île.

— P'pa, j'essaie de te parler de quelque chose d'important. Quelque chose de bien réel.

Il a taillé ce qu'il m'a dit être un fleuve sur le dos de sa tortue. Puis il a jouté :

— Il va pleuvoir ce soir, Petite Indienne. Il va pleuvoir très fort et ça va bien détremper la terre. Quand ça tombera, je veux que tu me rejoignes sous le saule.

Sachant qu'il n'en dirait pas plus, je l'ai laissé à sa carte du paradis pour aller écrire au Bout du Monde.

Il était une fois une petite fille qui était si riche qu'elle pouvait s'acheter tout le bonheur du monde.

Je me suis réveillée plus tard sous une averse. Il faisait nuit et mon histoire avait été effacée par la pluie. Je l'ai laissée dans sa flaque et j'ai sauté au bas de la scène.

J'ai eu l'impression d'affronter le déluge tandis que j'avançais difficilement en direction du saule, près du panneau indiquant Shady Lane. Écartant les branches éplorées de l'arbre, je suis entrée sous le feuillage.

Soudain, une main a agrippé mon épaule. Tous mes muscles se sont brusquement tétanisés. Ma première pensée a été que Leland était revenu, qu'il m'avait suivie, et qu'il allait maintenant m'enterrer côte à côte avec la pluie.

Je me suis retournée, protégeant mes yeux de la lumière vive.

— Désolé, a dit Papa.

Il portait son ancien casque de mineur. Il a tourné la lampe pour qu'elle éclaire le tronc de l'arbre.

— Qu'est-ce que tu vois, Petite Indienne, quand tu regardes ce vieux saule ?

J'ai scruté le tronc illuminé.

— De l'écorce et de la pluie.

— Tu ne vois pas les diamants ?

— Il n'y a pas de diamants, P'pa.

— Regarde bien. Tu ne vois pas comment ça scintille ? Tu ne vois pas comment ça brille ?

J'ai regardé la pluie couler dans les crevasses et sur les aspérités de l'écorce. J'ai vu s'y refléter la lumière du casque de Papa.

— À une certaine époque, le monde était trempé. Il pleuvait sans cesse, nuit et jour. Les mares sont devenues des lacs. Les lacs, des fleuves. Les fleuves, des océans. Les océans ont tout inondé. Cette pluie, c'était les larmes d'une femme qui, jour et nuit, pleurait la mort de ses enfants. Ses larmes tombaient du ciel et elles ont fini par engloutir la terre. On ne pouvait se déplacer qu'en bateau, mais la nuit, on ne voyait rien. C'était avant les lampes de poche et les lanternes. Les torches n'éclairaient pas loin. Les bateaux coulaient. Les gens se noyaient.

"Les hommes en rendaient les arbres responsables. Ils disaient que c'étaient des sorcières qui faisaient exprès de masquer la lueur de la lune avec toutes leurs branches. Alors, dans leur rage, ces hommes se sont armés de haches et de scies et des gerbes d'eau se soulevaient tandis que tombaient les grands acajous et les noyers blancs, les pins et les platanes. Tout ce qui avait des branches et une écorce était abattu. Les hommes prétendaient qu'ils faisaient cela afin de rendre les voies navigables plus sûres, mais c'était un véritable carnage. Tous les arbres, les jeunes comme les vieux, étaient abattus et laissés à pourrir dans l'eau comme si leur vie n'avait aucune importance. Les arbres pouvaient comprendre quand les hommes les coupaient pour construire des maisons ou les transformer en papier afin que les conteurs et les poètes puissent écrire. Dans ce cas, ils donnaient leur vie pour que ça serve à quelque chose. Mais là, leur mort ne servait à rien, c'était seulement pour se débarrasser d'eux. Alors, afin de se protéger, les arbres ont décidé de réveiller leurs anges gardiens. Chaque arbre en a un. Un esprit qui reste caché à l'intérieur, jusqu'à ce que l'on ait besoin de lui.

Papa a sorti de sa poche la petite sculpture d'une fille avec des ailes. Je savais qu'il avait dû la fabriquer dans l'après-midi, en attendant la pluie. Cette fille avait mon visage. J'ai souri à mon père pour m'avoir représentée avec des ailes tandis qu'il me racontait comment les anges gardiens se sont précipités sur les hommes avec les scies et les haches.

— Les anges gardiens ont supplié les hommes d'arrêter de tuer les arbres. Mais les hommes ont déclaré que se débarrasser d'eux était une nécessité. Alors les anges gardiens ont vu des diamants briller dans les tonneaux sur les bateaux des hommes, et ils leur ont dit :

"'Si vous nous donnez vos diamants, nous pourrons faire quelque chose au sujet de vos bateaux qui se fracassent contre les arbres.'

"'Mais ces diamants sont ce qui fait de nous des hommes riches. Sans eux, nous serons pauvres.'

"Les anges gardiens leur ont répondu qu'ils étaient des hommes stupides.

"'C'est votre vie qui fait que vous êtes riches, ont-ils insisté. Les gens que vous aimez et qui vous aiment en retour.'

"Les hommes, sachant que les anges gardiens étaient des sages, ont donné leurs diamants. Alors les anges gardiens se sont envolés vers tous les arbres et ont placé les diamants dans l'écorce. Les pierres étincelantes se sont mises à briller comme des lumières éclatantes, et les gens ont pu naviguer dans l'obscurité sans danger.

J'ai regardé la pluie former une grande flaque à la base du saule.

— Et qu'est-ce qui s'est passé avec l'inondation ?

— Après avoir donné la lumière, les anges gardiens se sont dirigés vers la femme qui pleurait et ils lui ont demandé d'arrêter.

"'Je veux pleurer éternellement, a répliqué la femme, pour que le monde se souvienne de ceux pour qui je pleure.'

“Les anges gardiens lui ont dit qu’ils pouvaient faire en sorte que le monde ne les oublie jamais.

“‘Nous allons vous transformer en arbre, lui ont-ils proposé. Vos branches retomberont jusqu’en bas et traîneront sur le sol. Vous donnerez des graines blanches. Ces graines seront emportées partout dans le monde et vous multiplieront, vous et vos pleurs. Vous pleurerez vos enfants à tout jamais.’

“Comme c’était ce qu’elle voulait, la femme les a autorisés à la transformer en cet arbre que nous connaissons tous aujourd’hui sous le nom de saule pleureur.

Je me suis approchée du tronc, et j’ai vu que tous nos noms étaient inscrits dans l’écorce.

— Je les ai gravés quand on a emménagé dans cette maison, m’a alors expliqué Papa en suivant du bout des doigts les rainures de mon nom. Chaque fois que je me mets à penser que je suis un homme sans trésors, je viens ici sous la pluie pour contempler mes diamants. Tu m’as demandé si je voulais être riche, Betty, mais je ne suis pas un homme pauvre. Comment pourrais-je l’être, avec tous ces diamants ? Et toi non plus, tu n’es pas pauvre, Petite Indienne. C’est ce que les hommes sur leurs bateaux en sont venus à comprendre. Peu importe que nous n’ayons pas le moindre sou en poche, puisqu’on a la richesse du monde entre nous.

Il m’a donné la fille ange gardien qu’il avait sculptée.

— Puisse-t-elle te protéger contre tous ceux qui voudraient t’abattre.

— Est-ce qu’elle peut protéger n’importe qui ? lui ai-je demandé en levant les yeux sur lui.

— Tous ceux qui ont besoin de protection.

Sans m’arrêter pour répondre à Papa qui me demandait où je courais comme ça, je me suis précipitée dans la maison.

Dégoulinante de pluie, j'ai poussé la porte et j'ai grimpé les marches. À l'étage, j'ai vu de la lumière briller dans la chambre de Fraya. Étant la plus jeune des sœurs, j'étais les courges. Celle qui était censée étaler ses feuilles et protéger ses aînées. J'avais maintenant quelque chose qui pouvait m'y aider.

Je suis restée en silence sur le seuil de la porte ouverte de Fraya. Appuyée sur le rebord de la fenêtre, elle contemplait le ciel de la nuit.

— Fraya ?

— Il fait froid, Betty. (Elle s'est frictionné les bras.) L'été bientôt terminé, l'automne qui arrive, l'hiver qui ne tardera pas. Les saisons vont et viennent à une vitesse… Comme une tronçonneuse dans un champ de tournesols.

Elle s'est retournée en désignant le lit, sur lequel il y avait un disque.

— Je l'ai enregistré, dans la cabine qui marche avec des pièces, devant le magasin de jouets Moogie's, m'a-t-elle dit en regardant le disque. Je ne sais pas pourquoi je l'ai fait. On n'a même pas de tourne-disque. Et de toute façon, elle est idiote, cette chanson.

Je suis entrée dans la chambre, éclairée par la lampe qu'elle avait allumée.

— J'ai quelque chose pour toi, Fraya.

J'ai attendu d'être suffisamment près pour ouvrir le poing et montrer l'ange gardien au creux de ma main.

— Cette fille est un ange gardien d'arbre. Elle va te protéger.

Je n'ai su que je pleurais que lorsque Fraya m'a demandé pourquoi j'étais en larmes.

— Parce que je t'aime, Fraya.

J'ai essuyé mes larmes.

— Ben, mince, je le sais. Il y a pas de quoi pleurer.

Elle a pris l'ange dans ma main. Elle l'a contemplé un instant avant de le poser sur la table près d'elle. Puis elle m'a entourée de ses bras. J'ai enfoui mon visage dans son corsage et j'ai senti la douce odeur de sa poudre.

— Est-ce que tu m'aimes, Fraya ?

— À tout jamais. (Elle m'a serrée plus fort.) Mais comment se fait-il que tu es toujours mouillée quand je te vois, Betty. D'abord la rivière. Maintenant la pluie…

— Et Leland, tu l'aimes ?

Elle est restée silencieuse un instant, surprise par cette question inattendue.

— Parfois, Leland me fait le même effet que tomber jusqu'en bas de l'escalier. Mais c'est tout de même mon frère.

— Même s'il te fait du mal ?

— Il ne me fait pas de mal.

— J'étais dans la grange, le jour où il… J'ai vu comment il…

— Qu'est-ce que tu sais ?

Elle m'a repoussée brusquement pour que je la regarde en face.

— Je sais qu'il…

Sa gifle m'a cinglée et j'ai senti l'impact de tous ses doigts.

— Tu sais quoi, Betty ?

Le ton de sa voix m'a effrayée.

— Je sais qu'il…

Sa main a frappé ma joue une nouvelle fois avec une force incroyable. Je ne savais pas qu'elle pouvait être aussi dure.

— Tu sais quoi ?

Elle a répété sa question les dents serrées, sa main levée, prête à m'arracher la tête d'un coup.

— Rien. (J'ai frotté ma joue endolorie.) Je ne sais rien.

Elle s'est éloignée de moi.

— Tu ne sais rien parce qu'il ne s'est rien passé, a-t-elle affirmé en allant dans le coin opposé de la pièce, où elle a enfoui son visage dans ses mains. Une chose comme ça ne pourrait jamais m'arriver. Tu me dégoûtes, Betty. Comment as-tu pu penser que j'étais impliquée dans une chose pareille ? C'est mon frère. (Elle s'est tournée vers moi.) Tu n'as rien dit à personne, au moins ? Si, bien sûr. Tu racontes tout. C'est toi qui as raconté, avec l'écorce.

— J'étais obligée. Tu allais mourir.

— Et alors ?

— Alors je ne voulais pas que tu meures.

— Ce n'était pas à toi de choisir, Betty.

Elle s'est interrompue, se tordant les doigts.

— Est-ce que tu as dit à quelqu'un ce que tu crois avoir vu dans la grange ?

J'ai secoué la tête.

— Bien. Si jamais tu dis quoi que ce soit sur ce que tu as imaginé dans ta tête sur Leland et moi, je le jure devant Dieu, Betty, je ne te pardonnerai jamais.

— Mais Fraya…

— Je me tuerai et ce sera entièrement ta faute, Betty. Comme si c'était toi-même qui m'avais tuée. Est-ce que tu pourrais vivre avec ça ?

Elle est allée au tiroir de sa commode, où elle a pris le morceau d'écorce toujours enveloppé dans le mouchoir.

— Maintenant, Betty, fais confiance à ta grande sœur, m'a-t-elle dit en regardant l'écorce. Je sais comment tous les fantômes ont été faits.

THE BREATHANIAN

Mystérieuse disparition de poulets

La nuit dernière, le bureau du shérif a été submergé d'appels faisant état de coups de feu dans toute la ville. Ce matin, on a signalé la disparition de poulets dans un élevage de volaille. À son arrivée sur les lieux, le shérif a déclaré avoir trouvé des plumes éparses sur le sol. Certaines de ces plumes paraissaient ne pas provenir de poulets.

"Ce qui était étrange, a dit l'éleveur, c'était la façon dont les plumes étaient disposées sur le sol." Quand on lui a demandé comment les plumes étaient arrangées, l'homme a répondu, "Bon sang, elles avaient l'air d'avoir été mises de manière à ressembler à l'une de ces coiffes. Vous savez, comme celles que portent les Peaux-rouges dans les westerns."

Il n'a pas encore été établi si la disparition des poulets est liée aux coups de feu.

Jusqu'à présent, aucun autre dommage aux biens n'a été signalé, même si Mme Wilma Gayheart, âgée de soixante-sept ans, a fait savoir que ses fleurs ont été piétinées devant sa maison. Elle pense que le responsable n'est autre que l'auteur des coups de feu, mais on a pu remarquer la présence de pétales sous les semelles de ses propres chaussures.

TROISIÈME PARTIE

LUMIÈRE DU MONDE

1964-1966

23

Maudit tu seras à ton arrivée,
et maudit tu seras à ton départ.
DEUTÉRONOME 28, 19

1964 DEVAIT RESTER à tout jamais pour moi l'année où Fraya est partie. Elle a attendu le mois de mars, lorsque les jonquilles étaient en fleur, près du puits. Tandis qu'elle faisait ses valises, je suis venue m'appuyer contre le chambranle de sa porte.

— Si tu pars, Fraya, qu'est-ce qu'on va faire, Flossie et moi ? On ne va plus pouvoir te dire bonne nuit.

Elle a pris le bocal que je lui avais donné quand elle était rentrée de chez le docteur Lad. Les petits bouts de papier sur lesquels nous avions écrit "bonne nuit" étaient toujours à l'intérieur.

— Remplissez-le avec d'autres "bonne nuit", m'a-t-elle répondu en me tendant le bocal. Je mettrai mes "bonne nuit" de côté pour Flossie et toi. Et quand nous nous verrons, nous échangerons nos bouts de papier et nous saurons que chacune d'entre nous a pensé aux autres.

Je lui ai souri.

Lint est arrivé en courant.

— Tu vas me m-m-manquer, Fraya.

— Je ne vais pas loin. Je passerai tous les jours. Et quand tu viendras me voir au *diner*, je te servirai un milk-shake.

Lint a commencé à tirer sur son nez.

— À condition que tu arrêtes de tirer sur tes oreilles, ton nez et tes cheveux, a poursuivi Fraya en prenant gentiment les mains de son petit frère dans les siennes. Tu tires sur toutes les bonnes choses. Tu ne sais pas ça ?

Puis elle a baissé les yeux sur les pieds de Lint avant d'ajouter :

— Et à condition que tu gardes tes chaussures. Tu as encore des pieds tendres de bébé. Il faut les protéger. Même Betty porte des chaussures de temps en temps, mais toi, tu ne veux jamais en mettre.

— Je ne veux pas enfermer m-m-mes pieds comme s'ils avaient fait qu-qu-quelque chose de mal.

— Bon, allez, viens, Lint, a dit Maman sur le seuil de la porte.

Elle avait un caillou à la main. Il a couru vers elle, tout heureux de prendre la pierre, et ils sont partis ensemble dans le couloir. J'ai entendu Maman lui dire qu'il y avait des poires dans la cuisine.

Je me suis retournée vers Fraya et je l'ai observée ranger le reste de ses affaires. Le logement où elle allait vivre était situé juste au-dessus du Dandelion Dimes, où elle avait trouvé un emploi. Le Dandelion Dimes* était un *diner* en ville. Tout y était jaune, y compris la tenue de Fraya, sa coiffe et ses chaussures. Toutes les serveuses devaient porter des chaussettes jaunes fournies par l'établissement, repliées avec

* *Dandelion* signifie pissenlit. *Dime* : pièce de dix cents.

des collerettes froufroutantes qui s'agitaient quand elles marchaient. Leurs jambes de femmes prenaient une allure enfantine dans la mesure où ces collerettes les faisaient paraître pas plus âgées que des petites filles de six ans.

À l'époque où le *diner* avait été construit, la propriétaire avait décidé que les fleurs de pissenlit pouvaient remplacer les pièces de dix cents. Après sa mort, sa famille avait poursuivi cette politique au fil des générations. On voyait des pissenlits dans les porte-monnaie et les portefeuilles s'échanger entre clients et serveuses et être laissés sur les tables comme pourboires. Il y avait même des pissenlits dans le tiroir-caisse, comme s'ils avaient autant de valeur que les dollars qu'ils côtoyaient.

Une bonne partie de ces fleurs de pissenlit étaient récupérées par Fraya qui les montait dans son appartement pour en faire une lotion. Cela m'a vite manqué – ne plus pouvoir observer Fraya fabriquer cette lotion à la maison, les fleurs jaunes mises à sécher, étalées sur le plan de travail, certaines déjà montées en graines. En secret, Fraya et moi nous amusions à souffler sur celles-là, les projetant dans les fissures de la cuisine avant de réunir les bocaux à large ouverture pour faire infuser les fleurs restantes dans de l'huile. Nous posions les bocaux sur le rebord des fenêtres, au soleil. La lumière resplendissait dans l'huile, comme si tous les étés que cette terre avait connus étaient juste là, devant nous.

Il ne devait plus jamais y avoir ces bocaux sur le rebord de nos fenêtres après le départ de Fraya. Elle s'est mise à fabriquer sa lotion dans son appartement. Elle avait quitté la maison, emportant ses fleurs de pissenlit avec elle.

Trustin a pris la chambre de Fraya. Au début, Flossie a râlé, mais elle savait que Trustin avait besoin d'une chambre où il serait séparé de Lint.

Une fois Fraya partie, un sentiment d'absence s'est vite fait sentir chez nous. Maman a essayé de combler ce vide en faisant collection d'objets en verre coloré appelé Depression Glass, qu'elle achetait pour quelques cents dans des vide-greniers. Elle exposait sa verrerie comme si cela pouvait témoigner d'une maison pleine. Elle a commencé à faire d'autres choses aussi, comme faire mon lit ou me brosser les cheveux.

Elle s'asseyait sur la dernière marche du porche tandis que je m'installais entre ses jambes, ses pieds nus de chaque côté. Si elle faisait un véritable vacarme quand elle marchait en hauts talons sur le parquet, je me souviens de ma mère pieds nus là où le sol paraissait le plus dangereux. C'était le genre de femme à mettre des hauts talons sur du linoléum, mais à aller pieds nus sur du gravier.

À cette époque, ou bien ma mère parlait, ou bien elle ne parlait pas. Dans un cas comme dans l'autre, elle était d'une intransigeance absolue. Quand elle ne parlait pas, le silence pouvait être écrasant. Quand elle parlait, c'était pour raconter des choses qui me frappaient par surprise, comme un coup de poing dans l'estomac.

— Un jour, je suis allée à l'arrêt du car, m'a-t-elle confié une fois en passant la brosse dans mes cheveux. C'était il y a quelques années. J'avais acheté un aller simple pour La Nouvelle-Orléans. Pourquoi La Nouvelle-Orléans, j'en sais rien. Peut-être que c'était le trajet le moins cher ce jour-là. Ce dont je me souviens, c'est que j'avais emporté un sachet en papier kraft avec un œuf dur et une pomme abîmée dedans. Pour gagner mon siège, j'ai dû enjamber une flaque de vomi dans le couloir. Il y avait de la sciure partout.

— De la sciure ?

J'ai regardé une petite mouche glisser sur les ongles vernis en rouge de ses orteils.

— Seigneur Jésus. Ils mettent de la sciure sur le vomi pour que ça coule pas partout. Tu as dix ans, Betty. Tu devrais savoir ce genre de chose.

Elle a posé la brosse et s'est mise à me ratisser les cheveux avec ses doigts.

— J'étais assise dans le bus et j'attendais qu'il parte et d'un seul coup, j'ai vu ton père, debout dans le couloir. Le bus était plein. Moi, j'étais tout au fond et il ne m'avait pas encore repérée. Le chauffeur lui demandait son billet. Ton père l'a ignoré, alors le chauffeur a voulu le pousser hors du bus. "Sortez de là."

Elle a pris une voix basse comme celle du chauffeur, probablement.

— Ton père n'a rien voulu entendre. Juste au moment où il donnait un coup de poing, il m'a aperçue, assise près de la fenêtre dans le fond. Son coup de poing a mis le chauffeur K.-O. Ton père est passé par-dessus lui et s'est avancé vers moi. Il était pieds nus et il ne portait que son chapeau et ses sous-vêtements. Je me souviens, je n'avais jamais vu quelqu'un transpirer autant, alors qu'on était en janvier.

Elle a commencé à me faire une tresse française, tirant sur mes cheveux au sommet de la tête suffisamment fort pour me faire grimacer de douleur.

— Il m'a tendu un dollar, a-t-elle repris. Un malheureux dollar.

"Et il m'a dit : 'Désolé, c'est tout ce que j'ai, mais quand je t'ai vue venir par ici, tout ce que j'avais à vendre, c'était les vêtements que j'avais sur moi. Tu vas pas aller loin avec ça, mais ça te permettra de partir d'ici.'

"Avant de descendre du bus, il m'a aussi donné sa larme apache.

Elle a plongé la main dans son soutien-gorge pour en retirer quelque chose qu'elle tenait dans son poing fermé.

— Un jour, il y a longtemps, les Apaches ont été pris au dépourvu par une attaque surprise de la cavalerie U.S. Les larmes des femmes apaches se sont transformées en pierres dans leurs mains.

Maman a alors ouvert le poing, découvrant une pierre noire et lisse.

— Ton père l'a trouvée quand on traversait l'Arizona. Dans la main, ça ressemble à n'importe quel caillou noir. Mais il change à la lumière.

Elle a levé le caillou dans la lumière du soleil.

— Tu vois, Betty ? Regarde comment on peut voir à travers. On dit que ceux qui possèdent une larme des Apaches ne pleureront plus jamais parce que les femmes Apaches pleureront pour eux.

Après avoir remis la pierre dans son soutien-gorge, elle a craché dans ses mains avant de les frotter sur ma tresse.

— Ton père m'a donné cette pierre, et il est resté sur le trottoir, avec ses mains sales et ses cheveux ébouriffés.

"'Lui, il vous aime vraiment', m'a dit la vieille bonne femme assise à côté de moi. 'Les gens croient que c'est quand ils vous supplient de rester, mais en fait, c'est quand ils vous laissent partir que vous savez qu'ils vous aiment pour de bon.'

"Tu penses que c'est vrai, Betty ? Ce qu'a dit cette vieille bonne femme ?

— Je crois qu'elle ne l'aurait pas dit si ça ne voulait rien dire, me suis-je empressée de répondre.

J'ai attendu qu'une corneille dans les bois arrête de croasser pour demander à ma mère pourquoi elle n'était pas partie.

— Tu étais déjà dans le bus. Pourquoi tu n'y es pas restée pour aller à La Nouvelle-Orléans ?

Elle a mordillé l'intérieur de sa joue avant de me demander d'imaginer un drap étendu sur une corde à linge.

— Ce drap, il est là contre sa volonté. Il peut toujours essayer, il n'arrivera pas à se libérer des épingles qui l'attachent à la corde. Il reste là pendant des années. Au fil du temps, le tissu est maltraité et usé par les saisons. Les fleurs imprimées se fanent. Et puis des trous apparaissent, et ils ne font que s'agrandir. Et arrive un jour d'orage si violent que le drap se demande s'il va y survivre.

“Mais un jour le drap s'est libéré de ses épingles à linge. Il a cru qu'il pouvait se débrouiller tout seul. Et puis il s'est vu, reflété dans une flaque d'eau provenant de l'orage. Le tissu n'était plus aussi joli, et tous les trous laissaient passer le froid. Le drap s'est rendu compte qu'il n'était plus qu'une vieille chose abandonnée sur le bord de la route. Une chose qui n'intéresserait plus jamais personne. Mais avec les épingles le fixant à la corde, il pouvait rester au-dessus du niveau du sol, comme s'il se distinguait du reste. Et s'il était toujours attaché au fil à linge, et ne serait par conséquent jamais entièrement libre, il y aurait au moins trois côtés sur quatre qui pourraient toujours s'agiter dans le vent comme bon leur semblerait.

“Pour le drap, cela semblait suffisant, alors il s'est laissé remettre sur le fil pour y être attaché par ses épingles à lui. Le drap ne regrette son choix que les bons jours, quand tout semble possible. Puis viennent les mauvais jours, quand le drap est bien content d'être tenu sur le fil, parce que sinon, qui d'autre, dans ce foutu monde, le tiendrait aussi fermement ? Ce drap, cette… (Elle a abaissé la voix et les yeux en même temps.) Curieux que le mot drap soit du masculin alors qu'il est si étroitement associé à la femme, non ? J'imagine que c'est encore une façon pour les hommes de s'en tirer à bon compte.

Elle a levé le regard vers moi pour me demander :

— Est-ce que tu m'aimes, Betty ?

Quelque part une tronçonneuse hurlait. Mais je suis restée muette.

— Tu sais, dans certaines cultures, le silence est pris pour un "oui". Mais dans la plupart, c'est pris pour le contraire. Oh, je ne suis pas surprise que tu ne m'aimes pas, Betty. (Elle a appuyé sa tête contre la mienne.) Je ne suis pas surprise, parce que ma mère m'a dit un jour que je ne trouverais pas l'amour dans ce monde et que ce monde ne trouverait pas d'amour en moi.

24

Si nous disons que nous n'avons pas de péché,
nous nous mentons à nous-mêmes.
I JEAN I, 8

FLOSSIE AVAIT MONTÉ des spectacles tout au long de cet été-là. Elle avait d'abord songé à les jouer sur notre Bout du Monde. Puis elle a décidé qu'elle préférait le saule pleureur parce qu'elle pouvait se tenir sous les branches retombantes et faire comme si elle écartait un rideau de scène.

Avant une nouvelle pièce, elle découpait des petits rectangles de papier et écrivait dessus : VALABLE POUR UNE ENTRÉE AU PLUS GRAND SPECTACLE DE CET UNIVERS OU DU PROCHAIN, AVEC FLOSSIE CARPENTER DANS LE RÔLE PRINCIPAL.

Je l'aidais à préparer ces tickets tandis qu'elle apprenait son texte dans un recueil de pièces de Shakespeare.

— Tous les grands acteurs commencent avec Shakespeare, avait-elle déclaré lors de sa première pièce, qui n'était autre qu'*Hamlet*.

Elle y tenait le rôle principal, ainsi que les rôles secondaires.

Ce week-end, ce devait être *Roméo et Juliette*. Assise par terre dans notre chambre, j'écrivais ce titre au dos des tickets de fortune tandis que Flossie, étendue sur son lit, perfectionnait sa Juliette agonisante. Elle avait mis des foulards diaphanes sur les abat-jour.

— Pour créer l'atmosphère, avait-elle dit tandis que son ombre était projetée sur les murs dans la lumière tamisée.

Elle avait notre brosse à cheveux à la main et elle l'agitait dans tous les sens.

— Ô, bienheureux poignard.

Elle s'est servie de ses deux mains pour se frapper la poitrine avec le manche de la brosse.

Elle s'est penchée, se retournant avant de rouler sur le lit et de lâcher une poignée de bonbons acidulés à la cerise pour représenter son sang.

— Ô, pauvre de moi. Car je meurs maintenant.

Elle a essayé de prendre l'accent anglais tandis qu'elle s'agitait de soubresauts en émettant une sorte de gargouillis. Ses yeux se sont révulsés et la brosse lui a échappé des mains.

J'ai pouffé de rire, puis j'ai aperçu Trustin sur le seuil de la porte.

— Qu'est-ce qui arrive à Flossie ?

— Elle est morte.

Flossie a entrouvert un œil. Elle l'a refermé aussitôt en voyant Trustin approcher.

— Je te vois respirer, Flossie, lui a-t-il dit.

— Impossible.

Elle s'est relevée et s'est mise à rebondir debout sur le lit, en claironnant :

— Je fais la morte aussi bien qu'un cadavre.

Trustin a ramassé un des bonbons à la cerise et l'a mis dans sa bouche. Flossie continuait à nous expliquer à quel point elle faisait bien la morte quand tout à coup, Trustin a porté une main à sa gorge et a montré sa bouche ouverte de l'autre.

— Il s'étrangle, ai-je crié en même temps que je me levais, éparpillant les tickets qui étaient sur mes genoux.

Flossie a sauté du lit pour lui donner des tapes dans le dos.

— Recrache-le, idiot.

Elle l'a tapé plus fort.

J'ai également donné des tapes dans le dos de Trustin, mais il est tombé en avant sur le lit. Il a gargouillé, puis il est devenu tout flasque. De la salive, colorée en rouge par le bonbon, a coulé du coin de sa bouche.

— Il est mort, Betty.

Flossie a retenu son souffle.

— Non, il n'est pas mort, ai-je répliqué en essayant de relever Trustin.

— Il va falloir envelopper son corps dans un drap pour le sortir de la maison sans que personne le voie. (Ses yeux étaient tellement écarquillés que j'ai cru qu'ils allaient sortir de leur orbite.) On l'enterrera dans les bois, près de Corncob.

— Corncob ? s'est écrié Trustin en se relevant d'un coup.

Nous avons poussé un hurlement, Flossie et moi, et nous avons fait un bond en arrière.

— Espèce d'abruti, a lancé Flossie en lui tirant les cheveux.

— Aïe !

Il lui a donné une tape sur les mains avant de demander :

— Qu'est-ce que vous avez fait à Corncob, toutes les deux ?

— Exactement ce qu'on va te faire, crotte de putois.

Flossie s'est précipitée sur lui, mais il s'est reculé à l'autre bout du lit. Elle l'a suivi et ils ont fini par atterrir en même temps sur le plancher avec un bruit sourd.

— Tu vas plus avoir besoin de faire le mort. (Flossie s'est redressée, les poings levés.) On va t'enterrer pour de bon cette fois-ci.

— Au secours, Betty.

Trustin a rampé sous le lit.

— Laisse-le tranquille, Flossie, ai-je dit en essayant de lui bloquer le passage.

Filant dans le couloir, Trustin a glissé et heurté le mur. Flossie était sur le point de l'attraper, mais je lui ai tiré les cheveux et Trustin a eu le temps de s'échapper.

— Tu es censée être de mon côté.

Elle m'a poussée avant de rentrer, furieuse, dans notre chambre.

Quand je l'ai rejointe, elle était étendue sur son lit. Elle avait la brosse à cheveux à la main et elle répétait une fois de plus la scène de la mort de Juliette. Je me suis assise par terre et j'ai continué à découper les tickets. On avait toutes les deux le chic pour reprendre là où on s'était arrêtées.

Le samedi venu, je me tenais avec Flossie derrière le rideau de branches du saule pleureur pendant qu'elle répétait son texte. Par-dessus son short et son débardeur, elle portait un costume qu'elle avait cousu elle-même. Il consistait en une longue robe en patchwork faite avec des tabliers usés de Maman. Le haut avait été découpé dans une vieille nappe avec des fruits imprimés.

— Ça me donne un air vraiment ancien, tu trouves pas ?

Pour le reste, Flossie avait cousu deux napperons en dentelle afin d'en faire un gant pour sa main gauche. Elle avait aussi un abat-jour crème. Trustin avait dessiné le visage des personnages principaux de la pièce sur l'extérieur de cet abat-jour. Quand Flossie ne jouait pas Roméo ou Juliette, elle posait l'abat-jour sur sa tête et interprétait les rôles des autres personnages, leur visage apparaissant au-dessus du sien. Selon le cas, elle baissait ou haussait le ton de sa voix.

C'était ce qu'elle était en train de répéter quand Fraya nous a rejointes sous les branches.

— Ce côté-là, c'est Juliette.

Flossie a tourné sa joue droite vers Fraya et moi.

Son œil droit était outrageusement fardé de mascara, et elle avait eu la main lourde avec le blush et le rouge à lèvres. Son sourcil était assombri d'eye-liner.

— Et ça, c'est Roméo.

Elle nous a montré l'œil non maquillé. Elle n'avait pas mis de blush sur sa joue gauche et cette moitié de ses lèvres était nue. Elle avait aussi retenu la moitié de ses cheveux en arrière avec une barrette.

— J'espère que je ne vais pas mourir aujourd'hui. Comme Juliette.

— Pourquoi tu dis ça ? lui a demandé Fraya.

— Je ne me sens pas bien depuis ce matin. J'ai mal au ventre.

— C'est seulement la nervosité, l'a rassurée Fraya.

J'ai légèrement écarté le rideau de branches pour voir que Trustin, Lint et Papa étaient arrivés avec un saladier de pop-corn. Bien que le spectacle soit gratuit et que Flossie ait distribué des tas de tickets, personne, à part nous, les Carpenter, n'était là. Cela n'avait pas d'importance pour Flossie. Elle allait jouer comme si elle était devant des centaines de personnes.

— Je suis prête. (Elle a placé ses mains jointes devant elle.) Levez le rideau, machinistes.

Elle parlait en prenant un air aristocratique.

J'ai échangé un regard avec Fraya avant d'écarter les branches du saule pour permettre à Flossie d'émerger sur la scène. Dès qu'elle a été en place, Fraya et moi avons laissé retomber les branches avant d'aller prendre notre place sur l'herbe.

— "Deux familles, égales en noblesse, dans la belle Vérone, où nous plaçons notre scène."

Flossie avait parfaitement mémorisé l'ouverture. C'est à partir du milieu jusqu'à la fin de la pièce qu'elle a eu des problèmes. Le livre ouvert sur les genoux, Papa devait lui souffler son texte quand elle se trompait. Malgré cela, Flossie improvisait souvent des répliques bien à elle.

— Oh, Roméo, tu ressembles à James Dean. (Et elle embrassait sa propre main passionnément.) Oh, tes baisers, Roméo, ont un goût de soda.

Lint et Trustin ont commencé à siffler tandis qu'elle continuait à s'embrasser la main.

— Bon, ça suffit, Flossie.

Papa s'est éclairci la gorge avant de lui souffler la ligne suivante.

Fraya ne pouvait pas assister au spectacle jusqu'au bout. Elle devait retourner travailler. Après son départ, Lint a eu de plus en plus de mal à rester assis tranquillement. Puis il a remarqué qu'il avait des plis à son short, et il a passé le reste du temps à les repasser avec un caillou. Trustin s'est mis à dessiner sur les feuilles qu'il avait apportées avec lui, saisissant Flossie sur scène avec son fusain. Après avoir frotté son dessin avec son doigt afin de donner plus de mouvement aux branches du saule pleureur, il s'est penché pour me chuchoter :

— Si elle se coupe les veines, j'applaudis.

— Se coupe les veines ? ai-je répété tout bas.

— Non. (Il a secoué la tête.) J'ai dit si elle *coupe les scènes*.

Peut-être que j'avais mal compris sa première phrase, mais c'était seulement parce que Flossie avait commencé à faire glisser ses doigts en travers de son poignet. Cela m'avait rappelé ce que Fraya m'avait dit.

Je me tuerai et ce sera entièrement ta faute Betty.

Je me suis renversée en arrière et j'ai écouté la voix de Flossie flotter au-dessus de moi. Un petit moment plus tard, Trustin et Lint se sont levés pour partir. Ils étaient restés le temps qu'ils avaient promis à Papa de rester. Un monologue plus tard, Flossie saluait enfin son public. Papa s'est levé pour applaudir avant de ramasser quelques fleurs de pissenlit pour les jeter aux pieds de Flossie qui s'est exclamée :

— Oh, quels jolis pissenlits !

Elle les a rassemblés pour en faire un bouquet. Papa nous a dit que nous devrions les porter au Dandelion Dimes et nous faire offrir quelque chose par Fraya, mais Flossie a répondu qu'elle n'avait pas faim.

Elle est partie en direction de la maison avec son bouquet, se tenant le ventre et perdant ses fleurs en route.

Papa et moi avons pris notre temps pour rentrer. Il avait une lettre de Leland.

— Elle est arrivée ce matin, a-t-il expliqué avant de la lire en silence.

— Qu'est-ce qu'il écrit ?

— Il ne conduit plus de camion. Il s'est trouvé du travail comme menuisier en Alabama, il fabrique des bancs d'église. Il parle beaucoup de cette église. (Il a replié la lettre.) J'ai l'impression qu'il pourrait bien se lancer là-dedans.

— Qu'est-ce que tu veux dire ?

— Sa façon de parler ressemble à celle d'un pasteur, pour autant que je m'y connaisse.

— Pasteur ? (Je me suis arrêtée.) Il peut pas être pasteur.

— Bon, ce n'est pas la voie que je choisirais. (Papa s'est arrêté aussi.) Mais si c'est ce qu'il veut.

— Je veux dire il ne peut pas devenir pasteur. Il n'est pas assez bon.

— On leur enseigne tout ce qu'ils doivent savoir, m'a répondu Papa comme s'il pensait lui-même à toutes ces leçons. Il se débrouillera bien.

— C'est pas ça que je veux dire, P'pa. C'est son âme qui n'est pas assez bonne. Dieu ne voudra pas de lui.

— Qu'est-ce que tu veux dire exactement, Betty ?

J'ai eu envie de tout raconter à Papa, mais j'ai eu peur d'avoir le sang de Fraya sur les mains si je le faisais.

— Rien. Ça n'a pas d'importance.

J'ai couru et je suis arrivée à la maison avant Papa. Dans la chambre, j'ai trouvé Flossie assise dans son lit. Je lui ai demandé :

— Qu'est-ce que tu as ?

Elle s'est roulée sur le côté pour me montrer le derrière de son short jaune pâle. Il y avait une grande tache rouge. Le drap sous elle était taché aussi.

— Dans quoi tu t'es assise, Flossie ?

— Je ne me suis assise dans rien, face de rat.

Elle s'est serré le ventre encore plus fort. C'est à ce moment-là que j'ai compris : la chose dont Fraya nous avait dit qu'elle arriverait à notre corps était arrivée à Flossie.

— Je pensais que tu serais contente quand ça commencerait.

— T'as déjà été contente d'avoir mal au ventre, Betty ?

— Mais tu voulais un soutien-gorge et…

— C'était moi qui voulais ces choses-là pour moi. Ça… ça nous est imposé.

— Fraya a dit que ça n'était pas si douloureux.

— Elle nous l'a dit pour qu'on n'ait pas peur, Betty. Et en plus, je ne suis pas Fraya. Et ce n'est pas son corps. C'est le mien. (Elle m'a lancé un coup d'œil furieux.) Et raconte à personne que c'est arrivé. Je veux pas qu'ils s'imaginent qu'ils vont me regarder autrement.

— D'après Fraya, ça signifie que tu es une femme.

— Pourquoi faut saigner pour gagner le droit d'être une femme ? (Elle a donné des coups de poing sur son matelas.) Et qu'est-ce qui se passe quand on vieillit et que ça s'arrête ? Alors quoi ? On n'est plus une femme à ce moment-là ? C'est pas le sang qui définit ce qu'on est. C'est notre âme.

Elle a mis la main sur l'arête de son nez, juste à l'endroit où Papa nous a toujours dit que se trouvait notre âme.

— Les âmes n'ont pas de cycle menstruel. Les âmes existent, c'est tout. (Elle s'est recroquevillée en se tenant le ventre.) Fais quelque chose, Betty. J'ai mal.

J'ai fait ce que je pensais que Papa aurait fait. Je suis allée dans le garage. Je m'attendais à le trouver vide, mais Lint était là, sous les herbes accrochées au plafond.

— Qu'est-ce que tu fais là ?

— J'aime bien venir là p-p-pendant que les p-p-plantes sèchent.

— Il faut que je fasse une tisane pour Flossie.

J'ai commencé à fouiller les étagères.

— Qu-Qu-Qu'est-ce qu'elle a ?

— Elle a mal. Tu veux m'aider à préparer quelque chose pour elle ?

Ensemble nous avons pris les bocaux de camomille, de racine de valériane et de gingembre sauvage. Nous les avons versés dans le tronc d'arbre creux près du garage. Avec le pilon de Papa, nous avons écrasé les fleurs et les racines avant de racler la poudre avec nos mains pour la mettre dans un pot. Après avoir pris de l'eau de la rivière dans le seau, nous avons fait bouillir le liquide jusqu'à obtenir une tisane brunâtre.

— Ça va lui f-f-faire du bien, a dit Lint en versant le liquide dans une tasse en bois.

J'ai porté la tasse de tisane à l'intérieur. Quand je l'ai tendue à Flossie, j'ai vu qu'elle avait écrit *Je te déteste* au stylo noir sur la tache de sang sur le drap.

Elle a bu une gorgée, mais elle l'a recrachée.

— On dirait de la pisse d'écureuil. Je pensais que tu voulais faire quelque chose pour m'aider, Betty.

Je suis allée allumer la radio. Elle passait une chanson que Flossie aimait bien. Tandis qu'elle se tenait le ventre, j'ai défait le drap aux coins du lit et je l'ai tiré de sous elle. Avec le stylo qu'elle avait utilisé pour écrire *Je te déteste*, j'ai transformé les mots pour en faire les motifs en forme de tourbillons d'une robe que j'ai obtenue en ajoutant à la tache rouge des manches et la jupe. J'ai tracé des bras en prolongement des manches, et deux jambes sous le bas de la robe. Au-dessus du col, j'ai soigneusement dessiné le cou et la tête d'une fille aux longs cheveux qui s'étiraient pour représenter les cinq branches d'une étoile.

— C'est qui ? m'a demandé Flossie.

— Notre arrière-arrière-arrière-arrière-grand-mère cherokee quand elle était jeune. Elle aussi rêvait d'être une star.

En tenant le drap levé, j'ai commencé à tourner avec la fille du dessin au rythme de la musique.

— Tu sais, il y a une légende cherokee qui raconte que si tu arrêtes de danser, le monde s'arrête, lui ai-je dit. Je crois que les femmes de notre famille ont probablement dansé tout le temps. Je crois qu'elles ont dansé quand elles sont nées. Quand elles ont vu pour la première fois l'oiseau qui vole le plus haut dans le ciel. Quand elles ont descendu la rivière sur toute sa longueur pour prouver qu'elles en étaient capables alors que tout le monde disait le contraire. Et je sais qu'elles ont dansé quand elles ont saigné pour la première fois. C'est pour ça qu'une tisane n'y changera rien, Flossie. Tu dois danser, parce que c'est ce que les femmes de notre famille ont toujours fait pour tous les événements de leur vie. C'est pour ça que le monde ne s'est jamais arrêté, parce que quels que soient les changements ou les souffrances qu'elles subissaient, les femmes dansaient. Elles savaient que le monde devait continuer si elles voulaient voir toutes les bonnes choses découler de ce changement et de cette souffrance. Tu ne veux pas que le monde s'arrête, hein, Flossie ? Sinon tu ne seras jamais une star.

Elle m'a observée tandis que je dansais avec le drap, le tirant en l'air comme un ruban, le faisant tourbillonner du bout de mes doigts. Sans dire un mot, elle s'est levée et a pris l'autre extrémité jusqu'à ce que le drap soit bien tendu entre nous, la fille dessinée regardant le plafond. Nous avons tourné comme ça et nous nous sommes mises à rire toutes les deux. La chambre autour de nous a disparu dans notre esprit, et nous avons dansé jusqu'au moment où nous nous sommes retrouvées dans une clairière en pleine nuit. Sous une voûte sans étoiles. Nous avons levé le drap de plus en plus haut et la fille dessinée s'est trouvée propulsée vers le ciel pour finalement se désintégrer en un milliard de particules de lumière.

25

Que la femme écoute l'instruction en silence.
1 TIMOTHÉE 2, 11

QUAND LE PÈRE de Maman est mort, un mois plus tard, ça ne m'a rien fait. Mais j'ai été surprise d'entendre Maman dire que nous allions à l'enterrement. C'est Mamie Lark qui avait appelé pour nous dire qu'il était mort. Maman a pris le téléphone, elle a écouté et elle a dit : "D'accord." Puis elle est allée dans sa chambre et elle a sorti une robe noire. *D'accord.* Elle s'est assise à la coiffeuse et a brossé ses cheveux lentement. *D'accord.*

Elle a pris le seul parfum qu'elle avait. White Shoulders – *Épaules Blanches*. Elle a enlevé son corsage. En soutien-gorge, elle a vaporisé le parfum sur ses épaules blanches. Pression après pression, elle s'est aspergée jusqu'à ce que le parfum dégouline le long de ses bras et goutte du pli de ses coudes sur le parquet. Toute la pièce embaumait comme un été de fleurs blanches. Quand tout a été vaporisé, elle a regardé le flacon vide et elle s'est mise à pleurer.

— M'man ?

J'ai fait un pas dans sa chambre qui, brusquement, m'a semblé à peine plus grande qu'un placard à balais.

— Il n'y en a plus, a-t-elle dit, tandis que ses larmes tombaient, se mélangeant au parfum.

Au lieu de faire un autre pas en avant, j'ai fait un pas en arrière. Je ne savais pas comment consoler une femme qui venait de vider son unique flacon de bon parfum afin de ne pas être obligée d'affronter la douloureuse vérité que même si son père était mort, ce qu'il lui avait fait n'en continuerait pas moins à vivre.

L'enterrement de Grand-père avait lieu le lendemain. Leland venait d'Alabama en voiture pour y assister et il devait nous retrouver à la chambre funéraire. Maman a pris soin de vérifier que Trustin et Lint s'étaient fait une queue-de-cheval courte. Tous les deux se laissaient pousser les cheveux et ils leur arrivaient au milieu du dos.

De sa chambre, elle m'a appelée alors que j'étais dans la mienne :

— Et toi, Betty, fais attention à mettre une robe bien propre. Pas de tache de fruit, pas de ver de terre dans les poches ni…

Je suis entrée dans sa chambre avec ma plus belle robe. Celle avec le bas plissé et le col à festons. Je ne m'étais pas habillée pour porter le deuil, mais pour célébrer le fait qu'un homme mauvais n'était plus de ce monde.

— Mais qu'est-ce que tu es mignonne.

Elle m'a regardée comme si elle venait seulement de s'apercevoir que je n'avais plus cinq ans.

Elle a baissé le regard sur ma poitrine.

— Il va te falloir quelque chose, a-t-elle dit avant d'entrer dans sa penderie.

Elle en est ressortie avec un portemanteau en fil de fer sur lequel était accroché un caraco. Il était couleur crème et il y avait un petit nœud sur le devant, comme celui que Flossie avait sur son premier soutien-gorge.

— Je sais que tu n'es pas comme Flossie. Tu ne mettras pas de soutien-gorge avant d'en avoir vraiment besoin. Mais prends ça en attendant.

Elle m'a tendu le caraco. Je l'ai pris tête baissée avant de filer immédiatement dans ma chambre.

J'ai refermé ma porte et je m'y suis adossée pour regarder ce que ma mère m'avait donné. Le caraco était très fin. Je voyais la lumière à travers. J'ai passé les doigts sur la dentelle du haut.

— T'es bête, ai-je dit au caraco avant de le jeter sur le lit.

J'ai baissé les yeux sur ma poitrine. Ma robe était ample, mais j'ai pu voir le contour de deux petites protubérances. J'ai appuyé dessus avec mes deux mains, mais les deux pointes étaient toujours là, comme deux petites collines sur le paysage de mon corps.

J'ai déboutonné ma robe et je l'ai enlevée pour pouvoir enfiler le caraco. Je ne me suis regardée dans le miroir qu'une fois entièrement rhabillée. Alors seulement j'ai scruté avec soin mon reflet afin de m'assurer que ni les bretelles ni la dentelle du caraco n'étaient visibles, comme si ce sous-vêtement était une chose possédant des tentacules qu'il me fallait dissimuler.

— Pour des yeux douloureux, ai-je conseillé à mon image, prendre de l'écorce de gommier noir et l'écraser.

J'ai appuyé mes mains l'une contre l'autre.

— Non, ne pas l'écraser, me suis-je corrigée. Faire bouillir. Verser la décoction encore bouillante dans les yeux afin de tout brûler.

J'ai renversé la tête en arrière et j'ai levé les mains au-dessus de mon visage, comme si je versais du liquide dans mes yeux. Après avoir cligné des paupières deux ou trois fois, j'ai regardé dans le miroir pour voir que rien n'avait changé dans mon reflet.

Quand je suis descendue, j'ai hésité, me demandant si quelqu'un allait remarquer que je portais quelque chose de différent. Ils se sont tous contentés de sortir pour se diriger vers la voiture, alors j'ai suivi. En passant à côté de la queue de raton laveur sur l'antenne, je me suis demandé à quel moment j'avais cessé de toucher ce porte-bonheur.

De toute façon, c'est puéril, me suis-je dit en me trémoussant dans mon caraco avant de m'installer sur la banquette arrière près de Fraya et Flossie.

En route, nous avons toutes les trois plongé la main dans nos poches pour échanger nos bouts de papier avec les "bonne nuit" écrits dessus. En silence, nous les avons fait circuler entre nous avant de les remettre dans nos poches.

Quand nous sommes arrivés à la chambre funéraire, Leland nous attendait, appuyé contre son camion. Fraya a simplement glissé son sac à main dans le creux de son bras et a enfilé ses gants. Il était difficile de dire si Leland nous regardait. Il portait des lunettes de soleil.

— Un instant.

Maman nous a tous inspectés des pieds à la tête afin de s'assurer que nous avions l'air aussi convenables que possible.

— Bon, a-t-elle conclu, seulement à demi satisfaite. On peut entrer.

La chambre funéraire sentait le tabac froid. La moquette rase était tachée par endroits et semblait dater du siècle dernier. Maman a inscrit nos noms dans le registre. Puis nous nous sommes avancés lentement, l'un derrière l'autre, dans la longue salle pour aller contempler le vieil homme ridé dans le cercueil bon marché. Il n'y avait pas grand monde, juste quelques vieillards qui toussotaient sans arrêt, probablement de vieux copains de bar de Grand-père qui se tapaient dans le dos en chantant les mêmes vieilles chansons que celles qu'ils chantaient quand ils étaient jeunes et avaient le cœur en bon état, si toutefois ils avaient eu un cœur. La cérémonie a été courte, à peine suffisante pour justifier que ces hommes aient mis leur plus beau jean et leur chemise de flanelle la plus propre.

Après que le corps de Grand-père eut été mis en terre dans le cimetière de Joyjug, nous sommes allés à ce qui avait été sa maison. Mes frères et sœurs et moi-même sommes restés devant la porte-moustiquaire, incapables de franchir le seuil. Nous entendions encore dans notre tête la voix de Grand-père :

N'entrez pas chez moi, espèces de petites merdes. Restez dehors, avec tous les autres animaux répugnants et inutiles.

— Ne restez pas dehors. (La voix de Mamie Lark a couvert la sienne.) À moins que vous n'ayez l'intention de repeindre la véranda.

À chacun de nos pas à l'intérieur, nous nous attendions à entendre la voix de Grand-père nous ordonner de partir. Ce n'est qu'après avoir vérifié chaque recoin et constaté qu'il était bien mort, tout compte fait, que nous avons exploré les lieux.

Je ne suis pas sûre de savoir comment j'avais imaginé les pièces. Elles étaient chichement meublées. La chose la plus colorée était une couverture au crochet façon “granny square” posée sur le dossier d'un fauteuil. Il y avait trois photos encadrées qui se partageaient une table avec une lampe. L'une d'elles représentait une locomotive. Sur la plus petite on voyait un gros chien. La photo dans le cadre noir entre les deux autres était celle d'un homme jeune. Quand Papa l'a prise dans la main, Mamie Lark a dit :

— C'est mon mari quand il était jeune.

— Tu es le portrait de ton papi tout craché, mon garçon, a lancé Papa en montrant la photo à Leland.

Leland a jeté un rapide coup d'œil à la photo, mais il était davantage intéressé par Fraya, debout devant une plante qui s'étiolait dans un coin de la pièce.

Maman s'est empressée de prendre la photo des mains de Papa pour la remettre sur la table avant de rejoindre sa mère dans la cuisine et l'aider à faire du café. Les deux femmes ne se parlaient pas. Si elles n'avaient pas eu les mêmes yeux gris, personne n'aurait pu dire que c'étaient la mère et la fille. Pas avec la manière dont elles s'efforçaient d'être si distantes l'une de l'autre. Je savais que quelles que soient les circonstances, que ce soit en cas d'incendie, d'inondation ou de toute autre catastrophe, elles ne pourraient compter l'une sur l'autre. Chacune d'elles laisserait l'autre brûler, se noyer ou mourir de toutes les façons les plus horribles plutôt qu'agripper sa main et montrer ne serait-ce qu'une infime parcelle d'amour.

Elles ont servi le café dans le salon mâchoires serrées. Papa a pris une tasse et a soufflé sur le liquide chaud en regardant le ciel bleu par la fenêtre.

— C'est vraiment une sacrée belle journée, a-t-il dit.

— Belle n'est pas le mot que j'emploierais.

Mamie Lark a tourné la tête vers lui, le fusillant du regard.

— Je voulais juste dire que le soleil fait du bien.

Papa a vite pris une autre gorgée de café.

Maman faisait le tour de la pièce comme si elle n'avait jamais vécu là. Son œil s'est arrêté sur l'assortiment de dessins au fusain qui encombraient le buffet. Le regard de Trustin a fait l'aller-retour entre les dessins et moi. Puis, tous les deux, nous avons regardé Maman les saisir délicatement par le bord pour ne pas effacer le fusain ou s'en mettre sur les doigts. Comme si elle n'était pas capable de donner elle-même un nom à la foudre et au tonnerre, elle a demandé à sa mère de quoi il s'agissait.

— Des orages.

Mamie Lark a gardé le mot un bon moment, puis elle a remué la bouche comme si elle avait du mal à avaler.

— On a commencé à les recevoir au courrier il y a un an environ, dans des enveloppes ordinaires, adressées à ton défunt papa bien-aimé et moi. La foudre, le tonnerre et la pluie. Si tu veux mon avis, c'est ces orages qui ont tué ton papa. Sentir la menace d'un tel orage venant de quelqu'un qui est là, quelque part dans le monde, ça empêche un homme de trouver la paix. Ton papa méritait pourtant bien d'avoir la paix, non ? C'était un homme d'une grande bonté. Vous n'aviez pas le droit de vous en prendre à lui comme vous l'avez fait, jeune homme, le jour où vous nous avez enlevé Alka. (Elle a agité le doigt en direction de Papa.) Vous avez failli le tuer. Je me demande même pourquoi je vous laisse entrer dans cette maison maintenant, mais je pense que la mort atténue les vieilles rancunes.

— Je ne l'ai pas corrigé sans une bonne raison, a répondu Papa en regardant par la fenêtre, vers l'endroit de la cour où il avait maintenu Grand-père Lark au sol. Un homme qui bat une femme comme il l'a fait mérite d'avoir un avant-goût de l'enfer.

Attirés par les cerises, mes sœurs et mes frères sont allés dans la cuisine. Avant de les suivre, Trustin m'a regardée. J'ai entendu la moustiquaire s'ouvrir et se refermer. J'ai décidé de rester encore un peu dans le salon pour observer Maman qui examinait les éclairs sur les dessins. Elle en connaissait l'auteur. La question qu'elle devait se poser concernait la personne qui les avait envoyés. Elle savait que Trustin n'était pas assez déterminé pour ça. Elle a levé les yeux vers moi.

— Tout ça, c'est bien loin, disait Mamie Lark à Papa. Un bleu ou une cicatrice, ça n'a plus beaucoup d'importance maintenant. J'ai quelques pieds de chèvrefeuille dans le jardin. (Elle a tendu son doigt crochu vers la fenêtre.) Vous pouvez les prendre si vous voulez. Alka m'a dit que vous aimiez les plantes.

Maman a immédiatement lancé un coup d'œil à Papa. Elle a semblé gênée qu'il soit ainsi révélé qu'elle savait finalement deux ou trois choses de lui. Comme si de là à dire tout haut qu'elle aimait son mari il n'y aurait plus eu qu'un pas. Quel aveu de faiblesse cela aurait été pour une femme telle que ma mère, qui exhibait ses épines aussi judicieusement que n'importe quelle rose.

Pendant que Maman reposait les orages sur la table, je suis allée rejoindre les autres dehors. Ils étaient dans le jardin, sous le vieux cerisier. Trustin s'était arrêté juste avant. Je me suis approchée de lui. Nous avons tous les deux levé les yeux vers les branches de l'arbre. Nous venions de nous rendre compte que certaines choses ne sont jamais aussi grandes que dans le souvenir que l'on a d'elles.

— Tu es en colère de savoir où tes orages ont atterri, Trustin ?

— Tu crois que c'est les orages qui l'ont tué ?

Il a regardé les feuilles rouler dans le vent.

— Ça t'embêterait si c'était le cas ?

— Non.

Il m'a attrapé la main et ensemble nous nous sommes avancés jusque sous l'arbre.

Leland, Fraya, Flossie et Lint étaient tous en train de contempler les fruits que Grand-père Lark nous avait interdit de toucher.

— Qu'il aille au diable, a dit Fraya en tendant la main pour cueillir une cerise.

Nous l'avons tous observée tandis qu'elle tournait la cerise dans sa main, admirant les courbes charnues et le rouge profond. Puis, avec un air de défi puéril, elle l'a mise dans sa bouche.

— Ça a quel goût ? a demandé Flossie.

— Le goût de quelque chose de magnifique, a dit Fraya avant d'en attraper d'autres par poignées et de les enfourner goulûment jusqu'à ce que ses joues soient gonflées.

Tandis que le jus dégoulinait sur son menton, je me suis dit que Dieu se manifeste dans des petites choses que nous ne voyons pas toujours, sauf s'il se trouve que nous regardons au bon endroit, juste au moment où une sœur défie les démons et vous rappelle que tous les paradis ne sont pas encore perdus.

Presque aussitôt, nous nous sommes tous mis à cueillir nos propres cerises. Leland en a pris une et est allé à la limite de l'ombre projetée par l'arbre. Examinant la cerise, il a semblé réfléchir à ce qu'il devait en faire. Après avoir décidé, il l'a écrasée entre ses doigts et l'a jetée au sol.

Les autres et moi avons mangé toutes celles qui étaient à notre portée. En riant, nous nous sommes amusés à nous cracher les noyaux les uns sur les autres, et pendant tout ce temps, le soleil brillait à travers les branches. Une queue de cerise coincée entre mes lèvres, j'ai regardé la petite maison blanche. D'abord, j'ai cru voir Grand-père Lark qui nous observait en fronçant les sourcils depuis sa fenêtre. Mais ce n'était pas lui. C'était notre mère, et elle ne fronçait pas les sourcils.

Sur le chemin du retour, nous avons fait un peu de place pour les pieds de chèvrefeuille que Papa avait déterrés. De longues tiges fines qui se balançaient chaque fois que les pneus roulaient sur des graviers. Les fleurs ont rempli la voiture de leur fragrance délicate et fraîche. Je croyais que les petites fleurs en trompette étaient à l'origine de toute musique. À l'origine du rythme de toutes les choses dont nous nous nourrissons au cœur de la nuit, quand nous sommes assez proches les uns des autres pour sentir les perles de sueur couler sur notre peau.

Leland nous a suivis jusqu'au moment où il a tourné en direction de la grande route qui devait le ramener en Alabama. Il a donné un petit coup de klaxon et nous a fait signe. Fraya et moi avons été les seules à ne pas lui faire signe en retour.

Une fois dans Main Lane, Papa a déposé Fraya, Trustin et Flossie en ville avec suffisamment d'argent de poche pour le cinéma. Lint n'a pas voulu y aller parce que l'idée de rester assis dans le noir ne lui plaisait guère. Quant à moi, je n'avais pas envie de voir un film parce que je n'étais pas d'humeur à laisser Flossie me répéter à l'oreille tout ce que disaient les acteurs, comme elle faisait toujours.

Quand nous sommes arrivés à la maison, tous les quatre, Papa et Lint ont porté les pieds de chèvrefeuille dans le jardin pour les planter.

Pendant ce temps-là, Maman est allée chercher le courrier. Tandis qu'elle le sortait de la boîte, une voiture s'est arrêtée près d'elle. Je suis restée sur la véranda et j'ai vu un homme lui tendre un journal plié par sa vitre ouverte. Il lui a dit quelques mots avant de repartir.

En revenant, Maman a coincé le courrier sous son bras pour déplier le journal que l'homme lui avait donné. Elle est passée à côté de moi pour entrer dans la maison tout en lisant. Je l'ai suivie jusqu'en haut, dans sa chambre, où elle a posé son sac et le courrier sur le lit. Elle a accompli tous ces gestes sans détacher une seule fois le regard de ce qu'elle lisait.

— C'était qui, M'man ?

— Le rédacteur en chef du modeste journal de notre ville, *The Breathanian*.

— *The Breathanian* ? J'ai gagné le concours de poésie ? (J'ai écarquillé les yeux à cette idée.) C'est pour ça qu'il est venu ? Pour te dire que j'avais gagné ?

— Tu parles de se faire baiser. (Elle a tapé du doigt sur le journal où apparaissait mon poème écrit à la main.) Et tu t'imagines que le journal d'une petite ville va te donner quelque chose pour ça ? Ce qu'ils veulent, c'est une poésie bien gentille sur les papillons et les oiseaux. Pense au nombre de jolis petits sucriers qui se retrouveraient cassés en tombant par terre si les gens lisaient ça au petit déjeuner.

Elle a commencé à lire mon poème à haute voix.

Fuchsia.
Magenta.
Rose bonbon.
Telles sont les couleurs qui lui sont permises.
Un jour, elle sera déchirée et soumise.
Ce sont là les secrets que nous nous passons.
De mère à fille, de sœur à sœur.
L'aigle, tout là-haut, de Dieu n'est pas le signe.
Voilà pourquoi nos sœurs et nos mères pleurent.
Plus tard, peut-être, du bonheur nous serons dignes.
Mais aujourd'hui nous fleurissons celles que nous avons été.

Nous sommes les filles qui venons de comprendre
Que tout le temps qu'en nous vous êtes restés,
Ce n'était pas la bonne prière que nous faisions entendre.

Après avoir doucement lu le dernier vers, elle a posé le poème sur sa commode, puis elle a ouvert son flacon de lotion. Elle s'en est mis sur ses coudes nus en les massant.

— Ma mère avait des figurines. (Elle a levé le menton au maximum avant de se passer une couche de lotion sur le cou et les clavicules.) Toutes les figurines féminines, on pouvait les ouvrir, parce qu'elles servaient de boîtes ou de récipients. Elles contenaient toujours quelque chose. Dans leur jupe, dans leur corps, elles contenaient toutes quelque chose. Mais aucune figurine masculine ne contenait quoi que ce soit. Elles étaient massives et pleines. Tu ne pouvais rien y mettre et tu ne pouvais rien y prendre. Je pense que si tu y réfléchis assez longtemps, tu comprendras pourquoi c'est pareil dans la vraie vie.

Elle a baissé le menton et a rebouché son flacon.

— Il y avait une figurine en particulier. Une femme étendue sur le dos. Son ventre était creux pour qu'on puisse y déposer quelque chose. C'était une coupe en verre laiteux. Si blanche et si jolie que je me disais que je pourrais passer toute ma vie à la regarder.

J'ai observé ma mère tandis qu'elle enlevait lentement ses boucles d'oreilles et les posait avec délicatesse sur la commode. Elle a regardé par la fenêtre pour observer Papa en train de planter le chèvrefeuille dans le jardin.

— Ma mère cueillait les fleurs de notre chèvrefeuille. Elle les mettait dans la coupe en forme de femme. Dans certaines maisons, on met des bonbons à la menthe dans un plat, ou des carrés fondants à la menthe, mais Maman mettait toujours des fleurs de chèvrefeuille, comme si c'étaient des friandises. C'en étaient, dans un sens. On n'en a jamais eu ici, alors tu ne sais pas comment on les mange, Betty.

Elle s'est tournée vers moi et s'est servie de ses mains pour illustrer ce qu'elle disait.

— D'abord, tu cueilles la fleur. Tu vas voir un petit filament à la base, là où la fleur était attachée à la tige. On l'appelait le fil à miel. Tu tires sur ce filament. (Elle a doucement écarté les mains en l'air.) Tout au bout, il y a une minuscule goutte de nectar. Je m'asseyais près de la coupe de fleurs quand Momma les avait cueillies et je tirais sur ces fils à miel et je léchais le nectar.

Son rire silencieux s'est transformé en soupir tandis qu'elle se tournait à nouveau vers la fenêtre avant de poursuivre.

— Momma prenait tous ces petits filaments que j'avais tirés, et elle les attachait pour en faire un collier. Elle m'appelait sa petite chérie et elle pouffait de rire pendant que je valsais pour elle, le collier tournant avec moi.

Maman a baissé les mains pour toucher le collier de maïs cherokee que Papa avait fait pour elle. Elle a regardé la moitié de pomme taillée dans le morceau de bois.

— Après ce que m'a fait Pappy, Momma ne m'a plus jamais appelée sa petite chérie. Et elle n'a plus jamais cueilli de fleurs de chèvrefeuille pour que je les mange. La coupe en forme de femme est toujours restée vide après ça. Je n'ai pas pu supporter ce vide, alors je l'ai jetée contre le mur. Momma n'a rien dit en voyant la femme brisée. Elle m'a juste dit d'aller rejoindre Pappy qui m'attendait dans le lit.

Maman a penché la tête, posant sa joue sur son épaule, avec une expression de grande lassitude sur le visage. J'ai cru qu'elle ne dirait plus rien, mais elle a entrouvert les lèvres pour ajouter :

— Parfois, je pense que l'univers est juste une lueur. La lueur d'une cigarette dans le noir. Toutes les étoiles, les planètes, les galaxies, les marges infinies. Tout cela est contenu dans le petit bout rouge d'une cigarette dans la main d'un homme qui, appuyé contre un mur pour suivre des yeux une fille qui rentre chez elle, sait déjà qu'elle n'arrivera jamais jusque-là.

26

Ses petits aussi boivent le sang;
et là où sont les cadavres, elle y est également.
Job 39, 30

Le matin semblait immortel dans sa brume tranquille. La pluie avait enfin cessé. Le soleil n'avait pas été vu à Breathed depuis la semaine précédente, lorsque nous avions enterré Grand-père Lark. Cela m'apparaissait déjà comme un souvenir lointain tandis que je faisais de mon mieux pour éviter les flaques d'eau en me rendant au Papa Juniper's. À l'intérieur du magasin, j'ai pris un panier et j'ai commencé à y entasser les articles de la liste de Maman. Après avoir terminé, je suis allée au rayon des magazines.

J'en ai choisi un avec une femme souriante sur la couverture et j'ai commencé à le feuilleter.

— Tiens, la chasseuse de bisons, a retenti la voix de Ruthis derrière moi.

Je n'ai pas eu besoin de me retourner pour savoir qu'elle était avec ses amies. J'ai senti leurs parfums qui se mélangeaient.

Ruthis m'a arraché le magazine des mains pour regarder la couverture.

— Oh, comme c'est triste, a-t-elle lancé aux autres filles qui se sont mises à pouffer de rire. Betty croit que les magazines vont lui dire comment faire pour être jolie. Ne gaspille pas ton argent. (Elle m'a plaqué le magazine sur la poitrine.) Rien ne pourra y changer quoi que ce soit. Tu seras toujours aussi moche.

— Ruthis ? a résonné la voix haut perchée de sa mère.

Elle se tenait au bout de l'allée.

Ruthis a immédiatement obéi et les autres filles l'ont suivie. Ruthis s'est fait réprimander par sa mère tandis qu'elles quittaient l'allée.

— Je t'ai déjà dit que je ne voulais pas te voir avec cette petite Carpenter. Elle va te faire avoir des boutons sur la figure.

J'ai déchiré une page du magazine que j'ai pliée en vitesse pour la glisser dans ma poche. Avant de partir, je me suis rappelé que je devais ajouter au panier une boîte de thon pour la chatte à la maison. Elle rôdait depuis quelque temps autour de notre véranda. Elle avait l'air d'une peluche, avec un corps gris et une barbe blanche qui allait avec ses quatre pattes blanches. La première fois, je l'avais vue dans un arbre dans le jardin. On aurait dit un oiseau, alors je l'ai appelée Birdie. Elle est arrivée enceinte. Papa a dit qu'elle allait avoir ses petits d'un moment à l'autre. J'avais mis une couverture par terre dans ma chambre pour le moment où ça arriverait.

Pressée d'aller la retrouver, je suis passée à la caisse sans tarder.

À la maison, j'ai posé le sac de provisions sur le plan de travail. Maman était devant l'évier, occupée à laver des courges avant de les mettre à cuire. Une marmite d'eau bouillante était déjà sur la cuisinière. Les grandes feuilles de tournesol dont Maman avait tapissé l'intérieur de la marmite retombaient par-dessus le bord. Après les avoir lavées, Maman a coupé les courges en gros morceaux qu'elle a jetés dans l'eau bouillante. Ensuite elle a replié les feuilles de tournesol vers l'intérieur, à la surface de l'eau, comme un couvercle, pour que la courge cuise à la vapeur en dessous.

Évitant de gêner Maman, j'ai ouvert la boîte de thon, puis je l'ai portée en haut, dans ma chambre, où Birdie dormait sur mon lit. Dès que je l'ai caressée, elle s'est réveillée pour manger. Me souvenant de la page du magazine, je l'ai sortie de ma poche. C'était une publicité. Une femme aux yeux bleus qui vendait du jus de raisin. J'ai découpé ses yeux.

Faisant attention à ne pas les plier, je me suis glissée sous le lit. Sur le sol, il y avait ma fille-magazine. Cela faisait quelques semaines que j'y travaillais, prenant certains éléments du visage de femmes sur des publicités. J'avais pris les lèvres rouges de la fille qui posait pour des cigarettes et le menton de la jeune mère qui vantait son sirop préféré pour les pancakes du petit déjeuner. J'avais décidé que je voulais les sourcils blond foncé de la femme qui prêtait son visage aux beignets de saucisses, mais j'avais sélectionné le petit nez et les joues de celle qui vendait "*la meilleure crème glacée du monde*". J'avais réuni ces éléments sur la peau de porcelaine crémeuse de la femme qui vantait une soupe à la tomate.

— Salut ! ai-je lancé à la fille, tandis que j'étais allongée sur le ventre.

Je créais cette fille sous mon lit parce que je ne voulais pas que Flossie voie ce que je faisais et se moque de moi. Je savais ce qu'elle me dirait : "Oh, que tu es bête, Betty. Ce n'est pas en priant que tu vas devenir jolie. Pas une fille comme toi."

J'ai passé les doigts sur les longs cheveux blonds ondulés que j'avais découpés dans la publicité pour une préparation de gâteau.

— J'ai trouvé tes yeux aujourd'hui, ai-je dit à la fille. Maintenant tu vas pouvoir y voir clair.

J'ai pris du ruban adhésif pour coller les yeux bleus sur le sol. Elle était complète, désormais. Je me suis tournée et couchée de manière à ce que l'arrière de ma tête soit posé sur son visage, comme si elle montait en moi tandis que je tombais en elle. J'ai tâté le parquet jusqu'à ce que mes doigts rencontrent le verre frais d'un bocal. Le faisant glisser, je l'ai posé sur mon ventre. Il y avait des trous d'aération dans le couvercle.

— Pour que tu puisses respirer, ai-je murmuré à la mante religieuse dans le bocal.

Elle a tapé sur le verre avec ses pattes.

Papa disait que la mante religieuse provenait de la première prière du premier homme sur terre. Parce que cet insecte était la prière même, il incarnait la puissance.

Les deux mains sur le bocal, j'ai imploré cette puissance de me faire aussi belle que ce que je pensais ne pas être.

— Fais-moi ressembler à la fille-magazine. Donne-moi ses yeux bleus. Ses cheveux blonds. Son teint de pêche.

J'ai prié avec la mante religieuse jusqu'à ce que je sente que cela suffisait. Je me suis glissée de sous mon lit avec le bocal et je suis allée me regarder dans le miroir, avec l'espoir que j'avais été transformée en cette fille-magazine. Je me suis aperçue que j'étais toujours moi-même.

— Ça n'a pas marché, ai-je dit à la mante religieuse, qui a semblé me répondre : *Bien sûr que non, Betty.*

En soupirant, j'ai examiné mon reflet. Ma peau, assombrie par le soleil d'été, était d'une couleur chaude, pas très différente de celle de notre jardin après la pluie. J'avais toujours pensé que c'était une belle couleur, le jardin après la pluie. Et pourtant, je voulais être une enfant aux yeux clairs, trop pâle pour vivre sur une terre aride. Tout au moins, tout le monde, à part Papa, semblait me dire que c'était ce que je devrais vouloir. Rechercher un autre visage, un visage qui serait blafard sous le clair de lune. Mais tandis que je m'attardais devant mon image dans le miroir, je me suis demandé ce qu'il pouvait y avoir de si terrible dans mon apparence. Après tout, mes ancêtres avaient accumulé de la magie au fil des millénaires et à travers la chrétienté, réfutant la moindre suggestion qu'ils n'étaient pas assez beaux. Le noir de mes cheveux était associé à de très anciennes cérémonies. Mes yeux étaient plongés dans la tradition, portés par le caractère divin de la nature. Papa disait toujours que nous étions les descendants de grands guerriers. Cette grandeur n'était-elle pas en moi ? La puissance d'une femme immémoriale, mais jeune en son temps. Je l'imaginais telle qu'elle avait été. Son esprit farouche. Sa bravoure incontestable. Comment pourrais-je ne pas être aussi puissante ? Pourquoi ne pourrais-je pas me trouver belle alors que je la voyais comme la plus belle de toutes les femmes ?

J'ai abandonné mon miroir, serrant le bocal contre moi.

— Je vais te libérer maintenant, ai-je dit à la mante religieuse en dévissant le couvercle.

Elle a paru heureuse de retrouver la liberté. Elle est sortie par ma fenêtre ouverte et a sauté sur le toit.

Je me suis allongée sur le lit près de Birdie et j'ai lissé ses moustaches entre mes doigts.

“Si on arrache les moustaches d'un chat, ou bien il se met à parler ou bien il devient aveugle”, disait Papa.

— Je me demande de quoi tu parlerais, lui ai-je demandé, passant mes doigts dans sa fourrure, et j'ai fini par m'endormir.

Il faisait encore jour quand je me suis réveillée. Birdie n'était plus sur mon lit, et elle n'était plus dans la chambre. Je suis allée dans le couloir, guidée par le bruit du fauteuil à bascule de Papa dans la chambre de mes parents. Il n'y avait que Maman. Elle était dans le fauteuil, pieds nus, assise sur sa jambe gauche repliée et se servant de la droite pour se balancer. Elle avait encore son tablier sur elle. Elle avait épinglé une fleur de courge jaune à la bretelle du tablier, comme un insigne.

— Il est dans un bel état, a-t-elle marmonné en montrant le lit où était couchée Birdie.

Birdie avait donné naissance à ses chatons sur le dessus-de-lit et elle était en train de les nettoyer pendant qu'ils tétaient.

— Oh, comme vous êtes mignons, ai-je dit aux chatons.

— Faut que je lave le dessus-de-lit avant que les taches s'incrustent.

Maman s'est levée. Elle est allée vers le lit et elle a glissé ses mains sous Birdie qui ronronnait.

— Qu'est-ce que tu fais ? ai-je demandé à Maman tandis qu'elle soulevait Birdie.

Les chatons ont été forcés de lâcher ses mamelles.

— Où est-ce que tu l'emmènes ?

Maman a traversé la pièce avec la chatte dans les bras.

— C'est le moment de déployer tes ailes, petite Birdie.

Et elle l'a jetée par une des fenêtres ouvertes.

Si vous m'aviez demandé si le monde se fige quand une femme jette un chat par la fenêtre, je vous aurais dit bien sûr qu'il se fige. Tout au moins, il devrait y avoir une seconde où tout s'immobilise, mais cette seconde n'existe pas et je n'ai rien pu arrêter.

— Birdie ?

J'ai couru à la fenêtre. La première chose que j'ai vue a été notre brouette. Il y avait aussi un tas de pierres que l'on utilisait pour délimiter les parcelles dans le jardin. Ce que j'avais d'abord pris pour une autre pierre grise était en fait le corps de Birdie. Elle était étendue sur le flanc. Le sang qui coulait de ses oreilles imprégnait les poils blancs de sa poitrine.

Elle avait heurté le bord en métal de la brouette ou l'angle de l'une des grosses pierres et l'impact avait été tel qu'elle s'était fracassé le crâne et que sa tête avait été rejetée en arrière, lui brisant les vertèbres cervicales. Elle devait être encore faible après son accouchement. Elle n'avait pas eu la force de se retourner à temps pour retomber sur ses pattes. Flossie aurait affirmé que c'était la malédiction qui avait aligné toutes ces circonstances de manière aussi parfaite.

De toutes les fenêtres, il a fallu que ce soit celle-là, la voyais-je dire. *Et il a fallu que ce soit précisément le jour où la brouette était là. Bien sûr que c'est la malédiction.*

Moi-même, j'ai failli le dire avant que Maman ne me pousse pour pouvoir regarder par la fenêtre aussi. Quand son regard s'est posé sur Birdie, elle a fermé la fenêtre lentement, les rideaux qui s'agitaient sont brusquement redevenus inertes. En se tordant les mains elle s'est tournée vers les chatons.

— Je te déteste. T'as tué Birdie.

J'ai martelé son ventre avec mes poings. Maman m'a écartée d'une claque et s'est mise à marcher dans la chambre comme si tout à coup elle se sentait perdue et ne savait plus très bien où elle se trouvait. L'air désorientée, elle a effectué quelques va-et-vient le long du lit avant de se tourner vers les chatons.

— Momma va être tellement en colère parce que j'ai mis du sang sur les draps, a-t-elle dit. Une fille qui a des saletés dans son lit, c'est une fille qui a des saletés dans sa tête.

Il y avait comme une sorte d'entrain dans sa voix tandis qu'elle sortait les oreillers de leur taie avec des gestes rapides et saccadés.

— Débarrasse-toi de ces saletés. Nettoie ton lit. C'est ce que Momma disait toujours.

Elle a souri. J'ai eu l'impression de voir les publicités que j'avais collectionnées prendre vie. Ses cheveux blonds luisant au soleil. Sa peau pâle, presque trop incolore pour exister vraiment.

— *Chuuut*. (Elle a mis son index sur ses lèvres en regardant vers la porte.) Pappy va bientôt rentrer à la maison. Il va vouloir ce qu'il veut toujours.

Elle a laissé tomber les taies d'oreiller et s'est penchée au-dessus des chatons qui miaulaient. Elle a réuni les bords du dessus-de-lit pour y emprisonner les chatons, puis elle l'a soulevé comme si c'était un sac pour les transporter.

J'ai crié pour appeler Papa, alors que je savais qu'il était en ville, en train de fabriquer de nouveaux rayonnages à la bibliothèque municipale.

— N'appelle pas Pappy, Seigneur Jésus. Tu ne sais pas ce qu'il va faire ?

Maman a eu l'air terrifiée, comme si elle s'attendait véritablement à voir Grand-père Lark apparaître sur le pas de la porte toutes griffes dehors.

Elle m'a bousculée et je suis tombée. Les cris des chatons ont résonné encore plus fort à mes oreilles.

— Laisse-les sortir, Maman.

Je me suis relevée et j'ai essayé de lui arracher le dessus-de-lit des mains, ajoutant :

— Ils peuvent pas respirer.

Elle a attrapé ma main et l'a coincée entre elle et le dessus-de-lit.

— Tu veux savoir comment c'était ?

Elle a commencé à nous faire tourner en rond, le sac se balançant, suspendu à nos mains jointes. J'ai hurlé, mais elle nous a fait tourner encore plus vite. Quand elle s'est enfin arrêtée, tout était flou autour de moi. Elle a serré ma main plus fort de manière à ce que je n'aie plus le choix. Ce qu'elle faisait, je le faisais. Ensemble, mais contre ma volonté, nous avons levé le sac pour le faire passer derrière nous.

— Maman, arrête. S'il te plaît, fais pas ça. Non, non, non…

Elle m'a forcée à faire basculer le sac vers l'avant avec elle, par-dessus nos têtes, nos bras unis dans le même mouvement, fracassant sur le sol les chatons à l'intérieur. J'ai tressailli en entendant le bruit de leurs corps.

— Au secours, Papa.

J'espérais qu'il pouvait m'entendre.

Un seul chaton miaulait encore faiblement. Les autres s'étaient tus. Maman tenait toujours ma main, mais j'ai essayé de peser suffisamment de mon côté pour la dégager de son emprise.

— Tu es en train de les tuer, M'man. S'il te plaît, arrête.

— S'il te plaît, arrête, a-t-elle répété. C'est exactement ce que j'ai dit. Et tu sais ce que Pappy a fait ? Je vais te dire ce qu'il a fait. Il a continué à me faire mal.

J'ai eu beau me débattre, je n'ai pas pu l'empêcher de m'obliger à fracasser à nouveau les chatons sur le sol avec elle. Le petit cri qui avait survécu au premier impact s'est éteint. Nous avons regardé le sang qui suintait du tissu. La main de Maman avait commencé à transpirer et j'ai pu dégager la mienne. J'ai essayé de prendre les chatons, mais elle m'a attrapée par les cheveux et m'a jetée par terre.

— Tu es un monstre, lui ai-je dit.

— Monstre ? C'est comme ça que je l'avais appelé.

Elle a tapé sur le sol avec le sac, encore et encore.

— J'ai hurlé, j'ai pleuré, je lui ai dit qu'il était un monstre, un démon, le diable en personne. Mais il n'a pas arrêté. Il a continué à me faire mal, à me faire mal, à me faire mal.

Les chatons étaient maintenant tellement broyés dans le dessus-de-lit qu'on aurait dit qu'elle projetait un sac plein d'eau sur le sol. J'ai plaqué les mains sur mes oreilles. C'est seulement quand elle a été à bout de souffle qu'elle a laissé tomber le dessus-de-lit.

Elle s'est mise à vaciller, comme si elle était sur le point de basculer d'un côté ou de l'autre et elle a dit :

— Voilà comment c'était. Quand j'avais mon Pappy sur moi. J'étais aussi innocente que des chatons nouveau-nés emprisonnés dans un sac.

— Ce n'étaient que des chatons. Comment as-tu pu leur faire ça ? ai-je articulé avec peine à travers mes sanglots. Ce n'étaient que des bébés.

Avec brutalité, elle m'a empoigné le visage.

— Comment oses-tu pleurer sur eux ? Moi, je n'avais personne pour pleurer sur moi.

Elle a quittté la chambre. Je me suis traînée sur le plancher jusqu'au dessus-de-lit. Quand j'ai écarté les coins, je n'ai vu que du sang. Il a fallu que j'essuie mes larmes à plusieurs reprises pour essayer de distinguer le moindre mouvement d'une petite patte ou d'une queue. J'avais encore l'espoir de les voir en vie.

— Le sang va s'incruster, il vaudrait mieux se dépêcher.

Maman était revenue avec un balai et une pelle en métal.

Elle a poussé la pelle vers moi.

— Tiens ça pour que je puisse les faire glisser dessus avec le balai.

— Non, ai-je répondu en écartant la pelle.

Elle a mis la main dans le sang et m'a giflée.

— Si tu ne fais pas ce que je dis, je vais mettre le reste du sang sur tes mains. Quand ton père rentrera, il saura tout de suite ce que tu as fait.

J'avais la main qui tremblait quand j'ai pris la pelle et que je l'ai plaquée sur le sol pour que Maman y fasse glisser les chatons morts, tandis que je détournais le regard.

— Débarrasse-moi de ça, a-t-elle dit ensuite.

Elle a posé le balai avant de commencer à défaire le lit. Elle a roulé le dessus-de-lit en boule avant de me le coller sur la poitrine.

— Et tiens, mets ça au linge sale.

En descendant avec la pelle, j'ai failli tomber en marchant sur un des coins du dessus-de-lit qui traînait par terre. Quand je suis arrivée dans l'entrée, j'ai vu l'arche que Papa avait sculptée, posée sur la table.

J'ai enlevé le couvercle et j'ai délicatement déposé les chatons sur les couples d'animaux en bois à l'intérieur. J'ai replacé le couvercle, puis j'ai mis la pelle dans l'évier en allant sur la véranda pour fourrer le dessus-de-lit dans la machine à laver. Je savais qu'il fallait utiliser de l'eau froide pour le sang. J'ai quand même réglé la température sur 95 °C.

Je me suis précipitée à l'intérieur et j'ai pris l'arche, juste à l'instant où Maman descendait l'escalier. Passant devant elle, je me suis dépêchée de filer en poussant la porte-moustiquaire. J'ai eu du mal à maintenir la grande arche dans mes bras tandis que je traversais les bois jusqu'à la rivière. M'agenouillant dans la boue, sur la rive inondée, j'ai posé l'arche sur l'eau. Après l'avoir poussée doucement, je l'ai regardée flotter, emportée par le courant.

Le tonnerre a grondé dans le ciel. La pluie recommençait à tomber et crépitait sur ma peau. Je suis restée assise là si longtemps que j'ai cru que j'allais m'enfoncer dans la boue.

Quand je suis rentrée à la maison, environ une heure plus tard, Maman était assise sur les marches de derrière. De la boue avait été remuée près de la véranda et une pelle était posée sur le monticule de terre.

— J'ai enterré la mère, a dit Maman, les yeux fixés sur ses mains et ses pieds nus maculés de boue.

Je me suis assise près d'elle, et nous sommes restées là toutes les deux, tremblant sous la pluie froide.

Elle a observé les éclairs zébrer le ciel, puis elle m'a demandé :

— Pourquoi as-tu envoyé des orages à mes parents, Betty ?

J'ai levé les yeux vers les nuages noirs, comprenant que l'orage que j'avais donné était celui que j'avais eu en retour.

— Parce qu'ils t'ont mise dans un sac et t'ont fracassée sur le sol.

Elle s'est levée, puis elle est allée sous la pluie jusqu'au buisson de chèvrefeuille. Elle a cueilli deux fleurs qu'elle a ramenées. Elle m'en a donné une et a gardé l'autre pour elle.

— Entre tes deux doigts, m'a-t-elle dit, me montrant comment tirer le fil à miel.

Ensemble nous avons aspiré le doux nectar ainsi que la goutte de pluie qui en avait délayé la saveur sucrée, si bien que tout ce que nous avons eu dans la bouche, c'était le goût de l'orage.

THE BREATHANIAN

Un bébé effrayé par les coups de feu. Une mère bouleversée.

Une mère a signalé que son bébé avait été réveillé en sursaut par des coups de feu dans la soirée d'hier. Par la suite, affirme-t-elle, son enfant n'a pas cessé de pleurer. "C'étaient des pleurs différents", a-t-elle déclaré, "ça ne ressemblait pas du tout à des cris de bébé."

L'enfant criait tellement que la mère l'a déshabillée entièrement pour vérifier qu'elle n'avait pas été blessée par une balle.

"À la façon qu'elle avait de pleurer, j'ai cru que ma petite fille avait été touchée par les tirs", a-t-elle expliqué, mais elle n'a constaté aucune blessure visible. Cependant, elle est persuadée que la balle a en fait touché l'âme de son enfant.

"Je crois vraiment que mon enfant a été tuée par ces tirs", a poursuivi la mère, apparemment normale et saine d'esprit. "L'enfant que j'ai devant moi maintenant est une étrangère. Elle a été substituée à ma vraie fille. Je le sais, parce que lorsque je lui ai demandé de me regarder, elle n'a pas pu."

La mère est désormais convaincue que sa maison est hantée par le fantôme de la balle.

"Je sens la présence de la balle. Elle traverse mes murs à toute heure de la nuit. Je la sens raser mon visage. Cette balle fantôme va fuser pour l'éternité."

Quand on lui a demandé ce qu'elle envisageait de faire de sa fille, maintenant qu'elle croit que c'est un enfant substitué, elle a répondu : "J'ai une sœur plus âgée. Elle a toujours voulu un enfant."

Le mari de cette femme a déclaré que son épouse n'a pas de sœur et qu'il s'inquiète pour la sécurité de son bébé.

"Tout ça, c'est la faute du tireur", a-t-il conclu.

27

Car la prostituée est une fosse profonde ;
et l'étrangère un puits étroit.
PROVERBES 23, 27

JE N'AI JAMAIS PARLÉ à personne de ce que Maman avait fait aux chatons. Quand Papa a vu la tombe dans le jardin, je lui ai dit que Birdie avait été heurtée par une voiture et que je l'avais enterrée. Je pensais que c'était une affaire réglée, mais j'avais lavé le dessus-de-lit à l'eau bouillante et le sang s'était incrusté dans le tissu.

— Qu'est-ce qui est arrivé au couvre-lit ? a demandé Papa.

Maman lui a dit qu'elle s'était endormie dessus et qu'elle avait eu ses règles.

— Je suis toujours surprise de voir la quantité de sang qu'une femme peut perdre.

Mais il restait à expliquer la disparition de l'arche.

— Où est-ce qu'elle est passée ? a demandé Papa en tapotant la table à l'emplacement qu'occupait la sculpture.

— Euh…, ai-je répondu en gardant les yeux baissés. Quand l'orage a éclaté, j'ai dû sacrifier quelque chose.

Pendant des mois, par la suite, mes cauchemars ont été hantés par les cris des chatons. J'ai même commencé à croire que je voyais leurs fantômes errer dans la maison la nuit. Les petites pattes blanches qu'ils avaient héritées de leur mère grimpaient l'escalier pour venir dans ma chambre.

Pourquoi tu ne nous as pas sauvés, Betty ? Je les imaginais en train de sauter sur mon lit. *Nous aussi, on voulait vivre. Miaou. Pourquoi tu ne nous as pas protégés ?*

Ils étaient tellement réels pour moi que je sentais leurs pattes douces marcher sur mon visage jusqu'à ce que je me mette à pleurer. Je voulais ne plus rien avoir à faire avec 1964 et tous ses fantômes. J'espérais que lorsque les cloches sonneraient la Nouvelle Année, je pourrais au moins oublier le bruit de leurs corps heurtant le sol.

Betty. Miaou, miaou. Sauve-nous. Ne nous laisse pas mourir.

J'ai essayé de commencer 1965 en croyant pouvoir laisser le passé derrière moi. Mais j'avais appris que ce n'est pas parce que le temps passe qu'une chose terrible devient plus facile à supporter. Je me suis péniblement frayé un chemin à travers les heures froides de l'hiver. J'ai eu onze ans, mais je n'ai pas fêté cet anniversaire. Ce n'est que lorsque le printemps a laissé place au début de l'été et que j'ai commencé à sentir sur ma peau la chaleur du soleil qu'il m'a semblé entendre les miaous un peu moins fort qu'avant.

J'étais alors à un moment de ma vie où j'avais en tête une image particulière de Dieu. J'imaginais que Dieu était une femme avec une liseuse en satin déchirée et des bigoudis retombant sur ses cheveux en désordre. Elle était assise dans un lit aux draps sales, entouré d'un baldaquin aux voilages translucides, auxquels s'accrochaient des araignées. Elle mangeait des chocolats dans une boîte jusqu'à ce que ses dents soient gâtées et que la boîte soit vide, prête à être ajoutée aux autres boîtes vides et écrasées déjà sur le sol. Du fard striait ses joues comme quelque chose qui essayait de s'échapper. Le rouge qui débordait de ses lèvres donnait l'impression qu'elles étaient en train de fondre. C'était une femme qui avait été utilisée puis abandonnée par l'humanité comme seuls les humains savent consommer, puis jeter.

C'était ce que j'écrivais, à plat ventre sur le Bout du Monde. Je n'ai remarqué Flossie que lorsqu'elle a agité les mains devant mes yeux.

— Encore dans ton petit monde, à ce que je vois, m'a-t-elle lancé.

L'air moite de l'été sentait la lavande du jardin. Elle a dit que les fleurs puaient la grand-mère quand elle a contourné la scène. J'ai tout de suite remarqué les suçons dans son cou. Ils m'ont fait penser à des cailloux faisant des éclaboussures à la surface de la rivière.

— Je suis occupée, Flossie.

— Occupée, occupée, occupée, a-t-elle marmonné en regardant vers les sommets boisés des collines au loin. J'ai toujours trouvé que ces collines ressemblaient à des femmes penchées en avant en train de manger leur progéniture. Et toi, Betty, tu dirais qu'elles ressemblent à quoi ?

Avant que j'aie pu répondre, elle a ajouté :

— Peu importe.

J'ai continué à écrire jusqu'au moment où elle a attrapé la feuille sous mon crayon.

— Rends-moi ça, Flossie.

Je me suis levée et j'ai essayé de la lui arracher de force.

— Je te la rendrai une fois que tu auras deviné ce que j'ai perdu, Betty.

Je l'ai observée, avec son corsage ample. Il était suffisamment déboutonné pour que l'on voie qu'elle n'avait pas vraiment de naissance de poitrine à montrer. Ces derniers temps, elle se lissait les cheveux avec le fer. Elle baissait la tête devant la planche à repasser sur laquelle elle étalait ses longues mèches ondulées, puis elle posait le fer dessus jusqu'à ce que ses cheveux soient assez droits pour qu'elle se sente jolie. Les cheveux raides la faisaient paraître plus grande.

— Alors dis-moi, Flossie, pour que je puisse finir mon histoire.

— Toi et tes stupides petites histoires.

Elle a laissé tomber la feuille. Je me suis assise et j'ai essayé de terminer ce que je voulais raconter, mais elle m'a regardée d'une façon telle que ses yeux étaient exorbités. J'ai claqué mon crayon sur les planches et je l'ai fixée du regard à mon tour.

— Alors, qu'est-ce que tu as perdu qui était si important ?

— Je voulais que tu devines.

Elle a fait la moue, puis elle s'est affalée près de moi. Elle a collé son bras contre le mien avant de s'exclamer :

— Bon sang, Betty, t'es tellement noire. (Elle a dit cela comme si c'était une maladie.) Maman va encore t'engueuler parce que tu ne te couvres pas assez. (Elle a fait glisser ses doigts tout le long de son bras.) Moi, j'ai juste le bon bronzage, tu trouves pas ?

Flossie pouvait rester au soleil aussi longtemps qu'elle voulait. Elle avait la peau pâle comme celle de Maman.

— Tu sais comment mes amies t'appellent ?

Elle a scruté ma peau jusqu'à ce que j'essaie de tirer sur mes manches courtes pour masquer davantage mes bras.

— Je sais déjà comment elles m'appellent. Je n'ai pas besoin de l'entendre de ta bouche, Flossie.

— C'est terrible, non ? (Elle a fait semblant d'être choquée.) Je veux dire, t'as quand même pas la peau d'une fille de couleur.

— Elles ne devraient appeler personne de cette façon.

Je suis retournée à mon histoire pendant qu'elle me dévisageait.

— T'es en colère contre moi, maintenant?

Elle m'a poussée avec le bout du pied, mais je l'ai ignorée. Elle a regardé au loin, puis elle a écarquillé les yeux.

— J'ai une idée.

Elle a sauté au bas de la scène et a couru jusqu'à la maison. Elle est revenue avec l'aiguille en os de Papa et un glaçon.

— J'ai aussi pris ça. (Elle a sorti de sa poche un torchon à vaisselle.) Pour le sang.

— Le sang?

— Il est temps que tu le fasses, Betty. (Elle a levé l'aiguille en os.) Il est temps que tu te perces les oreilles.

— Nan-nan, ai-je répondu en secouant la tête avant de me lever.

— Betty, ça fait pas si mal que ça. Juste une petite piqûre. Enfin, deux piqûres. Mais je fais ça très bien. Tu as toujours dit que les miennes faisaient bien.

Elle a tourné la tête pour que ses boucles d'oreilles en forme d'étoiles se balancent. C'était un cadeau de Fraya.

— Tes perforations sont de travers, Flossie.

— T'as jamais dit ça avant.

— C'est parce que j'avais promis à Fraya de ne pas me moquer.

Elle a attrapé le lobe de mon oreille et l'a pincé.

— Retire ce que tu viens de dire.

J'ai attrapé sa boucle d'oreille en forme d'étoile et j'ai tiré.

— Lâche la mienne et je lâche la tienne, lui ai-je dit.

Elle a immédiatement levé les mains.

— Je me rends, mon seigneur. (Elle a simulé une courbette avant de poursuivre d'une voix adoucie.) Pense à toutes les choses que tu pourrais faire avec des oreilles percées, Betty.

— Est-ce que je pourrai voler ?

— Ben, non, mais…

— Est-ce que je pourrai ressusciter Emily Dickinson d'entre les morts ?

Elle m'a toisée du regard.

— Non.

— Alors pourquoi voudrais-je avoir les oreilles percées ?

— Arrête de faire le bébé. (Elle a tapé du pied.) La glace va t'insensibiliser.

— Alors comment ça se fait que tu as hurlé quand tu as fait tes oreilles ?

— C'était de la comédie. Ça fait pas mal. Croix de bois, croix de fer, si je mens je vais en enfer.

— Ça vaudrait mieux.

J'ai tourné la tête pour lui offrir mon oreille. Elle a appuyé le glaçon sur mon lobe. En fondant il a goutté sur mon épaule et elle a levé l'aiguille en os.

— On a utilisé la même aiguille, Fraya et moi. Il y a notre sang dessus. Et maintenant, il va y avoir le tien aussi. Bon, alors, tu as deviné ?

— Deviné quoi ?

— Bon Dieu, Betty. Tu as deviné ce que j'ai perdu ?

— Un bouton ? C'est pour ça que tu ne peux pas boutonner ton chemisier plus haut ?

— Pour ton information, sache que j'ai perdu la petite fille en moi. (Elle a enlevé le glaçon.) Elle a disparu. Je l'ai perdue. Ça se voit pas ? Je ne suis plus vierge.

Elle a enfoncé l'aiguille d'un coup dans ma chair.

— Aïe ! ai-je crié en grimaçant de douleur.

— Je me demande si je peux encore porter du blanc ? s'est-elle interrogée en cherchant dans sa poche pour en sortir la boucle camée.

Rapidement, elle a fait l'échange, retirant l'aiguille pour mettre l'attache de la boucle à la place.

— C'était pas si terrible, dis-moi ?

Pendant qu'elle plaquait le glaçon sur mon autre oreille, elle m'a demandé :

— Tu vas me traiter de traînée, maintenant ?

Cela faisait des années que j'entendais les autres l'appeler ainsi.

"Tu connais pas Flossie Carpenter ?" disaient-ils. "Celle qui couche avec tout le monde."

Pourtant, quand ces rumeurs avaient commencé à circuler, Flossie n'avait que quatorze ans et elle était encore vierge. C'est vrai qu'elle dansait en jupe courte et qu'elle flirtait, elle embrassait les garçons, elle se baignait toute nue, elle se couchait avec du rouge à lèvres et elle laissait voir sa bretelle de soutien-gorge. Mais elle était bien plus que la somme de toutes ces choses réunies. C'est pourtant sur ces choses-là qu'on la jugeait, parce qu'elle avait osé faire fi de l'image traditionnelle de la jeune fille pure.

Ma sœur était tout simplement une de ces filles condamnées par une idéologie et des textes ancestraux selon lesquels le destin d'une femme est d'être bien comme il faut, obéissante et sagement séduisante, mais invisible au besoin. Clouée à la croix du sexe auquel elle appartient, une jeune femme se trouve coincée entre la mère et la côte biblique, dans un espace réduit qui ne lui permet d'être rien d'autre qu'une fille qui vit auprès de ses frères sans pour autant être leur égale. Ces garçons qui, eux, peuvent hurler comme des matous en rut, se vautrer dans la chair sans retenue, sans que jamais on ne les traite de traînée ou de putain comme ma sœur.

— Non, je ne vais pas te traiter de traînée, Flossie, lui ai-je dit tandis que le glaçon fondait, jusqu'au moment où il a coulé entre ses doigts comme des gouttes de pluie.

— Je l'ai fait avec ce garçon qui m'emmène au cinéma.

Elle a étiré le lobe de mon oreille avant d'en rechercher le centre avec son doigt, puis elle a ajouté :

— Il m'a payé tellement de pop-corn. Il a dit qu'il était temps de le rembourser. *Seigneur Jésus !* a-t-elle lancé en imitant la voix de Maman.

Elle a enfoncé l'aiguille dans mon oreille, plus lentement cette fois. J'ai sursauté.

— Aïe ! Là, ça fait vraiment mal.

Elle a pris l'autre boucle dans sa poche et l'a mise en place rapidement. J'ai senti le poids des deux camées à mes oreilles. Le peu d'insensibilisation causée par le froid disparaissait. La douleur commençait à se réveiller.

— Je ne sais pas pourquoi on dit que tu le perds.

Elle a gagné le centre de la scène avant de poursuivre :

— Quand on dit qu'on a perdu quelque chose, c'est comme si on avait commis une faute. Ton professeur te dit : "Tu as perdu ton devoir ?" Maman te dit : "Tu as perdu ta chaussure ? Mais pourquoi tu perds toujours ta chaussure, Flossie ? Bon Dieu, Flossie, pourquoi tu perds toujours tout ce qu'on te donne ?"

Elle a joué un instant avec ses cheveux, puis elle a ajouté :

— On ne devrait pas appeler ça perdre sa fleur. Elle est pas perdue, elle est écrabouillée, plutôt.

Elle a fait la grimace en baissant les yeux, avant d'ajouter :

— Je lui ai dit non. Mais il l'a fait quand même.

Il m'a fallu quelques secondes pour bien comprendre ce qu'elle disait. Flossie était forte. Dans mon esprit, elle était capable d'écraser un rocher et d'affronter une tempête sans sourciller. Et pourtant, à cet instant, elle était silencieuse comme jamais elle ne l'avait été auparavant. Ce silence m'a effrayée. Non pas le silence lui-même, mais le fait que je n'arrivais pas à trouver les mots justes à dire à ma sœur, qui attendait, à tout le moins, que je me rapproche d'elle et que je lui dise qu'elle n'avait rien fait de mal.

— Bon allez.

Rejetant ses cheveux en arrière, elle a sauté au bas de la scène.

J'ai été contente de la voir partir. J'avais peur de me mettre à pleurer si elle s'était attardée. Je savais qu'elle n'aurait pas aimé ça. Flossie pouvait pleurer, mais les larmes des autres la mettaient toujours mal à l'aise. Elle ne savait pas quoi en faire.

Elle s'est arrêtée et s'est retournée pour dire :

— La première erreur quand on est une fille, c'est de leur donner la possibilité de nous embrasser. Après ça, ils s'imaginent qu'ils peuvent nous prendre tout le reste. Je te dis ça pour te prévenir, petite sœur. Ah, surtout n'enlève pas ces boucles d'oreilles. Faut pas laisser les trous se refermer avant que ça ait séché.

Quand elle a disparu au bout du chemin, j'ai voulu me remettre à mon histoire pour essayer de la terminer, mais je n'ai pas pu. Finalement, j'ai écrit celle de Flossie à la place, formant des lettres aussi droites que ses cheveux. J'ai replié les feuilles avant que l'encre de la dernière phrase soit sèche. Ça a fait une traînée, mais je me suis dit que ce n'était pas grave. J'ai glissé les pages dans ma poche avant de sauter à terre.

Quand je suis arrivée à la véranda, à l'arrière de la maison, j'y ai trouvé Trustin en train de peindre avec la petite boîte d'aquarelles que Papa lui avait achetée au bazar.

Tandis que je me tenais debout au-dessus de lui, j'ai aperçu, à travers la moustiquaire de la cuisine, Lint occupé à repasser ses vêtements. C'était une habitude qu'il avait commencé à prendre, alors qu'il n'avait que huit ans.

— Je lui ai fait remarquer qu'il n'y avait plus de plis dans son T-shirt, m'a dit Trustin en faisant signe de la tête en direction de Lint. Mais il veut rien entendre.

— C'est les illustrations pour mon histoire ? lui ai-je demandé en prenant la liasse de peintures près de lui.

— Oui, a-t-il dit en me regardant. Hé, t'as des trucs dans les oreilles.

J'ai levé la main vers les boucles, mais je me suis ravisée avant de les toucher, tant c'était douloureux. À la place, j'ai feuilleté les dessins.

— Elles te plaisent, mes illustrations ? J'ai suivi ton histoire, juste comme tu l'as écrite. Si tu veux, je ferai les dessins pour tes autres histoires aussi.

— J'aimerais bien.

J'ai porté les aquarelles à l'intérieur.

— Hé, Lint, ai-je lancé en m'arrêtant près de la planche à repasser. Il n'y a plus de faux plis sur cette chemise.

— Faut que j'en sois b-b-bien sûr, Betty. J'ai entendu Maman et Papa se d-d-disputer, ce matin. Il faut que je m'assure que t-t-tous les plis sont partis. C'est par les p-p-plis que le diable arrive d-d-dans notre monde. Plus on laisse de p-p-plis, plus il a de chemins p-p-pour se glisser dans notre fa-fa-famille.

— Tu es toujours là pour protéger notre famille. Pas vrai, Lint ? lui ai-je demandé en souriant.

— Moi et les cailloux aussi, Betty, m'a-t-il répondu en me rendant mon sourire.

J'ai entendu des voix dehors. Quand je suis sortie, Papa et Cinderblock John se sont tournés vers moi. Ils étaient assis dans les fauteuils à bascule et en voyant le tas de coquilles de noisettes et le marteau sur la table entre eux, j'ai compris qu'ils étaient là à discuter depuis un bon moment déjà.

— Hé, salut, Petite Landon.

Cinderblock John nous appelait toujours, nous les enfants, "Petite ou Petit Landon", comme si nous n'avions pas d'autre nom que celui de notre père.

En ce qui le concernait, John était le nom que lui avaient donné ses parents. Cinderblock était le nom que Breathed lui avait donné parce qu'il traînait un parpaing derrière lui partout où il allait. Il l'avait attaché à une corde qu'il passait sur son épaule. Il tirait sur la corde, courbé en avant, comme s'il essayait de remorquer le poids d'un tanker. Je suppose que si vous vous accrochez à quelque chose pendant aussi longtemps, ça finit par peser sur vous de plus d'une façon. Il avait commencé à trimballer son parpaing après que la femme avec laquelle il avait vécu une trentaine d'années eut succombé à une pneumonie. Il avait perdu une femme et gagné un parpaing. Peut-être qu'à la fin, il avait besoin de sentir le poids d'un objet quelconque plutôt que le poids de son chagrin.

Des années plus tard, Cinderblock John devait prendre son parpaing et se jeter dans la rivière avec. J'imagine qu'il l'avait porté aussi longtemps et aussi loin qu'il avait pu. Quand ils ont repêché son corps, ils ont dit que le courant l'avait fait dériver à près de deux kilomètres de son parpaing, comme s'il avait fini par se libérer de ce poids. J'aimerais que cela soit vrai, car le vieux John était un homme bon. En tout cas, il était bon envers nous, les Carpenter. Papa et lui avaient grandi ensemble. Ils étaient devenus amis pour la simple raison que Papa ne s'était jamais moqué de John. Ce n'est pas rien pour quelqu'un dont tout le monde se moque.

Ce n'était pas seulement son parpaing qui faisait de lui la cible de railleries, c'était aussi la façon dont le bout de ses chaussures se relevait. Cette courbure m'avait toujours effrayée, même si je savais qu'il n'y avait aucune raison d'avoir peur. Le gel l'avait privé de ses orteils une nuit où il avait perdu connaissance, ivre mort, dans un champ. Mais quand on lui demandait ce qui lui était arrivé, il racontait que c'étaient les serpents à sonnette à la menthe qui lui avaient croqué les orteils comme des chips.

Je n'avais jamais vu de serpent à la menthe à Breathed et je n'ai jamais connu personne qui en avait vu un, à part Cinderblock John et Papa.

"On les appelle serpents à sonnette à la menthe, disait Papa, parce qu'ils ont des rayures rouges et blanches, comme les bonbons à la menthe. Ils sentent pareil aussi."

Ces serpents n'existaient nulle part dans le monde et ils n'avaient qu'une existence douteuse à Breathed, en dehors des histoires à dormir debout d'hommes tels que mon père et Cinderblock John, ce dernier ayant toujours sur lui une petite boîte en fer-blanc pleine de bonbons à la menthe écrasés qu'il disait provenir non pas du Papa Juniper's Market, mais de la mue de serpents à la menthe. Je suppose que c'était la raison pour laquelle Cinderblock John et mon père s'entendaient aussi bien. Tandis que d'autres parlaient de la réalité, eux parlaient de ce qu'ils croyaient.

Je me suis penchée pour caresser le chien de Cinderblock John, qu'il avait appelé Deux Oreilles. Quand les gens lui demandaient pourquoi ce nom, il répondait toujours : “Ben, il a bien deux oreilles, non ?”

Pendant que je frictionnais Deux Oreilles sous le menton, Papa m’a dit que j’avais raté de peu un faucon qui essayait de prendre le ballon de Cotton.

— Mais il l’a fait éclater avec ses serres. La lettre est tombée quelque part par là.

Il a tendu le doigt vers une colline sur la droite.

Cinderblock John avait une boîte de biscuits pour chiens sur les genoux. Il en a pris deux. Il en a donné un à Deux Oreilles, puis il a mangé l’autre lui-même.

— Qu’est-ce que t’as là, Petite Landon ?

Cinderblock John a fait un signe de tête en direction des pages que j’avais à la main.

— Des illustrations pour une de mes histoires, ai-je répondu.

— J’aimerais bien l’entendre, ton histoire, a dit Cinderblock John.

— Elle s’intitule “Le péché en héritage”. Ça parle d’un homme, un voleur qui devient un meurtrier un jour quand la femme qu’il essaie de voler refuse de lui donner son sac à main. Il n’avait pris son couteau que pour lui faire peur, mais dans la bagarre, il le plante accidentellement dans le ventre de la femme. Juste avant de s’effondrer, elle l’attire contre elle et l’embrasse dans le cou, y laissant l’empreinte de son rouge à lèvres.

J’ai tendu les illustrations à Cinderblock John et Papa pour qu’ils puissent voir chacune des scènes.

— N’accordant aucune importance au geste d’une femme mourante, le voleur lui prend son sac à main et enjambe son cadavre. Tandis qu’il compte l’argent que contient le sac, il commence à sentir une étrange chaleur lancinante dans son cou. Il regarde dans un miroir et voit la marque des lèvres rouges de la femme. Il essaie de laver la trace, mais elle ne part pas. En désespoir de cause, l'homme prend de l'eau de Javel et une brosse métallique et il frotte jusqu'à s'arracher la peau. Il panse sa blessure et dépense l'argent de la femme. Mais une fois que la plaie s'est cicatrisée, la croûte tombe et les lèvres de la femme sont là, aussi nettement visibles qu'au moment où elle l'a embrassé.

“L'homme devient fou, il achète toutes sortes de savons. Rien n'y fait, les lèvres résistent, comme un tatouage. Chaque fois qu'il les voit, elles lui rappellent la femme. Il ne peut pas le supporter. Il se met à porter des pulls à col montant en permanence, mais s'il parvient à cacher les lèvres, il les sent comme une brûlure dans sa chair. Puis l'enfant que sa femme attendait vient au monde. Un garçon, en parfaite santé. Mais là, dans le cou du bébé, il y a la tache de rouge à lèvres, la même que celle de son père. Le fils a hérité du péché de son père. Savoir qu'il a transmis son péché à son fils lui est intolérable. Il confesse ses crimes puis se tranche le cou juste entre les lèvres rouges. Il se vide de son sang avant l'arrivée des secours.

J'ai examiné le dessin fait par Trustin pour cette scène. Ce n'était rien d'autre qu'un carré rouge vif.

— Au courant des crimes commis par son père, le fils grandit avec les lèvres dans le cou. Puis un jour il voit une femme se faire agresser. Le voleur sort un couteau pour la menacer.

Je me suis interrompue pour regarder l'illustration de Trustin montrant la femme en train de hurler.

— Au moment où la lame va lui perforer le ventre, le fils se précipite et se fait poignarder à la place de la femme. Le voleur s'enfuit tandis que le fils s'écroule par terre. La femme qu'il vient de sauver s'agenouille près de lui. “Vous voyez les lèvres dans mon cou ?" lui demande-t-il. "Quelles lèvres ? répond-elle. Il n'y a rien." Elle le remercie de lui avoir sauvé la vie, puis il meurt, débarrassé du fardeau du péché reçu en héritage.

Cinderblock John et Papa se sont renversés en arrière dans leur fauteuil, laissant les illustrations étalées sur la table.

— Je ne sais pas ce que je ferais si mes enfants héritaient de mes péchés, a remarqué Papa en grimaçant.

— Oh, t'as pas de péchés qui te tourmentent, a répliqué Cinderblock John avant de se redresser pour s'adresser à moi sur un ton enthousiaste. Dis, Petite Landon, tu es au courant du concours annuel de poésie dans le *Breathanian* ?

— J'y ai déjà participé, ai-je répondu, puis j'ai ajouté en baissant les yeux : Je n'ai pas gagné.

— Bah, c'est juste parce qu'ils sont pas capables de reconnaître de la vraie poésie, m'a consolé Cinderblock John. Tu sais, si tu veux faire carrière en écrivant des histoires sur les extraterrestres, j'en ai des tas que je pourrais te prêter.

— Oh, John tu vas pas recommencer à parler de ces extraterrestres, a soupiré Papa.

— Mais si je n'en parle pas, qui le fera ? Et ce type à leur tête.

— Ne dis pas "type" comme si c'était n'importe qui, a rétorqué Papa en fronçant les sourcils. Il était président.

— C'était un extraterrestre.

— Comment vous savez ça, Cinderblock John ? lui ai-je demandé.

— Parce que quand ils sont venus me chercher, ils ressemblaient tous à JFK.

— Ça fait presque deux ans que cet homme est mort, lui a rappelé Papa. Quand un homme est enterré, ça devrait mettre fin à ses péchés. Tu penses pas ?

Papa a pris les dessins de Trustin et a continué à les feuilleter. Cinderblock John, lui, a continué à parler des extraterrestres. Laissant seuls les deux hommes, j'ai descendu les marches du porche.

J'ai donné un coup de pied dans le gravier de l'allée en gagnant Shady Lane. Ruthis était dans son jardin, en train de répéter ses exercices en vue des épreuves de sélection des pom-pom girls. Elle a agité un pompon dans ma direction en criant qu'elle voyait la queue qui dépassait de mon short. J'ai traversé pour marcher de l'autre côté du chemin.

J'ai fini par me retrouver à l'extérieur de la ville, sur un chemin de terre menant vers des champs en culture. Il n'y avait aucune voiture en vue, mais j'ai tout de même levé le pouce et j'ai attendu.

Le capot d'une voiture venant dans ma direction a brillé dans la lumière du soleil. Elle a fait un écart vers le milieu de la route avant de corriger sa trajectoire et de s'arrêter près de moi. Un garçon a ouvert la portière de l'intérieur. Je me suis glissée sur la banquette et j'ai senti le cuir craquelé pincer l'arrière de mes jambes, j'avais l'impression que des petites bêtes essayaient de me croquer la peau.

Le garçon conduisait avec les deux mains sur le volant. Il avait un drap bleu clair sur le dos. Il était noué autour de son cou avec un morceau de ficelle.

— Tu as l'âge de conduire, d'abord ?

— J'ai treize ans.

— Et ta mère te laisse conduire la voiture ?

— Elle m'envoie toujours chercher du maïs doux.

Sa tête s'est embrasée dans la lumière du soleil. Je ne m'attendais pas à voir une chevelure aussi cuivrée.

— Et pourquoi tu portes un drap ?

— C'est une cape. Je sauve des gens, comme Superman. Je peux te sauver, toi aussi, si tu veux.

Je me suis souvenue de ce que Fraya m'avait dit au sujet des garçons qui croient toujours sauver le monde.

En regardant sur le siège arrière j'ai vu des protections pour le football et des vêtements de rechange.

— Je joue, m'a-t-il dit avant que j'aie eu le temps de poser la question.

— Je n'aime pas le football, lui ai-je dit en me retournant.

— Moi non plus.

Il m'a observée du coin de l'œil avant de me demander :

— Et toi, tu as quel âge ?

— Onze ans.

J'ai mis les jambes sur le tableau de bord.

Il a tendu le bras et l'a collé contre ma jambe.

— Y a pas à dire, à côté de toi, je suis tout pâle, a-t-il remarqué.

J'ai baissé mes jambes et j'ai regardé par la fenêtre.

Nous avons roulé en silence pendant quelques instants, puis il m'a demandé :

— Vous allez découvrir un jour qui c'est, le tireur de Breathed ?

— Ça pourrait être quelqu'un de *ta* ville.

Je me suis penchée au-dessus du siège pour lui montrer mes boucles d'oreilles.

— Je les ai percées aujourd'hui. Ces boucles appartenaient à ma mère. Tu vois ?

Il a ralenti, puis s'est garé sur le bord du chemin où se trouvait le stand de la ferme.

— Breathed a le meilleur maïs doux. (Il a sorti son portefeuille.) Une équipe de football qui vaut rien, mais un maïs vraiment génial.

— C'est parce que c'est du maïs doux traditionnel.

J'ai prononcé le mot "doux" comme je pensais que Flossie l'aurait dit.

— Tu veux quelque chose ? m'a-t-il demandé en comptant son argent.

— Tu peux me prendre une pêche ?

Il est sorti de la voiture et a repoussé ses cheveux en arrière tandis qu'il s'approchait du stand. Pendant que le vieux fermier mettait le maïs dans un panier, le garçon s'est retourné comme pour voir si j'étais toujours dans la voiture. Je ne l'ai pas quitté des yeux quand il est revenu avec le panier. Les soies du maïs étaient sales, recroquevillées à l'extrémité de l'épi et des amas de petits insectes noirs se promenaient à l'extérieur des feuilles. Sur le dessus, ma pêche était posée en équilibre, sur le point de rouler. Je l'ai attrapée avant que le garçon ne pose le panier sur le siège arrière.

Il s'est installé et s'est mis à tapoter le volant.

— Tu vas où, déjà ?

J'ai mordu dans la pêche. Il a regardé le jus couler sur mon menton. J'ai suggéré :

— On pourrait aller sur le chemin où il n'y a jamais de voitures qui passent. S'allonger en plein milieu.

— Si personne n'y va, comment ça se fait qu'il existe ?

— Euh…, ai-je hésité, la pêche entre mes lèvres. Je ne sais pas.

Nous avons ri.

Je l'ai guidé jusqu'au chemin. En route, j'ai fini la pêche et j'ai posé le noyau sur le siège, entre nous.

Le chemin que personne n'empruntait était poussiéreux et étroit, envahi par les herbes en certains endroits et bordé par des fleurs sauvages et une clôture en fil barbelé. Il donnait sur des champs non labourés et le soleil y faisait régner une chaleur lourde, presque comme dans un désert, et on avait l'impression que les herbes et les fleurs sauvages pourraient se transformer un jour en cactus. Je suis descendue de voiture et j'ai marché un peu avant de m'étendre sur le dos au beau milieu du chemin. Il a regardé autour de nous, puis il s'est étendu près de moi. Il a étalé sa cape au-dessus de sa tête.

— Comment ça se fait que tu joues au football si tu n'aimes pas ça ? lui ai-je demandé en touchant les lobes de mes oreilles.

La petite goutte de sang avait déjà fait une croûte.

— Avant, je jouais au base-ball. (Il a replié les bras derrière sa tête.) Et puis l'été où Papa est parti avec sa petite amie, Maman a accroché toutes les chaussettes blanches de mon père sur la corde à linge. Elle m'a tendu ma batte de base-ball et m'a dit de *boum.* (Il s'est relevé et a fait le geste de frapper avec une batte.) J'ai expédié les chaussettes de Papa dans la stratosphère et même au-delà. Après ça, le base-ball ne m'intéressait plus beaucoup. Je me suis dit que le football était quelque chose d'autre que je pourrais essayer.

Un jour, il se dirait que l'armée aussi était quelque chose d'autre qu'il pourrait essayer. Ce garçon, qui allait chercher du maïs doux pour sa mère et qui avait expédié les chaussettes de son père dans la stratosphère et au-delà, s'engagerait dans l'armée et irait mourir au Vietnam, incapable de sauver ne serait-ce que lui-même.

— Personne ne passe en voiture sur ce chemin, tu dis ?

Il s'est soulevé sur un coude.

— Tu viens souvent à Breathed ?

— Je suis venu à la chasse dans les collines, une fois, mais je n'ai plus jamais recommencé depuis.

— Qu'est-ce qui s'est passé ?

— J'étais là-haut dans la neige, un hiver. Sur tout ce blanc, je vois ces bois et un cerf magnifique. Je crois que j'imaginais que la chasse était quelque chose de différent. Que je n'aurais aucun problème à presser la détente, mais je me suis retrouvé là, abasourdi, avec mon fusil. Dieu n'a jamais été plus près de moi que ce jour-là. Je le crois vraiment.

Je me suis penchée et je l'ai embrassé sur la joue. Il a eu l'air embarrassé, d'abord, puis il s'est penché et m'a embrassée sur la joue.

— On peut s'embrasser sur les lèvres, si tu veux, lui ai-je dit.

— OK.

On s'est penchés l'un vers l'autre, tournant le visage maladroitement pour éviter de se cogner le nez. Quand nos lèvres se sont touchées, j'ai senti que les siennes étaient gercées. Je me suis reculée.

— T'aimes pas ?

— J'ai pensé que ça serait comme dans les livres. On peut essayer encore une fois. Pour voir si c'est mieux.

Je me suis penchée, les yeux fermés, et j'ai senti que le bout de quelque chose d'humide et chaud essayait d'entrer dans ma bouche. Je me suis reculée une fois de plus.

— Beurk. C'était quoi ?

— Ma langue.

— Écœurant.

— C'est comme ça que ça se fait.

— Comment tu sais ça ?

— Je connais un type à l'école.

— Tu l'embrasses ?

— Bien sûr que non. Il embrasse des filles, et après il me raconte des tas de trucs.

— Comme quoi ?

— Toutes les choses que vous aimez, vous, les filles.
— Et qu'est-ce qu'on aime ?
— Vous aimez qu'on vous offre des fleurs et des bonbons, et qu'on touche vos nichons. Ce genre de trucs.
Je l'ai dévisagé.
— Ça alors. Vous, les garçons, vous nous connaissez vraiment bien. Tout ce qu'on veut, c'est des fleurs, des bonbons et qu'on nous touche les nichons. Que peut-on demander de plus dans la vie ? Et peu importe qu'on puisse cueillir nos fleurs nous-mêmes, ou manger des bonbons quand on en a envie. Ah, je suis vraiment contente d'apprendre que vous savez ce qu'on veut, nous les filles, parce qu'on n'est peut-être pas capables de le savoir nous-mêmes.
Il s'est mis à m'embrasser à nouveau et sa poitrine s'est plaquée contre la mienne, dans ce chemin que personne n'empruntait. Ses mains ont commencé à aller et venir sur mon T-shirt. Cela m'a demandé un certain effort, mais j'ai pu décoller mes lèvres des siennes pour lancer :
— Non.
Je me suis préparée à le repousser, mais ça n'a pas été nécessaire.
— OK, a-t-il lâché en reculant de lui-même.
On est restés étendus là encore un peu, les yeux fixés sur le ciel au-dessus de nous, puis il a dit :
— Faut que je rentre.
Il m'a déposée, mais avant de me laisser descendre, il a sorti un feutre indélébile de la boîte à gants et me l'a tendu.
— Signe ma cape. Je veux avoir l'autographe de la première fille que j'ai embrassée.
J'ai pris le feutre et j'ai attendu qu'il choisisse l'endroit où il voulait que je signe.
— Ici, a-t-il dit en indiquant le milieu du dos.

J'ai signé mon nom, prenant le temps de bien écrire pour que le feutre ne bave pas trop dans le coton.

— Betty Carpenter.

Il a dit mon nom tout haut en le lisant sur le tissu.

Après que j'ai refermé la portière, il s'est penché au-dessus du siège pour me demander par la fenêtre :

— Qu'est-ce que tu fabriquais, exactement, aujourd'hui, Betty Carpenter ? Là-bas, sur ce chemin où personne ne va jamais ?

J'ai mis la main dans ma poche et j'ai serré l'histoire de Flossie.

— Je voulais voir si *non* signifiait encore quelque chose.

Je suis rentrée à la maison sans me presser. Une fois arrivée, je suis allée au Bout du Monde et je me suis glissée sous la scène. J'ai creusé une autre tombe à côté des histoires de Maman et de Fraya. J'ai sorti celle de Flossie de ma poche et je l'ai déposée dans le trou. Je n'avais pas de bocal avec moi, si bien que le papier était au contact de la terre quand je l'ai enterrée vivante.

THE BREATHANIAN

Des pleurs entendus à l'endroit des coups de feu

Des tirs ont été signalés près d'un petit cours d'eau connu sous le nom de Bloody Run.

Un randonneur des environs a déclaré qu'il s'était abrité derrière un arbre jusqu'à ce que les coups de feu cessent. Il croit avoir entendu des pleurs ensuite.

Quand il est allé voir sur les lieux, il n'a trouvé qu'un tas de cailloux. Selon ses dires, les cailloux étaient empilés de telle manière qu'ils lui ont fait penser à une sépulture. Après avoir creusé avec son pic, il a découvert des os d'oiseau dans une tombe peu profonde sous les cailloux.

"Il y avait des plumes blanches disposées près du crâne, a-t-il expliqué. Et des plumes marron foncé autour des os du corps. Les plumes avaient l'air d'être celles d'un aigle. On aurait dit que quelqu'un aimait cet oiseau et avait voulu lui organiser un rite funéraire."

Le randonneur a remarqué qu'un vent persistant le glaçait jusqu'à la moelle des os. Le shérif ne sait pas encore s'il y a un rapport entre les os de l'oiseau et les coups de feu.

28

Et tu m'as couvert de rides pour témoigner contre moi.
Job 16, 8

On l'appelait la Vieille Slipperwort, comme si toute sa vie, elle avait été une femme âgée et courbée, vivant dans une cabane "coup de fusil" pleine de fourmis. Une maison "coup de fusil" est une maison étroite, où les pièces sont en enfilade, chacune donnant dans la suivante par une porte intérieure. Ainsi, si l'on tirait un coup de fusil à travers la porte d'entrée, la balle traverserait toutes ces portes intérieures avant d'atteindre le mur du fond. La cabane de la Vieille Slipperwort était vieille, mais elle-même l'était plus encore. Elle se débrouillait toute seule, mais parfois elle engageait des filles pour l'aider.

Cet été-là, j'étais payée pour travailler et rester chez elle. La première nuit là-bas, je me suis réveillée au milieu d'un violent orage. J'avais besoin de faire pipi, mais les toilettes étaient à l'autre bout de la maison. Je devais donc traverser la chambre de la Vieille Slipperwort.

Sa porte était ouverte et la lumière éteinte, mais le clair de lune brillait sur son corps nu. Elle était assise au bord de son lit. Auparavant, je n'avais vu ses cheveux blancs que ramassés en chignon, mais là, ils étaient dénoués. Ils tombaient jusque dans le bas de son dos et ils étaient assez clairsemés pour que je distingue son corps à travers.

Je n'avais jamais vu un corps nu aussi âgé. Il y avait quelque chose d'effrayant pour moi dans la façon dont sa peau plissait et retombait. J'avais peur de voir cette peau glisser complètement et découvrir son squelette en dessous. J'imaginais les cavités noires dans son crâne, à l'emplacement des yeux, la courbure de ses côtes formant la cage où palpitait son cœur. En silence, j'ai fait marche arrière et j'ai regagné le salon. La pluie avait redoublé de violence. J'aurais tout de même pu sortir, mais après avoir vu la Vieille Slipperwort comme ça, je me suis sentie un peu perturbée, sinon désorientée. Je suis allée dans le coin de la pièce et je me suis accroupie, mon urine imprégnant la moquette verte sous moi.

Le lendemain matin, je me suis levée de bonne heure pour m'assurer que la tache avait séché. J'ai tiré la table basse toute proche pour qu'elle couvre cet endroit. Je n'avais pas encore commencé à préparer le petit déjeuner quand la vieille femme m'a tendu un exemplaire de *L'Interprétation des rêves*, de Sigmund Freud.

— Tu rendras ça à Chairfool, m'a-t-elle dit. Il me l'a prêté quand je lui ai raconté que je rêvais sans arrêt d'un bâton posé sur le sol. Ce livre m'a servi à rien. Et toi, dis-moi, P'tite Cherokee, pourquoi je rêve d'un bâton, à ton avis ?

— Peut-être que vous n'êtes pas très bonne en ce qui concerne les rêves.

Elle a baissé les yeux en fronçant les sourcils.

— Pourtant je l'étais sacrément, avant.

J'ai pris le livre sous le bras et je suis partie en ville.

Quand je suis arrivée au salon de coiffure de Chairfool, je suis tombée sur Americus Diamondback assis sur le banc, à l'extérieur. Il a replié son *New York Times* avant de plaquer le journal jauni sur le banc, puis il s'est tourné dans son costume trois pièces.

— Ta souillon de sœur, Flossie, je sais qu'elle a fait quelque chose à mon chien.

Il a caressé le cochon par lequel il avait remplacé Corncob et qu'il avait appelé Wall Street.

— Je comprends rien à vos salades, lui ai-je répondu avant d'ouvrir la porte du salon.

À l'intérieur, M. Chairfool montrait à Trustin comment repasser la lame d'un rasoir. Trustin était apprenti chez M. Chairfool depuis plusieurs semaines. C'était étrange de lui voir cette allure si respectable, avec sa petite veste blanche et son pantalon noir. Il aimait bien travailler au salon de coiffure. Cela lui permettait de gagner un peu d'argent pour ses fournitures de dessin.

J'ai tendu le livre à M. Chairfool. Il l'a lancé dans l'arrière-salle par la porte ouverte. Il s'est retourné avec un sourire qui découvrait l'espace entre ses dents de devant, tandis que sa moustache blond-roux retombait de chaque côté de sa bouche comme des plumes. Il avait une coupe de cheveux dont j'imaginais que sa mère lui avait dit autrefois que c'était celle qui lui allait le mieux. Assez longs pour couvrir ses oreilles et cacher son appareil auditif, mais suffisamment courts pour ne pas paraître négligé.

— Trustin était sur le point de s'exercer au rasage sur moi, a-t-il lancé. Mais puisque tu es là, Betty, il peut se faire la main sur toi.

— Je n'ai pas de barbe, ai-je répliqué en me passant la main sur le visage et en fronçant les sourcils.

— Oh, mais ton frère ne va pas utiliser un vrai rasoir. C'est juste pour qu'il apprenne à contrôler son poignet et sa concentration.

M. Chairfool a tapoté le bocal de *fireballs* sur l'étagère derrière lui.

— Tu auras droit à un bonbon, après, a-t-il ajouté d'une voix chantante.

Je me suis assise dans l'un des fauteuils habituellement occupés par les hommes de Breathed. Je pouvais sentir l'odeur d'eau de Cologne et de sueur qui imprégnait le cuir.

— Trustin ? (M. Chairfool a croisé les bras et a lancé un regard sévère à mon frère.) Quel slogan es-tu censé dire à chaque client avant qu'il s'assoie ?

Trustin a soupiré.

— C'est pas une vraie cliente. Elle va même pas payer.

— La question n'est pas de raser un homme qui peut payer, a dit M. Chairfool. Il s'agit de raser un homme qui en a besoin. Tu ne vois pas les choses de la bonne manière, mon garçon. Bon, Betty, lève-toi. Et toi, Trustin, tu la traites aussi bien que tu traiterais l'homme le plus riche du monde.

Je me suis levée avec un sourire sur les lèvres tandis que les épaules de Trustin s'affaissaient.

— Prenez place dans un fauteuil Chairfool, et quand vous repartirez, vous aurez l'air cool, a-t-il débité.

— Voyons, Trustin, a remarqué M. Chairfool, il faut que tu le dises assez fort pour que le client puisse t'entendre.

— Prenez place dans un fauteuil Chairfool, et quand vous repartirez, vous aurez l'air cool.

Trustin l'avait crié si fort qu'on avait l'impression que sa voix avait retenti dans tout Main Lane.

— C'est bien, mon garçon, a souri M. Chairfool.

Je me suis assise à nouveau en pouffant de rire tandis que Trustin dépliait une cape de coiffeur. Il l'a étalée sur moi avant de la rentrer dans mon col. Il a pris un blaireau pour étendre de la mousse à raser sur mon visage et mon cou.

— Ça chatouille, ai-je ri.

Ensuite, il a pris un petit peigne noir. M. Chairfool a toussoté en indiquant de la tête la bande de cuir qui pendait dans le dos du fauteuil.

Trustin a frotté le bout plat du peigne sur la bande de cuir comme s'il repassait la lame d'un rasoir droit.

Au bout de quelques secondes, il a fait glisser son pouce sur le tranchant du peigne pour en vérifier le fil. Satisfait, il a posé le dos du peigne sur ma peau. Puis il m'a rasée soigneusement, raclant la mousse de mon visage à chaque passage.

— Ne me coupe pas, l'ai-je averti.

Cela a fait rire M. Chairfool, mais mon frère s'est contenté de tourner mon visage sur le côté pour donner le bon angle à ma mâchoire. Il maniait le peigne avec des gestes rapides mais pleins de grâce. J'avais l'impression d'être une de ses toiles. Un coup de pinceau ici. Un autre là. Peut-être qu'à ses yeux, il ne faisait rien d'autre que peindre mon portrait.

Une fois le rasage terminé, il a pris la serviette pour enlever les petites taches de mousse qui étaient restées près de mes oreilles et sous mon nez. Puis il a tapoté mes joues et mon cou avec un peu de lotion.

— Pas mal, a dit M. Chairfool en donnant une tape dans le dos de mon frère. Qu'est-ce que tu en dis, Betty ?

— Ça me plaît bien.

Je me suis frotté le visage en souriant à mon frère, qui m'a rendu mon sourire.

M. Chairfool m'a tendu le bocal de *fireballs*. J'en ai pris trois. J'en ai mis un dans ma bouche en sortant. J'ai offert le deuxième à Americus, dehors, qui ne s'est pas fait prier.

— Au fait, je suis désolée que votre chien ait disparu, lui ai-je dit.

— Hmm. (Il a enfourné le bonbon avant de le coincer à l'intérieur de sa joue.) Je doute pas une seconde que tu sois désolée, comme je doute pas une seconde qu'un fusil a un sens moral.

Je lui ai tiré la langue, puis je me suis dépêchée de rentrer chez la Vieille Slipperwort. Je lui ai donné le troisième *fireball*. Elle a enlevé son dentier et s'est mise à sucer la friandise avec une joie d'enfant.

— Qu'est-ce que vous voudrez pour le dîner ce soir ?

— Du gombo. De la betterave aussi. Faut manger quelque chose qui a la couleur du sang. Ça te garde en bonne santé.

Elle a gonflé les joues, puis elle a soufflé jusqu'à ce que le *fireball* soit éjecté de sa bouche.

— Hi, hi, hi, s'est-elle esclaffée avec un large sourire.

Après avoir terminé les tâches de l'après-midi, qui consistaient à passer le balai, puis à aérer ses placards, j'ai commencé à préparer le dîner. Pendant que je roulais les tranches de gombo dans de la farine de maïs avant de les déposer dans l'huile bouillante, la Vieille Slipperwort s'est assise à la table pour me parler de sa jeunesse. Elle m'a dit qu'elle se rappelait combien elle était belle alors.

— Mes cheveux avaient la couleur du feu. Les hommes s'y brûlaient volontiers juste pour pouvoir m'embrasser.

En remuant le gombo, je lui ai demandé si elle avait toujours vécu à Breathed.

— Oh, oui. Je n'aurais jamais pu quitter les collines. Les gens, ça ne m'aurait rien fait de les quitter, mais la nature, jamais. Quand j'étais toute petite, je pensais que j'étais la fille de Mère Nature. Je me mettais des fleurs dans les cheveux, et ma vraie mère me les enlevait parce qu'elle était allergique. *Atchoum.*

Elle a simulé un éternuement et cela nous a fait rire toutes les deux. Son nez a frémi et elle a éternué pour de bon cette fois.

— Dieu vous bénisse.

— J'ai bien besoin d'être bénie, après un éternuement comme ça, ma petite chérie.

Elle s'est essuyé le nez, puis elle a continué à parler de son amour des arbres.

— J'aime la nature aussi, lui ai-je dit en m'écartant de la poêle à frire et des projections de friture.

— Oh, mais je le sais, P'tite Cherokee. Quand tu quitteras Breathed, tu es le genre de fille à passer d'une montagne à l'autre, d'une colline à l'autre, d'une campagne à l'autre.

— Je n'ai pas l'intention de quitter Breathed. Parfois je vais au Bout du Monde, mais je ne pars pas vraiment.

— Ce n'est pas Mère Nature que tu quitteras, ma chérie. N'aie pas l'air aussi effrayée. C'est de la nature humaine que tu voudras t'éloigner. Le problème avec Breathed, c'est que cette ville te donne dans la même bouchée à la fois le fruit mûr et la pourriture. Tu es le genre de fille à recracher cette partie pourrie un jour ou l'autre. Tu partiras à la recherche d'un fruit qui ne pourrit pas comme ça. Plus tes hanches vont s'élargir, plus l'envie de partir deviendra forte.

— Mes hanches ne vont pas s'élargir.

— Oh, bien sûr que si. Ça se voit.

— Qu'est-ce qui se voit ?

— Que tu vas devenir une femme. Mais t'en es pas encore là.

Elle a continué à parler de sa jeunesse et de sa beauté pendant que je servais le gombo et tranchais de la betterave. Quand je me suis assise à table avec elle, elle m'a rappelé de mettre une goutte de miel sur la soucoupe. C'était pour les fourmis qui passaient.

— Pourquoi vous les laissez entrer dans votre maison comme ça ? lui ai-je demandé tandis que j'en libérais une qui était prise dans la goutte de miel.

— Parce que quand tu rentreras chez toi, les fourmis, c'est tout ce qu'il me restera.

Elle a ri quand une de ces fourmis a grimpé sur son bras.

Après le dîner, la Vieille Slipperwort est allée se coucher. Je me suis endormie en regardant la télévision au milieu des fourmis qui couraient partout et des parasites de la télé. Je me suis réveillée deux heures plus tard avec l'envie d'aller aux toilettes. Je suis allée en silence jusqu'à sa chambre, espérant pouvoir la traverser cette fois.

Comme la veille, je l'ai trouvée assise toute nue au bord de son lit. Sans s'apercevoir de ma présence, elle a continué à se masser les jambes, les veines bleu-vert roulant sous sa peau. La vue de son corps ne m'a pas fait aussi peur cette fois. Dans les plis et les rides, c'était son histoire que je voyais. Sa peau était le journal intime de son âme. Tous les printemps où elle avait observé les fleurs s'épanouir. Les étés où elle était restée sous la lune et avait embrassé son visage. Les automnes où elle était devenue plus sage. Les hivers qui avaient gelé les initiales de son nom. Chaque ride était la trace de tout cela et témoignait de chaque heure, de chaque minute et de chaque seconde qu'elle avait vécues. Tous ses secrets étaient inscrits sur sa peau. Les choses pour lesquelles elle avait imploré Dieu. Les choses pour lesquelles elle avait maudit le diable. Dans toute cette vieillesse, je ne voyais que de la beauté.

— Vos jambes vous font mal, hein ? lui ai-je dit, rompant le silence de la pièce. Je pourrais vous préparer une tisane avec de l'écorce d'aulne.

Elle s'est tournée vers moi, sans paraître surprise de me voir là.

— T'embêtes pas à me faire de la tisane, je vais bien.

Elle n'avait pas son dentier, si bien que ses paroles étaient suivies d'un léger sifflement.

— Je vais bien, a-t-elle répété en se levant.

Elle s'est plantée devant le miroir en pied. Elle a examiné son corps, se tournant d'un côté, puis de l'autre pour regarder sa taille et ses contours.

— Pour une femme, vieillir est une agression. Ne vieillis jamais, P'tite Cherokee. Mais on ne peut pas l'empêcher. À moins de mourir jeune. Je regrette de ne pas être morte quand mes hanches avaient encore quelque chose d'érotique.

Elle a tortillé des hanches du mieux qu'elle a pu.

— Des dizaines d'années m'ont rendue repoussante, des dizaines d'années ont fait de moi une vieille. (Sa voix s'est brisée.) Autrefois, j'étais un voyage qu'un homme avait envie d'entreprendre. Aujourd'hui, je ne suis plus que la Vieille Slipperwort. C'est mon nom, maintenant. La Vieille. Il n'y a plus personne encore en vie qui se souvienne combien j'étais belle avant. Personne encore en vie à part moi. Chéris ta beauté, P'tite Cherokee. Elle t'aura quittée avant que tu aies le temps de t'en apercevoir.

— Je ne suis pas belle.

Elle m'a dévisagée, l'air stupéfaite.

— Comment peux-tu dire une chose pareille, petite idiote ?

— Je ressemble à mon père.

— Nos pères nous donnent tous quelque chose, mais nos mères aussi. Tu as la peau de ton père, mais tu tiens ta silhouette de ta mère. Tu as la mâchoire de ton père, mais tes lèvres sont celles de ta mère. Ce sont des choses qui nous sont données. Comment peux-tu ne pas savoir que tu es belle ? Approche.

Me tirant par la main devant le miroir, elle m'a fait tourner pour que je sois face à mon reflet.

— Dis que tu es belle, Betty.

— Mais je ne le suis pas.

— Qui t'a dit ça ?

— Ma mère.

— Bien sûr, qu'elle t'a dit ça, ma chérie, a gloussé la vieille femme. Tu lui rappelles tout ce qu'elle est en train de perdre. Toutes les mères sont envieuses de leurs filles, dans une certaine mesure, parce que les filles ne sont qu'au début de leur jeunesse, alors que les mères voient la leur s'évanouir peu à peu. C'est naturel de ressentir de la jalousie. C'est ce qui arrive à ta mère. Elle se cabre de jalousie parce qu'à mesure que tu deviens plus belle, elle craint de voir ses jolis traits s'effacer. Prends conscience de ta propre splendeur, et son pouvoir disparaîtra. Quand elle te dit que tu n'es pas belle, elle fait simplement passer la femme en elle avant la mère.

S'éloignant du miroir, elle est allée se rasseoir sur le bord de son lit comme si elle s'était épuisée à porter un rocher d'un bout à l'autre de la ville.

— Donne-moi ce rouge à lèvres, veux-tu ?

Elle a fait un geste en direction de la corbeille de produits de beauté sur la commode.

— Je mets encore du rouge pour chaque baiser. Mais il n'y a plus de baisers.

Je lui ai tendu le tube et, assise sur le bord du lit à côté d'elle, je l'ai observée appliquer le rouge sur ses lèvres.

— Est-ce que vous aimiez le sexe, madame Slipperwort ? lui ai-je demandé pendant je m'en sentais le culot.

Elle a réfléchi avant de répondre :

— J'étais quelqu'un de très sexy qui fréquentait des personnes très sexy.

— Alors c'est vrai ce que les gens racontent à votre sujet ?

— Et qu'est-ce qu'ils racontent, mon enfant ?

— Que vous étiez la femme à qui tous les hommes rendaient visite quand ils avaient l'argent nécessaire.

— Est-ce que tu es en train d'insinuer que j'étais une prostituée, ma petite ?

Elle a souri à pleines gencives.

— Non, m'dame. Mais il y a des gens qui le prétendent. J'en ai entendu qui disaient que c'est seulement la vieillesse qui vous a empêchée de continuer à écarter les jambes.

Ça l'a fait rire.

— Et qu'est-ce qu'ils racontent d'autre ?

— Pas grand-chose, c'est surtout ça. Mais ils n'arrêtent pas.

— Ça leur arrive de parler de Lavannah ?

— De quoi ?

— Pas *quoi*, ma chérie. *Qui*.

Elle a pris mon menton doucement dans sa main et elle a commencé à me mettre du rouge à lèvres.

— Tous ceux qui l'ont connue sont morts depuis longtemps maintenant, à part moi, a-t-elle soupiré. C'était une fille née à Savannah, en Géorgie. Sa mère voulait lui donner le nom de l'endroit où elle était venue au monde. Mais le jour de l'accouchement elle a été si longue à venir qu'ils ont pris le L de "longue" pour le mettre à la place du

S de Savannah. La dernière fois que je l'ai vue, nous n'étions encore que deux jeunes filles de dix-sept ans, et on rongeait nos ongles en riant. Quel âge as-tu maintenant, P'tite Cherokee ?

— Onze ans.

— Faut que tu grandisses encore un peu.

Elle a gentiment repoussé mes cheveux derrière mes oreilles.

— Où est Lavannah, maintenant ? Est-ce que c'est une vieille femme aussi ?

La Vieille Slipperwort a détourné les yeux et son regard s'est absenté.

— Tu connais ce trou de sables mouvants dans Quicksand* Lane. C'est là qu'elle est, Lavannah. Un jour elle y est allée, et elle s'est enfoncée dans cette saloperie. Si toutefois il y a un fond, c'est là qu'elle est. Je me souviens, après qu'elle a disparu, toutes sortes de fourmis sont sorties du sable, comme si c'était leur domaine et qu'elle les avait dérangées.

— Des fourmis ?

En posant la question, j'ai regardé vers celles qui couraient sur son mur.

— J'imagine que c'est pour ça que j'aime bien les voir ici. C'est tout ce qui reste d'elle.

— Mais pourquoi elle s'est suicidée ?

— Oh, ce n'était pas sa faute. Elle n'a plus jamais été très bien dans sa tête quand elle est rentrée de cet asile où ses parents l'avaient envoyée pour la guérir de sa maladie mentale. C'est comme ça qu'ils ont appelé le fait qu'on voulait être ensemble, elle et moi. Une maladie mentale. Quelque chose qui était une perversion et qu'il fallait corriger. Mais

* *Quicksand* signifie sables mouvants.

en fait, c'était de l'amour, tout simplement. Je suppose que c'est difficile à comprendre pour toi, vu que tu n'as que onze ans.

Elle m'a scrutée avec attention, comme si elle se demandait si elle devait continuer.

— Tout a commencé quand mon père nous a surprises, Lavannah et moi dans le grenier, sur le vieux lit de ma grand-mère. On ne l'avait pas entendu monter les marches, ni elle ni moi. On était toutes les deux nues et on s'embrassait comme si on était seules au monde.

La vieille femme m'a regardée, haussant les sourcils, l'air d'attendre quelque chose.

— Tu dis rien ? Tu vas pas me dire que j'étais folle de m'étendre toute nue avec une autre fille ?

— Non, m'dame Slipperwort. Non, je ne vais pas dire ça. C'est pour cette raison qu'ils l'ont envoyée dans cet asile ? À cause de ce que votre père avait vu ?

Elle a hoché la tête.

— Papa voulait m'expédier dans cet asile aussi, mais Maman l'a convaincu que le mieux serait d'extirper le démon de mon corps à la maison, en me frappant. Pendant que j'étais aux prises avec la ceinture de mon père, Lavannah a été envoyée par ses parents chez les hommes en blouse blanche. Quand ils l'ont laissée rentrer chez elle, elle avait le crâne rasé et des cicatrices en forme de croissant sur tout le corps. Et elle était d'une maigreur ! On aurait dit qu'elle n'avait rien mangé pendant tout son séjour là-bas.

"J'ai essayé de lui parler, mais elle n'a pas dit un mot. Elle semblait ne vouloir qu'une seule chose : aller et venir très lentement. Je me souviens encore du filet de bave qui coulait au coin de sa bouche. Je te jure, elle te regardait mais elle ne te voyait pas. Ils avaient pris une jeune fille et ils avaient renvoyé un fantôme. Les gens disent qu'elle s'est suicidée en se laissant aspirer par ces sables mouvants, mais en fait elle était déjà morte. On ne peut pas tuer quelqu'un qui est déjà mort.

La vieille femme a pris son tube de rouge à lèvres pour tracer sur sa peau des dessins en forme de croissants rouge vif.

— C'est pour cette raison que je suis devenue une putain, a-t-elle expliqué en continuant à dessiner. J'avais tellement peur d'être envoyée à l'asile. Je couchais avec tous les hommes que je pouvais trouver. On n'essaie pas de guérir une femme qui couche avec des hommes. On la paie. Le plus drôle, c'était que mes parents, ça les dérangeait pas que j'aille avec des dizaines et des dizaines d'hommes. Ils trouvaient ça moins honteux que d'aller avec une fille.

Elle a laissé tomber son tube de rouge à lèvres par terre. De toute façon, il n'en restait plus.

— Quand j'y repense, je me rends compte que pendant tout ce temps j'étais tellement terrifiée à l'idée de finir comme Lavannah que j'ai fini par m'exiler de moi-même. Je me suis enfermée dans un asile intérieur de peur de savoir qui j'étais vraiment.

Elle s'est levée et s'est contemplée dans le miroir. Elle s'est rapprochée de la surface réfléchissante jusqu'à ce que sa main et son reflet joignent le bout de leurs doigts.

— Ce n'est pas facile d'être une femme, P'tite Cherokee. Et surtout, ce n'est pas facile d'être une femme qui passe sa vie à avoir peur de celle qu'elle est vraiment. Tout le monde m'appelle la Vieille Slipperwort. La Vieille. Voilà ce que je suis. La femme qui va au magasin en chaussures plates à semelles en caoutchouc pour acheter des pommes de terre, du lait et du pain. Avec des taches sur ma robe, provenant du petit déjeuner que je prends toute seule. Le dos courbé, mes bas retombant sur mes jambes veinées de bleu et de violet. Des cheveux tout blancs et un visage que plus personne ne voit. Quatre-vingt-dix-sept ans que je suis sur cette terre. Et voilà le résultat : je me retrouve seule dans ma chambre, en train de contempler le reflet d'une femme qui a toujours eu peur d'être elle-même.

Dans le miroir, ses yeux sont passés de son image à la mienne.

— Ne laisse pas une telle chose t'arriver, Betty. N'aie pas peur d'être toi-même. Faut pas que tu vives aussi longtemps pour t'apercevoir à la fin que tu n'as pas vécu du tout.

29

Et toi, recherches-tu de grandes choses pour toi-même ?
Ne les recherche pas.
Jérémie 45, 5

Flossie et moi nous sommes écartées de la route pour gagner les hautes herbes au passage d'une voiture marron dont les roues ont soulevé un nuage de poussière. Des volutes de fumée brune sont retombées sur nos cheveux mouillés tirés en arrière après notre baignade dans la rivière.

— Un jour, je me paierai une Corvette jaune, a dit Flossie en revenant sur le chemin. *Vroum, vroum.* (Elle a fait comme si elle prenait des virages serrés.) Peut-être que je te laisserai la conduire aussi, Betty.

C'était la fin du mois d'août. La lumière chaude dévorait les ombres autour de nous tandis que nos cheveux séchaient et que la sueur perlait sur notre front. L'été finissant dans le sud de l'Ohio était un beau défi que le soleil lançait à l'enfant. *Peux-tu survivre à ma chaleur et continuer à m'aimer ?*

Les scarabées au ventre rebondi semblaient éclater tandis que, dans une illusion d'optique, des vagues s'élevaient de toutes choses.

— Allons jusqu'à la voie de chemin de fer, a dit Flossie en se tournant pour marcher à reculons devant moi. Le train de midi va bientôt passer.

Elle portait un jean coupé en short, mais on ne le voyait pas, caché qu'il était par le long maillot de base-ball qui descendait très bas. Ce maillot appartenait à son dernier petit ami. Un type appelé Minford. J'ai oublié son nom de famille. De toute façon, ces noms n'avaient jamais assez d'importance pour qu'on s'en souvienne.

— Dis, Betty, m'a-t-elle demandé en levant les yeux vers le ciel. Où est-ce que tu iras vivre, toi ?

On finissait toujours par retomber dans la même conversation.

— Moi, je vais aller vivre dans la plus belle rue du monde, a-t-elle répondu elle-même à la question avant que j'aie eu le temps de le faire. Bordée de palmiers, et à deux pas du drugstore où Marilyn Monroe achetait sa teinture pour les cheveux. Tu sais, avant qu'elle meure et tout ça.

Flossie a plongé la main dans sa poche et en a sorti un peu de soie de maïs sèche, du papier à cigarette et un briquet. Nous avons tassé la soie avant de rouler le papier autour. Une fois la cigarette allumée, nous avons pris des bouffées à tour de rôle, rapidement, pour que le bout reste rouge.

— Je vais devenir plus célèbre qu'Elizabeth Taylor, a dit Flossie en relâchant de la fumée. J'aurai mon nom écrit en grosses lettres noires sur la façade de tous les cinémas. Évidemment, ils me donneront un nom de scène pour que ça fasse plus Hollywood. Il va aussi falloir que je perde mon accent.

On s'est passé la cigarette et elle a ajouté :

— Et ce qui est sûr, c'est que plus jamais je ne fumerai des cigarettes de soie de maïs comme une vulgaire péquenaude dans son bled.

Elle m'a arraché la cigarette des mains et a tiré dessus jusqu'à ce qu'il n'en reste presque plus rien et qu'elle soit obligée de la jeter.

— Toi, Betty, tu vivras dans une ferme, m'a-t-elle dit, comme si elle avait une boule de cristal devant elle. Tu auras un chien, un chat et une souris. Le chien ne mangera pas le chat et le chat ne mangera pas la souris et tout le monde mourra de vieillesse et d'ennui. Et toi, il faudra que tu te maries avec la lune solitaire juste pour avoir quelque chose à faire.

Elle s'est mise à courir devant moi comme si elle sprintait vers la ligne d'arrivée à la fin d'une course, ses longs cheveux flottant vers l'arrière.

Lorsque nous sommes arrivées à la voie de chemin de fer, nous avons joué à la marelle sur les traverses en bois. Au loin, la sirène du train a retenti.

— Il va pas tarder, a dit Flossie et elle s'est débarrassée de son maillot.

Elle ne portait pas de soutien-gorge. Ses mamelons me faisaient penser aux chapeaux ratatinés de ce que nous appelions des champignons-miracles quand nous étions encore assez jeunes pour croire aux miracles.

— Allez, Betty, enlève ton T-shirt aussi.

Elle a jeté son maillot sur les buissons.

— Je veux pas.

La locomotive est apparue à plus d'un kilomètre au bout des rails, sa fumée noire montant en gros panaches vers les nuages blancs.

— De quoi tu as tellement peur, Betty ?

Je l'ai regardée pirouetter, les bras ouverts et tendus vers le ciel, le sourire aux lèvres. J'ai pensé à la Vieille Slipperwort dans sa chambre la nuit, pleurant sur tous les choix qu'elle n'avait pas faits par peur. Je ne voulais pas finir comme elle. M'enfermer à double tour jusqu'à n'être plus qu'un hurlement trop lointain pour être entendu par qui que ce soit. Je voulais avoir un sourire aussi éclatant que celui de Flossie. Être aussi libre qu'elle paraissait l'être.

— Je n'ai pas peur, ai-je lancé à Flossie avant d'enlever mon T-shirt.

Je l'ai laissé tomber dans l'herbe, mais j'ai gardé les bras croisés sur ma poitrine. Maman m'avait dit que je devrais songer à mettre un soutien-gorge pour poitrine naissante, comme si mes seins bourgeonnants avaient besoin d'un soutien comme les tiges de concombre et de haricots que Papa attachait sur des fils pour les soutenir.

— Pour les empêcher de pousser n'importe comment, disait-il à propos des tiges.

J'imaginais mes seins attachés à un treillage, comme s'il existait, inhérentes au sexe auquel j'appartenais, une faiblesse et une irresponsabilité prévisibles et que le monde avait créé un soutien-gorge pour m'aider à m'en débarrasser.

— Enlève tes bras, m'a dit Flossie. Tu as des nichons. C'est ça que tu veux cacher comme un secret ? a-t-elle éclaté de rire.

Elle a attrapé mes mains pour les enlever de ma poitrine et ensemble nous nous sommes mises à tourner en rond.

— J'imagine que c'est ça qu'on ressent quand on est célèbre.

Elle a poussé des hurlements de sirène jusqu'à ce que l'écho de sa voix haut perchée se répercute.

— Il est temps de s'écarter des rails, ai-je dit alors que l'avertisseur du train beuglait plus fort.

Elle a continué à pouffer de rire en tournoyant. Il a fallu que je la tire de force dans l'herbe avec moi.

— Merci, Maman.

Elle m'a lancé des baisers bruyants avant de se tourner vers le train en criant :

— Oh, salut, le train.

Tandis que le convoi passait en trombe, Flossie s'est mise à sauter, les bras levés, comme si elle était sur le grand huit décoré aux couleurs du drapeau à la foire du 4 Juillet.

— Allez, viens, Betty.

Elle m'a pris par la main. Ensemble nous avons hurlé en riant pendant que les wagons défilaient. Nous étions encore en train de sauter longtemps après leur passage.

— T'as vu ces vagabonds ?

Flossie a projeté son bassin en avant comme l'avaient fait les hommes dans les wagons de marchandises.

— Celui avec le chapeau en toile était assez mignon, ai-je dit en gardant mon sérieux.

Puis nous avons éclaté de rire toutes les deux avant de nous affaler sur la voie ferrée, nous brûlant la peau par mégarde au contact des rails surchauffés.

— Ah, crotte de bique ! (Flossie a roulé sur les traverses et m'a montré son dos.) Est-ce que j'ai une marque ?

— C'est un peu rouge.

J'ai passé doucement les doigts sur les grains de beauté plats et sombres qui semblaient former une constellation d'étoiles sur sa peau.

— Ça brûle, a-t-elle gémi.

Après avoir gardé le silence un moment, elle m'a demandé si je me souvenais du jour où nous avions mis le feu à l'église.

— Oui, Flossie. Ce n'est pas le genre de chose qu'on oublie.

— Tu crois que Dieu va nous punir pour ça ?

— Je ne crois pas vraiment que Dieu pense à ce genre de chose.

— Moi je pense qu'Il y pense tout le temps.

Elle s'est mise sur le dos et a regardé le soleil en plissant les paupières.

— S'Il avait dû nous punir, Flossie, Il l'aurait fait depuis longtemps.

— Nan. (Elle a secoué la tête.) C'est le type d'homme qui patiente. Il te chope quand tu t'y attends le moins. Quand ça fait le plus mal.

On avait l'impression qu'elle buvait le ciel des yeux, tous les nuages et toute la lumière s'engouffrant en elle. Elle a fait une remarque sur la chaleur du soleil. Puis elle a commencé à se caresser le visage, ses mains roulant doucement sur ses joues.

— Je suis belle, tu ne trouves pas ? Je vais faire la couverture de tous les magazines dans le monde entier. C'est obligé.

Quand je repense à Flossie maintenant, je la vois toujours assise au soleil dans l'herbe verte, en train de presser des citrons au-dessus de sa tête, le jus dégoulinant dans ses cheveux. Elle faisait cela presque tous les jours en été. Vers la fin du mois d'août, sa chevelure châtain clair était parsemée de mèches dorées. Parfois, je me dis que c'est la seule image que je veux garder d'elle. Le soleil. L'herbe verte. Les citrons jaunes. Ma sœur, la tête légèrement levée vers la lumière.

— Il est quelle heure à ton avis ? Minford a son entraînement de base-ball. Je ferais mieux d'y aller, sinon je vais être en retard.

Elle s'est levée, faisant tomber les petits cailloux qui s'étaient incrustés à l'arrière de ses jambes bronzées.

— Un garçon ne t'aime vraiment bien que s'il veut que tu ailles le voir jouer au base-ball.

— Mince alors, qu'est-ce que ça doit être amusant, ai-je répondu en secouant la tête. Tu sais, Flossie, tu n'es pas toujours obligée de jouer la comédie.

— Qui a dit que je jouais la comédie ?

Elle a remis le maillot et, sans me dire au revoir, elle a filé en suivant la voie ferrée.

J'ai enfilé mon T-shirt, puis je suis restée là, à la regarder courir au loin, jusqu'au moment où elle n'a plus été qu'un point minuscule vibrant dans la fournaise.

Une fois à la maison, je suis allée dans le jardin et j'ai cueilli une tomate après avoir enjambé les rangées. Je l'ai dévorée entièrement, le jus coulant le long de mon bras. En me retournant, j'ai vu Papa dans la balancelle sur la véranda de derrière. Sur la pointe des pieds, j'ai contourné les têtes de laitue et les fleurons de brocoli, avant de longer les treillages où montaient les concombres, tout en essuyant le jus de tomate de mon menton.

— Hé, P'pa, ai-je lancé en montant les marches.

À ses pieds, sur le plancher, se trouvaient un tas de pantalons qu'il avait rapiécés. Un autre, attendant d'être réparé, était posé sur ses genoux.

Je me suis appuyée contre la balustrade et je l'ai regardé chercher des boutons dans une boîte à cigares près de lui. Sa jambe droite était étendue sur un tabouret qu'il avait pris dans le salon. À voir la façon dont sa jambe était agitée de spasmes, j'ai compris que son genou le faisait encore souffrir.

— Pourquoi tu ne te prépares pas un mélange de plantes pour soulager tes douleurs ?

— Je crois bien que je n'ai jamais pensé que je méritais d'en être soulagé, m'a-t-il répondu sans cesser d'étudier les boutons. Il y a certaines souffrances, tu sais que tu les garderas toujours. Si j'étais plus jeune et que je faisais des projets d'avenir, peut-être que je verrais les choses autrement.

J'ai essayé d'imaginer mon père jeune – un garçon sous les étoiles, rêvant qu'il aurait une vie pas plus dure que les planches de sa véranda. Je savais que dans sa jeunesse mon père avait été fasciné par des légendes et des mythes, et qu'il avait espéré devenir une légende lui-même. Pour finir, il a dû laisser de tels rêves dans la terre musquée quand l'heure est venue pour lui de grandir et devenir un homme parmi d'autres, aussi invisible que la rosée du matin.

J'ai observé ses rides. Elles m'ont fait penser aux sillons dans le grès. Relevées sur les côtés, creusées au milieu comme la pierre tendre qu'était sa chair. Son visage devenait peu à peu aussi ancien que la terre. *Un jour*, me suis-je dit, *je me réveillerai et il y aura de la mousse en train de pousser sur ses paupières. Les os de ses pommettes affleureront à la surface de ses joues comme les rochers affleurent à flanc de colline. L'érosion fera de lui quelque chose que je reconnaîtrai à peine, jusqu'au jour où je devrai le coucher sur la colline, au cœur de la roche avec laquelle il se confondra.*

— P'pa, qu'est-ce que tu voulais devenir ?

— Ce que je voulais devenir ? Tu ne veux pas dire, qu'est-ce que je veux devenir ?

— Quand tu avais mon âge. (Je me suis assise sur la balancelle, à côté de lui.) Qu'est-ce que tu pensais faire de ta vie ?

— Oh, tu veux dire, quand j'étais jeune. Eh bien, quand j'étais un petit garçon, je pensais que je resterais toujours comme ça. C'est tellement plus facile d'être un petit garçon que d'être un homme, et c'est la seule chose à laquelle j'ai été bon, alors j'imaginais que j'aurais onze ans pour toujours.

Mais le garçon qu'il avait cru pouvoir rester éternellement avait vieilli de plusieurs dizaines d'années. Une bonne partie de la vie de mon père avait par la suite consisté à essayer de reprendre son souffle. Il avait eu une existence pénible, avec des métiers pénibles. Il n'était donc pas étonnant de voir son corps faiblir. Sa canne en était la preuve tangible.

Il avait fabriqué cette canne lui-même, y sculptant nos visages, empilés dans l'ordre des naissances. Autour de la tête de Leland, Papa avait fait une moitié de soleil se mêlant à la lune et les étoiles formant une couronne. Fraya était entourée de pissenlits, les fleurs jaune vif couvrant presque son visage.

Si Yarrow était mort et enterré, il n'était pas oublié, ni le marron qui l'avait fait mourir. Papa avait passé du temps à tailler les traits délicats de Waconda tout bébé. Flossie s'était vu attribuer la petite statuette dorée d'un Oscar, ce qui l'avait fait hurler de plaisir quand elle l'avait vue. Un arc-en-ciel s'étendait autour du visage de Trustin tandis que Lint avait suffisamment de plantes près de lui pour remédier à toutes ses plaintes.

Entre Flossie et Trustin, j'étais représentée avec une plume de corbeau. Quand j'ai demandé à Papa pourquoi une plume de corbeau, il m'a répondu qu'il y a de cela bien longtemps, quand les arbres et les montagnes étaient encore dans leur prime jeunesse, d'énormes bêtes sauvages avaient parcouru la terre tandis que des hommes, assis autour d'un feu, racontaient leurs histoires.

— Les corbeaux, entendant ces belles histoires, savaient qu'il fallait les écrire pour les préserver. Et donc, chaque corbeau avait décidé d'arracher une de ses propres plumes. Ils avaient offert ces plumes aux conteurs. Mais une plume a besoin de son encre. Le sang d'un corbeau est aussi noir que le ciel la nuit, aussi ces oiseaux sages s'étaient-ils mordu la langue et leur sang avait coulé jusqu'au bout des plumes des poètes et des écrivains. C'est le sacrifice des corbeaux qui a permis aux histoires de voler d'une génération à l'autre.

Il y a des hommes qui gardent la photo de leurs enfants dans leur portefeuille. Papa avait sa canne. Peut-être pensait-il que nous sculpter dans le bois pouvait forcer le temps à s'arrêter. Forcer notre visage à ne jamais vieillir, à garder la jeunesse qu'il avait taillée avec son couteau.

— Celui-là ira bien, a-t-il dit en se décidant pour le bouton marron marbré dans la boîte à cigares.

J'ai observé ses doigts tremblants enfiler l'aiguille. Des dizaines d'années de jardinage avaient taché ses mains. On y voyait les traces de toutes les saisons pendant lesquelles il avait écalé des noix et toutes les fois où il avait arraché des mauvaises herbes. *Du vert, du brun et du noir.* Les nuances des taches s'incrustaient dans les lignes profondes et les crevasses de ses doigts. *Du vert, du brun, du noir et du violet.* Les couleurs des baies qu'il avait mises en bocaux se mélangeaient en des teintes qui éclaboussaient sa peau. *Du vert, du brun, du noir, du violet et du rouge.*

Ces taches avaient donné à sa peau la couleur de la terre elle-même. J'étais sûre que si je déposais une graine dans ses mains, elle germerait et pousserait dans ses paumes comme si elle avait été plantée dans le sol. Cette même terre formait une croûte autour de ses ongles courts. La beauté et les difficultés du travail dans le jardin avaient formé des cals aux endroits précis où il avait tenu le plus longtemps un manche de binette. Les gens auraient pu utiliser toutes sortes de mots pour décrire les mains de mon père. Dures. Tannées. Fendillées et crevassées comme l'écorce d'un arbre. On aurait pu dire que ses mains étaient, par-dessus tout, rugueuses, mais je savais que son contact était doux. Les gens se contentaient de jeter un coup d'œil aux mains de mon père et ils croyaient pouvoir en déduire ce qu'il valait dans ce monde.

— Je me suis toujours entendu dire que j'étais insignifiant, a-t-il remarqué tandis qu'il commençait à coudre le bouton sur le pantalon. Tu t'entends dire ça suffisamment et tu te mets à le croire.

Il a fait un nœud avec le fil avant de le couper avec ses dents.

— Il y a des hommes qui ne valent pas la peine qu'on en parle, a-t-il poursuivi en levant le pantalon pour jauger son travail. Ce sont des bouche-trous. Voilà ce que je suis. Un bouche-trou. Une marche sur laquelle d'autres grimpent pour arriver au sommet. Une goutte de peinture sur le portrait d'un homme plus important. Autrefois, ça me dérangeait. Mais aujourd'hui, je suis trop vieux pour m'en faire à ce sujet.

Il a posé son pantalon en se levant de la balancelle, puis il a pris le balai appuyé contre le mur. Pendant les quelques minutes qui ont suivi, j'ai observé un homme âgé chasser la poussière de sa véranda. Et s'il est besoin d'ajouter quelque chose, disons que la poussière qu'il balayait était renvoyée par le vent dans son beau visage vieillissant.

30

Un temps pour naître et un temps pour mourir;
un temps pour planter et un temps pour arracher ce qui a été planté.
ECCLÉSIASTE 3, 2

LE BATTAGE des haricots se faisait au début de l'automne. Nous les arrachions pour les étaler sur le sol jusqu'à ce que tout soit sec, les tiges comme les cosses. Nous les ratissions à la main pour en faire un tas haut de quelques dizaines de centimètres. Alors venait la partie amusante : nous sautions sur le tas et nous foulions avec nos pieds nus les cosses desséchées jusqu'à ce qu'elles éclatent. Le bruit que faisait ce battage ressemblait au rythme régulier du tambour, avec le martèlement de nos pieds, les cosses qui crépitaient et les haricots qui fusaient.

— Tu piétines comme une vieille bonne femme, Betty, m'a dit Flossie en me donnant un coup de coude dans les côtes.

— Je fais éclater plus de cosses que toi.

— Je ne te dis pas que tu es lente comme une vieille bonne femme, a-t-elle répliqué en croisant les bras. Je te fais remarquer que tu travailles comme une femme qui compte sur ses haricots stockés tout l'hiver pour se remplir le ventre. Comme si tu ne pouvais pas aller au Papa Juniper's pour t'acheter ce dont tu as besoin. Tu prends ça trop au sérieux.

— C'est parce que son sang a gardé ça en mémoire, a répondu Papa tandis qu'il faisait rouler une cosse contre le côté de son pied. Son sang se souvient des longs hivers froids de nos ancêtres qui dépendaient vraiment du stockage des haricots parce que sans eux, ils seraient morts de faim.

Après le battage, venait le vannage, quand nous ramassions la récolte sur le sol. Les plus petits fragments de cosses étaient assez légers pour qu'on souffle dessus, remplissant l'air de fines particules. Pour enlever les morceaux plus gros, nous utilisions des paniers plats. Il était préférable de faire le vannage un jour de grand vent, car lorsque l'on faisait sauter en l'air le contenu des paniers, les haricots retombaient sur le fond tressé tandis que les cosses étaient emportées par le vent.

— Aujourd'hui, il existe des machines qui battent et vannent, a dit Papa en lançant ses haricots très haut. Mais ce que nous avons fait ici avec nos pieds, nos mains, notre souffle et le vent est aussi vieux que la première graine de haricot. Il ne faut pas oublier nos anciennes façons de faire. Nous devons les garder aussi longtemps que possible.

De tous les travaux dans le jardin, la saison du battage et du vannage était celle que Trustin préférait peindre. Il n'avait que neuf ans, mais il avait recours à des techniques dans son art qui étaient audacieuses et abstraites. Beaucoup de ses tableaux avaient quelque chose de primitif, comme s'ils étaient sa version des peintures rupestres. Des images brutes d'animaux sur la paroi froide d'une caverne qu'il imprégnait du fait que nous vivons aujourd'hui dans des maisons. Il était capable de prendre en compte ces deux états d'esprit, le sauvage et le civilisé, et de les faire se chevaucher comme deux lignes décentrées.

Trustin utilisait toutes sortes d'objets comme supports, depuis les vieux cageots à fruits jusqu'aux sacs de farine vides. Même le seau en métal dont Maman se servait pour laver par terre. Par la suite, Papa lui a acheté un paquet de papier cartonné au bazar. C'est devenu le support préféré de Trustin pour ses aquarelles.

— Tu sais, mon garçon, lui a dit Papa en voyant ses peintures, tu pourrais peut-être les vendre. Ça serait une première étape, si tu veux en faire ton métier.

— Tu crois que mes peintures sont assez bonnes ?

— Il n'y en a pas de plus belles au monde, mon garçon. J'ai beaucoup de chance de pouvoir dire que je suis le père d'un artiste comme toi.

Quelques jours plus tard, on a vu Trustin tirer de la grange un vieux char à bras. Il lui a donné un coup de peinture verte, avant de dessiner des petites fleurs bleues et violettes, utilisant les points de rouille comme centres des fleurs. Sur le flanc du chariot, il a écrit : “Rêves, par Trustin”.

La première fois qu'il est parti avec son chariot rempli de ses peintures, il en a vendu suffisamment pour se convaincre qu'il était capable de créer quelque chose que les gens aimaient.

Je l'accompagnais souvent dans son porte-à-porte. Un jour, alors que Trustin et moi étions sur le point de partir, Papa nous a fait signe.

— Je voudrais que vous fassiez quelques livraisons pour moi, puisque vous sortez.

Il m'a tendu une boîte contenant trois bocaux de tisane, une pommade, deux teintures et une huile. Quand Trustin a soulevé le bocal d'huile, un sédiment noirâtre a glissé sur le fond.

— Cette huile doit être livrée à Ms. Pleasant, a précisé Papa en nous donnant un morceau de papier sur lequel il avait écrit d'autres noms et adresses. Voilà les personnes à qui il faut livrer les autres produits. J'ai indiqué à qui doit aller chaque produit, alors ne vous trompez pas. Vous pensez que vous pouvez faire ça ?

Trustin et moi avons hoché la tête et j'ai posé la boîte dans le chariot.

Tandis que Trustin tirait le chariot dans Shady Lane, j'ai pris le bocal d'huile destiné à Ms. Pleasant. J'ai entrouvert le couvercle, juste assez pour sentir une odeur de racines.

— Tu crois qu'elle utilise ce truc pour quoi ? m'a demandé Trustin.

— Pour son visage, bien sûr.

J'ai revissé le couvercle.

Pendant que Trustin faisait du porte-à-porte avec ses peintures, je me suis occupée des livraisons. Comme Ms. Pleasant habitait à l'autre bout de la ville, nous y sommes allés en dernier.

— Regarde, Betty.

Trustin a hoché la tête en direction du ballon de Cotton qui s'élevait dans le ciel, alors que nous arrivions dans Quicksand Lane, où vivait Ms. Pleasant. Le chemin avait été ainsi nommé en référence au trou de sables mouvants où la Vieille Slipperwort m'avait dit que Lavannah avait disparu.

— Tu sais qu'il y a une femme là-dedans ? ai-je dit à Trustin.

— N'importe quoi.

— Si, c'est vrai. Elle s'appelait Lavannah.

Je me suis approchée du sable.

— Hé, Lavannah ? (J'ai mis mes mains en porte-voix autour de la bouche.) Vous m'entendez là-dedans ?

Je me suis tournée vers Trustin et je l'ai mis au défi de plonger un doigt dans le sable.

— Enfin, si tu n'es pas une poule mouillée, ai-je ajouté avant de caqueter.

— J'ai pas peur.

D'un pas décidé, il est venu se poster devant moi.

Il a écarté les hautes herbes et s'est agenouillé près du sable. Tandis que son doigt descendait lentement vers la surface, sa main s'est mise à trembler.

— T'es pas obligé de le faire, si tu as trop la frousse.

— Je t'ai dit que j'avais pas peur.

Il a plongé son bras tout entier dans le sable. Je me suis agenouillée à côté de lui.

— Tu sens quelque chose ?

— Non. (Il a remué le bras.) Il y a rien… attends… je sens…

Sa bouche s'est ouverte, mais aucun son n'en est sorti.

— Qu'est-ce que c'est ? Trustin ?

— Je sens quelque chose.

Ses yeux se sont écarquillés.

— Quoi ? lui ai-je demandé en me préparant au pire. Dis-moi.

— Sa main. La femme, celle que tu as dit qu'elle était ici. Elle… me tient la main. Je sens ses doigts. Je sens… (Son bras s'est brusquement enfoncé.) Elle me tire, Betty. Elle m'attire vers le fond.

Tout son corps a été projeté vers le sable et son bras a été englouti jusqu'à l'épaule.

— La laisse pas m'emporter, Betty.

Il a fait voler du sable en se débattant. J'ai passé les bras autour de sa taille et j'ai tiré jusqu'à ce que je sente qu'il se dégageait lentement. Il y a eu une violente secousse et il a été à nouveau aspiré par le sable.

— Au secours, Betty.

Arc-boutée sur mes talons, j'ai serré les bras autour de lui et j'ai tiré de toutes mes forces jusqu'à ce qu'il soit entièrement libéré. Il a roulé sur le ventre, cachant son bras sous lui.

— Oh, ma main, Betty. J'ai mal.

J'ai essayé de le retourner sur le côté pour voir sa blessure.

— Qu'est-ce que tu as ? Montre-moi.

Il a tremblé comme si quelque chose l'agrippait encore.

— Trustin ?

Il a poussé un cri perçant et son bras a jailli sous mon nez. J'ai hurlé et je suis tombée en arrière, croyant, l'espace d'un instant, que j'allais moi aussi être victime du fantôme de Lavannah et du mythe des sables mouvants.

— J't'ai bien eue !

Il a éclaté de rire en se relevant.

— Espèce de crotte de crapaud.

Je me suis relevée aussi et je l'ai bousculé.

— Je peux pas croire que t'as marché. C'est juste du sable, Betty, a-t-il dit en continuant à rire. Y a pas de femme là-dedans.

J'ai lancé un dernier regard en direction du sable et nous sommes retournés au chariot.

La maison de Ms. Pleasant avait une façade en stuc peinte d'un bleu océan tous les deux ou trois ans pour que la couleur reste éclatante. Elle vivait tout près de l'école élémentaire où elle avait enseigné avant de prendre sa retraite. Depuis, elle s'était mise à cultiver des plantes grasses. En nous voyant, elle a enlevé ses gants de jardinage et les a agités pour nous faire signe.

— Ah, Carpenter, te voilà. Redresse-toi, Carpenter.

Elle appelait tout le monde par son nom de famille. Quand j'étais avec mes frères et sœurs, il était difficile de savoir auquel d'entre nous elle s'adressait.

Personne n'avait vu le visage de Ms. Pleasant depuis des dizaines d'années. À en croire certaines rumeurs, son nez, sa joue droite et une bonne partie de son front avaient disparu. Selon d'autres, toutes ces parties de son visage étaient encore là, mais ravagées par de l'acide ou par le feu. Personne ne pouvait avoir de certitude sur les dégâts, car elle portait des masques. Faits de papier mâché, ses masques représentaient tous la même femme. Ceux qui se souvenaient de ses traits d'autrefois prétendaient que le beau visage de ces masques n'était autre que celui de Ms. Pleasant avant qu'elle ne soit défigurée.

J'ai essayé de voir son visage quand elle s'est arrêtée près du chariot. Elle a pris une des peintures que Trustin avait faites lors du vannage des haricots. On y voyait la robe rouge vif de Maman dans laquelle le vent s'engouffrait.

— Rouge ? Bof, a-t-elle fait en tendant la main. Je n'ai jamais raffolé de cette couleur. Tu aimes, toi, Carpenter ? a-t-elle demandé en glissant un doigt sous son masque pour se gratter le front. Tu aimes le rouge ? Carpenter, c'est à toi que je parle. Et redresse-toi, bon sang.

Nous nous sommes redressés tous les deux, Trustin et moi. Il m'a regardée pour que je réponde.

— Je n'ai rien contre le rouge. Mais si je devais voir une couleur pour la dernière fois, je préférerais que ce soit autre chose que le rouge.

— Hmm, oui, bien sûr, Carpenter. Bonne réponse. Eh bien, je crois que je vais prendre celle-là.

Elle a mis l'aquarelle sous son bras tandis qu'elle cherchait son porte-monnaie dans la poche de son tablier.

— J'en ai des tas d'autres ici qui n'ont pas de rouge, est intervenu Trustin, en lui montrant les peintures de nos paniers à vannage.

— J'ai déjà décidé de prendre celle-ci, Carpenter.

— Mais vous avez dit que vous n'aimiez pas le rouge. Et là, il y en a partout.

— Les garçons ne comprennent jamais rien, hein, Carpenter ?

Elle s'est tournée vers moi et a fait un signe de tête en direction du bocal.

— Le même prix que ce que ton père m'a fait payer la dernière fois ?

— Pareil.

Elle m'a donné l'argent pour l'huile et l'aquarelle.

— Vous êtes tous les deux les bienvenus pour une petite assiette de fromage, si vous voulez. Je n'ai que du cheddar et pas de crackers. Mais j'ai de la gelée de violettes qui me reste de ce que j'avais fait au printemps. Vous pouvez tremper votre morceau de fromage dans la gelée. C'est très bon. Venez.

Elle a remonté l'allée vers sa maison.

— On n'est pas obligés de rester, hein ? a demandé Trustin.

— Pourquoi tu ne vas pas faire les autres maisons de ce chemin pour voir si tu peux vendre d'autres peintures ? Moi je vais rester et on se retrouvera ici quand tu auras fini.

— Tu veux vraiment rester avec elle ?

— Peut-être qu'elle va enlever son masque.

— Si elle l'enlève, tu me diras à quoi ressemble son visage pour que je puisse le peindre.

Puis il s'est éloigné en tirant son chariot. Ms. Pleasant m'a appelée depuis sa porte.

— Tu viens, oui ou non, Carpenter ?

L'intérieur de sa maison était aussi bien rangé que je l'avais imaginé. Le tissu pastel du canapé et des chaises était recouvert de plastique transparent, tandis que les parties en bois brillaient comme des pages de magazine.

— Ça sert à quoi, ça ? ai-je demandé à propos des draps en coton punaisés au mur en certains endroits.

— Ils masquent des miroirs, a répondu Ms. Pleasant. Les miroirs ne me sont d'aucune utilité, mais il me semblait dommage de les enlever complètement, alors je les ai simplement couverts. Attention, ne marche pas sur les tapis, Carpenter.

Pour me conduire à la cuisine, elle a elle-même contourné les tapis immaculés qui étaient aussi colorés et travaillés que des vitraux posés sur le sol. Les placards étaient en acier blanc, assortis aux rideaux plissés blancs de style Cape Cod encadrant chaque fenêtre. Ce blanc contrastait avec un papier peint vichy rouge. Je lui ai fait remarquer :

— Ça fait beaucoup de rouge.

— Parfois, on est entouré de choses qu'on n'aime pas.

Elle a posé son bocal d'huile, puis elle a placé la peinture de Trustin contre une boîte marquée RECETTES DE MAMAN sur le garde-manger. Elle a ouvert le garde-manger et en a sorti un bocal en verre à motif en relief, plein d'une gelée violette.

— Cela m'a pris des jours pour cueillir suffisamment de violettes sauvages. C'est la raison pour laquelle les gens ne font plus cette gelée, cela exige de la discipline et du travail.

Elle a posé le bocal sur la table de la cuisine. Dans son réfrigérateur, elle a pris un bloc de cheddar et un pichet de thé glacé. Elle nous a versé un verre de thé, auquel elle a ajouté des feuilles de menthe qu'elle gardait dans un petit pot sur le rebord de la fenêtre. Pendant qu'elle sortait deux soucoupes blanches, j'ai coupé le cheddar.

— Ouvre la gelée, Carpenter.

Elle avait utilisé de la paraffine pour fermer le pot hermétiquement. J'ai soulevé le bouchon avec la lame du couteau à fromage. De petits fragments de paraffine sont tombés sur la gelée. Je les ai enlevés avant de lui tendre le pot.

— Merci, Carpenter.

Elle a pris une bonne cuillerée de gelée qu'elle a déposée dans chaque soucoupe. J'ai immédiatement trempé mon morceau de fromage dedans.

— Mmm, c'est bon, lui ai-je dit.

La gelée était douce et légère.

Pour pouvoir manger, Ms. Pleasant devait écarter son masque de sa bouche. J'ai essayé de voir son visage, mais elle a fait attention à ne pas en montrer plus qu'il ne fallait.

— Mais qu'est-ce qui est arrivé à votre visage ? lui ai-je demandé.

— Oh, comme j'ai horreur de l'impolitesse. (Elle s'est raidie.) Je ne te demande pas ce qui est arrivé à ton visage, moi, n'est-ce pas ?

— Mon visage n'a rien.

— C'est une opinion toute personnelle.

Au bout de quelques instants de silence, elle a demandé :

— Qu'est-ce que tu crois, toi, qui est arrivé à mon visage ?

— J'ai entendu dire que c'était une sorte d'acide. Qui vous aurait gravement brûlée. Il y en a qui prétendent que vous vous êtes fait ça vous-même. D'autres disent que c'est un homme.

— Je n'ai jamais connu d'homme dont je ne venais pas à bout.

— Alors vous vous êtes fait ça vous-même ?

— Bien sûr que non. Petite sotte. C'est Dieu qui me l'a fait.

Elle s'est nettoyé les mains avant de nous resservir un verre de thé.

— Quand j'étais jeune, a-t-elle poursuivi, un jour j'ai vu quelque chose. Quelque chose de terrible. Je n'en ai jamais rien dit à personne, si bien que la personne qui avait fait cette chose terrible s'en est tirée tandis que celle à qui cette chose avait été faite a eu une vie de malheur jusqu'à sa mort. Alors je me suis dit, bon, c'est terminé, mais on ne peut pas être au courant d'un fait aussi effroyable et ne rien dire sans que ce malheur ne nous ronge. Quand on voit quelque chose de mal, notre responsabilité est de faire quelque chose à ce sujet. Comme je n'ai rien fait, Dieu m'a punie en m'enlevant mon visage. Aussi simple que ça.

— C'était quoi, cette chose terrible que vous avez vue, Ms. Pleasant ?

— La chose terrible n'a plus d'importance. Ce qui en a, c'est que je n'ai rien dit à personne.

Elle s'est levée et a commencé à débarrasser la vaisselle pour la mettre dans l'évier. Elle est restée là, à regarder par la petite fenêtre. J'ai décidé d'aller attendre Trustin dehors. Il n'a pas tardé à apparaître.

— J'ai vendu toutes mes peintures.

De la tête, il a indiqué la maison de Ms. Pleasant.

— T'as vu son visage ?

— Nan. Allez, viens. (J'ai sauté au bas du porche.) Rentrons.

Quand on est arrivés dans Shady Lane, un camion a klaxonné avant de s'arrêter près de nous. Trustin a couru jusqu'à la portière du conducteur.

— Leland ? Tu es de retour ?

— Ça se pourrait, a répondu Leland par la fenêtre.

— Eh ben, tu ferais mieux de repartir d'où tu viens, lui ai-je crié. Il y a une maladie terrible en ville. Tout le monde attrape des furoncles et finit par mourir. Tu ferais mieux de filer d'ici pendant qu'il est encore temps.

— C'est pas vrai, a répliqué Trustin en me faisant une grimace.

Je lui ai demandé de la fermer.

— Je crois que je vais prendre le risque, a dit Leland, puis il est reparti en direction de la maison.

J'ai couru derrière lui. Il m'a adressé un petit sourire satisfait par la fenêtre.

— Je vais te montrer moi, s'il y a de quoi sourire.

J'ai ramassé une poignée de graviers et je l'ai lancée sur son camion. Les petits cailloux ont heurté sa portière.

Les freins ont grincé et il a pilé sur place.

— Eh ben, gare à toi, Betty, m'a avertie Trustin, à bout de souffle, quand il m'a rejointe en traînant le chariot derrière lui.

Leland a ouvert sa portière si violemment qu'elle s'est refermée sur lui. Il a donné un coup de pied dedans pour sortir. Il a sauté et a atterri les deux pieds sur le sol. Il avait vingt-six ans alors, et il était vraiment costaud.

— Tu veux jouer, ma petite ? Eh bien jouons un peu.

Je me suis enfuie à toutes jambes à travers champs. J'ai essayé de courir en zigzags comme Papa m'avait dit qu'il fallait le faire si j'étais poursuivie par un ours, mais Leland s'en amusait. Je savais à quelle vitesse il pouvait courir, et il n'était pas au maximum. Il voulait me laisser croire que je pouvais m'échapper.

Quand on a atteint le bois, je me suis efforcée de tirer avantage des arbres, courant entre eux pour qu'il ne m'ait pas facilement en point de mire, mais il continuait à rire. Puis je me suis retournée et il n'était plus là.

Je me suis arrêtée, à l'écoute d'une branche cassée sous son pas. On n'entendait que les bruits des oiseaux.

— Leland ? T'es là ?

On avait couru si loin que je ne voyais plus son camion, ni le chemin. Sentant son regard sur moi, j'ai reculé lentement.

— C'est pas drôle. Je vais le dire à…

— J't'ai eue.

Ses bras se sont refermés sur ma taille et m'ont entraînée sur le sol.

Nous avons lutté par terre. Je donnais des coups de pied et des gifles, mais il était beaucoup plus fort que moi.

— Je pensais que pendant mon absence tu te serais un peu calmée. Je vois que c'est pas le cas.

Après m'avoir retournée sur le dos, il a attrapé mes bras tandis que je me débattais et les a bloqués au-dessus de ma tête.

— T'as bien grandi, ma petite Betty.

Il a passé sa main libre sur ma robe avant de la remonter. Quand il a empoigné l'intérieur de ma cuisse, j'ai hurlé et j'ai frappé le sol de mes deux bras si bien qu'il a dû se servir de ses deux mains pour m'immobiliser.

J'étais Fraya sous lui. J'étais ma mère sous son père. J'étais Flossie sous le garçon à l'haleine de pop-corn. Et je me débattais. Comme elles avaient dû se débattre.

— Vas-y. (Il a lâché mes bras en souriant.) Frappe-moi.

Je l'ai repoussé et je l'ai giflé. Ça l'a seulement fait sourire davantage. Puis il s'est mis entre mes jambes.

— Non.

J'ai griffé le sol, essayant de m'échapper de dessous lui. Mais ma mère avait vu juste. La chose la plus lourde au monde est un homme qui est sur vous quand vous ne voulez pas qu'il y soit. Je me suis tout de même débattue de toutes mes forces.

— T'es une petite sauvage, hein ?

Il a appuyé une main sur ma poitrine, et il s'est cambré, renversant la tête en arrière, pour pousser un hurlement. Il s'est léché les lèvres et ses yeux se sont rapprochés des miens.

— Les petites filles ne devraient pas se promener toutes seules dans les bois. Tu vas te faire manger par le loup. On ne te l'a jamais dit ?

— Je te déteste, ai-je crié en lui crachant au visage. Je vais tout dire. Ce que tu as fait à Fraya et…

— Qu'est-ce que j'ai fait ?

— Tu l'as violée.

— Violer ? Voilà un bien grand mot. T'es sûre que tu sais ce que ça veut dire, Betty ?

Il a attrapé ma bouche et l'a comprimée jusqu'à ce que je sente ses doigts s'enfoncer entre mes dents.

— C'est trop tard pour raconter ça maintenant. Papa va te demander pourquoi tu ne l'as pas dit quand c'est arrivé. Tu as vu cette chose terrible arriver à ta sœur. Tu l'as vue se faire violer, mais tu n'as rien dit ? Tu as continué à sourire, à jouer et à te brosser les cheveux tous les matins ? Si je voyais quelque chose comme ça, je le dirais tout de suite. (Il s'est interrompu et a semblé réfléchir.) Mais, attends une minute, tu dis que tu as tout vu ? (Sa main me comprimant le visage, il a fait bouger ma tête de haut en bas, comme si je voulais dire oui.) Et tu n'as rien fait pour l'empêcher ? (Il a secoué ma tête de droite à gauche.) Pourquoi tu ne m'as pas empêché ? Ta sœur se faisait violer sous tes yeux et tu n'as rien fait pour venir à son secours ?

En me tordant, j'ai réussi à dégager mon visage de sa poigne.

— Ferme-la.

J'ai senti mes larmes brûlantes couler sur mon visage.

— Tu as laissé les choses se faire, Betty. Tu aurais pu l'empêcher. Tu aurais pu me frapper sur la tête avec un tas de trucs qu'il y avait dans la grange. Bon sang, si tu t'étais mise à gueuler, tu aurais tout arrêté. Mais tu n'as rien fait. Quel genre de sœur es-tu donc ?

J'ai tourné la tête et j'ai sangloté dans la terre.

— S'ils te croient, ils te maudiront de n'avoir rien tenté pour la sauver. C'est comme si tu l'avais toi-même violée.

Je l'ai giflé de toutes mes forces. Il m'a attrapée par le col de ma robe et m'a attirée contre lui. J'étais tellement près que je sentais le tabac dans son haleine.

— Et Fraya, alors ? Tu veux la mettre dans l'embarras comme ça ? Toutes ces années, elle n'a jamais dit un mot. Tout le monde va penser que ça ne colle pas. Si ces choses terribles lui étaient faites, bon sang, elle dirait quelque chose. N'importe qui dirait quelque chose. Non. Personne te croira. Ils penseront que tu n'es qu'une fille malsaine qui ment et invente des choses horribles, et qui met sa sœur dans l'embarras, traînant sa réputation dans la boue. D'ailleurs, toutes ces années, Fraya ne m'a pas fui. Aussi calme qu'on peut l'être. Si je l'ai violée, comment ça se fait qu'elle m'adresse encore la parole ? Tout le monde va se poser ces questions. Tu vas leur répondre quoi ?

— Leland ? a retenti la voix de Papa au loin. Betty ? Vous êtes où ?

Leland m'a regardée droit dans les yeux.

— Tu es aussi coupable que moi. Si tu me dénonces, tu te dénonces en même temps.

Je l'ai laissé me relever. Il a commencé à me traîner pour sortir du bois, mais il s'est arrêté en voyant que ma robe s'était déboutonnée. Il l'a vite remise en ordre tout en surveillant entre les arbres, au cas où Papa serait venu à notre rencontre.

— Tu es une vilaine fille, a-t-il dit en vérifiant que tout était en ordre, brossant les feuilles accrochées dans le dos de ma robe. Tu as couru dans les bois, a-t-il ajouté en me démêlant les cheveux avec ses doigts. Tu voulais que je te suive. Tu m'as montré ton corps. Tu m'as demandé de le toucher.

— C'est faux.

— Et si jamais Papa croyait que c'est vrai ? (De la tête il a indiqué la direction d'où venait la voix de Papa.) Il ne te regarderait plus jamais de la même façon. À ses yeux, tu seras sale. Tu seras responsable d'une telle honte. Maintenant arrête de pleurer. (Il m'a secouée.) J'ai dit arrête ça.

Il a appuyé ses pouces sur mes yeux pour les essuyer.

— Tu n'es qu'une stupide dévergondée.

Me prenant la main, il m'a traînée jusqu'au chemin où Papa et Trustin attendaient près du camion.

— Ah, vous voilà, a dit Papa en nous voyant. Vous étiez où ?

— Elle a jeté des cailloux sur mon camion.

Leland m'a poussée devant lui.

— Betty ? (Papa s'est tourné vers moi.) Pourquoi as-tu jeté des cailloux sur son camion ? (Puis il a baissé les yeux sur mes genoux égratignés.) Tu es tombée ? C'est pour ça que tu pleures et que tu es toute sale ?

Leland a répondu à ma place :

— J'ai dû lui courir après. On a roulé par terre tous les deux. On dirait que tu as fait des éraflures, a-t-il ajouté en montrant les marques sur la portière côté conducteur.

— Betty, excuse-toi pour avoir jeté des cailloux sur son camion, m'a demandé Papa.

— M'excuser ? ai-je répliqué en secouant la tête. Pas question que je lui présente des excuses.

J'ai ramassé une poignée de graviers sur le chemin et je l'ai lancée sur Leland. Il a pivoté juste à temps pour que les cailloux rebondissent sur son dos.

— Betty, arrête. (Papa a agité un doigt dans ma direction comme si j'étais un petit enfant.) Maintenant ça suffit. Tu as compris ?

Leland m'a adressé un sourire par-dessus l'épaule de Papa. J'ai serré les poings jusqu'à ce que mes ongles s'enfoncent dans mes paumes.

Quand Papa s'est tourné pour examiner les éraflures, j'ai saisi l'occasion ; glissant la main dans sa poche, j'ai pris son couteau avant de me précipiter vers Leland. J'ai sauté sur son dos et, ouvrant le couteau, j'ai passé la lame sur l'arête de son nez, faisant une entaille dans la chair. Le sang chaud a coulé sur mes doigts.

— Betty, nom de Dieu, s'est exclamé Papa en refermant les bras autour de ma taille.

J'ai réussi à enfoncer la lame davantage avant qu'il ne m'arrache du dos de mon frère.

Leland a braillé de douleur tandis que le sang coulait sur son visage.

Papa m'a enlevé le couteau des mains en criant :

— Betty, bon Dieu, qu'est-ce qui t'est passé par la tête ?

Il a refermé son couteau et l'a remis dans sa poche avant de m'attraper par le bras. Quand il a commencé à me donner une fessée, je me suis mise à pousser des hurlements.

— Arrête, Papa, a dit Trustin quelque part derrière nous.

— Elle a besoin d'une bonne leçon, a rugi Papa au-dessus de mes cris. Elle aurait pu le tuer.

— Dommage que je ne l'aie pas fait. (Je me suis libérée.) Je le déteste et toi aussi, je te déteste.

Je l'ai écarté brusquement et je suis partie en courant, pour ne m'arrêter qu'une fois revenue chez Ms. Pleasant.

— Ms. Pleasant ? ai-je lancé en ouvrant sa porte. Vous êtes là ?

Elle est sortie de sa cuisine.

— Tu as oublié quelque chose, Carpenter ?

Je me suis ruée sur elle et je lui ai enlevé son masque. Elle a poussé un cri et elle a enfoui son visage dans ses mains en hurlant :

— Ne me regarde pas. S'il te plaît, ne regarde pas. Je suis un monstre.

Je distinguais ses traits dans les espaces entre ses doigts. Je m'attendais à voir des furoncles ou des cicatrices. Quelque chose de monstrueux et douloureux. Mais il n'y avait pas la plus petite marque.

— Vous n'avez donc rien ? (J'ai abaissé ses mains pour découvrir le beau visage d'une femme de soixante-huit ans.) Vous avez donc menti tout ce temps. En vous cachant derrière ça.

J'ai agité le masque sous son nez.

— Je suis hideuse, a-t-elle hurlé en se palpant le visage. Tu ne vois pas ?

— Il n'y a rien à voir.

— Touche. (Elle a attrapé ma main et l'a posée sur sa joue.) Sens le pus sous ton doigt. Les bourrelets des cicatrices. Tu ne vois pas mes yeux rouges ? Je n'ai plus de nez. Mes lèvres sont à vif. Je n'ai plus rien de normal.

Se jetant sur la table toute proche, elle a pris le vase de porcelaine et l'a jeté contre le mur. Puis elle a déchiré les protections en plastique de ses meubles, avant de renverser les étagères et de faire tomber tous les livres par terre.

Elle a arraché les draps du mur, découvrant les miroirs. Devant son reflet, ses yeux se sont écarquillés d'effroi.

— Je suis un monstre, s'est-elle exclamée en donnant un coup de poing dans le miroir.

La main ensanglantée, elle a continué à saccager sa maison. J'ai serré le masque dans mon poing et me suis précipitée dehors. Quand je suis arrivée au bout du chemin, les cris stridents de Ms. Pleasant résonnaient encore dans mes oreilles. Je me suis précipitée vers les sables mouvants et j'y ai jeté le masque.

Tout d'abord, il a semblé que le masque n'allait pas s'enfoncer, puis, lentement, il a commencé à être englouti par le sable, et pour finir, j'ai eu l'impression que ce n'était pas un masque que je voyais disparaître peu à peu, mais le vrai visage d'une femme.

THE BREATHANIAN

L'auteur des coups de feu serait un fantôme

Une certaine Mme Windcreep s'est manifestée, déclarant que, selon elle, c'est sa mère, décédée, qui est responsable des coups de feu.

"La haine d'une mère vit dans la poussière, a affirmé Mme Windcreep. C'est pour cette raison qu'il y a toujours autant de poussière."

À l'appui de ses dires, Mme Windcreep mentionne certains phénomènes se produisant dans sa maison, telles que des portes qui se referment toutes seules et une baignoire qui ne cesse de se remplir d'eau chaude.

"C'est ma mère, j'en suis sûre. Elle a toujours pensé que je ne prenais pas assez de bains, soutient Mme Windcreep. J'espérais qu'elle resterait emprisonnée dans sa tombe une fois que nous l'aurions enterrée, mais elle est revenue. Étant donné qu'elle a toujours été une très mauvaise tireuse, je ne m'inquiète pas trop. Mais je ne laisserais pas un président venir en ville. Il pourrait se faire assassiner, car ma mère avait un goût prononcé pour tout ce qui est tragique. Comme toutes les femmes, non ?"

31

Car il n'y a sur la terre point d'homme juste
qui fasse le bien et ne pèche jamais.
ECCLÉSIASTE 7, 20

LE SHÉRIF SANDS s'est penché vers moi. Il portait un gilet crème sur un maillot de corps blanc. Son pantalon marron était partiellement rentré dans ses bottes. Il sentait le tabac à chiquer.

— Elle prétend que tu es entrée chez elle et que tu l'as attaquée, Betty. Que tu lui as arraché son masque. Pourquoi tu as fait ça ?

Le shérif était originaire de l'Arkansas et il avait cet accent du Sud profond, proche de celui du sud de l'Ohio, mais sans lui être tout à fait semblable. Il devait garder son poste de shérif pendant encore bien des années. En 1984, il ferait partie d'une bande d'excités qui allaient brûler un jeune Noir. Mais à l'époque dont il est question, en 1965, il n'était qu'un homme comme les autres, qui voulait savoir pourquoi je faisais ce que je faisais.

Nous étions sur la véranda devant la maison. Maman et Papa se tenaient derrière moi.

— Betty ? m'a demandé Papa. Est-ce que tu as fait ce que dit le shérif ?

J'ai acquiescé.

— Bon, Ms. Pleasant ne porte pas plainte, a dit le shérif avant de cracher par-dessus la balustrade. Mais elle veut que vous empêchiez votre fille de s'approcher d'elle, a-t-il poursuivi en s'adressant à Maman et Papa. Cela veut dire que si Betty pénètre dans sa propriété, Ms. Pleasant pourra avoir recours à la loi.

— Je voulais pas lui faire de mal, ai-je dit. Je voulais juste voir son visage.

Le shérif a pincé les lèvres, puis il les a entrouvertes, découvrant ses petites dents de travers, et il m'a demandé :

— Et elle ressemble à quoi, sous ce masque ?

Même Maman et Papa ont retenu leur souffle dans l'attente de ma réponse.

— Elle… je veux dire son visage…

— Oui. (Le shérif a fait tourner sa main devant moi.) Continue. C'était comment ?

— C'était horrible. Son visage est de deux couleurs différentes. Rouge et rose. La peau se détache de son front. (J'ai agrippé mon front.) On dirait que c'est à vif, comme si ça pouvait pas se cicatriser. Comme une blessure qui sera toujours suintante. Elle a pas de nez. C'est pour ça qu'elle respire toujours par la bouche. (J'ai imité sa respiration.) Elle ne peut pas sourire. Ses lèvres retombent comme si ses joues étaient en train de fondre. (J'ai tiré sur mes joues.) Elle a pas de cils ni de sourcils. Elle n'a plus de cheveux sur le sommet de la tête, et il y a des petits furoncles qui laissent couler du pus en permanence.

Le shérif s'est redressé en me disant :

— J'ai l'impression que c'est la chose la plus horrible que tu aies jamais vue.

— Non. (J'ai regardé en direction de la grange.) Je dirais pas ça.

Je n'ai plus jamais livré d'huile chez Ms. Pleasant. Chaque fois qu'elle m'apercevait, elle s'empressait de traverser la rue en s'assurant que son masque était bien fixé.

— Mince alors, pourquoi t'as fait ça, Betty ? m'a demandé Flossie, un soir, alors que nous étions couchées.

— Tu veux dire pourquoi je lui ai arraché son masque ?

— Nan. Je parle pas de Ms. Pleasant. Je te demande pourquoi tu as attaqué Leland ?

— J'essayais de lui enlever son âme, ai-je répondu avant de fermer les yeux.

Leland a décidé de rester en ville. Il a trouvé un emploi à la station-service Ralph et Sparkie's. Il s'est installé à l'arrière de la station. Ça sentait le moisi et il y avait des mille-pattes qui vivaient dans les fissures entre le sol en ciment et le mur.

Je mesurais le temps qui passait en observant la guérison de la blessure de Leland. Quelques mois plus tard, au cours de l'hiver 1966, j'ai eu douze ans, tandis que la plaie de mon frère se transformait en une cicatrice qui occupait l'espace entre ses yeux.

Pendant que je contemplais cette cicatrice, les glaçons pendaient aux branches nues et mon père a construit un sauna dans le garage. Des gens, des femmes pour la plupart, venaient, enlevaient leurs vêtements pour enfiler de longues robes et s'asseyaient dans la cabine d'où seule leur tête dépassait. Il préparait toujours ses fortifiants, ses décoctions et ses tisanes, mais il avait élargi sa pratique. Il avait même une table dans le garage sur laquelle les gens pouvaient s'allonger. Il tapotait leurs jambes ou massait leurs bras et leurs mains. Lint avait aidé Papa à fabriquer la table. Ensemble, le père et le fils avaient même inventé un gant antidouleur qui se branchait sur le courant. Je ne me souviens plus très bien comment ça fonctionnait, mais quand Papa mettait le gant sur la main de quelqu'un, il y avait des étincelles qui jaillissaient des doigts. Je me rappelle que ces étincelles étaient violettes ou bleues.

Au milieu de tout cela, Papa et Lint avaient accroché une petite pancarte sur la porte du garage.

CHEZ LANDON.

De plus en plus de gens gravitaient autour de mon père tandis que moi, je m'en éloignais. Où était l'homme qui avait déposé des semences dans ma main en me disant que j'étais puissante ? Pouvait-il être le même que celui qui avait levé la main sur moi et m'avait fait me sentir impuissante ? Si seulement j'avais pu lui dire pourquoi j'avais attaqué Leland.

Cher Papa, j'ai quelque chose à te dire.

J'écrivais cela dans des lettres à mon père que je ne lui ai jamais remises. Je m'asseyais sur la chaise que Papa avait faite avec le bois d'un arbre tordu de derrière chez nous et, poussée par la violence de mes souvenirs, j'écrivais tout ce que je ne pouvais pas lui dire de vive voix. Une fois que j'avais fini une lettre, je la déchirais immédiatement et je la recommençais. Avais-je peur que Fraya se tue vraiment si je parlais ? Ou avais-je peur que tout le monde me considère coupable, ainsi que Leland me l'avait dit ? Il avait eu raison. Je n'avais rien fait pour l'arrêter, ce jour-là, dans la grange.

Le changement d'atmosphère était perceptible dans toute la maison. Trustin le reflétait en peignant des images qui semblaient cachées derrière des tourbillons noirs. Flossie, en revanche, paraissait enchantée.

— On dirait que tu n'es plus sa petite chérie, Betty, me disait-elle en souriant. Maintenant c'est Lint. Mais faut pas que ça te désole. Les pères préfèrent toujours leurs fils.

Quand le printemps est arrivé, je me suis demandé si nous irions à la Fête du Pont Couvert. Tous les ans, nous y allions en famille. Peut-être que ça aussi, c'était terminé. Mais quand j'ai vu Papa préparer sa salade de macaronis et sa tarte à la crème de noix de coco la veille de la fête, j'ai su que nous irions.

Situé à plusieurs kilomètres du centre-ville, le pont couvert était un long tunnel en bois avec des ouvertures en forme de losange, au-dessus d'une cascade en étages dans la rivière. Cette fête donnait aux femmes l'occasion de faire admirer leurs courtepointes et leurs tartes tandis que les hommes arbitraient un concours de pain au levain.

Nous sommes allés à la fête dans le break Wagonaire bordeaux que Papa avait acheté d'occasion pour remplacer la Rambler qui avait rendu l'âme. Plutôt que la vendre pour les pièces détachées et pour la ferraille, il l'a garée dans les bois derrière notre maison. Il a enlevé la queue de raton laveur de l'antenne pour l'accrocher à celle du Wagonaire.

Ce qu'il y avait de mieux dans le Wagonaire, c'était son toit escamotable à l'arrière. Flossie et moi nous asseyions toujours contre le hayon, car lorsque le toit était replié, nous avions le ciel au-dessus de nous.

Tandis que Papa nous conduisait à la fête, Flossie et moi nous sommes allongées sur le dos et nous avons donné des noms aux formes que nous devinions dans les nuages cotonneux.

— J'espère bien que personne ne nous a pris notre place près du pont, a dit Papa en accélérant un peu à cette idée.

Lint et Trustin étaient assis sur la deuxième banquette. Lint montrait à Trustin un caillou qu'il avait ramassé le matin même.

— Tu p-p-penses que tu pourrais peindre des yeux sur mes ca-ca-cailloux, Trustin ? Il leur faut des yeux p-p-pour voir les démons.

Alors qu'on approchait d'une vieille ferme, Papa a commencé à ralentir. Dans la cour, devant, un poney noir était attaché à un grand chêne par une corde plutôt courte. Sur un morceau de carton posé contre l'arbre, on pouvait lire : DONNE PONEY.

— N'y songe même pas, a dit Maman à Papa, comme si elle était disposée à enfoncer la pédale d'accélérateur. On a déjà assez d'ânes à la maison. Pas besoin d'y ajouter un cheval.

Quand nous sommes arrivés à la fête, Leland et Fraya étaient déjà là.

Fraya s'est avancée vers moi et a tiré sur le col de mon T-shirt pour laisser tomber dans mon dos une poignée de "bonne nuit". Elle a ri avant de faire la même chose à Flossie, qui lui a jeté ses "bonne nuit" comme des confettis.

Tandis que les petits morceaux de papier retombaient, j'ai croisé le regard de Leland. Je me suis attardée sur la cicatrice qui barrait l'arête de son nez, souhaitant qu'elle ne s'efface jamais.

J'ai aidé Flossie à étaler la couverture sur l'herbe à notre endroit habituel. Papa aimait s'installer à proximité du pont afin de pouvoir entendre les carillons éoliens. Ils étaient accrochés sur le bord extérieur du toit.

Je me suis assise entre Fraya et Flossie pendant que Maman et Papa distribuaient la nourriture. Ils avaient apporté un panier plein de sandwichs, un saladier fermé de salade de macaronis, ainsi qu'un bocal de cornichons faits maison. Pour le dessert, Papa a coupé sa tarte à la noix de coco en parts si grosses que nous n'avons pas pu les finir.

— Voilà la musique, a dit Fraya en désignant le Vieux Shoehorn qui jouait du banjo.

Il portait les mêmes bretelles violettes que je lui avais toujours connues. Il était une attraction traditionnelle de la fête, avec sa barbe grise qui pendait jusque sur son ventre et ses longs ongles jaunes qui lui servaient à pincer ses cordes.

— Yiii-hoo, a-t-il lancé en tapant du pied.

De nombreux pique-niqueurs se sont levés et ont commencé à danser. Des couples d'un certain âge, comme nos parents, se tenaient enlacés dans les valses de leur jeunesse. Nous avons regardé notre père renverser notre mère tandis qu'elle rejetait la tête en arrière, le rire aux lèvres. Un garçon s'est approché de Flossie et lui a demandé si elle voulait danser. Elle a accepté, sa robe voletant comme une fleur épanouie. Lint s'est levé pour aller examiner les stands. Trustin est allé se poster un peu plus loin, à flanc de colline, où il avait une meilleure vue pour dessiner.

J'ai observé Leland s'étendre sur la couverture tandis que Fraya mangeait sa part de tarte. Elle s'est appuyée contre moi en souriant. J'aurais voulu remplir ce moment de roses et de mots, mais Leland était là, qui nous regardait.

Et si je ne peux pas repousser le loup ? Les âmes se demandent ce genre de choses.

— Tu n'as pas envie de danser, Betty ? m'a demandé Fraya.

J'ai regardé tous ces visages souriants. L'air s'est empli de rires jusqu'à ce que tout se mette à tournoyer autour de moi.

— Ouais, pourquoi tu vas pas danser, Betty ?

Le rire de Leland a couvert tout le reste.

Les sourires des gens ont tourbillonné de plus en plus vite autour de moi. Ils se sont tous mélangés pour se confondre dans le seul visage souriant de Leland. Je me suis levée et j'ai hurlé aussi fort que j'ai pu. Tout au moins, c'est ce que j'ai fait dans mon esprit.

— Je vais aller faire un tour, ai-je dit à Fraya en me levant.

— Reste, m'a-t-elle répondu. On va pouvoir regarder le concours de courtepointes dans un instant.

— Ah, laisse-la partir, a répliqué Leland, sortant de sa poche une paire de lunettes de soleil qu'il a mise sur son nez. C'est plus une petite fille. Si elle veut aller se promener, qu'elle aille se promener.

Je suis passée au-dessus de ses jambes, heurtant son genou au passage. Mes parents étaient toujours en train de danser. Les bras croisés, j'ai marché jusqu'à la route principale. Les bruits de la fête se sont estompés derrière moi. Le silence m'a fait du bien, mais dès que le jour a commencé à baisser, les voitures ont commencé à défiler. La fête était terminée et les gens rentraient chez eux. J'ai levé le pouce, mais aucune ne s'est arrêtée, sauf le Wagonaire bordeaux.

Personne n'a rien dit quand je suis montée à l'arrière avec Flossie. J'étais contente que le moteur fasse autant de bruit. Cela donnait l'impression qu'il n'y avait de place pour rien d'autre.

Lorsque j'ai senti la voiture ralentir, j'ai vu que nous approchions de la vieille ferme devant laquelle nous étions passés à l'aller. Le petit cheval était toujours attaché à l'arbre. Papa s'est garé dans l'herbe avant de descendre.

— Elle vous plaît bien, hein ? a lancé à Papa l'homme assis dans son fauteuil à bascule sur la véranda.

L'homme était tout en ventre. Ses bras maigres et ses jambes, qui l'étaient encore plus, dépassaient de son tronc comme des cure-dents plantés dans une boule de pâte.

— Il serait temps que quelqu'un prenne cette jument aveugle.

L'homme s'est levé de son fauteuil pour se dandiner jusqu'à Papa.

— Vous dites qu'elle est aveugle ? a demandé Papa en regardant les yeux marbrés du cheval.

— Ouais, a confirmé l'homme en hochant la tête.

Il tenait une grosse tranche de pastèque à la main. Quand il en a pris une bouchée, le jus a coulé sur son T-shirt blanc déjà trempé.

— Aussi aveugle qu'une femme morte, a-t-il ajouté. C'était un cheval de mine.

Il a craché un pépin de pastèque sur la patte arrière de l'animal.

— C'est quoi un cheval de mine ? a demandé Trustin, passant la tête à la portière.

— Il travaille dans la mine, a répondu Papa en caressant les poils raides de la crinière. Il tire des wagons de charbon sur les rails dans les galeries. C'est le charbon qui l'a rendu aveugle.

— C'est ça, a acquiescé l'homme en hochant la tête à nouveau. Vous êtes de la mine ?

— J'étais.

Papa a caressé doucement les naseaux abîmés du petit cheval.

— Ouais, moi aussi, a repris l'homme avant de mordre dans sa tranche de pastèque. À la retraite, maintenant.

— Quel âge ? a demandé Papa.

— Quand j'ai pris ma retraite ? (L'homme a réfléchi.) Oh, je dirais que j'avais…

— Quel âge a cette jument ?

De la main, Papa a éloigné les moucherons des yeux de l'animal.

— Oh. (L'homme s'est éclairci la voix.) Elle va sur ses neuf ans, je crois bien.

Papa s'est reculé, les mains sur les hanches, pour examiner le cheval.

— On la prend, a-t-il dit.

Maman a poussé un soupir sur la banquette avant du Wagonaire tandis que Papa détachait la corde du chêne.

— Vous voulez revenir la prendre avec une remorque ?

— Nan. Ça ira très bien avec notre voiture. Mais si vous aviez quelque chose de solide pour la faire monter, je vous serais reconnaissant.

L'homme a jeté son morceau de pastèque et il est allé dans sa grange. Il en est ressorti un instant plus tard avec une planche dont Papa et lui ont posé une extrémité sur le plancher de la voiture à l'arrière afin que le cheval puisse monter dessus. Flossie et moi nous sommes poussées aussi loin que possible contre le dos du siège.

Avant de partir, Papa a serré la main de l'homme, qui en a paru surpris. Il s'est mis à rire quand la voiture s'est éloignée.

La tête de la petite jument dépassait du toit ouvert et sa crinière flottait au vent. Je me suis dit qu'elle devait avoir envie de courir en liberté dans les hautes herbes à travers champs, les marguerites sauvages fouettant ses tibias, sans personne pour la retenir.

J'ai glissé la main sur sa jambe, sentant le relief des cicatrices laissées par le fouet. L'extrémité de ses oreilles avait été coupée. Il y avait d'autres petites cicatrices sur ses naseaux. À cet endroit, c'est un couteau qui avait été utilisé, peut-être dans le simple but de lui rappeler à qui elle appartenait. Elle avait vécu aux ordres des hommes. Pendant toute son existence sur terre on ne lui avait jamais accordé la moindre liberté. Elle avait été emprisonnée, possédée, comme si toute sa valeur se résumait à la charge qu'elle pouvait porter sur son dos.

Elle avait vécu sa vie jusqu'à finir par être donnée pour rien, ses jambes étant trop faibles pour courir, ses yeux incapables de voir le monde au-delà de la mine de charbon dans laquelle on l'avait forcée à passer sa vie. Pourtant, maintenant elle sentait le vent dans sa crinière. Elle n'était pas encore morte au point de ne pas profiter de cette petite faveur qui la délivrait d'un passé en enfer pour lui offrir ce moment où elle pouvait croire qu'elle était libre de galoper selon son bon plaisir.

Est-ce que c'est ça, l'amour ? devait-elle se demander. *Suis-je enfin aimée ?*

J'ai enfoui mon visage dans mon T-shirt. Je pleurais et je voulais que personne ne s'en aperçoive. Ils ont quand même dû m'entendre, parce que quelqu'un a allumé la radio.

Une fois arrivés, Maman et les garçons sont entrés dans la maison. Flossie et moi avons dû attendre que le cheval soit déchargé. Papa a pris un morceau de contreplaqué dans le garage pour le faire descendre. Flossie m'a regardée avant de sortir en vitesse par le hayon et de disparaître à l'intérieur.

Pendant que Papa menait la petite jument dans le jardin, je me suis glissée hors de la voiture. J'en ai fait le tour et suis allée sur la véranda, d'où j'ai observé Papa qui donnait une carotte nouvelle au cheval.

— Viens donc ici, Betty, m'a-t-il appelée.

Je n'y suis pas allée. Au lieu de cela, je me suis assise sur la marche du haut. Papa m'a regardée un moment, puis il a levé les yeux au ciel avant d'emmener le cheval dans le champ.

— Oh là là.

Maman est sortie sur la véranda, la porte de la cuisine claquant derrière elle.

Elle est descendue dans la cour, les fleurs de trèfle pointant entre ses orteils nus.

— Cette fête est une façon épouvantable d'occuper son temps, quand on y pense, a-t-elle soupiré en regardant Papa et la jument. Les gens aiment penser qu'ils ont passé une belle journée de printemps à écouter du banjo. Personne ne s'intéresse même plus aux carillons éoliens. Ils dansent et oublient la vérité. (Elle s'est tournée vers moi.) Tu sais pourquoi les carillons sont suspendus au pont, Betty ?

— Pour éloigner les oiseaux.

— Ça, c'est ce que les gens croient maintenant, mais seulement parce que plus personne ne parle de ce qui s'est vraiment passé. Tu vois, les mères de Breathed ont accroché ces carillons en souvenir de leurs filles assassinées. C'était bien longtemps avant que tu sois née. À la fin du XIXe siècle, il y a eu un homme dans cette ville qui tuait des jeunes filles. Quand on l'a arrêté, il a dit qu'il leur coupait la langue parce qu'il ne voulait pas les entendre lui dire non. Afin de redonner une voix à leurs filles, les mères ont mis ces carillons sur le pont, et elles les ont appelés les "carillons des âmes". Pour elles, chaque fois que ces carillons tintaient, c'étaient les âmes de leurs enfants qui les touchaient. Personne n'a fixé de carillon sur le pont depuis la dernière de ces mères. Personne sauf ton père, qui en a accroché un pour chacun de ses enfants morts. Je suppose que c'est la raison pour laquelle il tient à aller à cette fête tous les ans et s'installer si près du pont, il veut entendre les âmes de Yarrow et Waconda lui parler.

"Quels que soient les griefs que l'on puisse avoir contre Landon Carpenter, on ne peut pas dire qu'il n'aime pas ses enfants. Tiens, la nuit où tu es née, ton père a compté toutes les étoiles dans le ciel. Ça lui a pris toute la nuit, mais il l'a fait. Tout comme il a compté les étoiles la nuit qui a suivi la naissance de tous tes frères et sœurs. Si tu lui demandes combien il y en avait dans le ciel la nuit où Leland est né, il te dira le nombre exact, en ajoutant qu'il y en avait cinq de moins que la nuit de Fraya. La nuit de Trustin, c'est celle où il y a eu le plus d'étoiles filantes, tandis que celle de Lint avait plus de lune qu'autre chose. Flossie, qui rêve d'être une star, est celle qui en avait le moins. Et tu sais qui en avait le plus ?

Plantée devant moi, elle a attendu que je lève les yeux vers elle.

— Toi, Betty.

J'ai regardé derrière elle, en direction des étoiles au-dessus de nos têtes.

— Il y a des hommes qui connaissent le montant exact de leur compte en banque, a poursuivi Maman. Il y a ceux qui savent combien de kilomètres indique le compteur de leur voiture et combien elle pourra encore parcourir. D'autres connaissent le score à la batte de leur joueur de base-ball préféré et ils sont plus nombreux encore à savoir la somme exacte que l'Oncle Sam leur a soutirée. Ton père, lui, ne connaît rien de tout ça. Les seuls nombres que Landon Carpenter a en tête, c'est le nombre d'étoiles qu'il y avait dans le ciel la nuit où ses enfants sont nés. Je ne sais pas ce que tu en penses, mais moi je dirais qu'un homme qui a dans la tête des cieux remplis des étoiles de ses enfants est un homme qui mérite leur amour. En particulier l'amour de celle qui avait le plus d'étoiles.

32

Il s'envolera comme un songe, et on ne le trouvera plus.
Job 20, 8

Quand Papa remplissait d'eau les bacs à glaçons, il mettait toujours une groseille dans chacun des cubes. L'eau gelait et la groseille gelait avec. C'était notre gourmandise de l'été. Peu nous importait le marchand de glaces avec sa petite cloche qui tintait dans la rue. Nous avions ces glaçons, que nous sucions jusqu'à ce qu'on tombe sur la groseille d'un rouge éclatant. D'une certaine façon, c'était plus amusant qu'aller jusqu'au massif de groseilliers et arracher par poignées les petites baies chauffées au soleil. Cela ne nous empêchait pas de le faire aussi, et les petites graines se coinçaient entre les dents, si bien que nous passions le reste de l'après-midi à les déloger avec la langue.

J'ai fourré un de ces glaçons dans ma bouche et je suis sortie promener le cheval dans le champ. Je lui ai décrit les choses que ses yeux ne voyaient plus.

— Il y a une fleur, ici. Elle est rose pâle avec du jaune au milieu. Et là, c'est une sauterelle. Elle regarde ton sabot.

Au soleil, j'ai examiné les cicatrices de la jument et je les ai suivies du bout du doigt comme si c'étaient des routes.

— Tu sais, chez les Cherokees, autrefois, le sang du père ne jouait aucun rôle dans l'identité de l'enfant. Seul un enfant dont la mère était cherokee pouvait être cherokee.

J'ai passé les bras autour de son cou et je l'ai serrée contre moi en disant :

— Je serai ta mère, comme ça, tu pourras être cherokee. Et tu n'auras plus à t'inquiéter parce que je ne laisserai jamais qui que ce soit te ramener à la mine.

Je l'ai conduite jusqu'au bord du jardin qui était d'un vert éclatant.

— Bientôt, lui ai-je confié, nous allons essayer de mettre en bocaux tout ce qui pousse ici.

— Exactement, a lancé Papa, caché au milieu du potager, avant de se redresser en souriant.

Je lui ai rendu son sourire. L'histoire des étoiles, que m'avait racontée ma mère, ne quittait plus mon esprit et m'avait rappelé qui était mon père. Un homme qui m'avait empêchée d'oublier que j'étais puissante. Il n'avait pas pris le parti de Leland, ce jour-là, près du camion, pour la simple raison qu'il ignorait qu'il y avait un parti à prendre.

Je l'écrivais dans des lettres que je m'adressais à moi-même.

Chère Betty, Ton père est ton père, il est la première femme, il est le soleil, il est la lumière, il est tout ce qui est bon.

Un jour, Papa m'a raconté une légende cherokee qui parlait de deux loups. L'un était appelé U-so-nv-i, parce qu'il était mauvais, malhonnête et qu'il avait l'esprit tordu. L'autre s'appelait Uu-yu-go-dv, parce qu'il était sincère, bon et droit.

— Les deux loups vivent à l'intérieur de chacun de nous, m'avait dit mon père. Ils se battent jusqu'à ce que l'un des deux soit tué.

Je lui ai demandé lequel des deux loups survit. Il m'a répondu :

— Celui que tu nourris et que tu aimes.

Je ne voulais pas que le loup en moi soit celui qui se nourrit de colère et de haine, alors je me suis mise à travailler dans le jardin. C'était le seul endroit qui nous donnait, à mon père et moi, la possibilité de nous retrouver. Nous y travaillions côte à côte. À travers la façon dont nous parlions de la force des tiges et des feuilles, nous parlions de notre force à nous.

Le jardin lui-même a semblé se mettre à l'unisson, car les récoltes de cette année-là ont été abondantes. Elles ont été encore plus spectaculaires quand est venu le temps des baies. Elles s'accumulaient sur le plan de travail de notre cuisine, prêtes à être transformées en gelées et confitures. Les framboises, lavées et mises à sécher. Les myrtilles brillantes dans un saladier jaune. Les mûres entassées dans une passoire en émail vert. Les petites taches violettes laissées sur tous les torchons de coton blanc. Les groseilles à maquereau qui roulaient du plan de travail, et deux ou trois écrasées sous nos talons pendant que les bocaux étaient stérilisés dans une marmite d'eau bouillante sur le réchaud.

Comme je n'avais plus les mains assez fines pour entrer dans les bocaux à petite ouverture, je me suis mise à laver les bocaux de dimension moyenne, ceux qui allaient servir pour les cornichons et les tomates.

Les mains de Trustin étaient encore assez menues pour atteindre le fond des petits bocaux sans avoir à utiliser l'écouvillon. Il gagnait un peu d'argent de poche pour ses fournitures de dessin en allant aussi laver les bocaux de voisins âgés. Il allait chez eux, où il semblait toujours y avoir un chien qui aboyait et une petite vieille femme souffrant d'arthrite. Il glissait sa main dans leurs bocaux et les gens disaient oh qu'il est gentil ce garçon de venir nous aider. Ce qui ne gâtait rien, c'était qu'il aimait laver. Il levait le bocal et regardait sa main à travers le verre tandis qu'il le nettoyait, étudiant les contours que dessinaient le savon et l'eau, comme si cela aussi était un tableau à ses yeux.

En plus des petits fruits et des bocaux, cet été-là était plus chaud que la normale. Presque chaque soir, Flossie et moi retrouvions Fraya au château d'eau de Breathed pour nager dans l'eau froide. Lint ne venait jamais avec nous parce qu'il n'aimait pas l'obscurité à l'intérieur. Trustin venait jusqu'au château d'eau, mais il restait en bas. La peur de tomber, comme cela lui était arrivé dans l'arbre, si longtemps auparavant, était encore trop grande.

— J'aime juste aller avec vous, comme ça je peux imaginer qu'on nage ensemble, disait-il. Je peux imaginer que je plonge de l'échelle sans avoir peur.

Mais imaginer avait perdu de son intérêt et un soir, alors que nous nous apprêtions à partir, Flossie et moi, Trustin a refusé de nous accompagner.

— Tu viens pas, Trust ? lui ai-je demandé, tandis que Flossie continuait de marcher et disparaissait dans la nuit.

— À quoi ça sert d'y aller ?

Les chauves-souris qui voletaient au-dessus de nous ont attiré son attention. Levant les yeux vers elles, il a trouvé que ce n'était pas juste qu'elles aient des ailes.

— Même les chauves-souris sont plus proches des anges que nous. Tu imagines ça, Betty, avoir des ailes ? Rien ne serait trop haut. Il n'y aurait rien dont tu ne pourrais pas atteindre le sommet. Avec des ailes, tu ne peux pas tomber. Des ailes, c'est trop beau pour les oiseaux et les chauves-souris. Dieu s'est trompé, c'est à nous qu'il aurait dû les donner.

Je me suis tournée vers l'érable argenté et je me suis souvenue de ce jour d'Halloween où il m'avait fourni les ailes dont j'avais eu envie. Sous le regard de Trustin, j'ai enfoncé mon pied dans une anfractuosité du tronc et j'ai attrapé la branche la plus basse pour me hisser plus haut.

— Qu'est-ce que tu fabriques ? m'a-t-il demandé.

Sans lui répondre, j'ai cueilli deux grandes feuilles avant de sauter au sol. Je suis allée dans le garage où j'ai fouillé dans plusieurs boîtes jusqu'à ce que je trouve un rouleau de ruban adhésif.

— Qu'est-ce que tu vas faire ? m'a demandé Trustin.

— Je vais te donner des ailes.

Avec le ruban adhésif, j'ai collé les feuilles par leur queue dans le dos nu de Trustin.

— Je pensais que ça ferait un effet différent, a-t-il remarqué en tournant la tête pour s'efforcer de voir les feuilles. Je pensais qu'avoir des ailes serait tellement extraordinaire que mes genoux en trembleraient.

Il a couru jusqu'à la souche la plus proche et il a bondi dessus. Quand il a sauté, il est tombé par terre.

— Ça ne marche pas, a-t-il dit en se relevant.

— Idiot, c'est pas encore des ailes. Elles ne deviendront des ailes que si tu tombes de haut. Ce sont des ailes de sécurité. Bon alors, tu viens nager ?

Il a regardé les chauves-souris encore un petit moment avant de crier :

— Je te parie que j'y serai avant toi.

Il est parti en courant. J'ai laissé tomber le ruban adhésif et j'ai filé pour le rattraper. Nous sommes arrivés ensemble au château d'eau.

— Ça va être chouette de plonger dans l'eau, lui ai-je dit en allant vers l'échelle.

— Je crois que je vais pas pouvoir.

Il s'est s'arrêté derrière moi.

— Mais tu as des ailes maintenant.

— Je commence à me dire que je ne devrais pas monter plus haut que là où je suis en ce moment.

J'ai levé les yeux vers le ciel de la nuit, sentant l'immensité de l'espace au-dessus de nous. Je mourais d'envie de voir arriver quelque chose de merveilleux. Un miracle venu tout droit des cieux. Quelque chose qui nous libérerait tous de nos chaînes.

— Tu sais, on dit qu'en principe, les abeilles ne devraient pas pouvoir voler. Que ça défie toutes les lois du vol. Leurs ailes sont plus petites que leur corps, et donc, qu'elles puissent voler est incompréhensible, tout au moins d'un point de vue scientifique. Mais les abeilles se fichent pas mal que leurs ailes soient trop petites. Elles croient qu'elles peuvent voler, et c'est le fait d'y croire qui leur permet de voler. Sans cette confiance en elles-mêmes, elles ne décolleraient jamais du sol. Tu devrais savoir ce que c'est, avoir confiance en soi. Bon sang, Trustin, dans ton nom il y a *trust**.

— Tu parles comme Papa, a-t-il répondu.

— J'imagine que oui. Alors, tu viens nager ?

— Monte, toi d'abord. Peut-être que je te suivrai un peu plus tard.

J'ai commencé à escalader les barreaux, mais je me suis arrêtée quand je l'ai entendu appeler mon nom.

— Oui ?

J'ai baissé les yeux vers lui.

— T'es gentille de m'avoir donné des ailes, Betty.

— C'est à ça que servent les sœurs.

* *Trust* signifie confiance.

J'ai continué à grimper jusqu'en haut de l'échelle, où se trouvait la citerne pleine d'eau. Tout autour, il y avait une sorte de galerie avec des planches mobiles et branlantes, ainsi qu'un garde-fou en métal encore plus branlant. J'ai regardé vers le bas en direction de Trustin qui avait les yeux levés vers moi.

— Tu as l'air d'un ange tout là-haut.

— Ici, tout le monde est un ange. Tu ne savais pas qu'à l'intérieur du château d'eau, c'est le paradis ?

— C'est pour ça qu'il est si haut ?

— C'est pour ça.

— Bon. (Il a souri.) J'imagine que c'est une bonne nuit pour aller au paradis.

— Comme toutes les nuits les plus chaudes.

En me retournant, j'ai marché sur un petit bout de papier. Il y en avait d'autres, qui formaient un chemin conduisant à la porte du réservoir. Sur la pointe des pieds, j'ai contourné les morceaux de papier pour entrer à l'intérieur, puis j'ai plongé dans l'eau, atterrissant sur Flossie. Elle m'a lancé des injures et des éclaboussures.

— Tu as vu mes "bonne nuit" ? m'a demandé Fraya. J'ai fait un chemin pour toi avec.

— Je les ai vus, ai-je répondu, tout en sortant de la poche de mon jean coupé les "bonne nuit" qui lui étaient destinés.

Le papier était trempé et j'ai dû lui coller la boule spongieuse dans la main en disant :

— Et ça, c'est les miens.

Elle a éclaté de rire et nous avons nagé, toutes les trois, jusqu'à ce que nos doigts soient tout ridés.

— Je crois que ça suffit pour ce soir, a dit Fraya en se dirigeant vers l'échelle. Si je ne sors pas maintenant, je vais finir par couler.

L'une derrière l'autre, nous sommes sorties du réservoir. J'étais la dernière, et tout ce que j'ai entendu, c'était Fraya qui disait que Trustin était étendu par terre d'une drôle de façon. Bousculant Flossie, je me suis avancée pour mieux voir. Trustin était sur le dos, les bras et les jambes écartés. Je me suis penchée au-dessus du garde-fou aussi loin que je pouvais et je me suis écriée :

— Hé, Trustin. Arrête de faire l'idiot.

Ses yeux étaient immobiles.

— Je ne pense pas qu'il fasse l'idiot, a dit Fraya en descendant l'échelle. Il est étendu si bizarrement.

J'étais encore à mi-hauteur de l'échelle quand Fraya a posé les pieds au sol et s'est agenouillée près de Trustin. Elle a touché le côté de sa bouche. Quand elle a retiré ses doigts, ils étaient couverts de sang.

— Oh mon Dieu, a-t-elle murmuré d'une voix tremblante. Il a dû tomber de l'échelle.

J'ai sauté les derniers barreaux.

— Allez, Trustin. Relève-toi, ai-je dit en me précipitant vers lui tandis que Flossie poussait son corps avec la pointe du pied.

Il est resté sans réaction.

— Vous vous souvenez quand il est tombé de cet arbre ? ai-je demandé à mes sœurs. Il était étendu comme ça, et il allait bien. Il était juste étourdi.

Fraya a regardé Flossie :

— File au *diner*. Sous le pissenlit en pierre, il y a la clé. Tu entres et tu appelles Papa. Et le docteur Lad. Tu as compris ?

Sans perdre de temps, Flossie est partie dans la nuit, ses pieds mouillés claquant sur le sol.

— Ça va aller, Betty, m'a rassurée Fraya quand elle a vu mon visage. Ça va…

Trustin a hoqueté. Je me suis mise à genoux près de sa tête tandis que Fraya s'accroupissait de l'autre côté.

— Tu vois ? ai-je lancé à Fraya avec un grand sourire. Je t'ai dit qu'il allait bien.

Fraya a serré la main de Trustin en lui parlant :

— Flossie est partie chercher de l'aide. Tu as quelque chose de cassé ?

Il est resté immobile.

— Est-ce que tu peux bouger, Trustin ?

Il n'a pas pu bouger le petit doigt, mais Fraya a dit que c'était bien, avant d'ajouter :

— De toute façon, il ne faut pas te relever avant que Papa et le docteur soient là.

J'ai vu que Trustin voulait dire quelque chose, mais il avait du mal à parler. J'ai baissé mon oreille près de ses lèvres.

— Qu'est-ce que tu dis ?

— J'ai réussi, Betty. J'ai touché le ciel. J'ai volé. J'ai volé comme les oiseaux. J'ai volé…

Sa voix s'est éteinte.

J'ai vu sa peau se rider sur l'arête de son nez.

— Pourquoi ça fait ça, sur son nez ? a demandé Fraya.

— C'est son âme qui s'en va.

J'ai compris qu'elle l'avait quitté pour de bon quand il a poussé un dernier soupir. Je me suis reculée tandis que Fraya le secouait.

— Trustin ? a-t-elle hurlé pour qu'il lui réponde.

Il est resté inerte entre ses mains.

— Il est mort, Fraya.

Elle a continué à le secouer, alors je l'ai répété plus fort :

— Il est mort.

— Non, ce n'est pas possible.

— Il est mort, ai-je insisté. Il est mort, mort, mort.

Je m'étais mise à le hurler. Fraya m'a prise dans ses bras et nous avons pleuré ensemble.

Je voudrais décrire mon petit frère au long de chants infinis, mais il n'y a pas de chant infini pour un garçon qui n'a vécu que dix ans. Seule existe la brièveté. La preuve fugitive qu'il a bien été vivant. Vous perdez une personne. Vous vous retrouvez avec un fantôme. Mon fantôme, c'est un petit garçon en train de sucer des glaçons sur la balancelle et de se servir du rouge à lèvres de Flossie pour dessiner de jolies cavernes sur le mur de notre chambre. Il est trop jeune pour avoir fait autre chose. Trop jeune pour s'être marié ou avoir eu des enfants. Beaucoup trop jeune pour avoir grandi. Ce petit garçon qui s'avançait dans un champ et en ressortait avec une brassée de fleurs sauvages pour me faire un collier.

En le regardant, j'ai ressenti l'urgence d'écrire son nom partout. Sur chaque brin d'herbe, sur chaque barreau de l'échelle du château d'eau, sur toutes les feuilles des arbres autour de nous. Je voulais que son nom figure sur toutes ces choses et bien d'autres encore. J'avais tellement peur que personne ne sache même qu'il avait existé.

— J'ai appelé Papa et le docteur.

Flossie est sortie de l'obscurité en courant. Quand elle a vu Trustin, elle a demandé :

— Il est… ?

— Il est parti, a dit Fraya en hochant la tête.

Cela m'a semblé si définitif quand Fraya a prononcé ces mots. J'ai alors pris conscience du fait que plus jamais mon petit frère ne serait là pour que je lui crie dessus parce que ses doigts noircis par le fusain avaient laissé des traces sur mes vêtements. Plus jamais nous ne nous partagerions les jumelles pour regarder au loin, de l'autre côté de la rivière.

Ce petit garçon qui avait dessiné sa famille n'était plus là. J'étais sûre qu'en rentrant à la maison je verrais que le toit lui-même n'était plus là non plus, laissant la maison à la merci des éléments. C'est cela que vous ressentez quand vous perdez un frère. C'est comme si une partie de la maison avait disparu, la partie qui vous abrite pendant une tempête.

Des phares de voiture nous ont éclairées. Une portière s'est ouverte violemment et Papa s'est précipité.

— Oh, mon garçon. (Il s'est laissé tomber près de Trustin.) Mon petit garçon, qu'est-ce que tu as fait ?

Il s'est mis à lui tapoter les joues, comme s'il essayait de le tirer du sommeil, le matin dans son lit.

— Allons, lève-toi maintenant, lui a-t-il dit. Tu n'es qu'un nouveau-né. Un petit bébé. Tu ne peux pas nous quitter si tôt. Tu n'as pas encore peint toutes les collines. Tu n'as pas dessiné la carte de la rivière. Réveille-toi, mon garçon, réveille-toi.

— Papa, a soufflé doucement Fraya, il ne va pas se réveiller.

Papa a levé les yeux vers ceux de Fraya, comme s'il avait besoin de voir la tristesse de sa fille pour comprendre que son fils était vraiment mort.

— Oh, mon garçon, a-t-il gémi. Mon petit garçon.

Quand il était tombé de son arbre, Trustin n'avait pas crié. Il n'avait pas crié non plus cette fois-ci. Il n'y avait eu qu'un bruit, celui que nous faisions toutes les trois en jouant dans l'eau. Je suppose que c'est la raison pour laquelle mes sœurs baissaient les yeux, sentant que nous avions laissé quelque chose nous glisser entre les doigts si facilement.

— Viens, mon petit garçon.

Papa a pris Trustin dans ses bras pour le transporter dans la voiture.

À l'endroit où Trustin était resté étendu, il y avait les deux feuilles d'érable que je lui avais données. À genoux, j'ai fait un trou dans la terre pour y enterrer les feuilles, et j'aurais voulu pouvoir les enfouir à des kilomètres, tant était profonde ma culpabilité.

33

Le chagrin est préférable au rire,
car la tristesse du visage rend le cœur meilleur.
ECCLÉSIASTE 7, 3

LA PREMIÈRE MUSIQUE que j'ai entendue a été le tambourinement des doigts de mon père sur le bord de mon berceau. *Ta-ta, ra-ta-ta-ta.* Oui, c'était de la musique. Oui, c'était un chant. Le même chant que Papa jouait sur le bord du cercueil de Trustin. *Ta-ta, ra-ta-ta-ta,* tambourinaient les doigts de mon père tandis qu'il contemplait le corps de son fils.

La cérémonie d'enterrement a eu lieu sur la véranda, à l'arrière de la maison. L'endroit était joli avec les volubilis qui grimpaient autour des poteaux. La lumière du soleil semblait moins vive là, comme diluée, donnant une sorte de chair pâle et jaune à tout ce qui nous entourait. Il était réconfortant de pouvoir se dire que cette véranda offrait une vue imprenable sur les vastes bois et les pâtures lointaines, où la vie se nichait et tenait dans les circonvolutions d'une fleur sauvage. En se plaçant suffisamment loin et en gardant les yeux fixés sur cette possibilité, on pouvait voir toutes ces choses. Un endroit en plein midi, les ronds humides des verres de thé glacé sur la table en bois branlante près de la balancelle blanche.

Plus tôt dans la matinée, mes sœurs et moi avions cueilli des myosotis. Les “ne m’oubliez pas” étaient les fleurs préférées de Trustin. On raconte qu’un jour, Dieu était en train de marcher lorsqu’Il a entendu une petite voix dire, *S’il vous plaît, Dieu, ne m’oubliez pas.* Quand Dieu a baissé les yeux pour voir d’où venait cette voix, Il a vu une petite fleur bleue.

“Je me souviendrai toujours de toi, a-t-Il dit à la petite fleur.”

La cérémonie était réservée à la famille. Pendant toute la vie de Trustin, je ne l’avais jamais vu avec un ami ou une fille qu’il aurait pu un jour embrasser. Peut-être savait-il qu’il ne serait pas de ce monde très longtemps et qu’il voulait éviter le chagrin de sa mort à d’autres personnes. Un chagrin qui avait poussé Maman à se lever tôt ce jour-là et casser tous les petits bocaux dans la cuisine.

Pendant que Papa ramassait tous les éclats de verre, Maman est sortie. Elle était pieds nus et portait une robe d’intérieur rose pâle. La transpiration avait trempé le coton laissant des marques sous les aisselles et dans le bas du dos, où on aurait dit qu’elle transportait un océan. Elle semblait aimer cette sueur qui coulait sur son visage tandis qu’elle allait à la balançoire accrochée à un arbre et s’y asseyait. Elle s’est balancée de plus en plus haut, la tête rejetée en arrière, les mains agrippées à la corde.

Flossie est allée s’asseoir sur la dernière marche de la véranda et a observé Maman, les sourcils froncés. Toute la nuit elle m’avait parlé à voix basse de la malédiction ; je lui avais pourtant dit de se taire.

— Mais tu ne comprends donc pas, Betty ? avait-elle dit. Cette malédiction a un plan pour chacun de nous.

Je suis allée me mettre près du cercueil. Papa l'avait fabriqué lui-même en pin, qu'il avait recouvert d'une peinture jaune. La couleur des premières jonquilles. Il avait peint l'intérieur en bleu clair avec des petits nuages blancs.

— Pour que Trustin ait toujours un bout de ciel avec lui.

Fraya s'est approchée de moi.

— Tu n'aimerais pas avoir un sac rempli de bonnes journées, Betty ? Chaque fois que tu en aurais une mauvaise, tu pourrais plonger la main dans ton sac et faire que tout aille mieux. Si j'avais un sac comme ça, c'est ce que je ferais maintenant, et Trustin se relèverait et se mettrait à danser, même s'il ne dansait jamais vraiment, en fait. Mais je suis sûre qu'il le ferait, par une belle journée.

Elle s'est éloignée. Quand elle est passée à côté de Leland, il l'a suivie des yeux. S'appuyant contre le poteau de la véranda derrière lui, il a baissé la tête et enfoncé ses mains dans ses poches. J'ai pensé qu'il allait peut-être lire un verset de la Bible. Il avait commencé à faire quelques sermons, l'après-midi, dans une église. Quand Flossie l'a appris, elle s'est exclamée :

— Seigneur. Leland ? Pasteur ? Tu paries combien qu'il va mettre une corbeille pour la quête dans sa voiture et sillonner la région avec ?

— C'est même pas nécessaire, lui ai-je répondu. Il a déjà sa corbeille incorporée. Sa main.

Flossie s'est mise à rire, puis son regard s'est assombri et elle m'a demandé :

— Comment se fait-il que tant d'hommes de Dieu ne soient pas de Dieu du tout, Betty ?

Cette question a résonné à mes oreilles tandis que j'observais Leland pendant l'enterrement. Il avait vingt-sept ans alors. Son front projetait une ombre encore plus sombre sur ses yeux.

— Je suis allé chercher ça dans le jardin.

Papa est apparu derrière moi. Il tenait un bouquet de thym frais et un d'armoise, attachés avec un long ruban blanc.

— Le thym est l'herbe de tous les voyageurs, a-t-il dit en fixant les bouquets au petit crochet qu'il avait vissé sous le couvercle du cercueil, juste au-dessus de la tête de Trustin. Il veillera sur toi pendant ton voyage, a-t-il poursuivi, s'adressant directement à Trustin. Et l'armoise t'aidera à faire de beaux rêves.

Papa avait coupé le ruban blanc assez long pour qu'il atteigne la main de mon frère. Il a ajouté :

— C'est pour que tu t'y accroches.

Il était impossible de regarder couler les larmes de mon père sans avoir mal. Elles pesaient sur vous comme une bête féroce qui, par son poids écrasant, vous maintient prisonnier jusqu'à ce que vous ayez désespérément besoin de croire qu'un miracle va intervenir, qu'un Dieu va vous sauver, que la douleur n'est rien d'autre que l'ombre de la plus belle maison dans laquelle vous avez jamais vécu.

Sentant qu'il fallait que je m'éloigne, j'ai décidé d'aller de l'autre côté de la maison, où le soleil était plus brillant. J'ai sorti un crayon et un carnet de la poche de ma robe. Assise à la petite table métallique dans le coin, j'ai essayé d'écrire.

Oui, c'est ça. Non, ce n'est pas ça. Essaie à nouveau. Respire. Écris ces mots plus vite. Ceux-là plus lentement. Regarde les torchons mis à sécher sur la balustrade de la véranda. Les histoires se nichent dans les endroits familiers. Décris la glorification de cette ville de l'Ohio. À la campagne, la lumière est reine et je suis jeune et sans expérience et drôle et en pleine forme. N'oublie pas de sourire quand tu écriras un beau nom pour cette douleur.

Finalement, je n'ai écrit que ces simples mots. *Je l'ai tué.* À douze ans je le croyais. C'était mon secret, ma confession. Je l'ai déchirée. J'ai laissé tomber les morceaux de papier dans un bocal d'alcool à moitié vide posé sur la table. J'ai regardé le liquide diluer et dissoudre l'encre, et je suis restée là assez longtemps pour voir les ombres se déplacer dans le soleil qui baissait.

Quand je suis retournée derrière la maison, Flossie était adossée à un poteau. Lint était appuyé sur la balustrade, d'où il observait Maman, qui se balançait toujours. Leland et Fraya suivaient Papa des yeux tandis qu'il enlevait les fleurs mortes des corbeilles de pétunias suspendues.

— P'pa ? (J'ai touché son bras.) Il se fait tard. On pourrait peut-être…

Il a commencé à arracher des fleurs encore fraîches.

— Celles-là ne sont pas mortes, P'pa.

Il a regardé les pétunias dans sa main. Il les a posés sur la balustrade avant de plonger la main dans sa poche pour en sortir un des fusains de Trustin. Le gardant à la main, il s'est avancé vers le cercueil. Il a commencé à fermer le couvercle, mais il a été incapable d'aller jusqu'au bout. Il m'a demandé :

— Occupe-t'en pour moi, tu veux ? Je ne peux pas refermer le couvercle sur lui. Je ne peux pas lui donner toute cette obscurité.

Tandis que je refermais lentement le couvercle, l'ombre est tombée sur le visage de Trustin et, pour finir, il ne nous est resté que les va-et-vient rapides de l'oiseau-mouche au-dessus de nous.

Sur le couvercle fermé, Papa a posé doucement sa main gauche et en a dessiné le contour avec le fusain. Puis il a coloré l'intérieur jusqu'à ce que la main soit entièrement noire. Quand il nous a tendu le fusain, Fraya a été la première à le prendre. Elle a posé la main sur le cercueil.

— *Les orages dans mon cœur ne se dissiperont jamais*, a-t-elle chanté tandis qu'elle dessinait ses doigts si fins avec le fusain, *les jours mouillés de larmes ne sont pas près de passer.*

L'un après l'autre, nous avons pris le fusain.

Quand Lint a tracé sa main, il a dit à Trustin :

— Merci d'avoir peint des yeux sur mes c-c-cailloux.

J'étais la dernière. J'ai dessiné lentement, sentant le fusain glisser sur ma peau. J'ai fait le contour de ma main droite, la positionnant tout près de celle de mon père et en biais. Les deux réunies faisaient penser à un cœur.

Ensuite, Papa m'a repris le fusain et il est allé dans le jardin afin de convaincre Maman d'arrêter de se balancer.

— Dessine ta main pour Trustin.

Il lui a montré le fusain.

Elle a continué et je me suis dit qu'elle allait monter si haut qu'elle ne redescendrait plus jamais.

Papa a fini par renoncer et il a posé le fusain sur la balustrade. Il a regardé les mains sur le cercueil avant de dire :

— Mon cher fils, nous te laissons partir pour ton grand voyage en t'offrant ces mains supplémentaires. Puisses-tu les trouver utiles lorsque tu auras le ciel pour toile.

Il avait cloué des poignées en cuir de chaque côté du cercueil. Une pour chacun d'entre nous. J'étais à droite, avec Lint et Papa. Leland, Fraya et Flossie étaient à gauche. Ce n'est qu'une fois le cercueil soulevé que Papa nous a dit qu'on ne le reposerait pas avant le cimetière.

— Mais, Papa, on ne m-m-met pas le cercueil dans la voiture ?

Lint a essayé de mieux tenir sa poignée quand nous avons manœuvré pour descendre les marches.

— Non, mon garçon. Nous allons porter notre mort tout le long du chemin.

En traversant le jardin, j'ai regardé les empreintes des mains sur la grange. Je me suis souvenue de ce que Papa avait dit si longtemps auparavant sur ces empreintes laissées par ceux qui ne pouvaient pas lâcher prise. Je me souviens que Trustin avait dit à Papa :

— Je me demande, qu'est-ce qu'ils ne pouvaient pas lâcher ? Je parie que c'est un trésor ou un monde secret qui n'appartient qu'à eux.

C'était déjà difficile de porter Trustin jusqu'au bout de Shady Lane. Quand nous sommes arrivés dans Main Lane, nous avions vraiment du mal. Leland hurlait à Flossie qu'elle ne portait pas sa part.

— Je fais ce que je peux. Il est lourd.

Les gens dans Main Lane s'arrêtaient pour nous regarder passer, échangeant quelques murmures sur nous, les Carpenter, cette famille bizarre qui portait son cercueil au milieu de la rue, comme si c'était le maire de la ville qu'elle enterrait.

— Qu'est-ce que c'est que ces marques noires sur le cercueil ? a demandé quelqu'un.

— Des mains, a dit quelqu'un d'autre. Les mains noires de la mort.

Puis il s'est produit une chose étrange. Les hommes ont commencé à enlever leur chapeau et le plaquer contre leur poitrine. Les femmes ont dit à leurs enfants de se tenir plus droits.

— C'est un cercueil, bon sang.

Et elles leur donnaient une tape dans le dos.

Quelqu'un a jeté une fleur. Suivie d'une autre, et d'une autre encore. Les gens cueillaient des fleurs dans les pots qui bordaient le chemin pour les lancer à notre passage. Nous nous sommes sentis plus grands. Le fardeau nous a semblé moins lourd.

Quand j'ai vu Ruthis, elle avait un géranium rouge à la main. Cela m'a rappelé la première fois que je l'avais vue, où elle avait un ballon rouge. Un groupe de filles riaient derrière elle. Elle leur a dit de la fermer. Puis, comme elle m'avait lancé son ballon rouge sans hésiter, elle m'a lancé la fleur.

Tout s'est mis à palpiter. C'était comme si la scène était submergée par les peintures de Trustin. Breathed semblait scintiller comme dans un kaléidoscope.

La voix de Trustin a résonné dans mes oreilles :

"Si jamais un jour je disparais, tu sauras que je me suis enfui dans le dos du costume de cet homme."

Je voulais croire que c'était là qu'il était. Vivant et à l'endroit où il voulait être, même si ce n'était pas avec nous. Mais à mesure que nous approchions du cimetière et que les géraniums ne tombaient plus à notre passage, le cercueil nous a paru plus lourd que jamais. Nous sommes entrés seuls dans le cimetière avec notre fils et frère mort. Il n'y a pas de déferlante de couleurs ni de kaléidoscope dans un endroit de pierres dures et froides et de terre retournée.

Trustin n'était pas enterré dans le secteur de Reflection Hill, réservé aux familles aisées de Breathed qui pouvaient se permettre de faire faire des effigies de leurs chers défunts. Sa tombe devait être située dans un cimetière établi sur trois coins de terrain qui, dans les années 1700, avaient été possédés par trois hommes différents. Ces hommes s'étaient querellés au sujet des limites de leur propriété, qui, à cette époque-là, étaient mesurées en fonction du temps qu'une cigarette mettait à se consumer. La dispute s'était envenimée au point que les trois hommes avaient tiré leur épée. Comme si cela avait toujours été leur destin, les trois avaient été mortellement blessés. Leurs tombes avaient donc été les premières à être creusées sur ce terrain qui était devenu par la suite le Cimetière des Propriétaires. Il était aussi appelé le champ des anges de pierre parce qu'il n'y avait pas d'autres pierres tombales que ces anges. Celle de Trustin ne devait être installée qu'un an plus tard, le temps qu'il avait fallu à Papa pour économiser de quoi acheter le petit ange de pierre avec ses grandes ailes.

Nous sommes passés près d'un vieux volant de tracteur offert à la rouille et un morceau de charrue abandonné là bien des années auparavant. L'emplacement de Trustin était situé vers le fond du cimetière, où des chênes poussaient à une petite distance les uns des autres. C'est là que nous avons posé le cercueil. Je ne sentais plus ma main. La poignée en cuir avait provoqué un début de meurtrissure en travers de ma paume.

— On a l'impression que tout ça n'est pas vrai, jusqu'au moment où on voit le trou, a remarqué Flossie.

Le trou avait été creusé le matin même et les pelles étaient toujours là, sur la terre. À certains moments, la tombe nous paraissait trop profonde. À d'autres, elle avait l'air de ne pas l'être assez.

— Je veux que chacun d'entre vous n'oublie jamais de dire son nom, nous a demandé Papa. Quand quelqu'un vous demandera combien de frères vous avez, n'arrêtez pas d'inclure Trustin sous prétexte qu'il n'est plus là. Ne dites pas non plus qu'il est mort. Dites qu'il est parti dessiner dans les champs et qu'il sera de retour pour le dîner.

— Mais il va p-p-pas revenir, Papa.

— Bon sang, a répondu Papa en s'approchant du bord de la tombe, avant de pousser du pied un caillou pour le faire tomber dans le trou. Je le sais bien. (Il a regardé le soleil en plissant les paupières.) Si vous avez quelque chose à dire, c'est le moment.

Nous nous sommes tous regardés pour savoir qui voulait prendre la parole.

— Allons, pas tous en même temps, a plaisanté Papa comme si c'était le mieux qu'il pouvait faire. Betty, toi qui as une âme de poète, dis quelque chose dont nous nous souviendrons.

J'ai eu du mal à avaler ma salive. La chaleur m'avait donné une soif terrible.

— Bien sûr, P'pa, ai-je répondu la voix tremblante. Trustin était… c'était un sacré artiste et… et… vous sentez aussi le sol bouger ou bien est-ce que c'est moi qui…

Je me suis réveillée plus tard dans mon lit, une serviette humide sur le front et de la glace en train de fondre dans un bol sur ma table de nuit. J'ai vu un visage souriant au-dessus de moi.

— Dieu ?

— Non, c'est moi, ton papa. Tu t'es évanouie. En plus il a fallu que tu tombes dans le trou.

— Quel trou ?

— Celui qui avait été creusé pour Trustin. Tu as une belle égratignure au menton, mais à part ça, tu vas bien. Au moins, on sait maintenant que tu peux survivre à une chute de deux mètres. Quand on t'a transportée à la maison, les gens ont cru qu'on venait de perdre un autre enfant. Il y en a deux ou trois qui nous ont apporté du ragoût. Je ne savais pas qu'ils pouvaient être aussi gentils.

Il a froncé les sourcils, puis il a semblé réfléchir un instant.

— Le cercueil était bien trop lourd à porter aussi loin. Je t'ai demandé un trop gros effort, pas vrai ? Comment tu te sens maintenant, Petite Indienne ?

— Ben, la tête ne me tourne plus.

Je me suis assise et j'ai vu de la terre sur ma robe. J'avais encore des petits cailloux sur les jambes. Quelqu'un m'avait enlevé mes chaussures. Elles étaient près de la porte.

— Est-ce qu'on retourne au cimetière pour enterrer Trustin ?

Papa m'a forcée à m'étendre à nouveau et a remis la serviette froide sur mon front.

— Il est déjà enterré, m'a-t-il dit.

Il a glissé un glaçon dans ma bouche et j'ai fermé les yeux, écoutant la branche de l'arbre dehors grincer sous le poids de ma mère qui essayait toujours de se balancer assez haut pour sécher ses larmes.

THE BREATHANIAN

Des adolescents effrayés par des coups de feu

Tard dans la nuit de samedi, un couple d'adolescents qui s'étaient donné rendez-vous dans le cimetière local a été effrayé par des tirs tout proches.

En s'enfuyant, ils se sont trouvés séparés l'un de l'autre. Le jeune garçon affirme avoir été poursuivi jusqu'à la ligne de chemin de fer.

"J'entendais respirer fort derrière moi, et des bruits de pas", a-t-il déclaré. "Une voix de fantôme m'a dit que j'allais mourir cette nuit-là."

La jeune fille a fini par se perdre dans les bois. Elle a été retrouvée quelques heures plus tard, des feuilles dans les cheveux. Elle a dit que lorsque le coup de feu a été tiré tout près d'elle, elle s'est cachée derrière un tronc d'arbre tombé.

Elle a prétendu avoir senti une odeur de thym et d'armoise dans les environs pendant les coups de feu.

Le garçon a assuré qu'il ne verrait plus cette jeune fille.

"Je pense que ces coups de feu étaient un avertissement, pour me dire que je ne devrais pas la fréquenter."

Le garçon a refusé que son identité soit divulguée, mais la jeune fille a insisté pour que son nom soit cité.

"Je m'appelle Flossie Carpenter. Je suis celle dont le frère est tombé du château d'eau. Mais en fait, il n'est pas mort. Il est juste parti dessiner dans les champs et il sera de retour pour le dîner."

QUATRIÈME PARTIE

GRAINE DE FEMME

1967-1969

34

Ils tâtonnent dans les ténèbres, privés de lumière,
et il les fait tituber comme des hommes ivres.
Job 12, 25

Après la disparition de Trustin, mon père est parti, lui aussi, de différentes façons. Il a cessé de manger les bonbons à la crème vanillée qu'il gardait dans une petite boîte en fer-blanc, dans le tiroir de sa table de nuit. Il ne lisait plus le journal, et le lance-pierre qu'il avait fabriqué pour Trustin et lui a été rangé dans un tiroir de la cuisine pour ne plus jamais en sortir.

— C'est un lance-pierre père-et-fils, avait-il dit en l'offrant à Trustin pour son anniversaire, deux ans plus tôt.

Papa l'avait fabriqué avec trois branches. Celle du milieu servait de pivot auquel étaient fixées les deux bandes en caoutchouc attachées aux deux branches extérieures. Elle permettait à deux personnes de tirer en même temps. Mais pour y parvenir, chacun devait empoigner le manche unique. Papa le serrait toujours en premier avec sa grosse main. Trustin mettait ensuite sa petite main au-dessus.

— Avec ça on met en plein dans le mille, disait Papa, qui s'étonnait lui-même de la précision du lance-pierre.

Ensemble, ils allaient tirer des cailloux dans les bois. Ils ramassaient aussi les insectes morts sur le plancher de la véranda tous les matins. Ils les emportaient à la rivière et ils les expédiaient à la surface de l'eau avec leur lance-pierre.

— Pour nourrir les poissons, disait Papa.

En réalité, je crois que c'était pour faire voler une dernière fois les créatures ailées qui étaient mortes près de la lumière de notre véranda.

Les mois ont passé après la mort de Trustin. L'automne est venu et reparti aussi rapidement qu'une semaine. Des citrouilles le lundi, un ciel totalement gris le mercredi, les arbres dépouillés de toutes leurs feuilles le dimanche. Puis l'automne a fait place à l'hiver, long et froid. Des mois de branches dénudées et de sol gelé. Il y a eu une tempête de verglas cette année-là. L'électricité est restée coupée pendant des jours.

En février 1967, j'ai eu treize ans. Je me suis assise à la petite table carrée sur laquelle Flossie avait posé un miroir pour en faire une coiffeuse. Tous ses produits de beauté étaient éparpillés. J'ai pris son tube de rouge, faisant claquer mes lèvres pour l'appliquer en me regardant dans le miroir. Je me suis servie de son fard à paupières violet et j'ai teinté mes sourcils avec son eye-liner. Pour finir, j'ai appliqué du mascara sur mes cils jusqu'à ce qu'ils soient raides.

— Berk! T'as l'air d'un clown, Betty, a ricané Flossie en entrant dans la chambre.

J'ai voulu filer à la salle de bains.

— Attends, a-t-elle poursuivi en redevenant sérieuse. Je vais te maquiller, moi.

Elle m'a fait asseoir devant la coiffeuse, puis elle a enlevé tout le maquillage avec un mouchoir en papier imprégné d'huile de pépins de raisin avant de le remplacer par un peu d'ombre brun foncé, de l'eye-liner noir et une seule touche de mascara. Elle a défait ma tresse, et a laissé mes cheveux pendre sur mes épaules des deux côtés.

— Je t'avais jamais vue avec du ma-ma-maquillage, Betty, a souri Lint dans l'encadrement de la porte.

— Qui est la plus jolie, d'après toi ? lui a demandé Flossie en se tournant pour lui faire face. Betty ou moi ?

— Vous êtes jolies t-t-toutes les deux, a répondu Lint en se dandinant sur ses petits pieds.

— Comment ça ? s'est exclamée Flossie les mains sur les hanches.

— Tu ressembles p-p-plus à Maman. B-b-betty ressemble p-p-plus à Papa.

— T'entends ça, Betty ? m'a demandé Flossie. Il dit que tu ressembles à un homme.

— C'est pas ce que je veux d-d-dire.

Flossie a imité son bégaiement avant de le chasser de la chambre.

Quand elle est revenue vers moi, elle m'a détournée du miroir.

— Cette couleur sera parfaite pour toi, m'a-t-elle dit en prenant son tube de rouge.

Au lieu de m'en mettre sur les lèvres, j'ai senti qu'elle traçait deux traits sur chacune de mes joues.

Elle s'est mise à rire tandis que je me regardais dans le miroir, puis elle m'a dit :

— Ta peinture de guerre. Je pense que c'est pour ça que je serai toujours la plus jolie.

Elle est partie, attrapant son manteau au passage. J'ai jeté un dernier coup d'œil à mon visage dans le miroir avant de quitter la chambre.

En bas, j'ai trouvé Papa en train de fumer dans son fauteuil à bascule, sur la véranda. Près de lui, il y avait un bocal de son alcool artisanal.

— Est-ce que tu te souviens de tous les gens qui ont acheté une peinture à Trustin ? m'a-t-il demandé, les yeux baissés. Je pense que je vais toutes les racheter et les accrocher aux murs.

Quand il a pris une gorgée, il a vu mon visage.

— Qu'est-ce que tu as fait ? (Il a froncé les sourcils.) Pourquoi tu as toute cette cochonnerie sur les joues ?

— C'est Flossie qui m'a maquillée.

— Une fille change quand elle se met du maquillage. La façon dont elle voit le monde, et la façon dont le monde la voit.

Il a repris une gorgée d'alcool, sa main couvrant les étoiles peintes sur le bocal.

— Pourquoi ?

Il s'est essuyé la bouche avant de demander :

— Pourquoi quoi ?

— Pourquoi faut-il qu'une fille change quand elle se maquille ? (Je me suis appuyée contre la balustrade et j'ai enfoncé mes ongles dans le bois.) Pourquoi ne puis-je pas être la même quand je porte du rouge à lèvres que quand mes lèvres sont nues ? Est-ce que ce qui sort de mes lèvres ne devrait pas être plus important que ce qui les recouvre ?

— Ce n'est pas ce que je veux dire.

— Tu ne sais pas ce que tu veux dire, avec tout cet alcool que tu as bu.

— Je dis seulement…

— Quoi, P'pa ?

— Quand une fille se maquille, elle commence déjà à mettre un pied dehors. L'ombre à paupières, le rouge à lèvres, c'est toi en train de me quitter. Pourquoi tu peux pas rester une petite fille ?

— Pour la même raison que celle pour laquelle tu n'as pas pu rester un petit garçon, P'pa.

— Non. (Son regard s'est perdu au loin.) Je n'ai pas pu. Mais Trustin, lui, il va le rester.

Il a serré le bocal d'alcool contre lui et je suis rentrée à l'intérieur.

Plus tard, ce soir-là, j'ai vu pour la première fois mon père complètement perdu.

Il s'est avéré qu'il était du genre hurleur quand il avait bu. Ce n'étaient pas des hurlements méchants, il hurlait son chagrin. C'était un cri, en fait, et ce cri a résonné dans les collines quand il s'est éloigné de la maison. J'ai mis mon manteau et mes chaussures et je suis partie à sa recherche. S'il perdait connaissance, il risquait de mourir de froid dans cette nuit de février. Au moment où je l'ai retrouvé, il frappait avec sa canne sur le panneau de Shady Lane.

— Arrête ça, P'pa.

Le regard qu'il m'a lancé était celui d'un petit enfant pris en faute. Brusquement, il s'est mis à courir vers la colline la plus proche. En chemin, il a laissé tomber le bocal et sa canne.

Je l'ai observé grimper furieusement, s'agrippant aux blocs de grès. La roche à nu de cette colline me faisait penser à une femme qui se serait débarrassée de sa robe. Chaque arête et chaque escarpement étaient comme l'exposition de la clavicule ou de l'omoplate de la femme. Cela donnait l'impression que ces hauteurs étaient vivantes, comme si, à une certaine époque, elles avaient marché sur deux jambes et avaient traversé aussi bien des paradis d'un bleu profond que des enfers d'un rouge brûlant.

Dieu existe ici, les démons aussi. Les collines semblaient nous dire ce que nous savions déjà.

J'ai grimpé à la suite de mon père, ramassant sa canne au passage et sentant la dureté du sol gelé. L'hiver était quelque chose que les collines devaient supporter. Quelque chose que nous devions tous supporter.

— Rentrons, P'pa. Tu vas tomber et te blesser.

Mais il continuait à grimper et moi je continuais à le suivre, incertaine de la façon dont cela pouvait finir pour nous deux.

Auparavant, j'aurais pu avoir le sentiment que Papa était capable d'escalader une colline plus vite que moi, mais désormais, je savais que mon pas s'était allongé. Mes bras et mes jambes aussi. D'une certaine façon, je me sentais moins comme l'enfant qui suit son père et plus comme la jeune femme que j'étais en train de devenir. Peut-être était-ce simplement l'articulation de mes poignets qui me semblait solide, comme s'il n'y avait là que du muscle. Mais j'avais aussi la sensation d'une force en moi qui augmentait chaque année. J'imaginais toutes les activités auxquelles cette force pourrait être employée. Posséder des champs cultivés. Aiguiser une lame. Porter le poids d'une nouvelle récolte sur mes épaules. Aujourd'hui, ma force consistait à courir derrière un vieil homme sur la pente d'une colline.

Une fois parvenu au sommet, il s'est mis à hurler, les bras levés.

— Rendez-moi mon garçon.

Tandis qu'il poussait ses cris déchirants, il agitait les poings en direction du ciel.

J'ai imaginé que des gens s'interrompaient dans leurs tâches pour regarder dehors, se demandant quel animal avait pu pousser un tel hurlement.

Il est tombé par terre. L'espace d'un instant, j'ai cru qu'il avait perdu connaissance, mais il était toujours éveillé et il contemplait le ciel. L'ivresse le faisait transpirer et en même temps il était gelé à cause du froid. Je me suis assise à côté de lui et j'ai écouté ses cris de douleur. J'ai posé sa canne entre nous sur le sol.

— Où est mon fils, Betty ?

Il m'a agrippée comme si j'étais la seule chose à laquelle il pouvait se raccrocher.

— Arrête, Papa.

J'ai détaché ses doigts de mon manteau.

Il a examiné ses mains en murmurant :

— Tu sais, je me demande depuis un bon moment, qui est-ce qui va laver les petits bocaux ?

— Maman a cassé tous les petits bocaux.

— Non, pas tous.

— Je peux laver ceux qui restent, P'pa.

— Non, tu peux pas.

— Si, je peux.

— Non.

Il a tapé du poing par terre.

Nous avons écouté le silence autour de nous pendant quelques instants. Quand il a recommencé à parler, il a pris sa voix la plus grave, comme si cela lui était nécessaire pour remonter loin dans sa vie :

— Autrefois, mon père m'emmenait dans ces collines. On déterrait des pointes de flèches. Mon père en prenait une et me disait : "Pense au nombre d'animaux qu'elle a abattus. Elle a pris part à toutes les chasses et à toutes les guerres.

C'est presque une chose vivante, ce morceau de silex. Ce qu'il a fait lui a donné de l'énergie."

"Je voulais sentir cette énergie, alors je me suis taillé un arc et une flèche. Je suis monté dans les collines et j'ai éprouvé une sorte de proximité avec nos ancêtres dans la façon dont je bandais l'arc et laissais la flèche partir. Je m'entraînais en tirant sur des arbres, imaginant que c'étaient des cerfs en train de courir dans les champs. À un moment, j'ai visé un vieux noyer noir, la flèche est passée à côté et elle a tué un cerf bien réel qui était là, dissimulé à ma vue. Tout ce sang, c'était horrible à voir. Parfois, tout ce dont je me souviens, c'est ce sang. Comme s'il déferlait en draps rouges. Je crois que ma mère a accroché ces draps dans les arbres.

Il a pris sa canne et a regardé le visage de Trustin qu'il avait sculpté, répétant sans arrêt :

— Mon garçon, mon garçon…

Incapable de supporter les cris de mon père, j'ai laissé échapper le mien :

— C'est moi qui l'ai tué. J'ai tué Trustin.

Papa a posé sa canne. Il a cligné des yeux, comme s'il essayait de savoir s'il m'avait bien entendue ou si c'était seulement l'alcool dans ses oreilles.

— Tu as dit que tu l'avais tué ?

— Je lui ai donné des feuilles en lui disant que c'étaient des ailes. Et que s'il tombait, tout irait bien parce que les feuilles se transformeraient en ailes et il pourrait voler. (J'ai senti le sel de mes larmes qui glissaient dans ma bouche.) Il n'aurait jamais grimpé à cette échelle si je ne l'avais pas poussé. C'est ma faute s'il est mort, P'pa.

— Oh, non, non, non. Viens. (Il a essuyé mes joues avec ses mains comme s'il utilisait mes larmes pour me laver le visage.) Non, non. Tu ne l'as pas tué. Tu as peut-être cette impression, mais ce n'est pas vrai.

Il a appuyé ma tête contre sa poitrine en regardant le paysage autour de nous.

— Tu sais pourquoi ces collines ont été créées, Petite Indienne ? Elles ont été faites pour que les hommes puissent monter au sommet et faire rouler leurs péchés jusqu'en bas. Le Créateur est sage, Betty. C'est pour cette raison qu'Il n'a pas fait de ce monde une simple étendue de terre toute plate.

Il s'est levé et a essayé d'enfoncer le bout de sa chaussure dans le sol. Il est parvenu à déloger deux cailloux de la terre gelée.

— Toutes ces collines autour de nous… Dieu devait savoir que nous, les Carpenter, ferions de ce pays notre maison.

Il m'a tendu un des deux cailloux et il a gardé l'autre pour lui.

En poussant un grognement, il a lancé sa pierre vers le bas de la colline.

— Viens, Petite Indienne. (Il m'a tendu les bras.) Donne-la aux collines.

Je me suis levée et j'ai jeté la pierre avec tant de force que mon corps a été projeté en avant tandis que je criais suivant la tradition de ma famille. La pierre a heurté la branche d'un arbre, faisant pleuvoir de la glace avant de retomber par terre. Elle a dévalé le reste de la pente jusqu'en bas.

— Qu'est-ce qui se passe maintenant, P'pa ?

— Nous croyons, m'a-t-il répondu en se redressant. Nous croyons que nous sommes délivrés de nos péchés, et que peut-être un jour ce pays s'aplatira et nous serons devenus suffisamment bons pour n'avoir plus besoin de collines.

35

Elle est revêtue de force et de gloire.
PROVERBES 31, 25

AU PRINTEMPS 1967, le monde se préparait à connaître un été d'une signification particulière qui allait marquer de façon durable notre culture à tous. Toutefois, à Breathed, nous étions davantage préoccupés par les oiseaux. D'abord ils tournoyaient, puis ils piquaient brusquement et semblaient s'abattre comme des pierres. Ils s'écrasaient contre les pare-brise et les maisons. Ils percutaient même les gens, comme Cotton, qui arrosait sa pelouse tous les matins à 6 h 30 précises. Il est arrivé en ville, le nez en sang et un moineau agonisant à la main.

Papa a dit que les oiseaux souffraient de la maladie de la rivière d'herbe.

— Cela arrive parfois, a-t-il expliqué. Les arbres deviennent comme de la fumée qui s'élève au-dessus de l'eau, et les oiseaux finissent par prendre l'herbe pour la surface de la rivière. Ils volent bas pour voir leur reflet. Pour voir s'ils sont toujours faits de plumes ou bien s'ils ne sont que des hommes mal à l'aise dans le vent.

Mais pour Maman, c'était étroitement lié à la météo.

— Une créature du ciel ne vole bas que lorsque le mauvais temps approche.

N'ayant aucune envie d'être attaquée, elle s'accroupissait et s'asseyait entre les grands buissons sur le côté de notre maison, d'où elle avait vue sur les oiseaux qui zigzaguaient devant elle.

Un soir, au dîner, elle a dit qu'elle savait de quoi il retournait.

— C'est quoi ? a demandé Papa.

— C'est pour nous avertir qu'une grande tempête se prépare, a-t-elle répondu, sursautant au bruit d'un roitelet s'écrasant contre le pignon de la maison.

Certaines personnes, comme Papa, enterraient les oiseaux morts. D'autres les brûlaient, par peur des maladies. Cinderblock John était de ceux-là.

— Tout ça, c'est à cause des extraterrestres, affirmait-il. Les Martiens, les Vénusiens, quel que soit le nom qu'on leur donne, ils ont mis la mort dans toutes les colombes, les hirondelles et les grives pour qu'elles la transportent comme un rhume. Les extraterrestres veulent qu'on soit infectés et qu'on se retrouve dans un état tel qu'on va se mettre à creuser nos propres tombes. Il n'y a que le feu qui puisse détruire une telle infection.

Je me disais que la fumée des oiseaux en train de brûler pourrait avoir la couleur de leurs plumes. Rouge pour un cardinal. Bleue pour un geai. Jaune pour les adorables parulines. Mais la fumée était toujours aussi grise, sinon noire, tandis qu'elle s'élevait, se détachant sur les nuages blancs.

Les commerçants ont pris la responsabilité de collecter les oiseaux morts dans les rues. Le shérif Sands a demandé aux conducteurs de ne pas rouler dessus avant qu'ils aient pu être ramassés.

— Évitez-les, a-t-il déclaré. Si vous les écrasez, cela fait couler leur sang. Ça fait encore plus de saletés. Ça pourrait finir par devenir ce qui propage ce truc.

J'aimais toujours aller à l'école à pied, mais même en passant à travers bois, sous le couvert des arbres, c'était de plus en plus difficile. Toutefois, si les oiseaux posaient un problème à l'extérieur, c'était encore pire à l'intérieur de l'école.

Dans les couloirs, je me baissais pour éviter les coups de bec. On aurait dit qu'ils voulaient picorer mes seins. Le battement de leurs ailes était comme une bourrasque de vent qui essayait de me faire tomber. Je me débattais pour protéger mon visage de leurs griffes acérées. Je couvrais mes oreilles pour ne plus entendre leurs cris vulgaires.

— Allez, montre-nous tes nichons, lançaient-ils en tournoyant autour de moi.

Je les repoussais à coups de livres et courais en classe.

Les oiseaux me suivaient et prenaient place. Un en particulier se retournait pour me regarder. Dans mon esprit, il ressemblait à un pivert. Avec son long nez fin. Ses petits yeux perçants. Je me tortillais sur mon siège tandis qu'il continuait à me dévisager comme si j'étais quelque chose qu'il avait envie de manger. Il s'est penché et a regardé mes jambes. Je les ai serrées autant que j'ai pu.

— Je crois voir une serviette hygiénique pleine de sang. Tu portes une serviette pleine de sang, Betty ? Je crois que je la sens.

C'est drôle, la façon qu'ont les adolescents de se conduire comme des oiseaux qui volent trop bas.

Chaque jour, j'essayais d'ignorer l'attention grandissante des garçons à mon égard. J'apprenais à ne pas trop écrire en classe, car plus j'écrivais, plus la mine de mon crayon s'usait, ce qui signifiait que je devais aller au taille-crayon fixé au mur. Chaque fois que j'y allais, on me soulevait ma jupe. Je plaquais les mains dessus pour la maintenir. Celui qui l'avait soulevée riait et comparait son score à celui des autres.

Les filles n'étaient pas autorisées à porter un pantalon ou un short en classe. En tant que filles, nous n'étions pas jugées capables de faire nos propres choix. Comme si nous n'étions pas assez intelligentes ou compétentes pour décider de la manière d'habiller notre corps. Je n'avais rien contre les robes, mais je savais qu'il n'y avait rien de mieux que les shorts pour se pendre par les pieds dans les arbres et marcher à côté de garçons qui ne pouvaient pas s'empêcher de mettre les mains partout.

Un jour, ce printemps-là, j'ai regardé les robes dans mon placard. Les écartant, j'ai pris la décision de mettre autre chose. Un short. J'étais allée m'asseoir avant que la maîtresse, Mme Cross, ou les autres élèves, ne l'aient remarqué. Nous avons commencé la matinée par la lecture à haute voix de certains passages dans nos livres d'histoire. J'ai continué à observer les oiseaux à l'extérieur parce qu'on ne me demandait jamais de participer en classe. Que je fasse attention ou non ne changeait rien. Les enseignants avaient leurs élèves préférés. Je n'en faisais jamais partie. Je rendais mes devoirs et cela semblait être tout ce que l'on attendait de moi. Ils avaient déjà jugé que je ne ferais rien de ma vie, alors pourquoi s'embêter avec moi ? J'aurais pu tout aussi bien ne pas exister. Mais ce jour-là, Mme Cross a fait une chose à laquelle personne ne s'attendait. Elle m'a interrogée.

— Betty, lis-nous le paragraphe suivant.

Oh, Seigneur. Je n'avais jamais été interrogée auparavant. Lire ? Moi ? La simple pensée d'entendre ma voix dans la classe me donnait mal au ventre. Je me suis mise à transpirer et mes mains à trembler au moment où j'ai voulu prendre mon livre. Les mots se sont brouillés sur la page quand j'ai essayé de repérer le bon paragraphe.

— Celui du bas, Betty, a dit la maîtresse en tapotant son crayon sur son bureau avec impatience. Allons, dépêche-toi.

— Lincoln…

Ma voix a chevroté tandis que je croisais les jambes au niveau des chevilles. J'ai pensé que je pourrais bien faire pipi.

— Aba… euh, Abra… Abraham Lincoln a été assi…

Les autres se sont mis à rire et à chuchoter entre eux.

— Mais qu'est-ce qui lui prend ? Elle est vraiment bizarre.

J'avais la bouche complètement sèche. Je me suis dit : *Je pourrais boire toute l'eau de la rivière et j'aurais encore soif.* À la maison, j'aurais pu lire sans problème, mais là, à l'école, j'étais devenue quelqu'un qui avait peur d'être entendue autant que d'être vue.

Je devais lutter avec chaque mot juste pour arriver au bout d'une simple phrase. C'était comme si des mains m'étranglaient. Je ne pouvais plus respirer. J'avais l'impression que j'allais mourir.

Ils vont venir enlever mon corps, puis ils reprendront la lecture du livre comme si je n'avais aucune importance.

— Lincoln a été… assassiné… le 15 avril 1865…

— Betty, m'a dit Mme Cross. Tu lis comme si tu avais un chewing-gum dans la bouche. Tu sais que ce n'est pas permis en classe. Enlève-le immédiatement.

Je n'avais rien dans la bouche, mais j'ai fait semblant d'enlever un chewing-gum juste pour avoir l'excuse de m'arrêter de lire une seconde. À l'idée de reprendre la lecture je me suis sentie sur le point de m'évanouir. Puis un gobe-mouches s'est écrasé contre une fenêtre. Tout le monde s'est levé pour le regarder glisser sur la vitre.

— Ils essaient sûrement d'entrer parce qu'ils pensent que Betty est un gros ver, bon à manger, s'est exclamée Ruthis. Je parie que son père et elle vont faire des coiffes d'Indien avec toutes ces plumes. Faut pas laisser Betty seule dans les bois. Elle pourrait redevenir complètement sauvage.

Je me suis lentement levée de ma chaise. La salle avait cessé de tourner.

— Betty ?

J'ai entendu la voix de la maîtresse derrière moi.

— C'est bien un short que je vois sur toi ? m'a-t-elle demandé.

Ruthis a ricané.

— Je… je… (Je pensais encore au paragraphe.) Je le porte à la maison, ai-je enfin réussi à dire.

— On n'est pas dans un tipi au milieu des champs, ici, petite demoiselle, a dit Mme Cross. C'est un établissement d'enseignement officiel. Il y a des règles à respecter.

J'ai été envoyée dans le bureau du directeur. J'ai pris mon temps. J'ai pu me calmer pendant que je m'y rendais, et je me sentais à nouveau moi-même en entrant.

Le directeur portait un nœud papillon et un petit drapeau épinglé sur la poche de poitrine de sa veste, qui était toujours grise. Il avait de larges épaules et de petites jambes.

— Betty Carpenter, qu'est-ce qu'on va faire de toi ? m'a-t-il demandé tandis que j'observais l'espadon empaillé fixé au mur. Betty ? J'aimerais bien que tu me regardes quand je te parle.

Je me suis tournée vers lui. Son haleine était toujours chargée d'une odeur de cornichons au vinaigre. Je l'ai sentie flotter jusqu'à moi.

— Tu as enfreint la règle en vigueur dans cette école, tu le sais, n'est-ce pas ?

Il a fait un geste en direction de mon short.

— Je ne comprends pas pourquoi il y a une règle, ai-je dit.

— Nous devons veiller à maintenir une séparation entre les sexes.

— Une séparation ?

— Les vêtements devraient montrer qu'il y a une différence entre une fille et un garçon. Tu n'es pas d'accord, Betty ?

— Pourquoi je ne peux pas mettre ce que je veux ?

— Est-ce que tu sais ce qui arrive quand une fille porte ce qu'elle veut, comme un short ou un pantalon ?

J'ai secoué la tête.

— Tout le monde a les yeux fixés sur son entrejambe, a-t-il répondu en jetant un coup d'œil rapide au mien.

— Mon entrejambe ?

J'ai aussi baissé les yeux vers mon bassin.

— C'est ça. Un pantalon définit ton… cette zone. Quand une femme est en pantalon, personne ne la voit, *elle*. On ne voit que son entrejambe. Les femmes qui mettent un pantalon souhaitent cette attention. Elles la recherchent. Savais-tu que dans les endroits où les femmes portent des pantalons, la criminalité est plus importante ? Ces femmes-là se moquent complètement de la famille et du foyer. Elles se moquent complètement d'inculquer un sens moral et de donner le bon exemple.

— Parce qu'elles mettent un pantalon ? Mais les hommes en portent bien, eux.

— Les femmes ne peuvent pas se comporter comme les hommes, parce que les hommes et les femmes sont différents. Qu'est-ce que tu dirais si j'enfilais une jupe, là, et que je me mette à me déhancher dans ce bureau comme ta mère ?

— Ma mère ne se déhanche pas.

— Ma chère, dès qu'une femme se met à marcher, elle se déhanche. Elle n'y peut rien. C'est la façon dont ses jambes sont faites.

Il s'est levé et a commencé à marcher sur la pointe des pieds en balançant les mains au niveau de la poitrine.

— Oh, regardez-moi. (Il a essayé de prendre une voix de femme.) Regardez-moi.

— Les femmes ne marchent pas comme ça.

— Eh bien, si.

Il a pris la couverture sur le dos du fauteuil capitonné dans le coin du bureau. Il en a fait une jupe en l'enroulant autour de sa taille. Puis il a fait le tour de la pièce, continuant à marcher sur la pointe des pieds, balançant outrageusement les hanches d'un côté et de l'autre.

— Est-ce que tu éprouves encore du respect pour moi, Betty ? Bien sûr que non, a-t-il répondu à ma place. En jupe, je ne serais plus vraiment un homme.

À ce moment-là, j'ai compris que les pantalons et les jupes, tout comme les sexes, n'étaient pas considérés comme égaux dans notre société. Porter un pantalon, c'était être habillé pour exercer le pouvoir. Porter une jupe, c'était être habillée pour faire la vaisselle.

— Je ne serais pas surpris que les oiseaux se comportent de façon bizarre précisément parce que tu portes ce short, Betty.

Après avoir laissé tomber sa couverture, il s'est assis à son bureau en me disant que porter une jupe préserverait ma pureté.

— Tes frères en Christ te regarderont avec respect si tu t'habilles comme la Bible dit que les femmes et les filles doivent s'habiller.

— Mais les garçons n'arrêtent pas de soulever ma jupe. Ils ont vu mes sous-vêtements un million de fois.

— Je vois. (Il s'est renversé en arrière dans son fauteuil en cuir.) Tu flirtes avec les garçons, alors ?

— Non.

— Est-ce que tu mets des vêtements qui incitent tes camarades à avoir des pensées impures ?

— Je porte juste des vêtements comme tout le monde, ai-je répliqué, les dents serrées.

— Parce que les vêtements que porte une fille peuvent avoir une influence, tu comprends ? La façon dont tu t'habilles dit certaines choses sur qui tu es. Je connais ces garçons dans mon école. Leurs parents sont mes amis. Ce sont de bons garçons. Ils essaient de garder Dieu dans leur cœur. Tu veux qu'ils restent de bons garçons, n'est-ce pas ?

— Qu'ils soient bons ou non dépend d'eux.

— Non, cela dépend de toi. En tant que fille, tu as une grande responsabilité, Betty. Surtout maintenant que tu commences à avoir des hanches et des seins. Comment pouvons-nous, nous les hommes, garder Dieu dans notre cœur, si vous autres, les jolies petites créatures, ne nous aidez pas en vous habillant de façon pudique ? Tu sais ce que signifie le mot "pudique", Betty ?

— Je mets des robes et des jupes en coton. Elles ont des petites fleurs et… et… et vous ne me voyez pas baisser le pantalon des garçons dans tous les coins. Ça n'a rien à voir avec les vêtements. Ils soulèveraient ma jupe même si je m'habillais avec un sac de pommes de terre. C'est les garçons que vous devriez punir. Pas moi.

— Est-ce que tu vas à l'église, Betty ? (Il s'est renversé un peu plus en arrière, jusqu'à faire grincer son fauteuil.) Je ne pense pas t'y avoir jamais vue, ni ta famille.

— Notre église, c'est la nature.

— L'église est votre église, petite demoiselle. Tout le reste n'est que blasphème. Est-ce que vous êtes chrétiens, toi et ton peuple ?

— Mon peuple, c'est les Cherokees, ai-je répliqué en me redressant. Et si on vivait encore aujourd'hui comme vivaient mes ancêtres avant qu'on nous prenne tout, les femmes seraient aux commandes et c'est *vous* qui devriez m'écouter.

— Oh, vraiment ?

— Oui. Et je pourrais porter ce que je voudrais parce que…

— Parce que quoi ?

— Parce que pour les Cherokees, l'important n'était pas ce que portaient les femmes. L'important, c'était ce qu'elles *faisaient*, ce qu'elles *disaient* et ce qu'elles *pensaient*.

— Et tu as vu ce qui s'est passé ? a-t-il répondu en s'esclaffant. Ton peuple a été vaincu parce que les femmes font des chefs faibles. Je suis sûr que si tes Cherokees avaient eu des hommes en charge des choses, tout ce pays serait indien aujourd'hui. Ce sont les femmes en pantalon qui ont perdu les terres de ton peuple.

— Retirez ça, ai-je rétorqué, serrant les poings.

— Il n'est pas convenable pour une fille de froncer ainsi les sourcils, Betty.

J'ai pensé à l'écraser jusqu'à ce qu'il disparaisse dans le sol. En faire quelque chose sur quoi on pourrait marcher jusqu'à la fin des temps. Mieux encore, j'avais envie de le mettre dans un tronc d'arbre creux et de le faire rouler jusqu'à l'autre bout du monde. Tout au moins, j'aurais voulu prendre son nœud papillon et l'étrangler avec jusqu'à ce qu'il ait retiré tout ce qu'il avait dit. Au lieu de ça, j'ai examiné l'espadon.

— Il doit te plaire, à en juger par la façon dont tu le regardes sans arrêt.

— Mon père dit que ceux qui accrochent des animaux morts à leurs murs sont des hommes qui se croient plus importants qu'ils ne le sont vraiment. Il dit aussi qu'il n'y a que les hommes avec un petit pénis qui tirent des animaux juste pour avoir un trophée.

— Eh bien alors ton père doit avoir tout un mur d'animaux morts, a-t-il rétorqué avec un petit sourire satisfait.

Il m'a laissée retourner en classe, mais auparavant il a dessiné une boussole sur un morceau de papier qu'il a ensuite attaché à mon short avec une épingle de sûreté.

— Pourquoi avez-vous dessiné un trait en travers du cadran ?

— Parce que ta boussole morale est cassée, petite demoiselle.

À peine sortie de son bureau, j'ai attrapé le morceau de papier. J'étais sur le point de l'arracher de mon short quand j'ai vu l'aiguille qu'il avait dessinée. Elle n'était pas pointée vers ma classe, mais vers le couloir menant à la sortie.

J'ai suivi la direction indiquée par l'aiguille, me précipitant vers la lumière de la porte. Dehors, le gardien faisait rouler une poubelle en métal et ramassait les oiseaux morts sur le trottoir. Je suis passée près de lui en courant et j'ai continué jusqu'au Dandelion Dimes.

J'ai ouvert la porte aussi doucement que j'ai pu, mais la petite cloche a tout de même sonné. Les clients se sont retournés pour me regarder.

J'ai tiré sur le cordon du tablier de Fraya quand je suis passée près d'elle en allant au comptoir. Elle a fini de prendre les commandes avant de me rejoindre.

— Tu ne devrais pas être à l'école, Betty ?

— J'ai pas pu retrouver mon chemin pour retourner en classe, lui ai-je répondu en indiquant la boussole d'un signe de tête.

Elle a jeté un coup d'œil à mon short.

— Bon. Je te laisse manquer l'école aujourd'hui. Ce sera notre petit secret.

Elle m'a préparé un sandwich fromage-tomate. Tout en mangeant, je faisais tourner mon tabouret, observant ma sœur porter les assiettes entre la salle et la cuisine.

Après le repas, je suis montée dans la chambre de Fraya. Comme la salle en bas, la pièce était tapissée d'un papier peint représentant des fleurs de pissenlit encadrées de plantes grimpantes vert foncé et de volutes tarabiscotées. Le plafond était décoré du même motif. Les meubles qui équipaient la chambre étaient peints en jaune, ainsi que les boiseries et le plancher. Même le siège des toilettes, la baignoire et le lavabo dans la petite salle de bains, étaient en porcelaine jaune. Au milieu de toute cette couleur uniforme, les objets qui appartenaient à Fraya se détachaient nettement. Son manteau afghan mauve posé sur une chaise. Le dos marron de ses livres. Le placard rempli de robes aux couleurs diverses, du bleu au rouge. J'ai décroché la robe vert menthe de son cintre. Je l'ai passée par-dessus mes vêtements. J'ai commencé à tourner sur moi-même jusqu'à ce que le bas se mette à voler, découvrant mon short.

— Les filles devraient porter des robes, ai-je dit en imitant le directeur. Hé, monsieur le directeur, ça vous plaît, ça ? (J'ai marché au pas dans la chambre en levant les jambes très haut.) Et ça ? ai-je ajouté en secouant mes cheveux et en faisant des bonds. Est-ce que c'est *convenable* pour une fille ?

Alors que je virevoltais, j'ai aperçu le journal intime de Fraya sur la commode. Je l'ai pris pour m'étendre sur le lit, posant les pieds sur la jolie tête de lit en métal.

Quand j'ai ouvert le journal, c'était comme si tout, à part les paroles de la chanson de Fraya, avait été écrit dans une langue étrangère. J'ai essayé de comprendre le code qu'elle avait utilisé, mais elle avait inventé son propre alphabet.

J'ai enlevé le papier avec la boussole de mon short. En me servant du stylo accroché au dos du journal, j'ai recopié les paroles de sa chanson à l'intérieur de la boussole, suivant le cercle du cadran pour que les mots aillent vers le centre en spirale. J'ai glissé la boussole entre les pages du journal.

En bas, la salle était devenue plus bruyante. Je n'ai pas eu besoin de regarder le réveil pour savoir que l'école était finie. J'ai enlevé la robe, puis je l'ai remise dans le placard.

Quand je suis redescendue, j'ai vu que les clients adultes étaient partis, laissant la place aux adolescents. Au milieu des visages, j'ai vu celui de Flossie. Elle était au comptoir, en train de parler avec Fraya.

— Je racontais à Fraya qu'on avait inventé un jeu amusant à l'école, m'a dit Flossie quand je me suis approchée. Tu te places devant une fenêtre et si un oiseau s'écrase sur la vitre juste devant toi ça veut dire que tu iras en enfer.

— C'est stupide.

— Pas du tout.

Flossie m'a attrapé la main et m'a entraînée devant une grande vitrine en me disant :

— Souviens-toi, si un oiseau heurte la vitre devant toi, tu es destinée à passer l'éternité avec les démons.

— Vous ne devriez pas tenter le diable, vous deux, a dit Fraya en allant porter une part de tarte à une table dans un box.

— Regarde, a dit Flossie en pointant le doigt vers un moineau. Il vient droit sur nous.

Nous avons poussé un cri en nous baissant tant il semblait que l'oiseau allait s'écraser contre la vitre. Au dernier moment il a changé de trajectoire, ce qui lui a sauvé la vie.

— Je ne veux plus jouer, ai-je dit en m'éloignant.

— Poule mouillée, m'a lancé Flossie en me suivant à l'extérieur. *Cot-cot-cot-cot.*

Quelques secondes plus tard, une corneille a violemment heurté le dos de Flossie, la faisant tomber sur le trottoir. L'oiseau était tout étourdi, mais après quelques tentatives ratées, il a fini par s'envoler.

— Sale bestiole, a juré Flossie en s'asseyant. Je pourrais cracher des clous, tellement je suis furieuse.

— Vous allez bien, mademoiselle ?

Flossie et moi nous sommes retournées vers un type nommé Cutlass Silkworm.

— J'espère que vous n'êtes pas blessée, a-t-il poursuivi en lui tendant la main.

La famille Silkworm possédait un vignoble à l'extérieur de la ville. Cutlass n'avait que vingt-trois ans, mais il avait déjà le front dégarni de son père. Comme il avait une trentaine de kilos en trop et un cheveu sur la langue, il n'était certainement pas le genre d'homme avec lequel Flossie rêvait de se retrouver, mais elle a aimé la manière dont sa montre en or a étincelé au soleil. Je l'ai vu à sa façon d'accepter la main tendue.

— Merci, a-t-elle dit, prenant soin de faire tomber ses cheveux devant ses yeux sous le bon angle.

À l'été, Cutlass et ma sœur sortaient ensemble. Mise au courant, Maman a fait asseoir Flossie. Depuis le seuil de la porte, j'ai observé Maman brosser les cheveux de Flossie devant la coiffeuse.

— Il est temps que tu penses à ton avenir, a dit Maman. Tu n'es plus une petite fille. Le vignoble rapporte bien à Cutlass et sa famille, a dit Maman. Si tu étais sa femme, tu ne manquerais de rien.

— Sa femme ? a demandé Flossie en faisant une moue dégoûtée. Mais je ne veux pas être sa femme. Ce qui me plaît, c'est juste qu'il a une voiture qui roule bien. En plus, je ne peux pas rester ici à Breathed. Et Hollywood, alors ?

— Tu veux être une étoile ?

Maman a commencé à lui faire une tresse.

— Plus que tout, a répliqué Flossie en dansant sur son siège.

— Alors laisse-moi te dire ce que j'aurais dû te dire depuis bien longtemps. Tu es le genre d'étoile qui ne brille que lorsqu'il n'y en a pas d'autres dans les environs.

Flossie a regardé Maman dans le miroir.

— Je peux devenir plus brillante. Je peux y travailler. Je n'ai que seize ans.

— Si tu vas à Hollywood, tu seras entourée des plus grandes étoiles qu'il puisse y avoir. Au milieu de tout cet éclat, tu seras simplement quelqu'un d'ordinaire. Et à Hollywood, on ne met pas l'ordinaire à l'écran. Tandis qu'ici, à Breathed, si tu es une Silkworm, tu seras l'étoile la plus brillante en tant que femme d'un homme riche. Tu as vu le mal que j'ai à joindre les deux bouts ? C'est tout juste si je peux me permettre un peu de rouge à lèvres et des bas. C'est ce que tu veux pour toi ?

Flossie a vivement secoué la tête.

— Une occasion comme celle-là ne se présente pas tous les jours, ma fille. Plus tu vas vieillir, plus ça va devenir difficile. Tu es Flossie Carpenter, tu comprends ? Tu vas te retrouver avec un homme de toute façon.

Flossie a lancé un coup d'œil à Maman dans le miroir.

— Autant que ce soit avec un homme qui a de l'argent, a continué Maman. Fais en sorte d'avoir une vie facile. Cutlass est un bon garçon. Ses parents sont de braves gens.

— Mais je ne l'aime pas.

— Même si tu n'es pas éprise de lui maintenant, au bout d'un moment, tu t'apercevras qu'il est plus facile à aimer que tu ne l'avais cru possible. Surtout après avoir porté sa progéniture.

— Porté sa progéniture ? Tu veux dire avoir son enfant ? Pas question, a protesté Flossie en secouant la tête. Je veux pas d'enfant.

— Tu dois en vouloir, Flossie. Cutlass s'amuse, c'est tout, et quand il en aura assez, il te laissera tomber. Cela arrive tout le temps à des filles comme toi.

— Des filles comme moi ? a demandé Flossie.

— Si tu as son enfant, tu auras des droits, a continué Maman. C'est la seule façon d'assurer ton avenir en tant que star.

Flossie a fermé la bouche et son menton s'est mis à trembler. Se levant d'un bond, elle est passée près de moi en toute hâte. Je l'ai retrouvée dans notre chambre, debout devant notre placard, cherchant quels vêtements mettre pour aller à son rendez-vous avec Cutlass le soir même.

— Hé ? (Je l'ai attrapée par le bras.) N'écoute pas ce que dit Maman.

— Quand les femmes s'égarent, les hommes se lancent immédiatement à leur poursuite.

Flossie s'est dégagée et a pris une robe bleu marine sur un cintre. Elle l'a tenue devant elle pour voir de quoi elle avait l'air dans le miroir.

— C'est Mae West qui dit ça dans *Lady Lou*, a-t-elle précisé. Je vais juste m'égarer un petit peu, Betty, juste assez pour qu'il me poursuive. Dans le pire des cas, je peux toujours lui prendre son portefeuille et aller à Hollywood avec.

— Tu n'as pas besoin de lui, Flossie. Tu peux faire ça toute seule.

— Sois pas stupide, Betty. Tu n'as encore rien compris ?

J'ai regardé ma sœur. Les os de son visage s'étaient allongés, formant une surface impassible qui se relevait ou descendait avec chaque sourire qu'elle faisait ou ne faisait pas. Ses yeux s'étaient agrandis et leur teinte verte était devenue plus brillante que lorsqu'elle était enfant. On aurait dit que toute son énergie et sa rage étaient concentrées dans ses iris pour y faire naître ce brasier vert.

— Qu'est-ce que tu penses de cette robe ? Je crois qu'elle est pas mal.

Cette nuit-là, Flossie a laissé Cutlass rester en elle. J'imagine qu'elle a dû tiquer quand c'est arrivé. Le lendemain matin, j'ai pris la robe qu'elle avait portée et je suis allée l'enterrer dans la cour.

Dès qu'elle a su qu'elle était enceinte, elle l'a annoncé à Cutlass, qui a fait ce qu'il était de bon ton de faire, posant un genou à terre. Comme cadeau de mariage, Fraya a fait la robe de Flossie. Une robe rose avec de la dentelle, qui lui arrivait au-dessus du genou. Flossie l'a adorée parce que dans cette robe elle ressemblait tellement à une friandise qu'on avait l'impression qu'elle pourrait fondre comme un bonbon dans la bouche d'un homme.

— Tu ne trouves pas, Betty ?

Après le mariage, Flossie a annoncé qu'elle ne retournerait pas à l'école à la rentrée suivante.

— Mon avenir, c'est la vie d'épouse, maintenant, a-t-elle capitulé, avant d'emménager dans la maison de style colonial que les parents de Cutlass leur avaient offerte.

— Je t'écrirai des "bonne nuit", comme on l'a fait pour Fraya, ai-je dit à Flossie.

— Non. (Elle a secoué la tête.) Je n'ai plus le temps pour ces amusements puérils. Je suis une femme mariée, maintenant.

Au printemps, qui avait débuté avec des oiseaux volant en rase-mottes, avait succédé un été qui finissait avec des oiseaux volant à nouveau haut dans le ciel. On n'a jamais trouvé la raison de cet étrange comportement. Papa nous a fait remarquer que nous faisons tous des choses stupides parfois.

— À qui le dis-tu, a répliqué Flossie.

Je me suis retrouvée seule dans ce qui avait été notre chambre. Elle était vide sans Flossie. Je n'avais jamais pris conscience de l'importance de l'espace occupé par tout ce que nous faisions ensemble. Ces veillées tardives passées à feuilleter des magazines en suçant des *fireballs*, ou à se brosser mutuellement les cheveux tout en parlant de la façon dont l'araignée dans le coin de la pièce tissait sa toile.

— Je pense que les araignées chantent, répétait Flossie. La toile est leur chanson.

Après le départ de Flossie, la toile s'est déchirée. Je n'ai jamais revu l'araignée.

THE BREATHANIAN

Un homme interrogé dans le cadre de l'enquête sur les coups de feu

Un certain Landon Carpenter a été interrogé après qu'un témoin a affirmé l'avoir aperçu à proximité de l'endroit où les coups de feu ont été entendus. Carpenter a déclaré qu'il faisait simplement un petit somme au soleil.

Pendant que Carpenter était interrogé, un autre signalement a été fait par une habitante de la ville qui a assuré avoir vu une silhouette tenant un fusil dans sa cour la veille au soir.

Cette habitante, qui souhaite rester anonyme, a dit avoir parlé à cette silhouette et même lui avoir offert un verre de lait. Quand elle s'est retournée pour aller chercher le lait, la silhouette s'est rapprochée de sa maison. La femme dit avoir trouvé cela étrange et elle s'est à nouveau retournée, pour s'apercevoir que la silhouette s'était encore rapprochée et se tenait sur sa véranda.

"Je savais que ma porte n'était pas fermée à clé", a-t-elle expliqué. "Je ne l'ai jamais fermée de ma vie. Quand j'ai commencé à hurler, la silhouette a fait demi-tour et elle est partie, traînant le canon du fusil sur le sol."

Lorsqu'on lui a demandé si elle pense que c'était un homme ou une femme, elle a répondu qu'il n'y avait pas assez de lumière. Puis elle a aussitôt ajouté : "Mais je dirais que l'odeur était celle d'un homme. Ou alors c'était une femme qui avait eu un homme sur elle plus tôt dans la soirée."

36

Je suis comme un vase brisé.
PSAUME 31, 12

MA ROBE PRÉFÉRÉE était une robe de Maman qui avait été passée à Fraya, puis à Flossie, et enfin à moi. À l'origine, elle avait été rouge vif. Les années l'avaient décolorée et quand mon tour est venu de la porter, elle tirait sur le rose. Parfois, j'imaginais que tout ce rouge disparu était le sang perdu par les femmes qui l'avaient mise.

Je portais cette robe dans le jardin, où j'étais en compagnie de Fraya, Lint et Papa. Nous étions occupés à cueillir des légumes pour les faire griller quand Leland est arrivé en voiture.

— Qui est-ce qui t'a invité ? lui ai-je demandé quand il nous a rejoints dans le jardin.

— Pourquoi j'aurais besoin d'être invité pour voir ma propre famille ?

J'ai lancé un coup d'œil vers Fraya. Elle mettait des courgettes dans un panier. J'ai regardé Leland passer près des plants de courgettes pour aller dans les rangées de maïs. Il a observé les tiges avant de choisir un épi et d'en enlever les feuilles.

— Tu es en train de gâcher le maïs, lui ai-je lancé.

— J'ai cru que cet épi était mûr.

— Tu savais qu'il ne l'était pas.

— Oh, j'ai oublié, s'est-il exclamé en levant les bras. Tu es la courge. Protectrice du maïs. Grande et puissante Betty.

— Bon, ça suffit, vous deux, est intervenu Papa.

Il a commencé à couper des gombos pour les ajouter au panier. Il a pris les deux plus longs qu'il a collés de chaque côté de son front, comme des cornes. Cela a fait rire Lint, qui en a sorti deux autres du panier pour avoir sa paire de cornes lui aussi, avec lesquelles il a fait semblant de se mesurer à celles de Papa. Fraya a souri en les regardant tous les deux tandis que Leland épluchait un autre épi.

— Arrête ça, ai-je hurlé en le poussant pour l'éloigner du maïs.

— Essayons de passer un moment agréable ensemble, a dit Papa, qui a remis ses gombos dans le panier.

— Oui, Betty, a ajouté Fraya.

Je me suis tournée vers elle, fronçant les sourcils.

— Parce que c'est ma faute ? C'est lui qui abîme le maïs. Tout le monde s'en fiche.

— Laissez tomber. Je me tire d'ici.

Leland est parti à travers le jardin en piétinant les tiges.

— Tu écrases les plantes, espèce d'abruti, ai-je dit en me penchant pour examiner les tiges.

Leland s'est retourné et m'a fait un doigt d'honneur avant de monter dans sa voiture. Il a quitté l'allée sur les chapeaux de roue, soulevant un nuage de poussière.

— Il faut que tu apprennes à l'ignorer, Betty, a dit Fraya.

Elle se servait d'un couteau tranchant pour couper les concombres mûrs.

— L'ignorer ? ai-je demandé. J'en ai assez d'ignorer la façon qu'il a de tout saccager. Je ne veux plus l'ignorer.

Fraya s'est levée lentement.

— Betty, ne commence pas.

— Papa, ai-je lancé en me tournant vers lui. Il faut que je te dise quelque chose.

— Ferme-la, Betty.

Fraya est sortie du carré de concombres. Elle s'est arrêtée devant une rangée de choux.

J'ai pris ma respiration.

— Papa, Leland…

D'un coup de pied, Fraya a décapité le chou devant elle.

— Fraya ? a demandé Papa en se tournant vers elle. Pourquoi tu as fait ça ?

Elle m'a regardée, puis elle a donné un coup de pied si violent dans tous les choux restants qu'ils ont roulé sur le sol comme des têtes de femmes à la chevelure défaite.

D'un pas décidé, elle est entrée dans le carré de melons, donnant des coups de couteau dans les melons miel et les pastèques. Puis elle s'est ruée sur les rames de haricots, arrachant les longues cosses qui, dans ses mains, ressemblaient à une poignée de serpents qu'elle tentait d'étrangler.

— Arrête, Fraya, a dit Papa, tu assassines le jardin.

S'empêtrant dans les plants vert foncé, elle maniait le couteau qu'elle avait à la main comme si elle arrachait le papier peint d'un mur. Enroulant les longues tiges des concombres autour de ses bras, elle les arrachait en utilisant le poids de son corps. Papa a enlevé Lint du chemin de Fraya tandis qu'elle arrachait les carottes comme une mère empoignant ses enfants par les cheveux. Elle mordait dans chaque carotte, la boue s'étalant autour de sa bouche à mesure qu'elle recrachait les morceaux.

Elle a commencé à écraser les tomates avec ses mains, faisant gicler l'intérieur entre ses doigts. Puis elle s'est attaquée aux baies, les jus multicolores se mélangeant sur ses mains. Portant son attention sur le maïs, elle s'est élancée dans les rangées. Les épis se balançaient tandis qu'elle faisait plier les tiges jusqu'à ce qu'elles cassent à la base.

— Qu'est-ce que c'est que tous ces cris ?

Maman est sortie sur la véranda. Quand elle a vu ce qui se passait, elle est restée impuissante à nos côtés, tandis que Fraya continuait de s'en prendre au jardin.

Dans le fond du potager, il y avait de la vigne qui poussait sur la clôture en bois que Papa avait construite. Fraya a démoli la clôture, coupé les pampres et piétiné les grappes, emplissant l'air de leur odeur sucrée.

Quand elle s'est arrêtée, elle est restée là, le regard fixé sur moi. Elle avait encore le couteau à la main. Elle le serrait si fort que je me suis dit qu'elle allait broyer le manche en bois.

Lentement, Papa s'est avancé au milieu de ce carnage.

— Fraya ? Comment as-tu pu faire une chose comme ça ?

— Je sais pourquoi elle a fait ça, me suis-je écriée, ma colère étant à la mesure de celle de Fraya. Elle a fait ça parce que Leland…

D'un geste vif de la main, Fraya s'est ouvert le poignet gauche avec le couteau.

— Seigneur Jésus, a crié Maman.

Elle a tiré Lint contre elle et lui a couvert les yeux.

— Faut l'empêcher de perdre son sang, Landon, a-t-elle lancé à Papa qui se précipitait auprès de Fraya.

Fraya a contemplé son poignet. Elle semblait elle-même surprise de l'avoir fait, puis elle a lâché le couteau. Papa a pris son mouchoir pour envelopper la blessure.

— La plaie n'est pas profonde. Je peux la recoudre.

Il a emmené Fraya dans le garage. Puis il m'a appelée.

— Betty, je vais avoir besoin de ton aide.

Lint et Maman sont restés, nous regardant depuis l'autre côté du jardin. J'ai entendu Maman essayer d'apprendre de la bouche de Lint ce qui s'était passé.

Dans le garage, Papa m'a dit de faire pression sur la blessure. J'ai mis mes mains sur le mouchoir. Je sentais le sang chaud de Fraya.

Tandis que Papa cherchait du fil, Fraya m'a chuchoté :

— Je t'avais dit que je me tuerais. Tu me crois, maintenant.

J'ai hoché la tête lentement.

— Ça devrait aller, a dit Papa en sortant une bobine de fil noir d'une boîte en fer-blanc.

Il a donné à Fraya un morceau d'écorce à mordre pendant qu'il versait un peu de son eau-de-vie sur la plaie.

— Je vais te réparer ça, a-t-il ajouté en enfilant l'aiguille qu'il avait désinfectée à l'alcool.

Fraya a craché le morceau d'écorce de sa bouche et a bu une gorgée d'alcool. Tout en buvant, elle a observé du coin de l'œil la façon dont Papa lui pinçait la peau juste avant d'enfoncer l'aiguille. Lorsqu'elle a commencé à hurler, je suis sortie du garage et j'ai couru jusque dans les bois.

J'ai cherché l'arbre le plus haut et j'ai enfoui mon visage contre l'écorce.

J'ai attendu la tombée de la nuit pour rentrer. Quand je suis arrivée à la maison, la lumière était allumée dans la chambre de Fraya. Maman était en bas, dans le salon. Elle regardait la télévision. Lint était endormi près d'elle, la tête sur ses genoux.

Les marches ont craqué sous mes pas tandis que je montais l'escalier. Sur la pointe des pieds, je suis allée m'asseoir dans le couloir, près de la porte ouverte de Fraya.

— Tu sais, disait Papa, Dieu a dû porter un pansement comme celui-là, une fois.

J'ai jeté un rapide coup d'œil dans l'encadrement et je l'ai vu sur le bord du lit de Fraya. Il avait un bocal rempli de sable dans les mains. Fraya était assise, adossée à la tête de lit, les genoux repliés sous son menton. Le pansement blanc avait besoin d'être changé.

— Dieu s'est ouvert le poignet aussi ?

— Rien de ce genre.

— Alors, pourquoi Il a dû porter un pansement ? a-t-elle dit en baissant les yeux vers le sien.

— C'était après avoir fait le soleil.

Fraya a gardé le silence un moment. Puis elle a demandé comment Dieu avait fait le soleil.

— Un peu comme tu ferais une tarte. Il faut du sucre, de la farine, du beurre. Je ne connais pas la recette exacte. Si je la connaissais, eh bien je ferais mon propre soleil. Mais ce que je sais, c'est qu'après avoir mélangé ses ingrédients, Il a tout versé dans un grand moule qu'Il a mis à cuire dans le four jusqu'à ce que ce soit bien doré et brûlant, prêt à installer dans le ciel. Il y a des gens qui croient que Dieu s'est brûlé les mains sur le soleil après la cuisson. À Son grand embarras, Dieu s'est brûlé avec ce foutu moule. Il avait oublié de mettre Ses gants de cuisine avant de le sortir du four.

Papa a pouffé à cette idée, mais ça n'a pas fait rire Fraya, alors il s'est joint à elle dans le silence jusqu'à ce qu'elle dise :

— C'est une histoire idiote, Papa.

Il a relevé la façon dont elle avait gentiment dit “Papa”.

— Pourquoi tu as ce bocal ? lui a-t-elle demandé.

— Ça vient du paradis. Hier soir, pendant ma promenade, une corde est tombée du ciel. J'ai attendu pour voir si quelqu'un allait descendre. Comme personne ne se montrait, j'ai tiré sur la corde pour vérifier sa solidité. J'ai pensé que quelqu'un voulait que je monte.

— Mais tu ne savais pas qui l'avait lancée, a remarqué Fraya. Et s'il y avait eu un démon en haut ?

— Elle venait du ciel. La seule chose que je peux imaginer là-haut, c'est le paradis. Je me suis dit que cette corde ne pouvait pas être entièrement mauvaise, alors j'ai posé ma canne, j'ai craché dans mes mains et après avoir assuré ma prise, j'ai commencé à grimper. J'étais là, moi, vieux bonhomme insignifiant, en train de grimper vers le ciel. Les étoiles sont devenues si proches qu'on aurait pu les prendre pour les lumières de Breathed, tandis que la ville était si lointaine que ses lumières ressemblaient aux étoiles. Quand je suis arrivé en haut de la corde, j'ai vu qu'elle avait été jetée par une fenêtre ouverte, suspendue dans le ciel. Une lumière éclatante brillait à cette fenêtre. Comme j'avais envie de voir d'où elle venait, j'ai franchi le rebord de la fenêtre et je suis retombé sur la Plage du Temps.

— Qu'est-ce que c'est, la Plage du Temps ?

— Voyons, Fraya. Tout le monde sait ce qu'est la Plage du Temps. C'est l'endroit où sont gardés les bocaux de vie. Chaque bocal est rempli du sable qui mesure notre temps sur terre.

Il lui a montré l'étiquette qu'il avait collée sur le verre avec du ruban adhésif. Le nom de Fraya était écrit à la main dessus.

— J'ai cherché parmi tous ces bocaux et j'ai fini par trouver le tien. Regarde. (Il a levé le bocal pour qu'elle le voie bien.) Il est rempli de sable jusqu'en haut. Si on en mettait encore un peu plus, ça déborderait. Dieu t'a donné plus de jours de vie qu'à la plupart, Fraya. Je suis bien placé pour le savoir. J'ai vu tous les bocaux. J'ai bien vu que certains étaient remplis d'une cuillerée de sable, d'autres ne contenaient qu'un seul grain. Dieu a projeté de grandes choses pour toi, ma fille.

Il lui a tendu le bocal. Elle l'a regardé avant de dire :

— C'est juste du sable du bord de la rivière, P'pa. Rien de plus.

Papa a grogné comme un vieil ours en saisissant son poignet bandé.

— Tu ne sais pas ce qui va se passer si tu mets fin à tes jours ? Ton bocal va se briser et tout le sable va s'éparpiller. Pour toute l'éternité, ton châtiment sera de ramasser chaque éclat de verre et chaque grain de sable. Quand tu auras enfin terminé, ne crois pas que tu vas te reposer, car le diable va donner un coup de pied dans le tas que tu auras fait, pour tout éparpiller à nouveau. Et ce sera comme ça pour toujours. Tu essaieras de retrouver ce que tu auras cassé – tu essaieras de tout réunir – et le diable ne te laissera jamais en venir à bout.

“Dieu a ouvert cette fenêtre pour moi, et il a laissé tomber cette corde afin que je trouve ton bocal pour te montrer combien de vie tu as encore à vivre. Tu es destinée à devenir vieille, Fraya. (Il a passé les doigts dans les cheveux de Fraya.) Tes cheveux sont destinés à blanchir. Ta peau est destinée à se rider. Tu es destinée à mourir vieille femme. Une vieille femme très heureuse. Ne sois pas l'imbécile qui crache dans l'œil du Grand Esprit.

Elle a hoché la tête.

— Je vais te laisser te reposer, maintenant.

Il l'a bordée. Elle a serré le bocal contre sa poitrine comme si c'était un ours en peluche.

— Bonne nuit, Fraya.

Il est sorti de la chambre et a refermé la porte derrière lui. Il n'a pas été surpris de me trouver là, en train d'écouter. Il a à peine attendu que je me lève pour que l'on reparte dans le couloir ensemble. Je suppose que nous serions sortis, peut-être pour aller voir ce qui avait été notre jardin. Mais nous n'y sommes jamais parvenus. Un bruit de verre cassé nous a fait nous retourner. Nous nous sommes précipités vers la chambre de Fraya. Quand Papa a ouvert la porte, nous avons vu Fraya hors de son lit, debout, avec le bocal cassé à ses pieds. Elle regardait le sable répandu qui coulait, s'infiltrant peu à peu dans les fentes entre les lames du parquet.

37

Elle est dure envers ses petits,
comme s'ils n'étaient pas à elle : elle a enfanté en vain.
Job 39, 16

— *Y aura-t-il jamais de la lumière pour moi dans ce monde ?*

Le murmure de Fraya a rempli la pièce.

Après avoir brisé le bocal, elle a traversé le couloir pour aller se coucher dans mon lit. Lorsque je me suis étendue près d'elle, elle m'a serrée dans ses bras. Sa respiration réchauffait le sommet de mon crâne, niché contre sa poitrine.

Une fois qu'elle a été endormie, je me suis glissée doucement hors du lit pour retourner dans sa chambre, où Papa, muni d'une loupe, essayait de retrouver chaque grain de sable. Pour lui, il était possible de sauver Fraya tout comme il était possible de récupérer les plus petits éclats de verre, qu'il retirait des fissures dans le plancher avec une pince à épiler.

Fraya l'a aidé à croire qu'elle pouvait être sauvée quand elle s'est levée le lendemain matin en s'étirant, le dos cambré.

— J'ai faim, a-t-elle dit.

Papa lui a préparé une pile de pancakes. Elle les a mangées le sourire aux lèvres. Pour mon père, cela voulait dire que sa fille allait bien. Mais ma mère et moi n'étions pas dupes, alors pendant que Fraya allait dans le salon regarder la télévision après son festin, j'ai pris un couteau et je suis allée au Bout du Monde. J'ai creusé une profonde entaille dans le bois. Plaçant ma main au-dessus de l'incision, j'ai essayé de croire que j'avais assez de pouvoir pour guérir Fraya toute seule.

J'ai commencé à chanter la chanson que Fraya, Flossie et moi avions chantée pour Maman lorsqu'elle s'était coupé les veines. J'ai simplement changé "Maman" en "sœur" :

"Ma sœur, rentre à la maison, nous t'aimons tant. Il fait froid dans cette maison sans toi, et les fleurs ne poussent plus. Tu nous manques tellement, nous t'envoyons un baiser. Ma sœur, rentre à la maison, nous t'aimons tant."

Mais les paroles se sont vite transformées en une mélopée.

"*Tsa-la-gi. Qua-nu-s-di. Tsu-we-tsi-a-ni-ge-yv. U-la-ni-gi-dv.*"

C'étaient des mots cherokees que j'avais entendu Papa utiliser, mais n'ayant que ces quelques termes à ma disposition, j'ai lié mon âme à leur rythme.

"*Tsa-la-gi. Qua-nu-s-di. Tsu-we-tsi-a-ni-ge-yv. U-la-ni-gi-dv.*"

Les histoires de mon père m'ont incitée à créer une origine ancestrale à partir de la terre, une origine qui me connaissait avant que je ne me connaisse moi-même. Cette idée m'est venue avec le sentiment que le passé possédait un pouvoir et que si je parvenais à faire appel à cette force, peut-être que je pourrais aider ma sœur. C'est pourquoi, tous les jours, j'ai chanté cette mélopée jusqu'au moment où Fraya n'a plus eu besoin de porter un pansement.

— J'ai l'impression que je vais avoir une vilaine cicatrice, a-t-elle dit en examinant la façon dont sa blessure guérissait.

Avant toute autre chose, elle a tenu à reprendre le travail. Les gens avaient entendu parler de l'incident et ils lui jetaient des regards curieux, pour en discuter entre eux plus tard. Fraya faisait semblant de ne rien remarquer. Au lieu de cela, elle se concentrait sur la commande suivante qu'il fallait prendre, sur la part de tarte qu'il fallait couper, sur l'énergie qu'elle devait garder pour retourner la pancarte sur la porte le soir quand le *diner* fermait. C'était la routine à laquelle elle était retournée.

— Je vais bien, répondait-elle quand Papa lui demandait comment elle se sentait. Je veux juste oublier que c'est arrivé.

Quand cet automne de 1967 a ouvert la porte à tout ce qui était sec et brun, le centre d'attention s'est déplacé de Fraya à Flossie, qui promenait son ventre grossissant comme une fille trimballe un fardeau non désiré. Elle se plaignait du dos, de ses chevilles gonflées et de son importante prise de poids. Elle mangeait des bâtons de céleri le matin pour céder à toutes ses envies le soir venu. Des chips. Du soda. Des coupes de glace au chocolat. Puis elle retournait s'affaler sur le lit qu'elle partageait avec Cutlass, l'écoutant ronfler tandis qu'elle enfonçait ses ongles dans ses draps de soie.

Depuis qu'elle était devenue une Silkworm, Flossie pouvait débarquer à n'importe quel moment. Sans crier gare, elle apparaissait sur la véranda, son ventre raclant la balustrade. D'autres fois, je montais dans ma chambre pour la trouver couchée sur son vieux lit jumeau, endormie sur son côté habituel. Je plaçais la main sur son ventre tendu. Elle continuait à dormir, la bouche suffisamment ouverte pour qu'un mince filet de bave coule sur le drap de coton. Quand elle se réveillait, elle oubliait qu'elle était enceinte et elle sursautait en voyant son ventre. Elle essayait de le chasser avec ses mains comme elle aurait chassé une araignée, le temps de se souvenir que ce ventre était bien à elle.

— Être enceinte, Betty, c'est comme avoir une blessure que tu dois évacuer en saignant entre tes jambes, m'a-t-elle confié un jour en relevant son chemisier pour me montrer ses vergetures. Regarde les cicatrices que ça te fait.

Plus elle grossissait, moins elle prenait soin d'elle-même. Elle portait le même chemisier et le même pantalon pendant des jours. Elle ne se brossait plus les cheveux, elle ne se mettait plus de vernis à ongles. En hiver, au début de 1968, elle n'avait plus rien à voir avec la sœur que j'avais connue. Sa grossesse l'avait éclipsée. La lumière éclatante qui irradiait d'elle avait été éteinte par cette sphère qu'elle portait sur son corps. Dans cet état ténébreux, elle semblait plus mesquine, comme si elle baignait dans la méchanceté. En particulier lors de ce mois de février. Tandis que soufflait un vent glacial, j'ai eu quatorze ans. Parmi mes cadeaux d'anniversaire, j'avais reçu de la part de Fraya une paire de bottes blanches en cuir surpiqué. À l'école, presque tout le monde, y compris Ruthis, avait les mêmes. Au début, cela m'avait gênée de dire qu'elles me faisaient envie.

— De toutes les choses au monde, c'est une paire de bottes tape-à-l'œil que tu veux ? s'était étonné Papa quand il l'avait appris. Autrefois, tu rêvais de carapaces de tortues et d'engoulevents.

— C'est toujours le cas, mais pourquoi je ne pourrais pas aimer les bottes aussi ?

Dès que Fraya me les a offertes, je les ai mises. Je suis allée marcher dehors et je ne me suis arrêtée qu'une fois dans les bois, les brindilles mortes cassant sous mes pieds. Quand j'ai atteint une clairière, je me suis allongée sur le dos à même le sol dur et gelé, levant les jambes devant moi pour les agiter comme si je marchais sur le ciel d'hiver tout gris. Je suppose que j'aimais ces bottes à ce point pour la simple raison qu'elles étaient populaires à l'école alors que moi, je ne l'étais pas. En les portant, j'avais l'impression d'avoir accès à un secret.

Ce soir-là, je suis allée me coucher sans les enlever, les glissant sous mes couvertures et imaginant que lorsque Ruthis me verrait avec mes bottes le lendemain à l'école, elle voudrait devenir mon amie.

— Betty, tu es la fille la plus dans le vent de l'école ! disait Ruthis dans mon rêve.

Le lendemain matin, j'ai été réveillée par les claques que me donnait Flossie.

— Tu t'imagines que tu es jolie maintenant que je suis grosse et moche, m'a-t-elle lancé, le visage écarlate. Ces bottes devraient être à moi.

Elle est parvenue à me les ôter des pieds. Puis elle a essayé d'en enfiler une, mais son ventre la gênait. Elle a fini par renoncer, et après les avoir expédiées à coups de pieds à l'autre bout de la pièce, elle a enfoncé les doigts dans son ventre en s'écriant :

— Si ça ne sort pas bientôt tout seul, je crois que je vais prendre un couteau pour l'extirper de là.

Quelques semaines plus tard, elle et moi étions assises sur la véranda. Elle avait une main dans un paquet de chips tandis que l'autre tenait une cigarette. Elle venait de se plaindre des manches trop serrées de sa robe de grossesse bleu ciel.

— Et ce foutu col.

Elle a essayé de tirer sur l'encolure plissée orange.

C'était sa belle-mère qui avait acheté la robe, déclarant qu'elle serait adorable sur Flossie. Elle aurait eu l'air plus à l'aise dans une robe faite d'épines.

— Je jure que si je dois supporter cette robe une seconde de plus…

Elle a laissé tomber les chips et sa cigarette pour étreindre son ventre.

— Aïe, oh, mon Dieu, j'ai mal.

J'ai hurlé à l'intérieur pour appeler Maman qui est sortie de la cuisine en toute hâte. Quand elle a vu la respiration saccadée de Flossie, elle a dit :

— Le bébé veut sortir.

— Nan-nan, a dit Flossie en secouant la tête. Je ne peux pas. Je vais juste le laisser à l'intérieur. Aïe. (Elle s'est repliée et a agrippé son estomac.) C'est normal que ça fasse mal à ce point ?

— Tu ne vas pas faire la poule mouillée maintenant, Flossie.

Maman m'a donné un coup sur le bras avec le torchon qu'elle avait à la main en me disant :

— Va chercher ton père. Il faut l'emmener chez le docteur Lad.

— Non, a dit Flossie.

Elle m'a écartée, puis elle a titubé jusqu'en bas des marches pour aller au Bout du Monde en criant.

— Flossie, reviens ici, bon sang, l'a appelée Maman.

— Je ne t'entends pas, a lancé Flossie en essayant de monter sur la scène sans y parvenir. Je suis trop loin pour entendre.

L'hôpital aussi était trop loin, si bien que Breathed comptait sur le docteur Lad, qui traitait ses patients à l'arrière de sa maison, où l'on était accueilli par un gros matou couleur chamois. Le chat a attendu sur la véranda avec Maman, Papa et moi pendant l'accouchement. Papa avait envoyé Lint au Dandelion Dimes, avec Fraya. Cutlass était le seul membre de sa famille présent. Il faisait les cent pas, les mains enfoncées dans ses poches.

J'ai dû me couvrir les oreilles pour ne pas entendre les hurlements de Flossie. Quand ses cris ont cessé, ceux du bébé ont commencé. Des petits bruits aigus comme de l'argenterie qu'on entrechoque. Je suis allée jusqu'à une fenêtre ouverte et j'ai vu le docteur Lad couper le cordon ombilical. Il a porté le bébé sur une table. Pendant qu'il essuyait les bras et les jambes du bébé, j'ai regardé ma sœur. Elle était trempée de sueur et ses cheveux mouillés étaient plaqués sur son front rougi. Il était difficile de croire que c'était la même fille qui, juste un an auparavant, faisait des bulles avec son chewing-gum et se mettait du vernis violet sur les ongles des orteils.

Le docteur lui a apporté l'enfant, mais elle a tourné la tête.

— Tu ne veux pas voir ton bébé ? lui a-t-il demandé.

— Bien sûr qu'elle veut voir son bébé, a dit Papa, depuis la porte-moustiquaire devant l'ouverture arrière de la pièce. Pas vrai, Flossie ?

Papa est entré, suivi de Maman et Cutlass. Je suis restée dehors, à regarder par la fenêtre. Il me semblait plus sûr d'être près du jardin, au cas où la fureur de ma sœur ferait s'écrouler la maison.

— Je n'en veux pas, a dit Flossie en croisant les bras.

— Comment ça, tu n'en veux pas ?

Les yeux du docteur Lad se sont agrandis derrière ses verres à double foyer tandis qu'il berçait gentiment l'enfant dans ses bras.

Flossie a regardé son fils. Peut-être à cause de lui, ou était-ce simplement la journée elle-même, elle s'est redressée, puis s'est penchée au bord du lit pour vomir sur les chaussures étincelantes de son mari. Cutlass a contemplé le vomi, avant de faire un pas en arrière, comme si la chose allait glisser d'elle-même de ses chaussures. Flossie a brusquement éclaté de rire en le regardant, avant de renifler et de tendre les bras vers l'enfant.

— Allez, donnez-le-moi, a-t-elle dit.

— Tu as déjà un nom pour lui ? lui a demandé Papa.

— Nova, a répondu Flossie, les yeux baissés, mais pas sur l'enfant. Nova.

— Qu'est-ce que c'est que ce foutu nom ? a demandé Maman.

— Ça veut dire étoile qui brille brusquement, a répondu Flossie avant de rendre l'enfant au docteur Lad. J'ai les bras fatigués.

Après sa sortie du cabinet du docteur, Flossie a mis une distance entre Nova et elle. On aurait dit qu'elle n'était pas sa mère et qu'il n'était pas son enfant. Les Silkworm s'en sont rendu compte et ont engagé quelqu'un pour s'occuper de Nova. Elle s'appelait Mme Anchor et c'était une femme d'un certain âge qui, la semaine précédente encore, travaillait chez le boucher. Elle s'était trouvée derrière le comptoir, en train de trancher des steaks épais que la mère de Cutlass était venue acheter. Pendant qu'elle attendait que ses steaks soient emballés, elle a entamé une conversation avec une autre cliente au cours de laquelle elle a mentionné le fait qu'elle voulait engager quelqu'un.

— J'en ai élevé huit à moi, a dit Mme Anchor en tendant les steaks à la mère de Cutlass. Je verrais pas d'inconvénient à le faire pour quelqu'un d'autre. Ça fait un moment que j'ai envie de raccrocher mon hachoir. Si vous me proposez le même salaire que celui que je reçois ici, je ferai ce travail, et je vous garantis que je le ferai bien.

Mme Anchor était enchantée d'être débarrassée de son travail à la boucherie.

— Je n'ai plus à m'inquiéter de mes tresses qui traînent dans le sang, a-t-elle dit, ayant défait son chignon pour laisser ses deux longues tresses tomber sur ses épaules.

Seule l'extrémité de ses cheveux était encore auburn, les racines étaient devenues grises et épaisses comme des fils de métal en tire-bouchon qui se dressaient sur le sommet de son crâne.

Mme Anchor accomplissait sa tâche auprès de Nova avec l'efficacité d'un robot privé de toute émotion, mais cela n'empêchait pas l'enfant de prendre l'employée pour sa mère. Flossie avait choisi de ne pas allaiter son fils, si bien que Mme Anchor le nourrissait au biberon, le serrant dans ses grandes mains rugueuses. C'était son visage que Nova voyait le matin, l'après-midi et le soir quand elle lui lisait une histoire avant qu'il s'endorme, pendant que Flossie se couchait près d'un homme qu'elle n'aimait pas.

— Maintenant que le bébé est sorti, tout ce que Cutlass veut, c'est avoir ses petits plaisirs à lui, m'a dit Flossie, s'interrompant une seconde pour faire tourner son alliance sur son doigt. Tu sais pourquoi on appelle ça les *liens* du mariage, Betty ? Parce que c'est comme une corde qu'ils enroulent autour de ton corps jusqu'à ce que tu meures étouffée, ou bien que tu coupes le nœud.

Après l'accouchement, Flossie a assez rapidement perdu le poids qu'elle avait pris. Elle a trouvé ses propres plaisirs dans la nouvelle garde-robe que la fortune des Silkworm lui permettait de s'offrir. Si Maman avait pensé que Flossie la ferait profiter de cet argent, elle n'en a reçu que très peu. Peut-être pour remuer le couteau dans la plaie, Flossie nous rendait visite dans sa splendide Mercedes, qui, n'oubliait-elle jamais de nous rappeler, n'était pas vert ordinaire, mais vert forêt.

— Cette teinte est une édition limitée, insistait-elle en rejetant ses cheveux par-dessus son épaule.

Elle allait maintenant se faire shampouiner au salon de Sweet Temper. Ce qui expliquait pourquoi elle sentait toujours le chèvrefeuille.

— C'est génial, non ? disait-elle.

Quand Flossie nous disait qu'elle allait passer nous voir, Maman avait tendance à faire le ménage pendant toute la semaine qui précédait. La raison en était la manière dont Flossie regardait chaque chose dans la maison, comme si tout y était décevant.

La même scène se déroulait à chacune de ses visites. Tandis que Mme Anchor s'asseyait et faisait rebondir Nova sur ses genoux jusqu'à ce qu'il éclate de rire, Flossie scrutait le coussin du canapé. Décidant que le coussin propre était trop sale pour qu'elle s'y assoie, elle prenait le journal sur la table basse et le dépliait. Elle l'étalait sur le coussin sous le regard de Maman.

— Ce n'est pas grave, disait Papa à Maman en se penchant pour lui tapoter le genou. Notre petite est raffinée, maintenant.

Il souriait, pensant que c'était la seule manière possible d'arranger les choses (ou, peut-être mieux : la seule chose susceptible d'arrondir les angles). Flossie le regardait avant de prendre place doucement sur le journal. Le papier faisait toujours du bruit quand elle s'asseyait dessus.

— Les affaires vont bien pour le vignoble Silkworm, je présume ?

Maman s'était fait une habitude de poser cette question en jetant un coup d'œil au sac à main luxueux de Flossie.

Flossie jouait à dessein avec ses ongles dans le but de nous montrer à quel point ils étaient soignés.

— Nous, on a vraiment beaucoup de mal à payer certaines factures.

Le regard de Maman passait de Flossie à Papa avant de revenir sur Flossie, puis elle poursuivait :

— Avec les ennuis de santé et les douleurs de ton père, une petite aide ne serait pas superflue.

— Maman, je voudrais bien pouvoir vous aider, mais je ne suis que la femme de Cutlass, répondait Flossie en replaçant ses cheveux soyeux derrière ses oreilles, pour bien faire voir ses boucles en diamant.

— C'est pas grave, disait Papa, qui tapotait à nouveau le genou de Maman. On comprend, hein ?

Maman faisait la grimace jusqu'à ce que Flossie ouvre son sac et cherche dans son portefeuille assorti pour en retirer quelques dollars qu'elle tendait à Maman.

— Oh là là, quelle générosité, ma fille, disait alors Maman.

C'était généralement à ce moment-là que Papa se levait et prenait Nova sur les genoux de Mme Anchor.

— Et si je montrais un arc-en-ciel à mon petit-fils ? demandait-il en transportant l'enfant souriant sur sa hanche.

Je les suivais toujours, laissant Maman et Flossie se regarder en chiens de faïence. Je n'en voulais pas autant à Flossie que ma mère. Peut-être pour la seule raison que, sous ses chemisiers de luxe, elle continuait à porter son collier avec la cosse de haricot.

— Tu es prêt pour un peu de magie ? disait Papa à Nova, une fois que nous étions dehors.

Je prenais Nova pendant que Papa allait chercher le tuyau d'arrosage et ouvrir le robinet. Ensuite, nous tournions le dos au soleil tandis que Papa levait le tuyau et plaçait son pouce sur le jet pour que l'eau sorte en un fin brouillard. Quand les rayons du soleil frappaient les gouttelettes, un prisme formait un arc-en-ciel dans notre jardin.

Nova s'excitait toujours tellement que je devais le tenir fermement pour l'empêcher de sauter de mes bras tandis qu'il battait ses petites mains en riant.

Nova était trop petit pour produire autre chose que de simples sons, mais Papa demandait tout de même :

— Qu'est-ce qu'il dit ?

J'ignorais ce que Nova disait ou pensait, mais je savais ce que, moi, j'avais pensé quand Papa nous faisait des arcs-en-ciel dans le jardin.

— Il croit que tu es Dieu, disais-je à mon père.

THE BREATHANIAN

Un homme blessé par balle au pénis

Une histoire inquiétante a circulé ce matin après qu'un homme, blessé par balle au pénis, a été transporté d'urgence au cabinet du docteur Lad. L'homme est dans un état satisfaisant. La nouvelle a provoqué une onde de choc au sein de la population qui s'est demandé si le coup de feu était lié au mystérieux tireur de Breathed. Après une enquête plus approfondie, il s'est avéré que c'est la femme de cet homme qui l'a blessé avec son pistolet au cours d'une dispute conjugale.

— D'abord, je n'ai pas voulu la dénoncer, a confié la victime. Mais ensuite, je me suis dit que je ne pourrais plus le faire si elle me tirait une balle dans la tête.

38

Si c'est une fille, laissez-la vivre.
Exode 1, 16

Tout le monde l'appelait le Fameux Fondant de Fraya. Je n'ai jamais oublié le motif vichy bleu sur le paquet de sucre. La façon dont le papier craquait et crissait tandis qu'elle versait le sucre pour le mesurer. Elle préparait son fondant le soir, dans la cuisine du *diner*. Un éclat de chocolat pour chaque carreau de céramique jaune sur le plan de travail. Elle me laissait ajouter l'extrait de vanille, et parfois elle s'en mettait un peu sur un doigt qu'elle essuyait sur mon cou.

— Parfum, disait-elle.

C'était le printemps 1969. Richard Nixon était président. Les premiers soldats américains allaient se retirer du Vietnam. Des hommes, autres que mon père, allaient poser le pied sur la lune. Mais ce serait pour plus tard. On était au printemps, et tout ce que je savais vraiment de 1969, c'était que j'avais quinze ans et que ma sœur laissait toujours tomber assez de sucre par terre pour que l'ourlet de son pantalon patte d'éléphant en ramasse un peu en balayant le sol.

Shhh, shhh.

Elle éteignait la lumière et allumait la radio. Puis nous dansions pendant que son fondant refroidissait avant d'être coupé pour être prêt à servir le lendemain. Elle dansait comme un loup qui a un secret. Ou peut-être est-ce à quoi ressemblent toutes les sœurs aînées quand elles dansent au clair de lune.

Elle portait beaucoup de marron quand elle n'était pas dans sa tenue jaune du Dandelion Dimes. Beaucoup de marron, d'orange et de brun clair. Des couleurs solides qui donnaient l'impression qu'elle était une femme avec du grillage à poules à la place du cartilage. Parfois, quand je rêve de Fraya, je la vois dans un ensemble marron avec une écharpe orange nouée autour du cou. Elle est assise à un bureau, et c'est une femme importante. Elle possède une société qui fabrique des objets dont j'ai le sentiment qu'ils ne peuvent être qu'en métal.

D'autres fois, je rêve qu'elle est mère de famille et porte une robe de coton toute simple. Une femme avec les cheveux relevés en queue-de-cheval et deux bambins, un accroché à chaque jambe pendant qu'elle mélange une préparation dans un grand bol qu'elle tient au creux de son bras. Un peu de pâte déjà sur le bout du nez, et elle sourit comme si elle avait dressé la carte du paradis et s'était aperçue que le chemin le plus court pour y parvenir passait tout droit par des couches sales et des verres de jus de fruit à moitié bus.

Le plus souvent, je rêve qu'elle est une chatte blanche dans une tempête de neige. Je la perds toujours dans le rideau de flocons qui tombent. Tout ce que j'espère, c'est qu'elle a su à quel point je l'ai aimée toutes ces années.

Elle ne sera jamais la Fraya de 1970, de 1971, ni d'aucune autre année après. Elle restera la Fraya de 1969, parce que c'est l'année où elle est morte. Dans l'au-delà, aura-t-elle toujours les cheveux coiffés comme lorsque je l'ai vue pour la dernière fois ? Juste assez longs pour des boucles courtes. Portera-t-elle toujours des hauts et des pantalons patte d'éléphant marron comme si 1969 n'avait jamais pris fin ? Son eye-liner sera-t-il trop foncé, ses lèvres trop pâles, des anneaux d'or se balanceront-ils à chacune de ses oreilles, qui n'auront jamais plus de vingt-cinq ans ?

C'est le jeudi matin que son corps a été découvert par le cuisinier du Dandelion Dimes. Il a raconté au shérif que Fraya ne s'était pas levée à 5 h 30 comme à son habitude pour faire frire du bacon pour Mouche. Mouche était un chat aux yeux écarquillés, couleur café avec des rayures sinueuses brun clair et une queue cassée. Fraya l'avait trouvé, encore chaton, enveloppé dans un mouchoir, dans le creux de l'un des ormes qui bordent Main Lane. Elle l'avait appelé Mouche à cause du mouchoir. C'était une petite chose, comme Fraya elle-même, et elle aimait l'avoir auprès d'elle. Il était aussi devenu le chat du *diner*, et il accueillait les clients à la porte. Il devait vivre longtemps après Fraya. Plus tard, je verrais une photographie du Dandelion Dimes prise en 1984. Là, au milieu de tout ce jaune fané, se trouvait un vieux chat, fané, lui aussi. Toujours petit, toujours avec ses yeux écarquillés, et il avait toujours l'air d'attendre le retour de Fraya.

Le cuisinier avait préparé ses ustensiles pour la journée, se disant que Fraya ne s'était pas réveillée à l'heure, et qu'elle n'allait pas tarder à descendre. Mais lorsque le premier client est entré, elle n'était toujours pas là. Alors il est monté à l'appartement de Fraya et il l'a trouvée dans son lit, la main dans un pot de mayonnaise Miracle. Elle avait le poing serré et sa main était tellement enflée qu'ils n'ont pas pu la retirer du bocal en verre sans le casser. En dépliant ses doigts, ils ont trouvé une abeille écrasée, les ailes brisées. Le dard était planté dans la paume de sa main.

Lorsque le shérif est venu à la maison pour nous annoncer la nouvelle, j'ai pensé au soir précédent, que j'avais passé avec Fraya.

Le matin, j'étais allée à l'école, mais j'avais une sensation de nausée et de vertige, et une douleur dans le ventre, qui allait et venait. Je m'étais dit que ce n'était que la chaleur d'un printemps particulièrement chaud.

Dans les couloirs de l'école, je restais collée aux casiers pour sentir la fraîcheur du métal tandis que Ruthis et les autres lançaient :

— Regardez Betty. Elle a ses peintures de guerre.

C'était toujours le même refrain, mais j'ai tout de même essuyé mon rouge à lèvres sur ma manche.

— J'te parie que c'est une traînée comme sa sœur Flossie, disaient-ils. Flossie-couche-toi-là. Betty-couche-toi-là.

J'ai séché les cours et j'ai filé au Dandelion Dimes, mais il y avait des clients qui faisaient la queue. Fraya m'a dit de revenir après la fermeture.

— On fera le fondant ensemble.

J'ai fini au magasin d'électro-ménager de Teddy, où Teddy lui-même m'a laissé me rafraîchir devant les ventilateurs pendant que je regardais *Dark Shadows* sur l'un des téléviseurs. Puis je suis allée explorer les machines à écrire. J'étais en train de faire semblant de taper à la machine quand Teddy est venu aider un homme du nom de Grayson Elohim à choisir un congélateur coffre.

— Il me faut un grand congélateur, lui a dit Elohim. Pour contenir la viande que je vais débiter.

Teddy lui a montré le plus grand modèle qu'il avait. Elohim est entré à l'intérieur pour voir s'il était assez spacieux.

— Je vais le prendre, a-t-il dit.

Je suis sortie du magasin pour aller vers la rivière. Après m'être déshabillée, j'ai nagé en rond sous les lianes de vigne des rivages qui tombaient des arbres. Puis j'ai fait la planche, et je me suis souvenue que mon père m'avait parlé d'un zoo qui avait fait faillite et avait lâché tous ses animaux dans la nature. J'ai imaginé des lions et des tigres en train de rôder au bord de la rivière. Une jungle pleine d'animaux exotiques et de cerfs indigènes.

À travers les branches courbées, j'ai vu un ballon violet s'élever vers Vickory. Quand le soleil s'est couché, j'ai attendu, assise sur la rive, le menton sur les genoux, pendant que je séchais. Je me suis rhabillée pour retourner au Dandelion Dimes. Fraya disait au revoir au dernier client. Elle m'a laissé accrocher l'écriteau FERMÉ sur la porte.

Comme elle voulait reposer ses pieds avant de faire le fondant, nous sommes montées à son appartement. La fenêtre était ouverte et Mouche était déjà sur le toit.

— Quel idiot, ce chat, a dit Fraya tandis que nous grimpions sur le toit, près de lui.

Nous sommes restés tous les trois à regarder le ciel. Quand Fraya a commencé à projeter le bout de son index vers les étoiles, je lui ai demandé ce qu'elle faisait.

— Ces lumières, là-haut. (*Toc, toc, toc.*) On nous dit qu'elles ne sont que réactions nucléaires et énergie, a-t-elle répondu comme une scientifique. Des étoiles, disent les romantiques. Mais ce ne sont pas des étoiles. Les étoiles n'existent pas pour nous. Tout là-haut, il y a un monde pour lequel nous sommes des insectes. Et quelqu'un dans ce monde-là nous a attrapés. Cette planète, où nous disons être chez nous, n'est en fait qu'un grand bocal dans lequel ils nous gardent. Un grand bocal pour nous, mais un tout petit pour eux. Ces éclats lumineux sont en fait les trous d'aération par lesquels nous voyons la lumière de ce monde pour lequel nous sommes trop petits. Avec mon doigt, je fais d'autres trous pour que l'on puisse respirer. Il y a des moments où je me dis que nous allons tous suffoquer. Aide-moi, Betty. Aide-moi à faire un trou assez grand pour que l'on puisse s'y glisser et s'envoler.

J'ai doucement pointé l'index vers le ciel, puis j'ai enfoncé carrément mon doigt dans l'espace.

— Tout doux, Betty.

Fraya a attrapé ma main et l'a posée sur son ventre. Tandis qu'elle jouait avec mes doigts, j'ai regardé la cicatrice sur son poignet. Je lui ai demandé si elle avait eu mal quand elle se l'était tranché.

— Pas autant que ce que je pensais. Tu sais ce qui est effrayant, Betty ? C'est à quel point c'était facile à faire. Mais je ne recommencerai pas, Betty, parce que je vais partir.

— Partir ?

Je me suis redressée.

— Je crois que je vais aller vivre quelque part au bord de l'océan. Je pourrais ramasser des coquillages et jouer dans les vagues.

— Tu ne peux pas partir.

— Tu peux venir aussi. Nous partirons toutes les deux. Nous ferons des colliers avec nos "bonne nuit" et nous les jetterons à l'eau.

Nous sommes restées assises encore un moment, puis elle s'est enveloppée de ses bras en disant :

— Allons au cinéma, Betty. Je sens une sorte de malaise dans l'air, ce soir. Tu ne trouves pas ? On pourrait aller au drive-in. Ils passent ce film avec Shelley Winters et Geraldine Page. *Three Sisters.* C'est adapté d'une pièce de théâtre, je crois, mais cela fait penser à la sculpture de Papa. Tu te souviens, celle qu'il a faite de nous trois ? (Elle a fait glisser son doigt sur l'épi de maïs en bois sculpté accroché à son collier.) Oui, allons voir si le film est comme sa sculpture.

Nous sommes rentrées dans sa chambre et elle m'a dit qu'elle avait mis de côté une part de tarte au vinaigre pour moi.

— File en bas et mange-la. Je me change et je descends.

— Je n'ai pas très faim. J'ai mal au ventre. J'ai eu mal toute la journée.

Je me suis tournée pour caresser Mouche. Il avait sauté sur le lit derrière moi. Tandis que je le grattais sous le menton, j'ai senti Fraya poser ses mains sur mes épaules.

— Tu as eu mal au ventre toute la journée ?

J'ai hoché la tête.

— Tu sais pourquoi, Betty ?

— Non.

Elle m'a emmenée dans la salle de bains et elle m'a tourné dos au miroir en pied.

J'ai écarquillé les yeux devant le reflet de la tache rouge foncé sur ma jupe.

— Non. (J'ai essayé de frotter la tache pour la faire partir.) Je n'en veux pas. Je ne veux pas saigner.

— Tu vois, dans certaines cultures, on giflait les filles quand elles saignaient pour la première fois, m'a dit Fraya en posant gentiment la main sur ma joue. C'était une vraie gifle, en plein sur la joue. Mais dans d'autres cultures, comme chez les Cherokees, le sang était considéré comme un signe de pouvoir. En fait, les Cherokees croyaient qu'une femme avait tellement de pouvoir quand elle saignait qu'elle restait dans une hutte construite spécialement pour l'abriter pendant ses règles. Elle restait à l'écart des autres.

— Comme une punition ?

— Non. Cette hutte n'était pas imposée aux femmes. Elles pouvaient choisir d'y entrer ou non. C'était notre pouvoir.

Elle a pris mon visage entre ses deux mains.

— Comment tu sais ça, Fraya ?

— Je l'ai lu dans un livre à la bibliothèque. Dedans, il y avait une légende cherokee qui parlait d'un homme de pierre. Quand cet homme de pierre venait terroriser la tribu, les femmes qui avaient leurs règles formaient une rangée au bord du chemin. À chaque fois qu'il passait devant une femme, l'homme devenait de plus en plus faible, jusqu'à ce qu'il s'écroule par terre. Les femmes l'avaient détruit grâce au pouvoir de leur sang. Elles sauvaient leur village et tous ceux qui y vivaient. (Elle a incliné la tête.) Si nous étions à cette époque-là, je t'honorerais en te tissant une ceinture. Je te ferais une jupe en peau et une broche en os. Mais aujourd'hui, je n'ai que ça à t'offrir.

Elle a tendu la main pour prendre dans son placard une boîte de serviettes hygiéniques. Elle m'a montré comment les utiliser tout en me donnant les instructions concernant les ceintures hygiéniques.

— Tu peux mettre une de mes jupes, m'a-t-elle dit, et elle m'en a tendu une. Mets la jupe tachée sous le lavabo dans de l'eau froide.

J'ai fermé la porte de la salle de bains derrière elle. Tandis que je sortais une serviette de son emballage, j'ai entendu le téléphone sonner. Fraya a dû répondre, car j'ai entendu sa voix de l'autre côté de la porte, mais elle était trop assourdie pour que je puisse comprendre quelque chose. Puis elle a élevé la voix, comme si elle se disputait avec quelqu'un.

Après avoir raccroché, elle m'a parlé à travers la porte.

— Tu sais quoi, Betty? Je ne me sens pas très bien non plus.

Sa voix était étrange.

— Vraiment?

J'ai ouvert la porte.

— Et si on allait au cinéma demain? m'a-t-elle dit en se détournant de moi. Ça te va?

— Bien sûr. Si tu ne te sens pas bien. C'était qui au téléphone?

— Ça n'a pas sonné.

— Je l'ai entendu. Je t'ai entendue parler à quelqu'un...

— À demain, Betty.

Elle a pris la boîte à musique japonaise que Leland lui avait offerte. Après en avoir délicatement ouvert les portes, elle a regardé la figurine tournoyer au son de la mélodie.

J'ai dit au revoir à Mouche avant de partir. À peine sortie, j'ai vu une voiture tourner dans Main Lane. Craignant que quelqu'un ne voie la tache de sang sur ma jupe, je me suis dépêchée de tourner au coin de la rue avant d'être prise dans le faisceau des phares de la voiture. J'ai regardé derrière moi, mais je n'ai pas pu distinguer quelle marque de voiture c'était, ni qui était au volant.

Au lieu de rentrer à la maison, je suis sortie de la ville, loin des lumières devant les portes des maisons. J'ai fini par me retrouver dans les sentiers de terre obscurs, là où les grosses fermes sont séparées les unes des autres par des champs cultivés et des pâtures pour le bétail. Seule une clôture en fil barbelé m'a tenu compagnie tandis que je la longeais. Le fil tordu et froid semblait m'envelopper tandis que je me tenais le ventre.

Quand j'ai entendu un bruissement, j'ai d'abord pensé que c'était quelque chose qui se déplaçait sur le sol, à travers les hautes herbes. Mais en me guidant d'après le bruit, je me suis aperçue que cela venait de la clôture en fil de fer barbelé, et j'ai vu une effraie avec un beau visage tout blanc. À son air sombre, j'ai su que c'était une femelle. Elle était crucifiée, les ailes étendues et accrochées sur le fil du haut de la clôture. Sa poitrine était empalée sur le fil du milieu. Elle m'a regardée, se demandant si j'allais lui faire encore plus de mal ou la sauver.

Je me suis approchée. Elle a tressailli. J'ai fait un autre pas.

— Tu es sur une propriété privée.

Une voix de femme a retenti derrière moi, ainsi que le bruit d'un fusil qu'on arme.

— Eh bien ? Dis quelque chose, a ordonné la voix.

J'ai senti le canon du fusil appuyé sur ma nuque.

— La chouette, ai-je dit. Elle est prise dans les barbelés.

— Une chouette ?

La femme a abaissé son fusil avant de passer devant moi.

— Ce genre d'oiseau est un mauvais présage, tu sais pas ça ? Ça vole dans le ciel la nuit avec les sorcières.

C'était une femme avec de longs cheveux argentés qui avaient peut-être été noirs autrefois, car les extrémités étaient encore charbonnées. Elle avait les sourcils épais et forts de sa jeunesse tandis que ses yeux avaient passé toute une vie à contempler les collines alentour jusqu'à en devenir aussi clairs que la lumière entre les branches des arbres.

— T'as déjà entendu parler de la pie-grièche ? m'a-t-elle demandé en étudiant la chouette de près.

J'ai vu que ses mains avaient vieilli dans les champs et avec la charrue, et que ses ongles avaient noirci avec les saisons. Ses articulations étaient arthritiques, ou simplement déformées par les fardeaux et les bienfaits de la terre que l'on possède. Elle était grande, comme j'imaginais que son père l'avait été, et elle portait un pantalon comme j'imaginais que ses frères auraient pu en porter. Son corsage était soyeux et fleuri. Peut-être quelque chose que sa mère lui avait laissé. Peut-être que ce n'était pas du tout un corsage, mais le haut d'une robe qu'elle avait fourrée dans son pantalon, comme ses sœurs lui avaient appris.

— Une pie-grièche est un petit oiseau, a-t-elle répondu à sa propre question. Elles n'ont pas de griffes, alors elles empalent leurs proies sur des trucs pointus, comme des épines ou du fil de fer barbelé. Je peux venir ici à n'importe quelle heure de la nuit, et j'y trouve des papillons, des lézards, même des serpents. Les pies-grièches suspendent leurs proies comme un boucher suspend sa viande à des crochets. C'est pour ça que la plupart des gens l'appellent l'oiseau boucher. T'as déjà entendu parler de l'oiseau boucher, ma petite ?

— Mon père m'en a parlé, une fois.

— Moi aussi, mon père m'en avait parlé. Je suppose que ce n'est qu'une autre façon de mettre en garde les petites filles.

Elle m'a montré la souris empalée sur la clôture, juste sous l'effraie.

— Tu vois, la chouette a voulu se jeter sur ce rongeur et elle a commis l'erreur de sa vie. Je vais être obligée de l'abattre.

— Non. (Mon cri a porté jusque dans les collines.) On peut couper le fil.

— Le fil barbelé, ça coûte cher, a dit la femme. Si je le coupe, va falloir que je le remplace.

Elle s'est reculée et a levé son fusil, prête à tirer.

— S'il vous plaît, l'ai-je implorée en me plaçant devant la chouette. Ne la tuez pas.

Lentement, la femme a baissé son fusil et m'a regardée dans les yeux.

— Ne perds jamais ça, m'a-t-elle dit.

— Perdre quoi ?

— Cette chose en toi qui fait que tu veux sauver une vie.

Elle a posé son fusil sur le sol pour sortir une pince coupante de sa poche.

— Tiens-lui la poitrine. Empêche-la de bouger. Si je coupe les tendons des ailes par accident, elle ne volera plus jamais. Et là, il faudra la tuer.

J'ai tenu la poitrine de la chouette aussi fermement que j'ai pu. Quand je l'ai regardée, j'ai vu qu'elle ne me quittait pas des yeux.

— Ça va aller, lui ai-je dit. Tu vas bientôt être libre. Plus rien ne te fera mal. Je te le promets.

— Ne fais pas de promesse que tu n'es pas sûre de pouvoir tenir.

La femme a coupé le fil.

Je pensais que la chouette allait s'envoler dès qu'elle aurait été libérée, mais elle est tout simplement tombée par terre. La femme a enlevé sa veste et y a déposé la chouette.

— Elle va s'en sortir ?

— Si elle passe la nuit, elle revolera, a répondu la femme. Je vais la ramener dans la grange.

Elle a fait un geste en direction de l'autre côté du chemin, où se dressait une grosse ferme jaune. À côté de l'habitation, il y avait une grange pas très différente de celle de Shady Lane.

— Il y a un grenier dans cette grange, chaud et confortable. Je vais rester avec elle.

— Je peux rester aussi ? ai-je demandé.

— Retourne auprès de tes parents. Tu peux passer demain matin. Voir si elle a survécu.

J'ai lancé un dernier regard vers la chouette. De bien des façons, c'était un visage que j'avais déjà vu auparavant. En tout cas, c'est un visage que je vois encore.

— Prenez bien soin d'elle, ai-je dit à la femme, qui s'intéressait plus à moi qu'à l'oiseau.

Elle a hoché la tête, puis elle a fait demi-tour, portant la chouette de l'autre côté du chemin, vers la grange. J'ai couru sans m'arrêter jusqu'au Dandelion Dimes. À tout hasard, j'ai essayé d'ouvrir la porte. Fraya ne l'avait pas encore fermée à clé, et j'ai trouvé cela étrange. Une fois à l'intérieur, je me suis avancée au fond de la salle, jusqu'au bas de l'escalier. J'ai entendu la musique de la boîte à bijoux japonaise. J'ai appelé :

— Fraya ? Tu ne dors pas ?

J'ai monté les marches sur la pointe des pieds et j'ai trouvé la porte légèrement entrouverte. Je l'ai poussée. J'ai attendu que mes yeux s'habituent à l'obscurité de la pièce pour apercevoir Fraya couchée dans son lit. Mouche était roulé en boule près d'elle.

— Fraya, réveille-toi. Faut que je te parle de la chouette. Elle était si belle. Elle s'était prise dans les fils barbelés, mais je l'ai libérée. Enfin, moi et la vieille femme. La femme pense qu'elle pourra revoler. Fraya ?

Je l'ai poussée en me couchant. Elle n'a pas bougé. La lune éclairait sa peau nue et moite.

— Pas la peine de te lever. J'ai sommeil, moi aussi.

Je me suis allongée près d'elle et j'ai caressé la fourrure de Mouche jusqu'à ce qu'il se mette à ronronner et j'ai ajouté :

— Cette chouette était si belle. Elle m'a fait penser à toi, Fraya. Elle va revoler, j'en suis sûre.

J'ai continué à lui parler de la chouette quelques instants. Puis, je lui ai dit bonne nuit. J'ai regardé la danseuse tourner sur la boîte à musique jusqu'à ce que je m'endorme.

J'ai rêvé d'un feu. Fraya, Flossie et moi dansions autour. Nous étions vêtues de peaux de bêtes et de plumes. Papa était là. Il s'est avancé et il a passé un collier autour de mon cou. Tandis que du sang gouttait de ce collier, mes sœurs et moi nous balancions autour des flammes et nos ancêtres s'adressaient à la lune, psalmodiant des prières sacrées pour célébrer le sang qui sortait de moi en dansant.

J'ai été réveillée tôt le lendemain matin par la voix du cuisinier qui appelait Fraya depuis le bas de l'escalier. Mouche avait déjà quitté le lit. J'ai regardé ma sœur. Dans la lumière du matin, j'ai été frappée par son immobilité. Ce n'est qu'à ce moment-là que j'ai remarqué le pot de mayonnaise.

— C'est bon, Fraya, lui ai-je dit en embrassant sa joue froide. Tu peux dormir encore un peu.

Je me suis levée. À ce moment, j'ai vu la tache de sang sur la couverture sur laquelle j'étais couchée. J'ai vite cherché une paire de ciseaux dans les tiroirs de Fraya. Ensuite, j'ai découpé le morceau taché avant de rouler le reste de la couverture dans le panier à linge sale juste au moment où le cuisinier appelait à nouveau.

— Tu es juste fatiguée, ai-je dit à Fraya en replaçant sa mèche la plus longue derrière son oreille. Je vais aller voir comment va la chouette. Ensuite, je reviendrai et je te raconterai comment j'ai libéré l'oiseau. Et ce soir on dansera et on fera un fondant. Et je ferai suffisamment de trous dans le ciel pour qu'on puisse s'y faufiler et s'envoler. D'accord ?

J'ai mis le morceau de couverture tachée dans la poche de ma jupe avant d'enjamber la fenêtre et de me glisser sur le toit, puis je suis tombée juste en dessous sur les pissenlits, où bourdonnaient les abeilles. Sans m'arrêter, j'ai couru jusqu'à la ferme de la vieille femme, mais elle n'était plus là. Ni la grange. Il n'y avait là qu'une pâture avec des vaches et un vieux fermier. Je lui ai demandé :

— La ferme jaune, elle est où ? Et la vieille femme ?

— Qui ?

— La femme. La grange…

L'espace d'un instant, j'ai cru que je m'étais trompée de chemin. Et puis j'ai regardé la clôture de fils barbelés, de l'autre côté, et j'ai su que j'étais bien au bon endroit.

— Ça va ? m'a demandé le vieux fermier tandis que je m'avançais vers la chouette, toujours crucifiée sur les fils de la clôture…

Ses yeux étaient fermés et sa tête retombait sur sa poitrine. Déjà, des mouches se posaient sur son beau visage blanc.

J'ai enfoui le mien dans mes mains, qui sentaient encore la lotion aux fleurs de pissenlit de Fraya.

— Shhh, ma petite, a dit le vieux fermier. Ce n'était qu'un oiseau.

39

Je vous ai portés sur des ailes d'aigles.
EXODE 19, 4

J'IMAGINE QU'AU MOMENT où ils emportaient le corps de ma sœur, le vieux fermier et moi étions en train d'enterrer la chouette dans le champ, avec le morceau de couverture ensanglanté que j'avais mis sur l'oiseau.

— Tu peux pas pleurer sur chaque créature de Dieu qui meurt, m'a dit le fermier. Ou alors tu vas passer ta vie à pleurer.

Je suppose que toutes les sœurs qui quittent ce monde ressemblent à des oiseaux.

Ils ont cru qu'il y aurait des réponses dans l'un des journaux intimes de Fraya. Elle les avait cachés dans sa chambre, dans tous les endroits habituels. Sous le matelas. Au fond d'un tiroir de la commode. Il y en avait même un sous une lame déclouée du parquet.

Ses journaux exposaient tout un éventail d'émotions, mais nulle part le nom de Leland n'était mentionné, ni les sévices qu'elle avait subis. Il y avait des portions de texte totalement illisibles, transcrites dans le code qui n'était connu que de Fraya elle-même. J'ai supposé que dans ces secrets impénétrables, Fraya parlait de Leland en détail. Mais sans la clé permettant de les déchiffrer, ils n'étaient que des hiéroglyphes inventés par une jeune fille qui avait souhaité enterrer ses mots. Les seuls passages lisibles étaient les paroles de ses chansons qui, même s'ils étalaient les réponses à la vue de tous, n'étaient compréhensibles que pour ceux qui connaissaient ses secrets.

Papa a pris les carnets et les a placés sur sa table de nuit. Régulièrement, il les lisait, un crayon et un morceau de papier à portée de main, et il s'efforçait de percer les secrets de Fraya. Peut-être pensait-il que s'il parvenait à les découvrir, Fraya reviendrait d'entre les morts.

En réaction à la mort de Fraya, Maman a pris une paire de ciseaux et a découpé toutes les fleurs blanches des rideaux jaunes de la cuisine. Les rayons du soleil entraient par les trous et projetaient des cercles de lumière sur le sol. Maman a récupéré les fleurs en tissu et a écrit des dates dessus. J'ai reconnu l'une d'elles, la date de naissance de Fraya. Et puis il y en avait une autre, celle du jour où Fraya avait été piquée par une abeille pour la première fois, quand elle avait cinq ans.

— Elle a tellement enflé, a rappelé Papa, que j'ai bien cru qu'on l'avait perdue.

Il y avait quarante fleurs en tout. Quarante dates, des mois, des jours et des années correspondant à des évènements particuliers. Maman les a mises dans un bocal, puis elle a percé des trous dans le couvercle, comme si ces dates étaient vivantes et avaient besoin d'air pour respirer.

Ils ont conclu à un suicide.

"Elle avait déjà fait une tentative", ont chuchoté les gens ici et là. "Elle a fini par avoir ce qu'elle voulait. De toute façon, elle ne faisait pas grand-chose de sa vie. Elle serait toujours restée serveuse, probablement."

J'ai informé le shérif que j'avais parlé avec Fraya peu de temps avant sa mort.

— Elle avait l'intention de partir, lui ai-je dit.

— Partir ? (Le shérif a dressé l'oreille, Papa aussi.) Tu veux dire, partir comme se suicider ?

— Non. C'était l'océan qui l'attirait.

Ils m'ont regardée tous les deux comme si je venais de confirmer l'état d'esprit dans lequel elle était.

— Elle voulait dire l'océan, le vrai, ai-je essayé de préciser.

Personne n'a semblé m'écouter.

Nous n'avons pas organisé de cérémonie pour elle. Ni d'enterrement. Papa l'a fait incinérer. Ils l'ont brûlée dans une robe jaune clair. L'épi de maïs sculpté que Papa avait fait pour elle était blotti entre ses seins, et puis le feu a réduit tout ce jaune et toute cette chair en cendres.

Quand j'ai demandé à Papa pourquoi il avait permis que quelqu'un la brûle, il m'a répondu :

— Le suicide est un péché. Dieu punit tous ceux qui le commettent, mais Il ne peut les punir que si la personne est entière. Si nous éparpillons Fraya, Dieu ne pourra pas la punir tant qu'Il n'aura pas retrouvé jusqu'à la dernière parcelle de ses cendres. Et peut-être que lorsqu'Il y sera parvenu, Son cœur se sera attendri. Peut-être qu'Il lui pardonnera et l'enverra chez elle, au paradis. Tu ne comprends pas ça, Betty ? Fraya devait être brûlée afin d'être sauvée.

Le matin où nous avons recueilli ses cendres, Papa s'est mis à laver le Wagonaire.

— Il faut qu'il soit impeccable pour le dernier voyage de Fraya, a-t-il dit.

J'ai pris une deuxième éponge pour l'aider. Nous avons surtout parlé des insectes écrasés collés sur le pare-brise.

Tandis que Papa rinçait la voiture couverte de mousse, j'ai essuyé mes mains sur ma jupe avant de prendre l'urne que Papa avait faite pour les cendres. Il y avait sculpté le visage de Fraya. Il l'avait représentée avec ses cheveux longs. Quand je l'ai vue, je n'ai plus pensé qu'au camion dans la grange et à la manivelle de la portière.

Papa et moi étions les seuls à aller répandre les cendres. Maman n'avait pas quitté son lit, serrant contre elle le bocal rempli de dates. Leland avait quitté la ville quand il avait appris la mort de Fraya.

— Cette église en Alabama recherche un homme de Dieu, a-t-il annoncé à Papa. Je crois que le moment n'est pas plus mal choisi qu'un autre pour partir.

Flossie ne venait pas parce qu'elle devait aller au vignoble avec Cutlass.

— Il faut qu'on aille inspecter les vignes, a-t-elle dit.

— Tu ne vas jamais au vignoble, lui ai-je rétorqué.

Elle a attendu un instant avant de répondre :

— Oui. Mais je ne peux pas répandre les cendres de Fraya. Ça serait comme lui dire adieu pour de bon. Si je peux continuer à faire semblant de lui dire bonne nuit, alors c'est comme si elle était encore en vie, seulement endormie. Mais si je vois ses cendres, le charme sera rompu.

Lint a dit qu'il valait mieux qu'il reste près du garage, au cas où quelqu'un viendrait et aurait besoin de plantes ou de tisanes. Il essuyait les yeux peints sur ses cailloux avec un mouchoir. Quand je lui ai demandé pourquoi il faisait cela, il m'a répondu :

— Même les c-c-cailloux pleurent, Betty. Ils sentent la d-d-disparition de Fraya.

Papa a coupé l'eau et a laissé tomber le tuyau par terre. C'était l'heure. J'ai ouvert le hayon et je suis montée avec l'urne. J'ai fait glisser le toit pour l'ouvrir. Papa s'est installé au volant et a démarré le moteur.

Tandis que nous roulions dans Shady Lane, j'ai décidé de me lever, passant la tête par le toit ouvert, comme l'avait fait le petit cheval. J'ai posé l'urne devant moi, sur le toit, pendant que mes longs cheveux flottaient en arrière. Déjà fatiguée, j'avais l'impression de porter un lourd fardeau contre le vent. Puis mon père a klaxonné et j'ai su ce que j'avais à faire. J'ai enlevé le couvercle de l'urne. Papa m'avait dit que c'était à moi d'éparpiller les cendres de Fraya dans des endroits assez éloignés les uns des autres afin que Dieu ne soit pas en mesure de les retrouver de notre vivant, ou de celui de la génération suivante.

J'ai pris dans ma poche tous les "bonne nuit" que j'avais écrits pour Fraya. Je les ai mis dans l'urne pour les mélanger aux cendres. Puis j'ai pris une poignée et, petit à petit, j'ai laissé ma sœur glisser entre mes doigts. Les morceaux de papier se sont séparés de la cendre qui flottait en spirales dans le vent. Chaque fois que Papa klaxonnait, je répandais une poignée. Chaque fois, je ressentais la perte. Le simple geste d'ouvrir ou refermer la main m'épuisait. J'étais immobile, pourtant je gravissais la pente abrupte d'une montagne.

La poussière de la vie, qui va s'en soucier ? Moi, Fraya. Je vais pleurer ton absence.

Remettre la main dans l'urne est devenu plus difficile. J'avais l'impression de plonger les doigts dans du ciment frais. Chaque fois que je lâchais les cendres, j'avais envie de courir pour les rattraper et mettre la moindre parcelle de Fraya à l'abri, dans mon âme.

Lorsque nous sommes arrivés dans Main Lane, les gens qui étaient dans la rue se sont retournés au son du klaxon.

— Qu'est-ce que la petite Carpenter est en train d'éparpiller ? Et pourquoi elle pleure comme ça ?

Puis nous sommes passés devant le Dandelion Dimes. J'ai vu Mouche derrière la vitrine. Il regardait dehors comme s'il nous attendait. Plus jamais je ne devais y remettre les pieds. C'était devenu un endroit de ténèbres pour moi, malgré le jaune de ses fleurs de pissenlit sur chaque table. Mouche allait me manquer, avec sa fourrure qui gardait l'odeur de Fraya.

J'ai eu l'impression que nous passions dans toutes les rues de Breathed et que je laissais un peu de Fraya dans chacune d'elles. Quand nous avons atteint le panneau indiquant la sortie de la ville, l'urne était vide. Papa s'est arrêté près du panneau. Il est descendu et s'est assis sur le bas du hayon. Serrant l'urne contre moi, je me suis assise près de lui.

— Tu as des nouvelles de Leland ?

— Il a passé un coup de fil sur la route vers l'Alabama. Ça ne m'a pas surpris qu'il quitte la ville comme il l'a fait en apprenant la nouvelle. Faut pas oublier, Petite Indienne, avant vous autres, les petits, c'était juste eux deux. Ils ont grandi ensemble pas mal de temps. C'est sûrement pour cette raison que c'est si dur pour lui. C'est pour cette raison qu'il est parti.

Nous sommes restés assis en silence, regardant le chemin comme si nous allions y trouver la réponse. J'ai eu envie de hurler tout ce que je savais sur Leland, mais quelque chose dans la façon dont Papa agrippait le bord du hayon m'a fait changer d'avis.

— Quand Leland était petit garçon, a-t-il dit, il adorait cueillir des mûres. Je me souviens comment ses mains étaient toutes tachées. Il courait vers moi et me prenait le visage entre ses deux petites mains. Il disait “Papa, ze t'aime”.

Il avait du mal avec le *je* à l'époque et il le prononçait toujours *ze*. “Papa, ze t'aime.”

Après avoir répété la phrase, il a attendu quelques secondes avant d'ajouter :

— Quand Leland courait vers Fraya, il lui prenait le visage et disait “Fraya, ze t'aime”.

La voix de Papa s'est mise à trembler et il a détourné le regard.

— Un jour, j'ai vu Dieu qui s'était pris dans une clôture de fils barbelés.

Papa a reniflé et s'est essuyé le nez sur la manche de sa chemise comme un petit garçon avant de demander :

— Et qu'est-ce que tu as fait, Petite Indienne ?

— Rien. Je n'ai rien fait du tout.

THE BREATHANIAN

Une femme craint d'avoir reçu une balle

La nuit dernière, vers quatre heures du matin, le shérif a été appelé au domicile d'une certaine Mlle Kitty Bell, qui, affolée, lui a déclaré avoir été blessée par une balle du tireur inconnu au cours d'une fusillade qui aurait duré plusieurs minutes près de chez elle.

Quand le shérif est arrivé sur les lieux, il a remarqué des gouttes de sang entre la chambre de Mlle Kitty Bell et sa porte d'entrée.

Après avoir examiné Mlle Kitty Bell, le docteur Lad a conclu qu'elle n'avait pas été victime d'un coup de feu.

Le docteur Lad n'a pas voulu faire d'autres commentaires sur la situation par respect pour Mlle Kitty Bell. Mais Mlle Bell a en revanche donné un compte rendu détaillé des événements de la nuit.

"Les coups de feu m'ont réveillée en sursaut", a-t-elle déclaré. "Ça semblait si proche que j'ai cru que le tireur était dans ma maison. Lorsque les tirs ont enfin cessé, je me suis levée et suis allée jusqu'à la porte pour voir s'il y avait des dégâts. C'est en retournant me coucher que j'ai remarqué des gouttes de sang sur le sol. J'ai d'abord cru que j'avais été touchée par une balle, mais après l'examen du docteur, je me suis rendu compte que c'était seulement le sang de mes pertes menstruelles. Mon père disait toujours qu'une femme n'est rien d'autre qu'un robinet qui fuit. Il a toujours été un enfoiré."

40

Sa maison est le chemin qui mène à l'enfer,
il descend vers les demeures de la mort.
PROVERBES 7, 27

MON PÈRE M'A DIT un jour qu'on les appelait trompettes de la mort.

— C'est pour cette raison qu'ils poussent aussi bien dans les cimetières, à cause de toute cette mort. Peut-être qu'un jour je vous en ferai sauter quelques-uns à la poêle, avait-il dit à ma mère avant qu'elle soit ma mère.

À eux deux, ils avaient déjà perdu tant de choses. J'étais assise à la table de la cuisine et j'ai observé Papa mettre un morceau de beurre à fondre dans la poêle. Un champignon, deux champignons par-dessus. C'était tout ce que la poêle pouvait contenir. Deux champignons et un morceau de beurre. Certains jours, il n'y a pas de place pour la rage.

Mes parents se sont regardés et se sont souri. Peut-être faisaient-ils route vers l'amitié. Si seulement ils pouvaient se retrouver aux endroits où ils s'étaient quittés quand ils étaient encore assez jeunes pour croire que des poèmes pouvaient être écrits pour eux deux. Les vieilles colères sont pour la plupart éteintes maintenant. Mais le sentiment de culpabilité demeure. C'est un sentiment qui refuse de durer moins longtemps que l'éternité. Je crois qu'une partie de cette éternité verra mon père en train de jouer de la trompette avec un champignon tandis que ma mère le regarde, la porte du réfrigérateur ouverte jusqu'à ce que le lait finisse par tourner. Peut-être que quelque part, mon père joue encore de cette trompette et que ma mère est toujours en train de le regarder. Je crois qu'à eux deux, ils auraient pu être plutôt bons en amour. Dommage que le chagrin ait tout transformé en mythes.

Laissant mes parents couper leurs champignons et leur chagrin, je suis sortie sur la véranda, où Lint était assis sur la balancelle. Ses cailloux étaient alignés près de lui et leurs yeux peints regardaient vers le jardin.

— Ils aiment b-b-bien voir des jolies choses, a-t-il expliqué.

Il y avait un lézard qui grimpait le long d'un poteau. Ces lézards étaient de petites bestioles qui s'accrochaient aux fenêtres et aux portes. Je me souviens qu'un jour l'un d'eux s'est retrouvé la queue coincée dans la porte de derrière. Sans la moindre hésitation, il a abandonné sa queue pour détaler. La queue a continué à se tortiller un instant avant de s'arrêter, s'apercevant que le corps auquel elle appartenait n'était plus là. Le lézard, lui, n'allait pas tarder à avoir une autre queue qui repousserait, comme si perdre une partie de soi-même n'avait vraiment rien de grave. Si seulement nous pouvions être comme les lézards.

— Tu veux qu'on aille prendre le bus ? ai-je demandé à Lint. Faire un tour ?

— Où tu veux aller f-f-faire un tour ?

Il a levé la tête vers moi.

— Si on allait à Joyjug ? lui ai-je demandé tandis que j'entendais le bruit des fourchettes sur les assiettes venant de l'intérieur. On pourrait aller voir Mamie Lark. On ne l'a pas vue depuis l'enterrement de Grand-père.

— P-P-Pourquoi faut aller la voir maintenant ?

— Fraya est morte, lui ai-je répondu, comme s'il était en mesure de comprendre pourquoi la mort de notre sœur bouclait une boucle qui nous renvoyait à la petite maison blanche de Joyjug.

À l'arrêt du bus, j'ai acheté deux tickets avec l'argent que j'avais pris dans le porte-monnaie de Maman. Il n'y avait que quelques passagers dans le bus. Nous voulions chacun un siège près de la fenêtre, Lint et moi, alors je me suis assise derrière lui.

Plus on s'éloignait de la ville, plus les collines de Breathed changeaient pour devenir les collines de n'importe où. C'était l'automne et on avait l'impression que tous les coins du monde étaient teintés de pourpre et d'écarlate. L'air frais et vif entrait en tourbillonnant par les vitres baissées. La sensation était agréable, mais j'avais le sentiment qu'elle m'était étrangère. J'étais devenue beaucoup trop consciente de la façon dont vacille une lumière qui s'éteint. La plupart du temps, je ne pensais qu'à Fraya. J'essayais de parler d'elle avec Flossie, mais tout ce que Flossie me disait, c'était : “J'ai sa vieille barrette au fond de mon sac à main”, comme si elle la gardait simplement en attendant que Fraya la lui réclame.

— On est a-a-arrivés.

Lint a tendu le doigt vers le panneau nous souhaitant la bienvenue à Joyjug, qui n'était rien d'autre qu'un cageot à fruits retourné sur lequel on avait peint les lettres en rouge.

Nous sommes allés à pied jusqu'à la maison de Mamie Lark. Une fois arrivés, nous nous sommes arrêtés sur la route. Son jardin était envahi non seulement par les mauvaises herbes, mais aussi par des arbres isolés qui commençaient à pencher vers la maison. La peinture blanche s'écaillait, laissant voir les planches grisâtres. Un des volets à l'étage s'était affaissé et retombait presque sur le toit de la véranda. En fin de compte, c'était une maison qui ne faisait qu'exister, sans plus, tout comme la vieille femme assise dans son fauteuil à bascule sur la véranda.

— Tu c-c-crois qu'elle est encore vivante ? Ce n'est p-p-plus qu'une vieille chaussure usée.

Nous l'avons regardée faire du crochet. Ses yeux n'étaient plus les mêmes que la dernière fois où je l'avais vue. Ils étaient devenus tellement vitreux qu'on ne distinguait plus les iris des pupilles.

J'ai observé ses rides, qui semblaient toutes verticales, comme si elle avait passé sa vie entière en aval de quelque chose de terrible.

— Elle est aveugle, Lint.

— Co-Co-Comme notre cheval ?

— Oui, comme notre cheval.

Je suis entrée dans la jungle de ce jardin d'une femme que je n'avais jamais aimée. Je me suis avancée vers sa véranda, attentive aux couleuvres qui se glissaient sous les petits buissons de résineux. J'ai dû contourner des chardons qui m'arrivaient à la hanche. J'ai écarté les touffes de laiteron pour monter les marches.

Je me suis dit qu'elle pourrait sentir ma présence, mais elle a continué avec son crochet, occupée à faire un point de chaînette qui m'a paru aussi long que la rivière.

Sans bruit, j'ai pris le balai qui était par terre. Tandis qu'elle s'activait toujours à son crochet, j'ai frappé sur le mur de la véranda avec les poils du balai. Elle a laissé tomber son crochet sur ses genoux. J'ai à nouveau donné un coup sur le mur, suffisamment près de sa tête pour que l'air déplace les fines mèches sur ses oreilles. Elle est restée assise sans bouger, ses yeux aveugles fixés droit devant elle. Quand j'ai frappé sur le plancher de la véranda, les poils du balai ont effleuré ses jambes et ses lèvres se sont entrouvertes. On pouvait presque entendre à quel point elles étaient sèches quand elle a demandé :

— Alka ? C'est toi ?

J'ai laissé tomber le balai et je me suis enfuie. J'ai pris Lint par le bras.

— Viens. Fichons le camp d'ici.

Il n'a rien dit tandis que nous attendions à l'arrêt du bus, ni pendant le trajet. Ce n'est qu'une fois arrivés à Breathed qu'il m'a demandé, alors que nous rentrions à la maison à pied :

— Pou-Pou-Pourquoi tu as frappé Mamie avec le balai ?

— Je balayais sa véranda, c'est tout.

Il a sorti un caillou de sa poche et a commencé à le faire passer d'une main à l'autre.

— Pourquoi tu aimes tant les cailloux, Lint ?

— Ce sont des b-b-balles de fusil contre les d-d-démons. (Il a levé les yeux vers moi.) Je sais que tout le monde p-p-pense que je suis bête. Parfois, je p-p-pense que ça aurait été m-m-mieux si j'étais pas né. Peut-être que t-t-tout le monde aurait été plus heureux. J'ai ja-ja-jamais eu d'amis. Toi et Flossie et F-f-fraya, vous étiez là l'une p-p-pour l'autre. J'ai essayé d'être ami avec T-t-trustin, mais il avait ses dessins. J'ai l'impression d'être que des p-p-peluches, c'est de là que vient mon nom*. Des peluches dans un nombril. Quelque chose qu'on enlève et qu-qu-qu'on jette.

* *Lint* signifie peluche, flocon de fibres.

— Hé, l'ai-je interrompu en le retenant. C'est vraiment ce que tu penses ? Ton nom ne vient pas des peluches dans un nombril. Voilà d'où vient ton nom. Il était une fois des pantalons qui tombaient du ciel. Maman et Papa ont ramassé tous ces pantalons et ils ont regardé dans les poches.

J'ai tapoté les poches de Lint en le chatouillant pour le faire rire avant de poursuivre.

— Avec les peluches dans le fond des poches, Papa et Maman ont trouvé des petits morceaux de papier. Deux jambes, deux mains, deux oreilles. Ils en ont trouvé assez pour faire une personne entière. Ils ont collé les morceaux et ils ont fait un petit garçon en papier. Toi, ai-je souligné en lui ébouriffant les cheveux. Ils t'ont aimé et donné à manger et pris dans les bras jusqu'à ce que tu deviennes un enfant en chair et en os. Ils auraient pu jeter le papier. Mais ils t'ont choisi, toi, pour être leur fils. Pour être mon petit frère. Ils savaient qu'on ne serait pas mieux sans toi. Tu sais ce que sont les fondations d'une maison ? Eh bien, le fait que tu sois le plus jeune des enfants fait de toi les fondations de notre famille. Tu es la partie la plus importante.

Il a souri, et son sourire était tel que je n'ai pas pu m'empêcher de lui demander pourquoi il souriait comme ça.

— C'est juste qu-qu-que je sens que j'ai de la chance. Je suis le frère de B-b-betty Carpenter. La fille la plus forte du-du-du monde.

CINQUIÈME PARTIE

CORNE DE SALUT

1971-1973

41

Les actes de violence dont vos mains sont coupables.
JONAS 3, 8

COMME AFFAMÉE, j'ai commencé à écrire. J'en suis venue à détester mon lit et le sommeil qui endiguait mon épanchement sur la page. Si la douleur était mon sujet, l'amour ne l'était pas moins. Mon dialogue est devenu une démence qui a ensuite évolué vers une métamorphose de l'âme. Me révoltant contre une fatalité écrasante, ne fût-ce que pour défier et combattre la souffrance, je concevais des histoires qui me commandaient de survivre.

J'envoyais ces histoires et ces poèmes à des magazines et des revues littéraires. Je recevais des refus polis, mais aussi, beaucoup plus rarement, des réponses positives. Je me sentais véritablement écrivain à cette époque-là. C'était une identité qui enflammait de nouvelles aspirations en moi, voire un sentiment nouveau de ma propre valeur, qui modifiait totalement l'opinion que j'avais de moi-même.

J'avais passé l'essentiel de mon adolescence à souhaiter voir un autre reflet de moi. Je pouvais abandonner les doutes qui m'assaillaient et être libre, ou bien demeurer sous le regard de ceux qui nourrissent des préjugés et y rester enchaînée. Nous avons trop d'ennemis dans la vie pour en faire nous-mêmes partie. Aussi, lorsque j'ai eu dix-sept ans, un âge qui vous autorise à allumer la flamme de passions nouvelles, j'ai décidé de refuser l'ambition de la haine.

J'ai poussé mon lit de manière à pouvoir déchirer la fille-magazine que j'avais autrefois rêvé d'être. J'avais failli être assujettie par une image de beauté qui n'était pas plus la mienne qu'un destin auquel je ne pouvais pas prétendre. Je me suis autorisée à voir la beauté de la fille que j'étais et de la jeune femme que je devenais.

Plus je pensais à tout cela, plus je pleurais sur les années qui ne passeraient pas pour Trustin et Fraya. Les dates anniversaires de leur mort étaient particulièrement terribles. Fraya était morte au printemps. Trustin en été. Je me retrouvais en train d'ouvrir mes livres aux pages des fleurs de pissenlit séchées et des morceaux de papier avec les dessins de Trustin. Ils étaient mes marque-pages, mais plus encore, ils étaient un frère et une sœur, cachés dans un endroit que j'étais seule à connaître. Je gardais des souvenirs de Waconda et de Yarrow aussi. Une boule de coton que j'avais aplatie entre les pages d'un livre, comme une fleur séchée. Et un marron, dont j'avais fait un bracelet.

— Tu savais que le marron avait été appelé “œil de cerf” par les Indiens parce qu'ils voyaient une grande ressemblance entre les deux ? m'avait dit Papa à propos de mon bracelet. C'est un beau fruit, en fin de compte.

J'avais fait un bracelet avec un marron pour Flossie également. Elle le portait le jour où elle est venue me chercher pour emmener Nova à la chasse aux bonbons d'Halloween. J'avais mis mon pantalon patte d'éléphant et relevé à mi-hauteur mes cheveux qui, normalement, m'arrivaient à la taille. Avant de quitter le miroir, j'avais mis un peu de rouge à lèvres bordeaux et ajusté mon gilet en daim pour que la frange tombe bien droit. J'avais un soutien-gorge dans mon tiroir, mais je ne le portais pas. Maman a dit que c'était pour m'affirmer. Je lui ai répondu que c'était un choix, rien de plus.

C'était la première chasse aux bonbons de Nova. Flossie lui avait fabriqué son déguisement avec une boîte en carton et des paillettes argentées.

— Qu'est-ce qu'il est censé être ?

— Une étoile. Ça ne se voit pas ? J'aurais dû mettre plus de paillettes.

Nova avait tellement enfoncé sa tête dans le trou prévu à cet effet que même ses oreilles dépassaient.

À ce moment-là, cela faisait à peu près un an que Flossie et Cutlass avaient divorcé. Flossie n'avait pas les moyens de prendre un avocat, mais Cutlass en avait deux à sa disposition. Ils ont plaidé que dans la mesure où Flossie avait cessé d'avoir des relations sexuelles avec lui, cela s'apparentait à un abandon. À l'appui de leur plaidoirie, les avocats ont cité l'affaire *Diemer contre Diemer*. Étant accusée d'avoir rompu le contrat du mariage, Flossie n'avait aucun droit sur le domicile conjugal et Cutlass était libre de faire changer les serrures. Cutlass ne demandait pas la garde de Nova. Flossie a jugé qu'avoir l'enfant était une bonne chose pour elle, car la pension payée par Cutlass, bien que modeste, lui était d'un grand secours.

Une fois le divorce prononcé, Flossie a refusé de revenir vivre avec nous à la maison. Elle pensait que cela offrirait à Maman l'occasion de prendre des airs supérieurs pour lui faire payer toutes les fois où Flossie lui avait donné une somme dérisoire. Flossie a donc décidé que partir était ce qu'elle avait de mieux à faire. Elle a loué une petite maison au sol en ciment dans une ville à seulement quelques kilomètres au sud de Breathed. Puis elle a trouvé un emploi dans un *diner* appelé Mother's Kitchen. Les choses semblaient s'arranger. Elle a même commencé à s'occuper davantage de Nova, comme l'emmener promener en ville en le tenant par la main. On aurait dit que lorsqu'ils étaient seuls tous les deux, elle pouvait l'aimer davantage.

Ce jour d'Halloween avait été particulièrement faste pour Nova. Dans sa taie d'oreiller, il avait récolté tout ce qu'un petit gourmand peut désirer. Tandis que la lumière baissait, nous marchions le long de la ligne de chemin de fer.

— Il y a très longtemps, on a enterré un chien ici, ta tante Betty et moi, a dit Flossie à Nova en le prenant dans les bras.

Elle l'a porté jusqu'aux rails et elle l'a assis sur les traverses. Elle a posé la taie pleine de bonbons sur ses genoux. Je l'ai observée tandis qu'elle se servait du bas de son T-shirt en loques pour essuyer le nez de Nova. Elle a avancé ses lèvres vers lui pour un baiser. Nova lui a pris le visage entre ses petites mains pour l'embrasser.

Tandis qu'elle nouait les lacets des tennis de Nova, j'ai levé la tête pour regarder le vent agiter les branches au-dessus de moi.

— Maman ?

Je me suis retournée vers Nova. Flossie l'avait laissé sur les rails. Il a essayé de se relever pour la suivre, mais il est retombé sur les traverses.

Flossie a fait semblant de n'avoir rien remarqué tandis qu'elle inspectait le terrain.

— J'arrive vraiment pas à me souvenir de l'endroit exact où on a enterré Corncob.

Une fois encore, Nova a essayé de se lever, sans pouvoir y parvenir. Il a commencé à tirer sur son lacet droit. Je me suis rendu compte qu'il était attaché au rail.

— Pourquoi l'as-tu attaché ? ai-je demandé à Flossie.

Elle ne m'avait jamais paru aussi fatiguée qu'en cet instant. Ses cheveux ne sentaient plus le shampooing au chèvrefeuille du salon de coiffure de Sweet Temper et elle ne portait plus de vêtements neufs et soyeux. Elle était revenue aux jeans coupés et aux T-shirts déchirés. Ce qu'elle portait quand elle croyait qu'elle serait assez riche un jour pour s'offrir des choses plus raffinées. Elle était redevenue la pauvre Flossie.

— Maman.

Nova l'a appelée à nouveau avant de reporter son attention sur le faucon qui passait dans le ciel en poussant des cris perçants. Il a fait "pfff", les deux bras tendus vers l'oiseau.

— Je vais le détacher, ai-je dit en la bousculant.

Je ne suis pas allée loin. Un coup de pied derrière les genoux m'a fait tomber par terre la tête la première.

— Je ferai tout ce qui est nécessaire pour devenir une star, m'a dit Flossie en me retournant sur le dos.

Aussitôt elle s'est assise à califourchon sur moi et a sorti un briquet de sa poche. Quand elle a ouvert le couvercle, la flamme a fusé entre nous.

— Lâche-moi, Flossie.

Je lui ai donné un coup de poing en plein sur le nez. Tandis que le sang dégoulinait sur ses lèvres, elle a répliqué en me frappant violemment.

Tout ce temps, elle avait gardé le briquet bien serré dans sa main et elle l'a rallumé en disant :

— Si tu essaies de le sauver, Betty, je serai obligée de mettre le feu à tes cheveux.

Elle a mis le briquet tout près de ma tête.

Empoignant mes cheveux, elle les a approchés de la flamme.

— J'ai mis le feu à une église, tu te souviens ? Je peux te brûler, toi aussi. Tu as déjà vu des cheveux s'enflammer, Betty ? Ça brûle, ça grésille et ça fond en s'incrustant dans ton cuir chevelu.

Elle a tiré sur mes cheveux pour les rapprocher encore un peu plus de la flamme.

— Pourquoi tu fais ça, Flossie ?

— Maman m'avait promis que je serais une star si je restais. Elle m'a dit que le ciel de Breathed était un ciel sans étoiles. Elle…

L'avertisseur du train qui arrivait l'a interrompue.

— Si tu ne me lâches pas immédiatement pour que j'aille enlever Nova de ces rails, je dirai au monde entier comment tu as tué ton petit garçon, ai-je hurlé.

Ne m'écoutant pas, elle a dit :

— Je pars à Hollywood.

Puis, tournant la tête vers Nova, elle a poursuivi :

— Je suis une bonne mère. Je lui ai dit qu'il serait une étoile aujourd'hui, et j'en ai fait une étoile. Le mieux, c'est qu'il meure tant qu'il est une étoile et qu'il ne sache jamais ce que ça fait de ne pas parvenir à en être une.

— Tu es complètement folle.

J'ai attrapé une poignée de terre et je la lui ai lancée au visage.

— Espèce de garce, a-t-elle crié, laissant tomber son briquet pour porter les mains à ses yeux.

J'ai pu la faire basculer. En me retournant, j'ai vu que le train était beaucoup plus près maintenant. Je me suis vite relevée et j'ai couru vers Nova, mais Flossie a sauté sur mon dos et nous sommes encore tombées toutes les deux.

Nous nous sommes battues pendant quelques secondes, puis elle m'a plaquée au sol, face contre terre.

— Tu sais, Betty. J'ai longtemps pensé que la cause de notre malédiction était notre maison. Et si c'était pas la maison, c'était notre nom. Mais la vérité, c'est qu'on a été maudites à l'instant où on est nées filles. Maudites par notre sexe lui-même et par le sexe en général.

Le train s'approchait. J'apercevais le devant de la locomotive.

— Tchou-tchou, chantonnait Nova en montrant le train, tout excité. Tchou-tchou. Le train arrive, Maman. Le tchou-tchou arrive.

Le sourire de Nova était si large qu'il relevait ses petites joues rondes.

L'avertisseur du train, comme une corne de brume, a retenti plusieurs fois. J'espérais que le conducteur avait vu les paillettes argentées du costume de Nova refléter les phares de la locomotive. Je me suis débattue de toutes mes forces contre ma sœur tandis que les freins du train se mettaient à hurler.

Nova, qui se rendait maintenant compte que le train venait sur lui, s'est retourné et a tendu les bras vers Flossie :

— Maman, viens me chercher, a-t-il crié en tendant les bras vers elle.

Elle a regardé le train, puis l'enfant, qui la suppliait de venir la chercher.

— Ce sont les petites étoiles qui font les grandes, lui ai-je dit rapidement. Nova est ta petite étoile. Sauve-le pour te sauver toi-même.

— Maman arrive.

Elle s'est relevée d'un bond et a couru jusqu'à lui, les bras tendus tandis que la corne du train claironnait encore.

Je pouvais entendre la respiration haletante de ma sœur qui se précipitait vers son fils.

— Je te tiens.

Flossie a pris Nova dans ses bras.

Mais elle n'a pas pu le soulever. Son lacet était toujours attaché au rail. Flossie essayait vainement de sortir le pied de Nova de sa chaussure. Nova a regardé vers moi par-dessus l'épaule de sa mère, des larmes coulant sur son visage.

— Betty, aide-moi.

Il a tendu les bras vers moi.

Je lui ai souri parce que c'était ce que je pouvais faire de mieux pour lui.

Voyant le train fondre sur eux deux, Flossie s'est mise à hurler.

Incapable d'assister ainsi à la mort de ma sœur et de mon neveu, j'ai fermé les yeux et couvert mes oreilles pour ne pas entendre le crissement des freins.

— Non, non, Seigneur je vous en prie, non.

Je fermais les yeux si fort que je voyais de petites étoiles.

— Betty ?

En ouvrant les yeux, j'ai vu Flossie debout devant moi, toute tremblante, ses cheveux voletant dans l'air provenant du train qui continuait à ralentir. Elle avait Nova dans les bras. Il avait enfoui son visage contre elle.

— Tu n'as quand même pas cru que j'allais laisser un train lui passer dessus, hein Betty ?

Sa voix tremblotait tandis qu'elle faisait sauter Nova sur sa hanche.

— On a intérêt à filer d'ici avant que le contrôleur ne nous attrape. Allez, viens, Betty.

Elle m'a tirée par le bras.

Pendant que le train s'arrêtait complètement, nous nous sommes éclipsées dans les bois avec l'enfant, dont les pleurs nous ont accompagnées tout le long du chemin.

42

Place ton nid parmi les étoiles.
ABDIAS I, 4

FLOSSIE A LAISSÉ Nova porter son costume d'étoile toute la semaine. Il aimait être une étoile. Il n'était pas très différent de sa mère, tout compte fait.

Il portait son costume d'étoile le jour où il est tombé du lit. Il s'amusait à sauter sur le matelas pendant que Flossie mettait sa tenue de serveuse. Il bondissait et rebondissait pendant qu'elle se brossait les cheveux. Il bondissait et rebondissait pendant qu'elle se mettait du rouge à lèvres. Il bondissait et rebondissait, puis il est tombé et n'a plus rebondi. Quand sa tête a heurté le sol en ciment, comme Flossie devait le dire par la suite, elle a fait le même bruit qu'un melon qui éclate.

— Debout, a-t-elle dit à Nova. Je vais être en retard au travail.

Elle a vu qu'une branche de l'étoile s'était repliée quand il avait atterri dessus.

— Tu as cassé ton étoile, a-t-elle dit au moment où on a frappé à la porte.

C'était la belle-mère de Flossie, qui venait garder Nova pendant que Flossie allait travailler.

— De tous les Silkworm, m'avait une fois dit Flossie, la mère de Cutlass est de loin la meilleure.

Tandis que Mme Silkworm entrait dans la maison en désordre, contournant les piles de linge sale, Flossie a essayé de s'excuser de ne pas être irréprochable en matière de lessive.

— Où est Nova ? a demandé Mme Silkworm.

— Il joue à faire le mort, a répondu Flossie.

Quand Mme Silkworm a vu Nova, elle a eu un haut-le-cœur et a pris l'enfant dans ses bras.

— Inconsciente, a-t-elle lâché, bousculant Flossie au passage.

Mme Silkworm a conduit Nova à l'hôpital de Sweet Temper. La première nuit qu'il y a passée, j'ai rêvé que je voyais les paillettes de son costume d'étoile filer dans le ciel.

Flossie est partie pendant que Nova était encore hospitalisé. La dernière fois que je l'ai vue en personne, elle était étendue sur le sol en ciment, celui-là même sur lequel Nova était tombé. Elle raclait des lignes de cocaïne pour en faire de petits tas parce qu'elle disait que les lignes lui rappelaient trop les cigarettes de Papa.

J'ai appris plus tard qu'elle avait commencé à prendre de la cocaïne avec Cutlass.

— J'essaie de voir à travers les tourbillons, disait-elle. Ça ressemble à une rivière en train de lancer des jurons. Des *va au diable* et des *nom de Dieu.*

Dès qu'elle sniffait un peu de neige, tout devenait doux et boursouflé, tout se fracturait.

— Comme des pierres précieuses qui s'agitent et explosent, poursuivait-elle avec un débit rapide. Je crois que je suis sous l'eau avec des étoiles de mer luisantes et des amoureux qui se baignent. Là, Dieu existe, Betty. Les démons aussi. Je t'avais bien dit que Dieu prendrait son temps pour nous punir d'avoir brûlé sa maison.

Elle a regardé dans ma direction, mais il lui a fallu un certain temps pour que ses yeux instables finissent par me trouver. Puis elle m'a demandé :

— Papa t'a déjà parlé des Attrapeurs d'Étoiles ? Les étoiles ne sont pas censées tomber par terre. C'est pour ça que j'ai pas pu sauver Nova quand il est tombé. C'est pour ça que je ne pourrai plus jamais le toucher. C'était une étoile et il est tombé. Maintenant, il n'y a plus que les Attrapeurs d'Étoiles Agités qui peuvent le toucher. Mme Silkworm fait partie de ces Attrapeurs d'Étoiles. Tu savais ça, Betty ? Moi je ne le savais pas, jusqu'au moment où je l'ai vue ramasser Nova. Mon fils est le fils de Mme Silkworm, maintenant. Une étoile tombée ne peut plus appartenir à personne d'autre qu'à l'Attrapeur d'Étoiles Agité.

Flossie a fait ses bagages peu de temps après. Quelques mois plus tard, nous avons reçu une carte postale de Californie avec sa signature en zigzag.

Tout est si ensoleillé, si amusant. J'aimerais que tu sois là.

Elle n'a jamais mentionné Nova, ni demandé comment il allait. Si elle l'avait fait, je lui aurais dit que Mme Silkworm l'avait pris chez elle à sa sortie de l'hôpital. Le cerveau de Nova avait gonflé, ce qui allait ralentir son développement mental. Les docteurs à l'hôpital avaient dit qu'il resterait cloué dans un fauteuil ou dans son lit le restant de sa vie. Et au début, c'est ce qui s'est passé.

Mais Mme Silkworm s'est acharnée et l'a fait travailler. Elle a engagé des infirmières privées pour l'aider. Il a commencé à marcher difficilement, en traînant les pieds, mais c'était déjà un progrès. Avec le temps, l'amélioration s'est confirmée et il a continué à démentir tous les pronostics qui avaient été faits sur son cas. Il a fini par appeler Mme Silkworm “Maman”. Pour lui, elle était la figure nourricière dont il avait besoin pour apprendre les choses dont tout le monde avait dit qu'elles ne serviraient à rien. Nova a réussi à prouver que ce n'est pas parce qu'une étoile tombe qu'elle ne peut pas s'élever à nouveau.

Maman et Papa rendaient visite à Nova. Mme Silkworm avait dit qu'ils étaient les bienvenus à tout moment. Ils comprenaient évidemment qu'ils n'avaient pas les moyens de s'occuper de Nova aussi bien que les Silkworm. Mais Papa ne voulait pas que l'enfant oublie Flossie.

— Souviens-toi de son éclat, disait-il à Nova, qui regardait alors autour de lui, comme s'il cherchait sa mère. Vous scintillez tous les deux comme les étoiles. Tu tiens cela d'elle. N'oublie jamais.

Flossie étant partie, j'étais la dernière des Trois Sœurs restée à la maison. J'ai gravé les noms de mes sœurs dans le bois du Bout du Monde, afin qu'au moins la scène elle-même ne les oublie pas. Et puis j'ai écrit. De mes écrits ressortaient des entrelacs et des ciselures. Il y avait des griffes et des serres, des choses plus douces également. Je parlais d'eau ruisselant des murs, de fumée dérivant dans le ciel. De ces réalités intangibles ou palpables qui nous liaient tous en des nœuds qu'aucun début extraordinaire ne pourrait jamais fixer. Mes poèmes embrassaient tout ce que mes bras ne pouvaient étreindre. Ils hurlaient ce que je taisais. Ils étaient aussi un murmure brûlant qui proclamait que parfois l'amour est un châtiment.

Au cours des mois qui ont suivi le départ de Flossie, je me suis épuisée dans cette trêve rurale qu'offrait la vie à la campagne. J'ai trimé dans les champs, j'ai fait les foins, j'ai chevauché des tracteurs comme des choses intimes. Je peinais à côté de garçons qui me regardaient comme si je n'étais pas à ma place parmi eux. Comme si j'enfonçais des coins tranchants dans la sphère de leurs certitudes. Mais cela me faisait du bien de travailler dur.

Un jour, alors que je rentrais d'une ferme à la maison, j'ai croisé Ruthis dans sa décapotable d'un rouge étincelant. Elle s'est arrêtée pour me dire que j'avais de l'herbe dans les cheveux. J'ai continué à marcher. Elle est descendue de voiture pour me suivre à pied.

— Tu sens la merde, m'a-t-elle lancé en se pinçant le nez. Tu as charrié du fumier, ou quoi ?

Elle marchait à reculons pour pouvoir me faire face.

— Tu crains pas les coups de soleil, toi, hein ? a-t-elle ricané. Mais c'est sûr que les mouches t'adorent.

Je me suis arrêtée. Avec toute la gentillesse dont j'étais capable, je lui ai dit :

— Tu es belle, Ruthis.

— Et toi, t'es moche.

— Tu as de beaux cheveux…

— Et toi, on dirait du crin, a-t-elle répliqué en croisant les bras.

— Tu as un beau sourire et de beaux yeux.

Je pensais chaque mot que je disais.

— Je sais bien que je suis belle. Comme tu sais que tu ne l'es pas.

Je l'ai enlacée. Elle a gardé les bras croisés, trop surprise pour esquisser le moindre geste.

— Je te pardonne, Ruthis. Je te pardonne d'avoir fait de l'école un enfer pour moi. De me dire que je suis moche et une ratée. Oui, je te pardonne. Parce qu'un de ces jours, tu auras mauvaise conscience et tu auras envie de me revoir pour pouvoir t'excuser. Seulement, ce jour-là, je serai tellement loin de toi qu'il faudra que tu prennes une fusée pour parvenir jusqu'à moi. Mais on ne laisse pas n'importe qui rejoindre les étoiles. Je te pardonne aujourd'hui, comme ça, plus tard, quand tu te rendras compte que ta vie est horrible et que nous aurions pu être amies tout ce temps, tu sauras au moins que je t'ai survécu.

J'ai relâché mon étreinte et j'ai replacé une mèche de ses cheveux derrière son oreille. Puis je l'ai plantée là, bouche bée. Les mots lui manquaient.

Je suis rentrée à la maison, le sourire aux lèvres tout le long du chemin.

Je me suis débarrassée de mes bottes, que j'ai laissées près de la porte d'entrée. Quand je suis montée dans ma chambre, je me suis arrêtée dans l'encadrement de la porte de Maman, et je l'ai regardée se maquiller. Elle se préparait à aller faire des courses au Papa Juniper's.

Elle a juré en se mettant de l'eye-liner.

— Mes yeux ne sont plus ce qu'ils étaient.

— Tu vois très bien, Maman.

— Je parle pas de voir clair ou non. Je parle de quoi ils ont l'air. Toutes ces rides, maintenant. (Elle a tiré ses paupières vers le haut.) Tu penses pas que j'aurais besoin d'un de ces liftings ?

— Non.

— Tu ne peux pas me mentir, Betty. Je suis devenue une "vieille dame" à cinquante et un ans. Mais, bon, je suis pas aussi vieille que ton père. Ce qu'il y a de bien, quand on se marie avec un homme plus âgé, c'est qu'on est toujours plus jeune. C'est bizarre. Je n'ai jamais pensé que ton père vieillirait. Je croyais qu'il aurait toujours ses cheveux noirs et cette foutue tendance à plaisanter. Maintenant, même ses rides ont des rides. Ça te fait peur, les rides, Betty ? Je peux te dire où tu les auras.

Elle s'est levée et s'est avancée vers moi. Avec son crayon d'eye-liner, elle a commencé à dessiner sur mon visage.

— Tu auras des rides juste ici, entre tes sourcils, parce que tu les fronces beaucoup trop. Et tu en auras là, en travers de ton front, parce que toutes les femmes de mon côté en ont. Ici, au coin des yeux, tu auras les plis de ton père. Et même si on ne rit pas beaucoup, tu auras des rides qui diront que tu as ri.

Elle a dessiné des lignes de chaque côté de ma bouche.

Dès qu'elle a eu terminé, je suis allée devant le miroir pour voir de quoi j'avais l'air. Elle avait tracé des traits noirs de façon grossière, comme si elle avait voulu leur donner un côté vulgaire.

— Tu as peur des rides, maintenant ?

— Plus maintenant que je les ai vues. Je sais à quoi m'attendre.

— Alors tu es plus courageuse que je ne le croyais.

Elle est retournée à sa coiffeuse pour finir de se maquiller pendant que je m'asseyais sur le bord de son lit.

— Je me demande si Flossie est heureuse en Californie, ai-je dit en regardant vers la fenêtre, me rappelant la manière qu'avait ma sœur d'arriver dans l'allée en pirouettant et en dansant.

— Ha, s'est esclaffée Maman. Je suis sûre qu'elle est heureuse.

— Elle est allée à Hollywood.

J'ai froncé les sourcils parce que le rire de Maman m'a fait me sentir idiote.

— Tu sais pourquoi je lui ai dit d'épouser Cutlass et d'avoir un enfant avec lui ? m'a-t-elle demandé en se tournant vers moi. Tu crois que c'est parce que je suis méchante. Mais j'ai fait ça pour son bien. À Hollywood, elle va se rendre compte qu'elle n'a rien d'une Bette Davis. Mais pas tant qu'ils ne lui auront pas tout pris. Tu as vu Flossie quand elle montait ses petits spectacles. Il lui manque la seule chose qui fait une bonne actrice. *Le talent.* Même si elle avait du talent, les choses nous reviennent toujours en pleine figure. Flossie a abandonné son enfant. Elle est déjà morte en ce monde.

Il s'est avéré que ma mère avait raison à propos de la carrière de Flossie dans le cinéma. Elle ne devait tourner qu'une seule scène. Un rôle de serveuse. Elle n'avait qu'une réplique : "Des glaçons ?" À quoi des hommes répondaient en lui donnant une claque sur les fesses, puis éclataient de rire pendant qu'elle s'éloignait de leur table. Juste avant de disparaître de l'image, elle regardait par-dessus son épaule, les yeux fixant la caméra, comme si elle cherchait quelqu'un. Elle-même, peut-être.

C'est dans ce film que j'ai vu ma sœur vivante pour la dernière fois. De temps en temps, nous nous parlions au téléphone. Sa voix vieillissait d'année en année. Elle parlait de façon décousue de choses et d'autres, dans une conversation difficile à comprendre.

— J'ai appris à un rat à mâcher du chewing-gum, m'a-t-elle dit lors de notre dernier entretien. Il s'assied sur mon plan de travail et c'est parti… J'ai des plaies sous les aisselles… ça guérit pas. Be… Betty ? Qu'est-ce que je fais ? Je demande au rat… au rat… mais il est là à mâcher son foutu chewing-gum et c'est tout. J'ai l'impression d'être re… comment on dit quand on est… re… re quoi, Betty ? Retournée. Oui, c'est ça. J'ai l'impression d'être re… tournée… avec les pattes en l'air… un scarabée retourné sur le dos.

— Flossie. (J'ai prononcé son nom pour qu'elle se rappelle qui elle était.) Est-ce qu'il y a quelqu'un avec toi, là-bas ?

— Je suis seule. C'est pas tou… toujours comme ça… pour une femme au… au bout du compte ?

Elle articulait de plus en plus mal, mais elle a continué :

— Avant j'allais… soirées… ce que je préférais. Tellement chouette en bas résille. De l'héroïne… sur le pain. C'est bon, Betty. Papa saura… ja… Tous mes chemisiers… à manches longues. Tu peux en emprunter un et on sera sœurs… à nouveau.

Sa voix montait et descendait chaque fois que sa bouche s'écartait du téléphone et qu'elle piquait du nez.

— Betty ? Tu te souviens… j'ai couru pour le sauver… mon fils. Ça devrait compter… non ? Bet… ? C'est parce qu'on… brûlé… l'église. Dieu… se venge de nous. Tu peux pas brû… la maison d'un… et espérer… t'en tirer comme ça. Betty ? Pourquoi tu dis jamais rien ? La malédiction… tu crois pas ?

Ma sœur a pris toutes les drogues imaginables. À la fin des années 1980, on l'a retrouvée morte sur un matelas sale, une aiguille dans le bras et suffisamment d'héroïne pour tout oublier. Son corps était nu, à l'exception du collier que Papa avait fait pour elle. Toujours autour de son cou, une chose à laquelle elle continuait de s'accrocher. Je sais, grâce aux photos de la police, que la cosse de haricot était au bout de sa chaîne et trempait dans une flaque de vomi. La peinture sur la cosse était écaillée d'une manière qui m'a donné à penser qu'elle l'avait usée elle-même, au fil des années, en la mordillant, peut-être simplement pour découvrir ce qu'il y avait sous la couleur que Papa avait mise et dont il lui avait juré qu'elle était la couleur de son âme.

Je me demande si, au cours de ces dernières années, ma sœur s'est jamais rappelé les fleurs jaunes et bleues dans les prairies où nous courions ensemble, à Breathed, quand tout était encore beau et que nous étions assez stupides pour croire que tout était possible.

Je ne crois pas que ma mère avait raison quand elle a dit que Flossie n'avait aucun talent. Quand je repense à tout cela aujourd'hui, je me dis que sa vie tout entière était une comédie qu'elle jouait. Est-ce que j'ai vraiment connu ma sœur ? Ou est-ce que je n'ai vu que la fille qu'elle faisait semblant d'être ? L'aguicheuse. La traînée. L'épouse. La mère. Il est possible qu'être Flossie Carpenter ait été sa meilleure interprétation. Tellement bonne qu'on a tous cru que c'était elle.

THE BREATHANIAN

Une troupe d'hommes pour trouver l'auteur des coups de feu

Cinq hommes robustes ont décidé de former une troupe pour partir à la recherche du tireur.

"Après toutes ces années, on a toujours l'impression de vivre sous la menace", a expliqué l'aîné du groupe. "Il y a quelqu'un qui se promène avec un fusil. Qui tire à toute heure de la nuit. Une de ces balles perdues pourrait tuer quelqu'un."

Alors qu'ils campaient dans les bois, il y a peu, ces hommes ont rencontré une jeune fille. Ils lui ont demandé ce qu'elle faisait. Elle leur a répondu qu'elle cherchait des cailloux pour son petit frère. Ils ont pris son nom et son adresse. Elle a été identifiée comme étant Betty Carpenter, domiciliée dans Shady Lane. Un roman policier a été trouvé en sa possession, ainsi qu'une histoire manuscrite sur la disparition des Peacock. Le shérif a confisqué le livre et l'histoire comme indices, mais les a restitués un peu plus tard au père de la jeune fille, Landon Carpenter.

43

Qui peut ouvrir les portes de sa gueule ?
Job 41, 14

Une poignée de mûres congelées en train de dégeler sur le plan de travail. Les feuilles jaunissantes de la plante en pot dans le salon. Maman qui fait tomber accidentellement sa tasse. Le café qui se répand sur le sol. Maman à genoux pour l'éponger avec un torchon. Une corde pâle enroulée dans la cour comme un serpent endormi. J'avais dix-huit ans, et ce sont là les choses que je me souviens d'avoir remarquées lorsque je suis sortie de la maison pour aller dans les bois avec Papa.

Novembre 1972 était un mois empreint de gravité qui savait exactement comment les choses allaient se terminer. Dehors, le soleil restait invisible derrière d'épais nuages gris. Malgré cela, les feuilles dorées semblaient luire comme si de petites ampoules avaient été vissées dans les branches. Papa et moi étions assis sur le capot de la Rambler qu'il avait garée longtemps auparavant dans la forêt. Personne n'aurait songé à partir avec la Rambler. Elle n'avait plus de moteur. Ses pneus étaient crevés. Elle avait fait son temps. Cette voiture qui nous avait conduits à tant d'endroits était devenue celui où nous allions nous asseoir, Papa et moi, au milieu des bois.

Il avait apporté le transistor. Je cherchais une station pendant qu'il lisait le *Breathanian* du jour. Ils avaient fait une erreur d'impression sur la première page, datée de 1932 au lieu de 1972. Ils avaient utilisé du liquide correcteur pour masquer le *3* et le remplacer par un *7* écrit à la main. À cet instant-là, Papa lisait un article sur Tuskegee et les métayers noirs qui étaient morts au cours de l'étude sur la syphilis. Il a soupiré, puis, levant les yeux de l'article, il a observé l'urubu à tête rouge qui tournoyait dans le ciel au-dessus de nous.

Il a replié son journal et l'a posé près de lui. De la poche de sa veste, il a tiré une pomme rouge luisante. Il l'a coupée en deux avec son couteau pendant que je réglais la radio sur une station qui passait *What a Wonderful World* par Louis Armstrong. Papa a fredonné la chanson la bouche fermée, j'ai mis la radio par terre avant de prendre ma moitié de pomme. J'ai regardé la cicatrice d'une brûlure au creux de sa main.

— Je me suis toujours posé des questions sur cette cicatrice.

— Oh, vraiment ? Je me suis fait ça quand j'étais petit garçon. Un jour, un homme est passé. Il avait les livres les plus étranges. Quand on les ouvrait, des flammes s'élevaient des pages. C'était dans ces flammes que l'histoire était racontée. Mais il y avait un prix à payer pour ouvrir ces livres. Car à la fin, ils prenaient feu et il n'en restait que des cendres sur le sol. L'homme savait que j'étais fasciné par ses livres magiques, alors, gentiment, il m'en a donné un. Je l'ai ouvert et j'ai regardé toute l'histoire se dérouler dans les flammes. On y voyait des chevaux qui galopaient et des reines, mi-femmes, mi-chevaux, qui luttaient pour leur trône.

“À la dernière page, il y avait un colibri. Un tout petit oiseau qui s’est échappé avant que le livre ne prenne feu. Il était beau, avec ces flammes qui se tortillaient et s’enroulaient pour lui donner forme, mais je savais que si cet oiseau de feu se posait sur une branche, il pouvait déclencher un incendie dans toute la forêt. Il fallait que je l’attrape. Mais ce n’est pas facile d’attraper quelque chose qui est fait de feu, et je me suis brûlé la paume sur son aile en essayant.

“Tandis que je soufflais sur ma brûlure, le colibri s’est échappé hors d’atteinte. J’ai pensé à toutes les choses de ce monde qui risquaient de prendre feu. Puis il a commencé à pleuvoir. Le feu et la pluie n’ont jamais fait bon ménage. L’oiseau s’est efforcé d’éviter chaque goutte de pluie. Je voyais la peur sur son visage. Il ne voulait pas mourir. Quand la pluie a étouffé son aile gauche, il a tenté de continuer à voler avec son aile droite. Il voulait survivre à tout prix, mais la pluie l’a éteint. J’ai pleuré quand le petit oiseau a disparu dans une bouffée de fumée.

Papa a baissé les yeux sur sa cicatrice.

— Ce que je viens de te raconter, c’est le mensonge dans toute sa splendeur. Est-ce que tu as envie d’entendre la vérité dans toute sa laideur ?

— Oui, ai-je répondu tandis qu’il jetait sa moitié de pomme par terre.

— Lorsque j’avais quatorze ans, un homme à la peau beaucoup plus blanche que la mienne est arrivé en ville dans sa Ford Model T flambant neuve. À l’époque, les automobiles étaient extrêmement rares. Quand je l’ai aperçue, j’en suis resté éberlué. C’était la première voiture que je voyais. Je me souviens comment tout le monde s’était rassemblé autour quand il s’est garé. Il a laissé le moteur tourner pendant qu’il entrait dans le magasin. On n’arrêtait pas de dire que les bruits du moteur auxquels on n'était pas habitués faisaient un vacarme assourdissant. Je me suis approché pour toucher la portière. J'étais vraiment fasciné par cette extraordinaire invention, mais juste à ce moment-là, l'homme est ressorti du magasin et il a hurlé :

"'Hé, toi, le nègre, enlève tes pattes de ma voiture.'

"J'avais déjà rencontré des hommes comme lui. Je savais qu'il valait mieux laisser tomber, mais quelque chose au fond de moi a eu envie de l'affronter.

"Je lui ai dit : 'Un jour, Dieu éteindra toutes les lumières pour rappeler aux gens comme vous que, dans l'obscurité, on ne peut pas dire qui est blanc et qui ne l'est pas. Il faudra traiter d'égal à égal. Vous apprendrez que ce n'est pas la couleur de la peau qui nous rend bons ou mauvais. Et c'est seulement une fois que tout le monde aura appris ça que Dieu rallumera les lumières.'

"À ce moment-là, l'homme m'a attrapé le bras. Sans dire un mot, il a posé de force ma main sur le moteur brûlant de sa voiture. J'ai hurlé et pleuré, mais personne n'est venu à mon secours. Puis il m'a relâché en disant : 'Si jamais les lumières s'éteignent un jour, je toucherai la main droite de tous les gens sur cette terre. Quand je sentirai la cicatrice sur la tienne, je saurai que j'ai un nègre devant moi. Parce que c'est ce que tu es, mon gars. Et c'est ce que tu seras toujours.'

J'ai jeté ma moitié de pomme par terre, à côté de celle de mon père. En remontant les genoux sous mon menton, je lui ai dit que je préférais le beau mensonge.

— Oui, eh bien, je…

Il a poussé un cri en agrippant son cœur.

— P'pa ? Qu'est-ce que tu as ?

Du sang gouttait de son nez.

— Rien, c'est juste…, a-t-il essayé de dire en grimaçant.

— Je vais chercher le docteur Lad.

J'ai voulu me laisser glisser du capot, mais il m'a saisi le bras pour m'en empêcher.

— Reste ici et écoute. Je veux te dire quelque chose.

— Je vais chercher le docteur.

— S'il te plaît, écoute-moi. Il faut que je te le dise. S'il te plaît, Petite Indienne.

— Qu'est-ce que tu veux me dire, P'pa ?

— Je veux que tu quittes Breathed.

— Je ne te quitterai jamais, P'pa. Je resterai toujours avec toi.

— Tu dois t'envoler de ce livre en feu.

Il m'a attirée contre lui. Je l'ai laissé nicher ma joue contre sa poitrine. Je sentais du sang chaud qui gouttait de son nez sur le sommet de mon crâne.

— Tu es juste fatigué, lui ai-je dit. Tu ne mourras jamais.

— Tu crois qu'il est possible que j'aille au ciel ?

— Bien sûr que tu iras au ciel, P'pa. Mais pas aujourd'hui. Aujourd'hui, tu restes au sud du paradis avec moi parce que… parce que… je ne sais pas ce que je ferais sans toi.

Il m'a embrassée sur le front.

— Je ne sais pas si je t'ai déjà dit que je t'aimais, Petite Indienne. Je ne sais pas si j'ai déjà dit ces mots.

— Tu les disais chaque fois que tu me racontais une histoire.

J'ai regardé ses yeux. Il m'a souri. J'ai su que ce serait la dernière fois.

— Est-ce que je t'ai déjà dit que je t'aimais ? lui ai-je demandé, parce que je ne m'en souvenais vraiment pas.

— Chaque fois que tu écoutais une de mes histoires, a-t-il répondu en hochant la tête. Fais-moi plaisir, Petite Indienne. Enlève-moi mes chaussures.

— Ça ne presse pas.

Mon regard s'est posé sur nos deux moitiés de pomme par terre. Elles étaient si bien tombées l'une près de l'autre qu'elles formaient un fruit entier, et on avait l'impression que c'était simplement une pomme rouge bien mûre qui était tombée de la branche, là, à cet instant.

44

Nos os sont dispersés à l'entrée de la tombe.
PSAUME 141, 7

RACONTER UNE HISTOIRE a toujours été une façon de récrire la vérité. Mais parfois, être responsable de la vérité est une façon de se préparer à la dire. Mon père n'est pas mort dans les bois. Il est mort à l'hôpital. Ma robe blanche couverte de son sang.

L'après-midi avait commencé alors que Maman, Lint et moi étions assis en compagnie de Papa sur la véranda. Il y avait du thé glacé dans les verres et nous parlions de l'automne, des feuilles qui changeaient de couleur.

À un moment, Papa s'est levé, les bras raides le long du corps.

— Notre vieux bonhomme est réveillé, a gloussé Maman en croquant un morceau de glaçon dans son verre. Toujours mourant ? lui a-t-elle demandé, parce que depuis quelques semaines, il nous disait tous les matins qu'il se sentait mourir.

Nous pensions tous que parler de sa mort était le genre de chose qu'un vieil homme faisait communément.

— Il faut que j'aille aux toilettes, a-t-il annoncé d'une manière qui ne lui était pas habituelle.

— Très bien, a répondu Maman en levant les yeux vers lui. Bon, on ne va quand même pas te tenir la main. Allez, vas-y.

Lentement, il est entré dans la maison, s'appuyant sur sa canne plus lourdement que je ne l'avais jamais vu faire.

— Il se déplace comme un vieillard, a remarqué Maman, faisant tinter le glaçon dans son verre en buvant le reste de son thé.

Elle a pris la tranche de citron. Tandis qu'elle en mangeait la pulpe, nous avons entendu un grand bruit sourd venant de l'intérieur. Nous nous sommes levés et, après avoir posé nos verres, nous nous sommes dirigés l'un derrière l'autre vers la porte-moustiquaire.

Le grincement des charnières a résonné dans la maison silencieuse tandis que nous entrions dans la cuisine. Il y avait un torchon taché de sang tombé à côté de la table. Nous avons trouvé Papa dans le couloir, étendu par terre, juste devant la porte de la salle de bains. Du sang coulait de sa bouche, formant une flaque sous sa tête.

Maman devait passer le restant de sa vie à essayer de faire partir ces taches du parquet, en vain. Chaque fois que quelqu'un demandait ce que c'était, elle répondait :

— Le bois de ce parquet a été coupé dans un arbre qui saignait. Y a rien d'autre à dire.

Je me suis précipitée sur Papa pendant que Maman se ruait vers le téléphone. À cette époque-là, il n'y avait pas d'ambulance en ville et c'était l'entreprise de pompes funèbres Grinning* Brothers qui répondait aux appels urgents. Leur

* *Grinning* signifie souriant.

corbillard servait d'ambulance à Breathed, comme dans bien des petites villes en ce temps-là.

Maman a ouvert l'annuaire et s'est humecté le doigt pour tourner les pages. Puis elle a enlevé sa boucle d'oreille avant d'enfoncer son doigt dans les trous du cadran.

— Allez, allez.

Elle a tapé du pied pendant que le disque tournait.

Le combiné tremblait tandis qu'elle le tenait à son oreille, attendant que quelqu'un décroche. Je me suis mise à genoux derrière la tête de Papa, que j'ai relevée et appuyée sur moi, et j'ai entendu Maman dire aux pompes funèbres qu'il fallait transporter Papa à l'hôpital.

— C'est dans Shady Lane, juste après le virage. Oui, oui, faites vite, s'il vous plaît.

Elle a reposé le combiné et remis sa boucle d'oreille avant de dire :

— Ils arrivent. Seigneur Jésus.

Ne sachant que faire de ses mains, elle s'est mise à lisser sa robe sur les côtés.

— Je devrais faire de la pâte pour des petits pains. Tu sais, Landon.

Elle a levé le menton en direction de Papa qui a tourné la tête sur mes genoux en gémissant.

— Tu sais, ceux que tu aimes bien.

Elle a ignoré les bruits qu'il faisait et a continué à lui parler comme si tout était parfaitement normal.

— La pâte aura le temps de lever pendant qu'on sera à l'hôpital, a-t-elle dit. Et quand on rentrera tous ce soir, on pourra manger des petits pains tout frais, avec des nouilles et des pommes de terre. Je prendrai un rôti au Papa Juniper's. Un rôti de bonne qualité. Et on mangera tous ensemble, ce soir. Ça sera bien, non ?

Quand elle a eu fini de parler des nouilles et des petits pains de ce dîner que nous ne prendrions jamais, elle s'est tellement tordu les doigts qu'elle a fait glisser son alliance. Elle a essayé de la rattraper avant qu'elle ne tombe par terre. L'alliance a cliqueté sur le parquet avant de rouler un peu, puis elle a tourné en rond plusieurs fois sur place et elle a fini par s'immobiliser. Maman l'a regardée fixement. C'était un petit anneau en or. Elle s'est dépêchée de le ramasser, puis elle l'a repassé à son doigt en disant :

— Je vais faire la pâte.

Sans tourner les yeux vers Papa, elle s'est précipitée dans la cuisine. Nous l'avons entendue poser le grand saladier sur le plan de travail et fouiller dans les tiroirs en hurlant qu'elle ne trouvait pas le rouleau à pâtisserie.

— Bon sang, il est où ?

Quelques secondes plus tard, une exclamation soulagée :

— Je l'ai trouvé.

— Tu p-p-penses qu'il va se remettre, B-b-betty ? m'a demandé Lint en baissant les yeux sur Papa.

Tout ce temps, Lint n'avait rien pu faire d'autre que rester adossé contre le mur.

— P-P-Pourquoi il… il…

— Ça va aller, Lint.

— Tu penses p-p-pas que si je lui faisais une de ses dé-dé-décoctions… co-co-comme il m'en faisait, ça p-p-pourrait lui faire du bien ?

— Plus tard, peut-être. Pour l'instant, tu devrais aller dehors. Voir si les Grinning trouvent bien la maison.

Il m'a regardée. Pour la première fois je me rendais compte que mon frère avait les yeux de la même couleur que ceux de mon père. Le même rond foncé qui devenait doré sur les bords, à la lumière.

— T'es c-c-couverte de sang, Betty.

— C'est rien. Vas-y maintenant, Lint.

J'ai entendu le bruit de la porte qu'il ouvrait. Maman aussi.

— C'est eux ? a-t-elle demandé depuis la cuisine. Je n'ai pas encore fini la pâte.

— Non, M'man. C'était Lint.

— Bon, bon. J'ai presque terminé.

Après cela, elle n'a parlé que de farine et de beurre, mesurant pour elle-même chaque ingrédient, comme si les petits pains étaient vraiment importants et que nous allions être tous rentrés à la maison à temps pour les manger.

J'ai baissé les yeux sur Papa. Sa tête me paraissait si lourde. Le sang continuait à couler de son nez et se répandait sur mes poignets chaque fois que sa tête roulait entre mes mains. Il avait commencé à gargouiller à cause du sang qui encombrait sa gorge, et il devait tousser pour la dégager. J'ai remarqué que mes avant-bras étaient eux aussi couverts de sang. C'était comme si quelque chose avait éclaté dans son corps. J'ai pensé au cœur de verre.

Est-ce qu'il s'était brisé en tout petits morceaux qui le tailladaient à l'intérieur ? me suis-je demandé.

Je l'ai relevé sur mes genoux. J'ai eu l'impression que ça le soulageait un peu. Par moments, ses doigts tressautaient. Ses yeux étaient ouverts et regardaient partout, mais on aurait dit qu'il était désorienté et qu'il se demandait si les murs qui l'entouraient étaient bien ceux de sa propre maison.

— Ça va aller, Papa, lui ai-je dit. Je suis là, avec toi. Maman fait des petits pains. Il va y avoir un rôti. Flossie va venir. Fraya et Trustin aussi. On va dîner tous ensemble. Tu nous raconteras une histoire pendant qu'on mangera les nouilles.

Brusquement, il a saisi mon poignet et l'a serré si fort que j'ai cru qu'il allait m'arracher la main.

— Enlève-moi mes chaussures, a-t-il dit. Enlève-moi mes chaussures.

— Mais tu vas te lever et marcher. Tu vas avoir besoin de tes chaussures, P'pa.

— Mes chaussures. Enlève-moi mes chaussures.

Le sang avait rougi ses dents.

— Ils sont là.

La voix de Lint a résonné entre les murs, depuis la véranda.

— Ils sont là ? a lancé Maman d'une voix anxieuse dans la cuisine. Seigneur Jésus.

J'ai entendu deux portières s'ouvrir, puis des voix inconnues.

— Mon p-p-père est par là.

En levant les yeux, j'ai vu deux hommes bruns poussant une civière. Tous deux avaient de grandes oreilles et une moustache. Ils souriaient, mais leur sourire semblait forcé.

— Ça fait beaucoup de sang, a remarqué celui qui avait les plus longues oreilles.

— Tout ce sang, ça va tacher nos draps, a ajouté l'autre en élargissant son sourire.

— Tacher vos d-d-draps ?

Lint l'a saisi par le col. Je n'avais jamais vu Lint se comporter avec agressivité. Il avait quinze ans à l'époque. Je le voyais enfin comme un adolescent et non plus comme un petit garçon.

— Je vous en a-a-achèterai des neufs, nom de Dieu !

Ils n'ont pas dit un mot de plus et ils ont installé Papa sur la civière. Ils l'ont roulé dans le couloir jusqu'à la porte. C'est en me relevant que je me suis rendu compte de la quantité de sang de mon père que j'avais sur ma robe.

Maman était là, debout devant moi, les doigts encore pleins de pâte collante tandis qu'elle remettait en place ses cheveux sur les côtés.

— Bon, Betty, quand on rentrera, j'aurai besoin de ton aide pour les nouilles. D'habitude c'est ton père qui s'en occupe, mais là, il se reposera dans son fauteuil. Il ne faudra pas le déranger pendant qu'on préparera le dîner.

Son regard s'est attardé sur ma robe ensanglantée.

— Je ne pense pas avoir déjà vu cette robe rouge.

Elle parlait comme si son esprit était dans une autre pièce.

— Oui, Maman.

Je l'ai suivie dans le couloir. Elle a pris la clé de la voiture dans la petite coupe en bois que Papa avait faite pour mettre sur la table près de la porte. J'étais la dernière à sortir de la maison. La porte s'est refermée derrière moi en claquant d'une façon qui nous a tous fait sursauter.

Sans prêter la moindre attention à mon père qui gémissait, les deux frères ont fermé le hayon de leur corbillard et sont allés s'asseoir à l'avant. Je me suis glissée entre ma mère et mon frère sur la banquette conducteur de notre Wagonaire. Nous étions si serrés que nos bras se touchaient dans une sorte de promiscuité intime qui paraissait étrange à des gens comme nous. Maman a rapidement mis le contact et nous avons attendu que les deux frères sortent de l'allée pour les suivre.

— Allez, allez, dépêchez-vous, a hurlé Maman dans leur direction après avoir baissé sa vitre.

Elle a continué à hurler et à klaxonner tout le long du chemin chaque fois qu'elle trouvait qu'ils ne roulaient pas assez vite. Alors que nous roulions à une vitesse qui nous aurait normalement valu une contravention, nous avions le sentiment d'être aussi lents que des tortues en train de remonter les bords de la rivière.

Je me demandais ce que les gens pensaient en nous voyant passer à cette vitesse. J'ai imaginé que le vieux fermier disait à ses vaches :

“*Pourquoi ils sont tous assis à l'avant comme ça ? Avec toute cette place à l'arrière, pourquoi ils sont assis si proches les uns des autres comme ça ?*”

Peut-être la réponse était-elle dans la question.

Tout ce dont j'étais vraiment sûre, c'était la façon dont les mains de Maman tremblaient en agrippant le volant. Elle avait les sourcils froncés et elle se mordillait l'intérieur de la joue chaque fois que le corbillard ralentissait pour prendre un virage.

— Allez, plus vite, lançait-elle en maudissant les deux frères.

Nous nous rendions à l'hôpital le plus proche, à Sweet Temper. Plus nous en approchions, plus Maman donnait l'impression de pénétrer dans une sorte d'obscurité comme une rivière bleue, emportée, à la dérive, ne sachant comment arrêter les choses. Elle a tendu la main pour allumer la radio, puis s'est empressée de l'éteindre, comme si elle ne savait pas quoi faire de ses mains.

— Faites-moi penser à prendre un rôti au Papa Juniper's quand on rentrera.

Lint et moi avons hoché la tête, tandis que l'air froid qui entrait par la vitre baissée de Maman nous faisait frissonner. Juste au moment où nous pensions ne jamais parvenir à notre destination, nous avons aperçu l'hôpital. C'était un bâtiment de briques couleur chocolat sur deux niveaux, qui n'aurait jamais l'air plus moderne qu'une photographie jaunie dans une boîte marquée “Le Passé”.

Une fois la voiture garée, nous sommes rapidement sortis pour attendre près du corbillard. Ils ont remis Papa sur une civière. Il ne bougeait pas mais ses yeux étaient ouverts et fixaient le soleil éclatant.

Maman a suivi la civière à l'intérieur de l'hôpital. Lint s'est arrêté pour regarder le sang sur ma robe.

— Il a perdu t-t-tout ça ?

— Il va s'en tirer.

J'ai tourné la tête vers les gens qui étaient sur le trottoir et qui m'observaient aussi.

— Ça paraît beaucoup parce que ma robe est blanche, leur ai-je dit. Mais en fait, c'est juste quelques gouttes. Rien de plus. Il va s'en tirer.

Lint a vite détourné le regard. Lorsque nous sommes entrés dans l'hôpital, une infirmière nous a indiqué une petite chambre dans le couloir où ils avaient installé Papa. Tout autour du lit un rideau blanc, accroché avec des anneaux, avait été fermé tandis qu'ils s'affairaient auprès de lui. Une des infirmières nous a chassés dans le couloir comme si elle faisait fuir des opossums de sa véranda la nuit venue.

— Allons, sortez.

Elle a fait des gestes de la main pour nous éloigner. J'ai remarqué que l'un de ses bas blancs était filé.

De chaque côté du couloir et sur toute la longueur, il y avait des fenêtres. Je me suis avancée dans la lumière, fermant les yeux et sentant la chaleur du soleil sur mon visage. Quand j'ai rouvert les yeux, j'étais dans notre jardin. L'herbe haute me chatouillait les mollets tandis que je m'avançais en direction de la grange où se tenait mon père, souriant, sur le seuil de la porte grande ouverte, le jour finissant derrière lui dans un chatoiement de roses et de bleus resplendissants.

— Vous pouvez entrer maintenant et faire vos adieux, nous a lancé une voix d'un certain âge.

L'herbe haute, la grange et mon père se sont évanouis lorsque je me suis retournée pour voir la plus âgée des infirmières près de Maman.

— Nos adieux ? a demandé Maman.

— Il est encore conscient, mais je crains que ce ne soit la fin.

L'infirmière parlait sur un ton qui indiquait qu'elle était habituée à expliquer ce genre de choses.

— Mais… a commencé Maman, jetant un regard perdu autour d'elle. Ça n'est pas possible. On a du rôti et des nouilles pour le dîner, et la pâte est en train de lever.

L'infirmière a adressé à ma mère le regard qu'elle réservait certainement à toutes les futures veuves. Puis elle a fait demi-tour pour retourner dans la chambre. Maman et Lint l'ont suivie. J'ai baissé la tête, quittant le soleil pour les rejoindre.

— Enlevez-moi mes chaussures.

La voix de Papa ne m'avait jamais paru aussi faible. Il a fait rouler sa tête vers nous. Je crois qu'il a essayé de sourire, mais je n'affirmerais pas avec certitude que ce n'était pas une ombre laissée par le sang qui avait coulé aux coins de sa bouche. La pensée m'est alors venue qu'être enfant, c'est savoir que le balancement du berceau nous rapproche et en même temps nous éloigne de nos parents. C'est le flux et le reflux de la vie qui, tour à tour, nous poussent vers les autres, puis nous en écartent, peut-être dans le but de nous permettre d'acquérir la force nécessaire pour affronter l'instant où ce mouvement de balancier nous aura tellement éloignés de la personne que nous aimons le plus qu'elle ne sera plus là quand nous reviendrons vers elle.

— Salut, P'pa, ai-je dit, parce que cela me semblait mieux que dire adieu.

Lint m'a regardée, puis il a tourné la tête vers Papa.

— Hé, P-p-papa, a-t-il dit, des larmes glissant sur ses joues.

Maman s'est essuyé les yeux et s'est avancée jusqu'aux chaussures de Papa, dont les semelles étaient complètement usées. Ses lacets étaient si effilochés qu'on aurait dit qu'il avait noué des franges de quelque bout de tissu parce qu'il n'avait rien d'autre. J'aurais voulu offrir à mon père une paire de chaussures neuves, là, tout de suite, mais il était trop tard pour de tels gestes. Alors que Maman commençait à défaire les lacets, Papa a tressailli. Maman s'est précipitée auprès de lui et a posé la moitié de pomme sculptée qui pendait à son cou contre celle que portait mon père.

— Il vaut mieux ne pas voir ça, a dit une infirmière en nous repoussant, Lint et moi.

Elle a tiré le rideau devant nous, laissant un espace suffisant pour nous permettre de voir notre mère coller les deux moitiés de pomme l'une contre l'autre, formant ainsi un tout avec notre père, qui était étendu là, mort, sans savoir que ses chaussures étaient toujours à ses pieds.

45

Seigneur, je te suivrai,
mais permets-moi d'abord de dire adieu à ceux de ma maison.
LUC 9, 61

PERSONNE N'A RAPPELÉ à Maman de prendre un rôti au Papa Juniper's quand nous sommes passés devant le magasin en rentrant à la maison, où la pâte avait gonflé. Maman a saisi cette pâte, qui faisait penser à une colline dans un saladier et elle l'a aplatie à coups de poing. Puis elle s'est mise à parler. Des plantes qui jaunissaient, du jardin, du thé, dont nous étions presque à court.

— Avant que j'oublie, Betty, m'a-t-elle dit tout en balayant la farine sur le sol de la cuisine, ton père t'a acheté une machine à écrire. Elle est cachée sous le capot de la Rambler.

Poussant violemment la porte-moustiquaire, je me suis précipitée dehors. Avant d'entrer dans le bois, j'ai enlevé mes chaussures pour continuer pieds nus sur le sol dur. Lorsque je suis arrivée à la Rambler, j'ai soulevé le capot avec fébrilité. L'emplacement du moteur était occupé par une mallette noire. À l'intérieur il y avait une machine à écrire. Posée sur les touches, se trouvait la serviette en papier sur laquelle j'avais écrit, tant d'années auparavant, l'histoire intitulée "Le Sourire des Martiens".

— Tu l'as gardée tout ce temps, ai-je murmuré au fantôme de mon père en serrant la serviette contre mon cœur.

J'ai regardé de plus près la feuille de papier engagée dans le rouleau de la machine. Quelque chose avait déjà été tapé :

BETTY
Chapitre I

Mon père m'avait donné le début. Il m'appartenait d'écrire le reste. J'ai refermé la mallette et l'ai sortie de la Rambler. Dans mon esprit, la machine posée par mon père à l'emplacement du moteur était un signe. Un dernier message disant sa foi, un clin d'œil au moteur que j'avais en moi.

J'ai couru droit devant, m'arrêtant à chaque souffle de vent, attendant avec impatience qu'il me caresse la joue.

L'enterrement a eu lieu deux jours plus tard. Cette nuit-là, j'avais dormi avec Maman. J'ai été réveillée en sentant quelque chose qui me frottait. Quand j'ai ouvert les yeux, son visage était tout brouillé.

— Leland ?

J'ai cligné des paupières jusqu'à ce qu'il m'apparaisse clairement.

— C'est l'heure de se lever.

Il parlait tout bas, son souffle chaud s'insinuant dans mon oreille. Ses mains glissaient de mon côté de la couverture et s'aventuraient sous mon T-shirt.

— Ne me touche pas, ai-je chuchoté sèchement en le repoussant d'un geste brusque.

J'ai regardé Maman. Elle dormait encore, mais ses yeux fermés s'agitaient. Je me suis levée sans la réveiller. En silence, j'ai fait sortir Leland de la chambre.

— Allez, va, lui ai-je dit quand il a voulu attendre dans le couloir.

Une fois en bas, il s'est tourné vers moi.

— On va quelque part en particulier ?

Je l'ai poussé dehors par la porte principale.

— On va dans la grange ? m'a-t-il demandé dans la cour. On va s'amuser un peu avant que tout le monde arrive ? Tu veux être ma nouvelle Fraya ?

— Tu t'en vas.

— Peux pas, a-t-il répliqué en libérant son bras de ma main. On a un enterrement aujourd'hui.

— C'est seulement pour les amis et la famille.

— Et je suis quoi, pour toi ?

— Pas le bienvenu.

— C'est mon père, a-t-il lancé en élevant la voix. Je serai à son enterrement. C'est moi le pasteur pour cette foutue cérémonie.

— Papa ne voulait pas de sermon.

— Je suis son fils, Betty.

— Non, ce n'est pas vrai.

Je suis allée jusqu'au Bout du Monde et je me suis glissée sous la scène. Je m'étais rendu compte que les secrets que l'on enterre sont des graines qui ne produisent que du mal supplémentaire.

— Qu'est-ce que tu fous ?

Il a donné des coups de poing sur les planches, puis il s'est penché pour regarder.

— Pourquoi t'as toutes ces pierres là-dessous ?

— Je suis le genre de fermier qui cultive les pierres, lui ai-je répondu en déplaçant un gros caillou.

J'ai commencé à creuser, jusqu'à ce que je sente le couvercle de deux bocaux. Je les ai dégagés et à ce moment-là, il y a eu une bourrasque de vent, comme si la terre elle-même expirait. Tenant les deux bocaux contre ma poitrine, je me suis relevée face à Leland.

— Qu'est-ce qu'il y a là-dedans ?

— L'histoire de ton père.

Je lui ai tendu le premier bocal. Il a dévissé le couvercle et a pris les pages pliées à l'intérieur.

— Tu lis ce que Maman m'a raconté il y a longtemps.

Il dévorait les mots du regard. Il serrait les feuilles si fort que je me suis dit qu'elles allaient prendre feu dans ses mains.

— T'es malade, Betty, a-t-il éructé, les mâchoires crispées jusqu'à faire ressortir la veine de son cou. Écrire de tels mensonges.

— C'est la vérité. Grand-père Lark a déchiré Maman. Pendant des années, il l'a violée. Elle est tombée enceinte de lui avant qu'elle ne rencontre Landon Carpenter. C'est pour cette raison qu'elle l'a choisi ce jour-là, dans le cimetière, pour qu'il soit l'homme qui t'élèverait sans savoir que tu n'étais pas son fils. Elle a pensé que ce serait pour toi une chance inespérée. Elle ne voulait pas que tu naisses avec les mêmes tempêtes dans les mains que celles que ton père avait dans les siennes.

Leland a chiffonné les pages. Tandis qu'il tournait autour de moi, je sentais sa rage. Elle était si écrasante qu'elle aurait pu enfoncer n'importe laquelle des collines environnantes à six pieds sous terre. L'aplatir comme un rien. Lorsqu'il a ouvert la bouche, je me suis attendue à un hurlement que toute la terre allait entendre, mais il a seulement grincé des dents en lâchant :

— Menteuse.

— Tu es le portrait craché de Grand-père Lark.

— Parce que je n'ai pas de boue sur la peau comme toi ? m'a-t-il répondu en me lançant un regard plein de dégoût. Je tiens de Maman.

— Flossie. Fraya. *Elles*, tenaient de Maman. Mais elles tenaient aussi de Papa. Quand je te regarde, je ne vois rien de lui.

— Ferme-la.

Il a levé au-dessus de ma tête le poing dans lequel il serrait les feuilles, comme s'il allait me frapper, mais je n'ai pas bronché.

— Tu ne me fais pas peur.

Il a craché sur ma joue avant de m'arracher l'autre bocal des mains. Au lieu de dévisser le couvercle, il a cassé le verre contre la scène. Il a secoué les feuilles pour les débarrasser des éclats. J'ai observé son visage se contracter convulsivement au fil de sa lecture.

— J'ai écrit ça après t'avoir vu violer Fraya dans la grange. Tu as fait ce que Grand-père Lark a fait à Maman, seulement toi, tu l'as fait à ta sœur. Tu as commencé avec Fraya quand elle n'avait que cinq ans. Je l'ignorais, au début, mais j'ai compris par la suite qu'elle l'avait toujours chanté dans les paroles de sa chanson. *À cinq ans, la petite fille crie, le loup est là, il va la dévorer vivante.* Le loup, c'est toi, Leland.

Il m'a saisie à la gorge, mais j'ai soutenu son regard et lui ai fait baisser les yeux.

— Tu sais ce que fait une petite fille de cinq ans ? lui ai-je demandé en enfonçant mes ongles dans sa main. Elle dort avec son ours en peluche. Elle dessine avec des crayons de couleur et elle pense que le monde sera aussi doux avec elle que le ruban qu'elle a dans les cheveux. Imagine que tu es une petite fille de cinq ans et que ton frère, le garçon qui est censé te protéger, se met à *dévorer* tes doigts, puis il *dévore* tes bras, puis il *dévore* tout ton corps. Tu as détruit sa vie, Leland.

— *Elle* a détruit sa vie, m'a-t-il crié au visage. C'est elle.

— C'est exactement ce qu'aurait dit Grand-père Lark.

Je l'ai repoussé. J'ai pensé qu'il allait me serrer la gorge à nouveau, mais il s'est contenté de dire :

— Tu n'es rien, Betty. Tu n'as jamais rien représenté.

Il a jeté les feuilles par terre et les a piétinées.

— Tu ne peux pas faire disparaître son histoire, Leland. Je la garde ici (je me suis touché le front). Je la garde ici (je me suis touché la joue). Je la garde ici (je me suis frappé la poitrine au-dessus du cœur). Je la garde en moi. Quoi que tu fasses au papier, son histoire vivra toujours. Je vais dire à tout le monde quel monstre tu es.

J'entendais presque son sang bouillir dans ses veines.

— Tu crois tout savoir, Betty ? Tu n'étais pas là au début, pendant toutes ces années où il n'y avait que Fraya et moi avec Maman et Papa sur la route. Je n'étais pas assez grand pour atteindre les pédales, mais Papa avait bricolé la voiture et c'était moi qui conduisais la plupart du temps. J'ai pas eu l'occasion d'avoir une enfance comme la tienne. Papa savait parler, il pouvait se faire embaucher n'importe où, mais il ne gardait jamais son boulot. J'ai dû aider à nourrir la famille. À dix ans, il a fallu que je sois un homme. (Il s'est frappé la poitrine du poing.) J'ai pas eu le choix. Alors, merde, on me devait bien quelque chose en échange, non ?

— Ta sœur n'était pas un dédommagement. Elle ne t'appartenait pas. C'est ce que tu as pensé, et sous quel prétexte ? Parce que Papa t'a demandé de travailler un peu ? Tu as violé Fraya parce que tu l'as voulu. Lui voler sa force était la seule façon pour toi de te sentir important. Tu n'es rien qu'un minable, un lamentable raté. Tout comme Grand-père Lark. Tous les deux, vous vous êtes nourris du pouvoir des petites filles et des femmes dans votre vie parce que ni l'un ni l'autre, vous n'aviez de pouvoir à vous.

— Tu es aussi coupable que moi, a-t-il répliqué en souriant de toutes ses dents. Tu as vu ce que j'ai fait dans la grange et tu n'as pas levé le petit doigt.

— Le seul coupable, c'est toi. Et un jour, quand j'aurai écrit cette histoire, tu ouvriras le livre et tu y trouveras des petits éclats de miroir. Pas partout, juste sur les noms que j'aurai donnés au diable. Quand tu auras réuni tous ces éclats, c'est ton image que tu verras. Maintenant, va-t'en de chez nous. Tu n'as rien à faire ici.

J'allais rentrer à l'intérieur de la maison, mais je me suis immobilisée quand il a dit :

— Elle était enceinte, tu le savais ? Et elle voulait garder le bébé.

— Tout le monde savait qu'elle était enceinte. (Je me suis retournée pour lui faire face.) C'est pour ça qu'elle s'est servie du morceau d'écorce.

— Je te parle pas de cet hiver d'il y a toutes ces années. Je te parle de quand elle est morte. Elle était bien décidée à avoir l'enfant cette fois-ci. Il serait né avec des griffes et une queue. C'est pas ce qu'on dit toujours ?

— Je ne… je ne comprends pas… la nuit où elle est morte, elle savait qu'elle était enceinte ?

Il a hoché la tête en s'essuyant la bouche.

— C'est pour cette raison qu'elle m'a dit qu'elle allait partir, ai-je dit. Elle allait quitter Breathed et te laisser pour élever l'enfant.

— Je pouvais pas la laisser faire ça, a-t-il dit.

— Ce soir-là, au Dandelion Dimes, quelqu'un l'a appelée au téléphone. (Je me suis mise à passer en revue toute la soirée, me parlant à voix haute.) Elle a dit qu'il n'y avait pas eu d'appel, mais je sais qu'il y en a eu un. Et qu'il y a eu une dispute. (J'ai regardé Leland.) C'était toi, hein ?

Il a remué les lèvres comme s'il mâchait quelque chose. Puis il a levé les yeux au ciel, suivant les nuages quelques instants avant de dire :

— Un jour, j'ai attrapé un aigle, une femelle. On dit que l'aigle vole plus haut que tous les autres oiseaux.

— Qu'est-ce que tu lui as fait, Leland ? lui ai-je demandé en serrant les poings le long de mon corps.

— Rien de particulier, a-t-il répondu en haussant les épaules. Je l'ai juste mise dans une cage et je l'ai affamée. Fraya m'a suivi dans les bois. Elle a dit qu'elle allait raconter à Papa ce que j'avais fait. J'ai été obligé de la tuer.

— Fraya ?

— L'aigle. (Il a baissé les yeux.) Pourquoi tu pleures comme ça, Betty ? Ça n'était qu'un oiseau.

— Assassin.

Je lui ai donné un coup de poing. Il a vacillé en arrière et porté la main à sa mâchoire.

— Je savais qu'elle ne se serait pas suicidée, ai-je dit. C'est toi qui as attrapé l'abeille. Les phares de la voiture ? C'était toi qui arrivais. Tu lui as mis la main de force dans le bocal.

— Elle a hurlé comme pas possible, a-t-il dit en souriant. Heureusement, il y avait un oreiller juste à côté.

— Je vais te tuer.

Je me suis jetée sur lui, mais il m'a attrapé le bras et l'a tordu dans mon dos.

— Tu sais, c'est marrant. Quand une fille triste meurt, tous les gens pensent que c'est sa faute.

Il m'a lâchée et m'a donné un coup de pied dans la jambe.

— Tu as encore quelque chose d'enterré ?

Il a regardé par terre, comme si le sol regorgeait soudainement de secrets qu'il voulait ne jamais voir révélés. Il a insisté :

— Alors, t'en as ?

Sentant la rage envahir la moindre parcelle de mon corps, j'ai dit posément :

— Oui. Fraya a enterré quelque chose. Je vais te le montrer.

Je me suis à nouveau glissée sous la scène où se trouvait la pierre la plus longue. Je l'ai déplacée et j'ai plongé la main dans le trou. Quand je suis ressortie, Leland me tournait le dos et il déchirait les histoires en petits morceaux qu'il a regardés s'envoler.

— Insupportable Betty. Il va bien falloir que je m'occupe de toi.

Il s'est retourné.

— Toi ? a-t-il demandé, les yeux fixés sur le fusil que je braquais sur lui. C'était toi, Betty, qui tirais, tout ce temps ?

— Tu seras mon dernier coup de feu.

J'avais le doigt sur la détente.

— Tu n'es qu'une fille avec un fusil, m'a-t-il dit en souriant. Personne ne s'en est soucié pendant toutes ces années. Pourquoi penses-tu que ça va changer maintenant ?

— Tu sais, grandir dans cette maison m'a donné tout le temps nécessaire pour réfléchir à la façon dont les Peacock ont pu disparaître sans laisser de traces. Tu ferais bien de te dire que tu pourrais disparaître aussi facilement, Leland. Pas de corps. Pas de sang.

— T'as pas les tripes, petite sœur.

— Tu veux parier ?

J'ai tiré dans le sol juste devant ses pieds. L'herbe et la terre ont explosé et il est tombé à la renverse.

— Sale petite sorcière.

J'ai actionné la pompe du fusil pour engager une autre cartouche dans la chambre.

Il s'est relevé avant de poursuivre :

— J'aurais dû te tuer, toi aussi.

Il s'est avancé vers moi, mais il a été stoppé net par un caillou qui lui a frappé le bras. En me retournant, j'ai vu Lint qui se tenait là, les poches gonflées. Il y a plongé les mains pour en sortir des poignées de cailloux. Il s'est mis à les lancer si fort que ses pieds décollaient du sol. Leland a essayé de les esquiver, mais c'était comme si tout le grès des collines pleuvait en morceaux sur lui. Il a voulu contre-attaquer en lançant des coups de poing, mais il n'a trouvé que le vide. Quand un caillou pointu l'a atteint en plein front, on a eu l'impression que ses yeux venaient d'éclater et que le sang en ruisselait.

— Je vais t'écrabouiller la figure, a-t-il dit à Lint.

De sa ceinture, Lint a tiré le lance-pierre que Papa avait fait pour Trustin. Rapidement, il a mis un gros caillou rond dans la bande de caoutchouc. J'ai reconnu la pierre que Leland lui avait rapportée du Japon. Lint a placé la pierre de manière à ce que l'œil peint dessus soit tourné vers Leland.

— Bon, a dit Leland, les bras écartés, si vous voulez me tuer, alors que l'un de vous deux le fasse tout de suite.

Il m'a regardée dans les yeux avant d'ajouter :

— Promets-moi seulement que tu ne me feras pas incinérer comme pour Fraya, Betty. Je ne veux pas brûler deux fois.

— Tu ne sens donc pas les flammes sur tes mollets ? Tu ne sens pas la chaleur autour de ton cœur ? Tu ne sens pas tes yeux fondre et couler de leurs orbites ? Tu ne sais donc pas que tu es déjà en train de brûler ? (J'ai abaissé le fusil, je n'avais plus besoin de cette arme-là.) Il n'y a pas une seule flamme sur cette terre ou en enfer qui n'a pas ton nom inscrit sur elle, Leland. Tu brûles déjà.

Il m'a regardée un moment, puis il a frotté sa manche, comme s'il éteignait une flamme. Il a épousseté ses deux épaules avant de secouer ses jambes en riant.

— Oh, mince alors, je brûle vraiment, a-t-il dit.

Il s'est mis à sautiller, comme si les flammes s'attaquaient à ses pieds. Mais à mesure qu'il continuait à faire semblant, son sourire s'effaçait de plus en plus, pour être remplacé par une expression apeurée.

Quand il a recommencé à frictionner ses manches, il l'a fait avec la même vigueur que si les flammes montaient vraiment le long de ses bras.

— Merde, s'est-il exclamé en se frappant la poitrine, comme si le feu le consumait de l'intérieur.

Il s'est mis à crier, me demandant, ainsi qu'à Lint, de l'éteindre. Mais nous sommes restés là à le regarder, sans bouger.

— S'il vous plaît, aidez-moi.

Il se donnait des claques sur la tête, de chaque côté, hurlant que ses cheveux prenaient feu.

Partout sur son corps, il sentait les flammes. On pouvait presque les voir reflétées dans ses yeux tandis qu'il essayait désespérément de les étouffer avec ses mains, avant d'enlever sa veste et de s'en servir pour se fouetter les jambes. Il hurlait, se frottant les yeux, puis il est tombé à genoux. Le front collé sur le sol, il a pris des poignées de terre qu'il lançait sur son dos, jusqu'à ce que ses bras, épuisés par ce combat, retombent comme deux choses en train de fondre, formant une flaque à ses côtés.

Lorsqu'il a relevé la tête, il a regardé autour de lui. Sa peau était si rouge et luisante que l'on avait l'impression qu'il venait réellement de traverser un brasier. À un moment, ses yeux ont croisé les miens, ses lèvres se sont entrouvertes comme s'il voulait dire quelque chose, mais j'ai relevé le menton pour lui jeter un regard méprisant. Il est resté silencieux.

Il a tendu la main vers moi, mais je lui ai tourné le dos. Lint a fait de même. Nous l'avons entendu pleurer et nous implorer de l'aider. Mais ses supplications ne m'inspiraient aucune pitié. Pas après ce qu'il avait fait à ma sœur.

J'ai entendu qu'il grattait quelque chose sur le sol. Puis je l'ai entendu se relever péniblement. Il est resté un moment, là, derrière nous, avant de regagner son camion. Je ne me suis retournée que lorsque le bruit de son moteur s'est éloigné. À l'endroit où il s'était tenu, on pouvait lire, inscrit dans la terre, *Leland était ici.*

Du bout du pied, j'ai effacé son nom.

Restée seule avec Lint, j'ai passé le bras autour de ses épaules, et nous avons regardé les arbres dans Shady Lane se balancer dans le vent.

— Merci pour ton aide.

— De rien, B-b-betty.

— Tu sais, Papa avait fait ça pour deux personnes, ai-je dit en montrant le lance-pierre.

— Je sais.

— Alors, comment tu as fait pour t'en servir tout seul ?

— Je ne m'en servais p-p-pas tout seul. Trustin était là. Il avait sa m-m-main dessus aussi. C'était son lance-pierre.

Nous nous sommes dirigés vers la maison. Juste avant d'entrer, Lint m'a dit :

— Je l'ai tou-tou-toujours su.

— Qu'est-ce que tu as toujours su ?

— Que Leland était un d-d-démon.

Tandis que je scrutais mon reflet dans le miroir de ma chambre, j'ai eu le sentiment que je portais cette robe noire non seulement pour la mort de mon père, mais aussi pour la mort de mon enfance. Comment aurais-je pu perdre mon père sans perdre quelque chose de moi-même ? La petite fille que j'avais été appartenait au passé. À présent, c'était une vie de femme qui m'attendait. Je m'en suis aperçue à la façon dont j'ai tourné mon poignet pour vaporiser sur ma peau un peu du parfum de ma mère avant de descendre.

Lint avait déjà déplacé les meubles dans le salon et installé les chaises pliantes. Des gens étaient arrivés et chuchotaient en petits groupes çà et là dans la pièce. Je me suis avancée jusqu'à une table où se trouvait une certaine enveloppe au milieu du courrier que Lint était allé chercher ce matin-là. J'ai reconnu l'écriture de Flossie. À l'intérieur, il y avait une carte représentant des vagues déchaînées en noir et blanc. Au dos de cette carte, Flossie avait écrit, *Le Pacifique est le plus profond de tous les océans.*

Elle avait signé de ses initiales. Dans le fond de l'enveloppe, étaient éparpillés quelques morceaux de papier portant l'inscription "bonne nuit". Au milieu d'eux, il y avait un seul "au revoir". J'ai compris qu'il était destiné à Papa.

Je les ai laissés en place et j'ai posé l'enveloppe sur le manteau de la cheminée avec la carte. Lint s'est approché et a regardé les vagues. Il portait la chemise blanche et le nœud papillon noir que Maman lui avait achetés. Ses longs cheveux tombaient en une tresse sur son épaule.

— Qu'est-ce que tu as là ? lui ai-je demandé en voyant quelque chose dépasser de sa main fermée.

— Oh, c'est du p-p-pain que Maman a fait, m'a-t-il répondu.

— C'est pour quoi faire ?

— Un jour, Papa m'a dit de p-p-pas oublier de l'enterrer avec un morceau de p-p-pain de Maman pour nourrir l'oiseau.

— Quel oiseau ?

— L'oiseau qui est sorti de son c-c-cœur en verre. Tu te-te-te souviens ? C'est toi qui m'as p-p-parlé la première de cet oiseau, B-b-betty. Mais plus t-t-tard, Papa m'a dit de ne p-p-pas oublier de l'enterrer avec d-d-du pain. Pour qu'il p-p-puisse nourrir l'oiseau pendant leur voyage au p-p-paradis.

— Il ne m'a jamais dit de l'enterrer avec du pain.

— Tu-tu-tu n'étais pas son seul enfant, Betty.

Il a placé le morceau de pain dans la main de Papa.

Une bourrasque de vent est entrée par les fenêtres ouvertes et tout a semblé se mettre en mouvement. Les rideaux, les serviettes en papier, les cravates des hommes et les robes des femmes, y compris la mienne. Je me suis avancée jusqu'au cercueil pour regarder mon père. Alors que mes cheveux flottaient devant mes yeux, ceux de Papa restaient figés sous une épaisse couche de laque. Son visage et son cou disparaissaient sous une poudre trop pâle pour sa peau, et la teinte sur ses joues était beaucoup trop rose. Ses lèvres avaient été fermées en un sourire gauche. Le bout du fil avec lequel elles avaient été cousues dépassait légèrement au coin de sa bouche, comme un ver minuscule.

Les frères Grinning avaient habillé mon père ainsi que le prévoyait l'option la moins onéreuse. Un costume couverture vert foncé. Ils appelaient ça costume couverture parce que tout était cousu ensemble. La cravate à la chemise. La chemise à la veste. La veste au pantalon. Le costume couvrait le corps et était simplement glissé en dessous. Si Papa était revenu à la vie à cet instant et s'était levé, le costume serait tombé par terre. J'étais sûre qu'il se serait contenté de rire ; il aurait ramassé cette couverture en forme de costume pour l'étendre sur l'herbe et aurait suggéré d'y pique-niquer.

Les frères Grinning nous avaient dit de choisir une cravate pour la coudre sur la chemise. Nous avions pris la seule cravate que Papa avait jamais possédée et qui avait l'aspect d'un poisson. Il la tenait d'une Gitane aux cheveux blancs rencontrée alors que nous traversions le Montana. Elle vendait des tourtes dans sa camionnette installée au bord de la route. Papa lui avait acheté une tourte au poisson. Quand il l'avait coupée, ce n'était pas du poisson qu'il y avait à l'intérieur, mais une cravate en forme de poisson. Il s'était dit que la Gitane l'avait fait cuire dans la tourte par erreur et il la lui avait rapportée, mais elle lui avait répondu qu'elle avait mis une vraie perche dans sa tourte.

— Je n'y peux rien, avait-elle dit, si à la fin de la cuisson le poisson s'est transformé en une simple cravate.

Je ne me souviens pas vraiment si tout cela est vrai. Si j'ai bien vu cette Gitane aux cheveux blancs, et si j'ai effectivement vu la croûte de la tourte se casser quand Papa en a retiré la cravate. Ou bien si c'est une histoire de son invention que j'ai en tête parce qu'il l'y a mise comme des petits cailloux éclairés de lune.

L'unique paire de chaussures que possédait mon père était ses chaussures de travail. M. Chairfool, qui avait la même pointure que Papa, nous a offert une paire de richelieus usés mais bien cirés.

— Ce sont de bons souliers pour aller à Dieu, avait dit M. Chairfool. Ils sont bons parce qu'on a dansé avec. Des chaussures dans lesquelles on a dansé sont de meilleur caractère que celles dans lesquelles on est simplement resté debout.

Ce costume, ces chaussures, le maquillage sur son visage, tout cela masquait mon père. C'est seulement en observant ses mains que je l'ai retrouvé, dans la terre incrustée autour de ses ongles courts et dans les rides sinueuses des articulations de ses doigts maigres. Des étrangers regardant ses mains n'auraient vu en lui qu'un homme sans importance. Ils se seraient dit qu'il ne comptait pas, étant donné que ses mains étaient sales. Mais dans la vie, ou bien vous vivez dans la maison de quelqu'un d'autre, ou bien vous construisez la vôtre. Un homme qui avait les mains de mon père était un homme qui avait construit sa demeure avec du ciel et des étoiles. Il s'était attaché à la palpitation même de la vie et il en avait délaissé les commodités. C'est quelque chose que vous ne pouvez pas espérer faire sans vous salir les mains. Vous savez ainsi que vous faites les choses comme il faut.

J'ai contemplé les bouquets de thym et d'armoise séchés accrochés à l'intérieur du cercueil. Je m'étais dit que mon père, étant plus âgé et ayant vécu plus longtemps, aurait besoin de plus de thym et d'armoise qu'il n'en avait lui-même donné à Trustin. Au lieu d'un seul bouquet de chaque, j'en avais accroché suffisamment pour offrir à un homme une infinité de voyages sereins et de rêves radieux.

Je me suis retournée vers ma mère. Elle était assise au milieu du canapé avec une courtepointe pliée sur les genoux. Le matin, elle m'avait demandé de la maquiller.

Elle devait penser que si elle gardait un tube de rouge à lèvres suffisamment longtemps à la main, elle gâcherait tout. Elle voulait un visage entièrement maquillé. Je lui ai fait ce qu'elle voulait.

— Tu as des nouvelles de Leland ? m'a-t-elle demandé pendant que je lui poudrais les joues.

— Il est passé tôt ce matin, tu dormais encore.

— Bon, et il est où, maintenant ?

— Il est parti.

— Parti ?

J'ai dû lui dire d'arrêter de froncer les sourcils pour que je puisse m'en occuper.

— Parti ? a-t-elle répété. C'est l'enterrement de son père, tout de même.

Nos regards se sont croisés, puis elle a vite détourné les yeux.

— Ferme les paupières, maman. Je vais te mettre un peu de fard.

— Vas-y sans crainte avec la couleur.

Elle n'a rien dit d'autre.

J'ai tiré un trait d'eye-liner jusqu'au coin de ses yeux, j'ai appliqué du mascara, puis elle a mis son voile. Il couvrait tout son visage à l'exception de ses lèvres rouges.

Deux voisines passaient près de moi, j'ai entendu l'une d'elles dire à l'autre :

— Regardez ce voile. Qui est-ce qu'elle croit pouvoir tromper ?

Chacune de ces femmes portait une plante en pot appelée fougère de la résurrection, comme si aucune fleur au monde ne pouvait comprendre la mort aussi bien que celle-là. Elles se dirigeaient vers Maman. Il était difficile de savoir si, derrière son voile, Maman regardait les fougères ou les femmes.

Elle n'a fait aucun geste en direction de l'une ou de l'autre quand elles lui ont présenté leurs condoléances. Elle a simplement attendu, avec la courtepointe à la main.

La pièce est devenue silencieuse et tous ont regardé Maman s'avancer jusqu'à sa chaise près du cercueil. Il était l'heure de commencer et ma mère nous le faisait savoir en prenant place.

Lint s'est assis à côté d'elle, me laissant le siège du bout. Il y avait tant de monde que la pièce était bondée et nous n'avions pas assez de chaises, si bien que les gens s'étaient éparpillés dans les autres pièces et sur la véranda.

Il n'y avait personne pour organiser la cérémonie et tous semblaient attendre que quelqu'un prenne les choses en main. Quand Maman a donné un coup de coude à Lint, il s'est levé et s'est éclairci la gorge avec une certaine nervosité.

— Il n'y aura pas de s-s-sermon aujourd'hui, a-t-il commencé d'une voix tremblante. Papa n'en voulait pas. Seulement d-d-des histoires. Vous en co-co-connaissez des tas, alors choisissez celle qui a le p-p-plus de sens pour vous. Co-co-comme ça, elle en aura au-au-aussi pour mon père.

Lint s'est frotté les mains l'une contre l'autre rapidement, comme s'il voulait déclencher l'étincelle de sa propre évocation de Papa.

— Un jour, Papa a t-t-taillé des petites voitures dans du b-b-bois et il les a attachées aux c-c-cannes à pêche. On lançait les lignes et les v-v-voitures flottaient très bien. "Voyons laquelle est la p-p-plus rapide", disait Papa avant de faire "pan" avec sa b-b-bouche. On rem-rem-rembobinait avec le moulinet aussi vite qu'on p-p-pouvait pour faire la c-c-course sur l'eau.

Lint a exécuté tous les gestes, comme s'il lançait sa ligne. L'espace d'un instant, nous avons eu l'impression d'être au bord de la rivière avec lui et Papa, nous demandant qui allait gagner la course tandis que Lint rembobinait à toute vitesse.

— Il me laissait g-g-gagner à chaque fois, a dit Lint en laissant retomber ses mains. Voilà le genre de p-p-papa que c'était.

Lint s'est rassis et les gens se sont levés à tour de rôle pour raconter des histoires sur Papa, comme la fois où il avait marché sur tous les câbles électrique du comté tel un funambule, ou le jour où il avait trouvé des insectes en or.

“Ce sacré Landon, il avait peint ces insectes pour qu'ils aient l'air ordinaire. Pour qu'on les vole pas et qu'ils finissent pas enfermés dans une boîte à bijoux.”

Ces histoires, comme le reste, étaient devenues des mythes locaux, pleins de généreuses rasades d'alcool fait maison et de cannes de sorgho.

Quand Cotton s'est levé pour prendre la parole, il a redressé sa cravate et il a commencé à parler de l'amour qu'il avait pour sa femme.

— Après ce qui est arrivé à Vickory, j'ai pensé que je ne pourrais plus jamais être heureux. Et puis Landon m'a donné un sachet de ballons en me disant, “Une lettre le matin sèche les larmes jusqu'à demain”. Il m'a dit qu'en écrivant à Vickory, je pourrais la ramener à la vie, d'une certaine façon. Elle ne serait pas en mesure de me répondre, mais il m'a affirmé qu'elle me ferait savoir qu'elle recevait mes lettres en mettant une pierre dans le creux du saule pleureur à l'entrée de Shady Lane.

J'ai jeté un coup d'œil au caillou que Lint faisait rouler dans sa main. Il l'a glissé dans sa poche.

— Et en effet, a continué Cotton, quand j'ai écrit ma première lettre et que je l'ai envoyée dans un ballon, j'ai trouvé une pierre dans le creux du saule. Je savais bien que c'était Landon qui l'avait mise là, mais je me suis laissé croire que c'était Vickory. Landon aussi m'a laissé croire que c'était elle. À part les moments où il n'était pas à Breathed, il a placé une pierre dans l'arbre tous les jours. Je pense que Dieu lui-même aurait fini par se lasser de ce petit jeu pour me faire plaisir, mais pas Landon, et il ne m'a jamais demandé d'oublier Vickory. Il m'a donné une raison de m'accrocher.

En écoutant Cotton et les autres, j'ai compris une chose que mon père ne savait pas quand il était encore en vie. Il était bien plus qu'un bouche-trou. Il était un immense champ de fleurs sauvages à lui tout seul. J'ai le sentiment que les herbes ne cesseront jamais de parler de lui. De ses chasses aux champignons, de sa théorie selon laquelle personne ne sait vraiment mesurer la douceur du miel. Peut-être que c'est ça, son éternité. Un homme qui tire sa révérence et va son chemin. Peu à peu, j'ai eu l'impression que c'était moins un enterrement qu'une réunion où un bocal d'alcool distillé par Papa aurait dû circuler de l'un à l'autre. Les gens souriaient, riaient même, se donnant des tapes dans le dos et s'exclamant : "Oh, mon vieux, c'était du Landon tout craché, ça."

— Ça suffit, a dit Maman en se levant. Tous ces rires. Faut vous calmer maintenant et faire preuve d'un peu de respect, bon sang.

Comme elle était déjà debout, j'imagine qu'elle s'est dit que le moment était peut-être venu. Elle s'est lentement approchée du cercueil en dépliant la courtepointe qu'elle avait à la main.

C'était son dessus-de-lit, celui avec l'arbre cousu au milieu. Les anciennes taches de sang provenant des chatons étaient toujours visibles. Ce qui était nouveau, c'étaient les morceaux de feutre vert, découpés en forme de feuilles de noyer blanc surjetées au bord des branches de l'arbre. Sur les deux plus grandes de ces feuilles, elle avait brodé son nom et celui de Papa. Mon nom, et celui de tous mes frères et sœurs, y compris Yarrow et Waconda, étaient brodés sur des feuilles plus petites. La veille, j'avais vu Maman tirer l'aiguille, mais je pensais qu'elle réparait simplement un accroc. Je n'aurais jamais cru qu'elle cousait l'arbre de notre famille.

Tout le monde l'a regardée poser silencieusement la courtepointe sur Papa. Elle l'a bordé avec douceur, comme si elle le mettait gentiment au lit. Puis elle s'est penchée pour l'embrasser une dernière fois. Je me souviens encore comment le fil noir qui avait servi à coudre les lèvres de Papa a raclé sa bouche.

La pièce était silencieuse lorsque Maman s'est rassise.

Après avoir pris une profonde inspiration, je me suis levée. En me plaçant près du cercueil, j'ai senti tout le poids qui pèse sur les épaules de la fille d'un dieu. À mon tour, j'ai pris la parole :

— Tandis que je grandissais, j'avais l'impression d'avoir des morceaux de papier collés sur la peau. Sur ces morceaux de papier, étaient écrits tous les noms auxquels j'ai eu droit. Polly la Peau-Rouge, Tomahawk Kid, Pocahontas, sang-mêlé, la squaw. J'ai commencé à me définir, et à définir mon existence, en fonction de ce qu'on me disait que j'étais, c'est-à-dire rien. À cause de cela, la route de ma vie s'est rétrécie en un sentier obscur, et ce sentier lui-même a été inondé, se transformant en un marécage où il m'a fallu patauger.

“J'aurais passé ma vie entière engluée dans ce bourbier si je n'avais pas eu mon père. C'est Papa qui a planté des arbres au bord de ce marécage. Dans les branches de ces arbres, il a accroché des lumières pour me permettre de voir dans les ténèbres. Chacun de ses mots a porté ses fruits dans cette lumière. Des fruits qui ont mûri pour donner des éponges.

Quand ces éponges sont tombées des arbres dans le marécage, elles ont absorbé l'eau et je me suis retrouvée dans la boue qui restait. En baissant les yeux, j'ai pu voir mes pieds pour la première fois depuis des années. Ils étaient tenus par des mains, dont les doigts étaient recourbés autour de la plante de mes pieds. Ces mains m'étaient familières. De la terre du jardin sous les ongles. Comment aurais-je pu ne pas savoir que c'étaient les mains de mon père ?

"Quand j'ai avancé d'un pas, ces mains ont avancé avec moi. Je me suis rendu compte que tout ce temps où j'avais cru être seule, mon père avait toujours été là, avec moi. Pour me soutenir. Pour m'aider à garder mon équilibre. Pour me protéger du mieux qu'il pouvait. J'ai compris qu'il fallait que je sois assez forte pour rester debout seule. Alors j'ai enlevé mes pieds des mains de mon père et je suis sortie de la boue. J'ai pensé que je serais effrayée de devoir marcher sans lui le restant de ma vie, mais je sais que je ne serai jamais complètement sans lui, parce qu'à chaque pas que je fais, je vois les empreintes de ses mains dans les traces que je laisse derrière moi.

De la poche de ma robe, j'ai sorti le morceau de cuir que Papa m'avait donné quand j'étais une petite fille.

— Maintenant, je sais qui je suis, Papa, lui ai-je dit en posant le morceau de cuir près de lui.

Au lieu de retourner m'asseoir, je suis allée au tourne-disque que Teddy, du magasin d'appareils électroménagers, m'avait permis d'emprunter. J'ai abaissé la tête de lecture sur le disque que Fraya avait enregistré toutes ces années auparavant en mettant des pièces dans une machine. Il y a eu des craquements, puis la belle voix de Fraya a empli la pièce.

Ravages et sauvages,
De Dieu et des hommes,
Qui tombent encore de ce vieux cerisier.

Le mythe va et le mythe vient.
L'amour est fidèle sur cette route.

Avoir peur,
Poison
De la vieille morelle noire.

Vacille ma fille, vacille mon garçon.
Prends mon cœur, détruis, détruis.
Vacille ma fille, vacille mon garçon.

Le bruit froid est ce que chantait mon père
Quand le mythe était quelque chose que tous devaient apporter.

C'est mon père que je voudrais être,
Si j'étais faite de lait et de miel.
C'est mon père que je serai
Lorsque le mythe aura fait fondre mes chaînes.
Anges et démons,
Écrivent mon nom,
Dans un halo ou en lettres de feu,
La différence importe peu.

Vacille ma fille, vacille mon garçon.
Je ne peux vivre plus longtemps que les Iroquois.
Vacille ma fille, vacille mon garçon
Dans ce mythe du tomahawk,
Cette histoire de Tom, John ou Jack.

THE BREATHANIAN

La fin des coups de feu

Depuis plus de dix ans, des coups de feu inexpliqués perturbaient la tranquillité de Breathed. Tout au long de ces années, nos concitoyens ont été affectés par ce véritable fléau permanent. La régularité du phénomène était telle que certains en sont venus à croire que ces bruits n'étaient pas des coups de fusil, mais provenaient de l'érosion des collines environnantes.

Bien que l'auteur des coups de feu n'ait jamais été identifié, le shérif a annoncé aujourd'hui qu'il considérait l'affaire comme officiellement close, n'ayant reçu aucune nouvelle plainte à ce sujet depuis le mois de novembre.

"C'est comme si un nuage au-dessus de nos têtes avait disparu", aurait dit un habitant de la ville.

Il est possible que nous ne connaissions jamais la raison de ces tirs. Certains avancent l'hypothèse selon laquelle le tireur serait mort. Et qu'il repose désormais en paix.

Si la plupart des habitants se réjouissent de constater que les coups de feu appartiennent au passé, quelques-uns s'en déclarent un peu tristes.

"Ça va me manquer", a affirmé une femme qui a souhaité garder l'anonymat. "On s'habitue quand on entend des bruits comme ça aussi longtemps, et au bout d'un moment, ça ressemble plus à des mots qu'à des coups de feu. Pendant tout ce temps, quelqu'un essayait de nous dire quelque chose dans un langage que nous ne comprenions pas, tout simplement. J'espère que la personne qui parlait ainsi tout au long de ces années a fini par exprimer ce qu'elle voulait dire."

46

Les chagrins de la mort m'ont entouré.
PSAUME 18, 4

ENTERRER UN PÈRE est une chose qui vous accompagne longtemps après que vous avez raccroché votre robe noire dans votre placard. Au moment où vous croyez que vous avez cessé de vous tourmenter au sujet des vers qui vont se repaître de son corps, cette pensée vous revient et vous n'avez plus que cela en tête, jusqu'à ce que vous vous rappeliez que la nature doit reprendre ses droits.

Cet hiver de 1973, j'ai eu dix-neuf ans, et l'intérieur de mon corps est resté aussi froid que la neige. Lorsque le mois de mai est arrivé, le printemps a offert une chose précieuse aux branches nues. Les fleurs ont rendu le chagrin plus supportable. De même que l'herbe verte qui avait commencé à pousser sur la tombe de Papa. Les signes étaient partout visibles. Dans le rose des pivoines. Les bandes de soleil chaud. Les insectes qui évasaient leurs narines et agitaient nerveusement leurs ailes. Tout disait que les vagues provoquées par sa mort s'apaisaient devant l'apparition d'une vie nouvelle.

Le printemps apportait des nuits qui prenaient l'allure de petites créatures toutes chaudes. Les fenêtres ouvertes, les nuages comme des lambeaux dans le ciel. Ce printemps a aussi apporté avec lui un petit chien noir. Il tournait autour de la maison et dormait sur les marches du porche. À l'occasion, il hurlait, mais il n'était pas encore complètement passé aux loups.

Lint jurait que ce chien n'était autre que Papa.

— Sens-le, B-b-betty.

Il a levé l'animal tout crotté sous mon nez, les poils raides chatouillant mes narines.

— Il a la même odeur que le t-t-tabac de Papa, tu trouves pas, Betty ?

Après cela, j'ai fait entrer le chien dans la maison et je l'ai laissé dormir sur mon lit. Je l'ai appelé Du-yu-go-dv, un nom cherokee qui lui allait bien, selon moi.

Un après-midi, alors que les nuages gris se rassemblaient dans le ciel, je me suis endormie avec Du-yu-go-dv dans ma chambre. Je me suis réveillée au milieu des coups de tonnerre. Cela résonnait partout, même dans mon corps.

J'ai cherché Du-yu-go-dv, mais il n'était plus là. Je suis allée dans le couloir et j'ai entendu le balancement du fauteuil de Papa. Quand je suis entrée dans la chambre qui avait été celle de mon père et de ma mère, j'y ai trouvé Maman assise dans le fauteuil à bascule. Le vent qui entrait faisait voler les rideaux autour d'elle. Il y avait là les mêmes meubles qu'auparavant. Il y avait le même espace autour de chaque objet. Il y avait même certaines choses en plus – des produits de beauté sur la coiffeuse et la pile de journaux près de la table de nuit –, pourtant la pièce éveillait une sensation de vide, comme si la seule chose qui la remplissait vraiment avait disparu avec mon père.

Je savais que Maman ressentait ce vide aussi. Elle était pieds nus, assise sur une jambe tandis qu'elle se servait de l'autre pied pour se balancer. Elle venait de prendre un bain. Ses cheveux mouillés étaient plus sombres, et des petites gouttes tombaient des extrémités sur ses épaules dénudées. Elle ne portait qu'une serviette de toilette bleu pâle autour de son corps. Il n'y avait pas de maquillage sur son visage. Le rouge à lèvres, le mascara, tout cela semblait lui brûler la peau. En faire quelque chose d'inaccessible. Mais le visage nu, elle était fraîche, accessible, la plus belle femme que j'aie jamais vue. Je me suis rendu compte que nous n'étions pas si différentes, après tout. Elle était ma mère, j'étais sa fille. Je suppose que notre relation avait été comme une guerre qui avait fait rage pendant trop longtemps.

— Tu crois que c'est lui ?

D'un mouvement de la tête, elle a désigné Du-yu-go-dv sur le lit.

— Papa ? Non, je ne pense pas que ce chien soit Papa.

— On devrait peut-être le lui demander.

Quand elle s'est levée, ses chevilles ont paru instables. Tandis qu'elle s'approchait du lit, elle a gardé les mains écartées, la paume tournée vers le sol, comme si elle effleurait les extrémités en forme d'épis de toutes ces plantes sauvages dont mon père m'avait appris le nom.

Lorsqu'elle a été assez près du lit, elle a avancé avec les mains sur le matelas.

— Est-ce que tu es mon mari ? a-t-elle demandé au chien.

Les yeux sombres de l'animal se sont fixés sur elle.

— Landon ? a-t-elle dit, prononçant son nom avec douceur. Espèce de salaud. Tu avais promis que tu ne m'abandonnerais jamais.

Elle a tendu la main. Aussitôt, le chien s'est relevé d'un coup et s'est enfui de la chambre. D'un air las, Maman a soupiré, puis elle s'est retournée pour s'asseoir au bord du lit. Elle a croisé les bras et a baissé le menton sur sa poitrine.

— Ton père faisait de superbes chaises en osier. Il faisait tremper les branches dans l'eau pour pouvoir enlever l'écorce. On n'a même pas une seule de ces chaises à la maison. Quand on avait besoin d'argent, les meubles qu'il fabriquait étaient toujours ce qui partait en premier. Aucun d'entre vous, à part Leland, peut-être, n'a jamais su que ces chaises avaient existé. Il y a tant de choses que tu ne sais pas sur ton père. Savais-tu qu'il avait travaillé à la construction de navires ?

Elle a levé les yeux vers les miens.

— Tu veux dire, de vrais navires ?

Je me suis assise près d'elle.

— Oui. Les gros. Ceux qui vont sur l'océan. Je suppose que c'est pour ça que les gens l'aimeront toujours plus. C'est sûr que moi, je n'ai jamais construit de navires.

Elle a regardé ses mains comme si, brusquement, elle avait le sentiment qu'elles n'avaient rien accompli d'important.

— Tu as fait quelque chose de mieux qu'un navire, lui ai-je dit. Tu as fait une couverture volante.

— Tu te souviens de ça ?

— Bien sûr, Maman. Je m'en souviens très bien. J'étais encore toute petite, et je marchais pieds nus dans le jardin. Tu étais dehors, assise dans l'herbe, sur le dessus-de-lit que tu as enterré avec Papa. Tu brodais quelque chose. Je ne me souviens pas quoi, et ce n'était pas ça qui me préoccupait, parce que je venais de marcher sur un chardon et je m'étais mise à pleurer. Tu m'as appelée, tu as pris mon pied dans ta main. Tu l'as embrassé juste là où le chardon m'avait piquée.

Puis tu m'as fait asseoir sur tes genoux et tu m'as dit que nous allions voler.

"Tu as coupé un morceau du fil violet clair avec lequel tu brodais et tu l'as attaché autour d'un hanneton. Il s'est envolé, retenu par le fil. 'On vole', tu as dit en pointant le doigt par-dessus le bord de la couverture, comme si nous étions en l'air, et que nous survolions tous les environs. Tu m'as demandé, 'Tu ne vois pas tes sœurs assises sur le toit de notre maison, et ton frère en train de jouer sous les arbres ? Et regarde. Il y a ton père qui vend ses champignons.'

"J'ai regardé, et j'ai tout vu. Et tu as souri. Puis tu as dit, 'On volera tant que le hanneton volera.'

"Je n'avais aucune envie de regagner la terre ferme.

— Pourquoi, Betty ? m'a-t-elle demandé, comme si elle ne le savait pas.

— Parce que j'étais avec toi, Maman.

47

Il a dit à la femme : Ta foi t'a sauvée ; va en paix.
Luc 7, 50

Cinderblock John a pris la petite jument chez lui. Il l'a logée dans une belle grange qu'il a peinte en rouge. Il a installé une clôture en bois autour du plus joli terrain qu'il possédait. Pendant un moment, elle a galopé, tout heureuse dans ce pré, mais quand elle a atteint la barrière, elle s'est rendu compte qu'elle n'était toujours pas complètement libre. Je comprenais ce besoin d'aller au-delà de la clôture. Aussi belle que puisse être la pâture, c'est la liberté de choisir qui fait la différence entre une existence que l'on vit et une existence que l'on subit.

Je savais que Papa aurait été fier lorsque je suis allée chercher mon diplôme de fin d'études secondaires à la fin de l'année scolaire. J'ai été la seule de la famille à obtenir ce diplôme. Même Lint allait quitter l'école avant sa dernière année.

Quand je l'ai retrouvé devant le garage, je lui ai dit que j'allais partir et que je voulais qu'il vienne avec moi.

— Je p-p-peux pas.

— Pourquoi ? On pourrait aller n'importe où, toi et moi.

— Avant de mourir, Papa m'a dit que-que-que je devrais m'occuper de M-m-maman. Il a dit qu'elle aurait b-b-besoin de moi.

— Maman n'a pas besoin de toi, Lint. Elle peut prendre soin d'elle-même.

Il a baissé les yeux sur ses mains.

— Je veux pas p-p-partir, Betty. C'est ici le dernier endroit où Papa et Maman ont vécu ensemble.

Il a regardé l'écriteau accroché à la porte du garage.

— Il faut que quelqu'un s'occupe de-de-de ses plantes. J'ai bien vu co-co-comment il travaillait. Je sais faire les ti-ti-tisanes comme lui.

— Tu ne veux vraiment pas partir ?

— Je voudrais te m-m-montrer quelque chose.

Il m'a emmenée dehors. Dans la cour, entre la maison et le garage, il avait creusé la terre juste assez pour y loger ses pierres de manière à en faire un petit chemin. Les yeux peints sur les cailloux étaient braqués vers le ciel.

— C'est ici que ces pierres m'ont tou-tou-toujours conduit. À la maison. P-p-pourquoi je voudrais qu-qu-quitter ça ?

Par la suite, Lint poursuivrait l'activité de notre père, sans jamais changer l'enseigne marquée LANDON pour y mettre son propre nom. Et chaque fois que les gens l'appelleraient Landon par erreur, Lint se contenterait de sourire fièrement en disant : "Oui, c'est moi."

Au milieu des plantes et de ses cailloux, Lint vieillirait et finirait par se sentir comme les herbes qu'il réduisait en poudre et les tisanes qu'il concoctait.

— Tu vas me manquer, Lint.

— Je serai toujours là. T-t-tout ce que tu as à faire, c'est pa-pa-passer nous voir.

— D'accord, je n'y manquerai pas.

Je comprenais le besoin qu'éprouvait Lint de rester, mais la terre avait touché mon esprit et elle me faisait signe, m'invitant à explorer ses continents, ses eaux et ses cieux. Je devais découvrir le monde par moi-même. J'ai commencé à faire ma valise ce soir-là. Le lendemain matin, alors que je décrochais du mur de ma chambre la sculpture des Trois Sœurs, Maman s'est appuyée dans l'encadrement de la porte.

— Une belle journée pour voyager, j'imagine.

Elle jouait avec le col froncé de son chemisier. Pour la première fois de ma vie, je voyais ma mère en pantalon.

Elle m'a observée placer la sculpture dans le grand sac de voyage dans lequel je fourrais tout. Sur le sac, il y avait l'image d'une ferme avec des arbres, des fleurs, un chien, un chat et une souris. Cette image m'a rappelé ce que Flossie m'avait dit un jour.

"Tu vivras dans une ferme, Betty. Tu auras un chien, un chat et une souris."

J'ai esquissé un sourire à cette pensée.

— Tu vas où ?

— Au bout du monde.

J'ai lancé un coup d'œil dehors, en direction de la scène.

Elle est allée à la fenêtre ouverte, et elle est restée debout dans les rayons du soleil qui entraient à flots.

— Je ne veux pas te retenir. Moi-même je dois me mettre au travail. Je t'ai dit que j'avais trouvé un emploi à l'usine de chaussures de Breathed ? À la couture. Dans l'équipe de femmes qui cousent toute la chaussure, une fois que les différentes parties ont été découpées.

D'un geste délicat et plein de fierté, elle a touché ses cheveux, de chaque côté, puis elle a plongé la main dans son soutien-gorge pour en sortir sa larme apache.

— Tu te souviens de ce que je t'ai dit à propos de cette larme ? Dans ta main, c'est une pierre noire.

Elle a levé la pierre dans les rayons du soleil jusqu'à ce que la pierre devienne translucide, avant d'ajouter :

— Mais elle change à la lumière. On dit que si tu as une larme apache…

— Tu ne pleureras plus jamais, ai-je fini sa phrase. Car les femmes apaches pleureront pour toi.

— Bon, peut-être que ce sera plus efficace pour toi que ça l'a été pour moi.

Éloignée du soleil, la pierre a retrouvé sa couleur initiale. Maman a déposé la larme dans le creux de ma main avant de replier mes doigts autour.

— Devenir femme, c'est affronter le couteau, Betty.

Elle a doucement replacé mes cheveux derrière mes oreilles, puis m'a embrassée sur le front avant de poursuivre :

— Mais la femme que l'on devient alors doit décider si elle va laisser la lame s'enfoncer assez profondément pour la mettre en pièces, ou bien si elle va trouver la force de s'élancer, les bras écartés, et oser prendre son envol dans un monde qui semble se briser comme du verre autour d'elle. Puisses-tu avoir cette force.

En se retournant pour sortir de ma chambre, ses yeux sont tombés sur le fusil posé sur mon lit.

— On dirait le même modèle que celui qui a servi pour les coups de feu dans Breathed, a-t-elle dit en prenant l'arme pour viser le mur. Pourquoi tu as terrorisé ta ville comme ça, Betty ?

— Ce n'était pas moi. Tout au moins, pas au début. C'était Fraya. La nuit où elle est sortie pour prendre le morceau d'écorce d'orme glissant, elle est aussi allée dans les bois et je l'ai vue prendre le fusil dans une souche creuse qu'elle avait recouverte de feuilles. Je suppose qu'elle avait trouvé les premières cartouches là où elle avait trouvé le fusil. Vers la fin, elle a dû se rendre dans une autre ville pour s'en procurer d'autres.

"Au début, je ne savais pas pourquoi elle tirait. Je n'ai compris que lorsqu'elle m'a dit que nous étions tous des insectes enfermés dans un bocal et que nous avions besoin de plus de trous dans le couvercle pour respirer. Elle essayait de percer des trous d'aération pour nous tous en tirant dans le ciel. Quand elle est morte, je me suis dit que je devais prendre la suite. Mais maintenant, je pense qu'il y a assez d'air. On respire mieux ici."

Maman a hoché la tête, puis elle m'a fait un salut militaire, comme un soldat à un autre avant de sortir. Je l'ai entendue emporter le fusil dans sa chambre. Elle l'a gardé près d'elle tout le reste de sa vie. C'était à ce fusil qu'elle s'accrochait après que ses cheveux blonds eurent grisonné et qu'elle fut devenue la vieille veuve assise sur sa véranda délabrée avec son fusil sur les genoux, hurlant à des enfants dont elle ignorait le nom qu'ils avaient intérêt à ne pas s'approcher de chez elle. Ils venaient se moquer d'elle, incapables d'imaginer, en raison de leur jeune âge, qu'elle ait jamais pu être autre chose qu'une vieille femme dans un fauteuil à bascule.

La dernière fois que j'ai entendu ma mère marcher dans des chaussures à talons hauts a été ce jour-là, lorsqu'elle est sortie de sa chambre après avoir posé le fusil dans le lit, à la place où Papa avait dormi. Elle est passée dans le couloir, *clac-clac-clac*. Elle a descendu l'escalier, *clac-clac-clac*. Puis elle a franchi la porte pour se rendre à un travail qu'elle devait garder jusqu'à sa retraite. *Clac-clac-clac.*

Je suis allée à la fenêtre avec la larme apache et je l'ai tenue au soleil. Quand la lumière l'a rendue à nouveau translucide, j'ai regardé à travers pour voir Maman s'éloigner en voiture dans Shady Lane. Elle a disparu et j'ai glissé la larme dans ma poche.

Sur mon oreiller, il y avait la canne de Papa. Je l'ai fixée dans le porte-parapluie à l'extérieur de mon sac, puis j'ai enfermé à clé ma machine à écrire dans sa mallette. J'ai tout posé devant la porte d'entrée, suivie de Du-yu-go-dv.

— Lint ?

— J'suis là.

J'ai jeté un coup d'œil dans le salon et je l'ai trouvé devant la télévision.

— Il fait chaud, pour une journée de printemps, non ?

J'ai essuyé la sueur qui coulait sur mes joues.

Lint s'est levé, comme si les circonstances l'exigeaient.

— Bon, alors, au re-re-revoir.

Je l'ai serré contre moi, mais d'un air gêné il a gardé les bras ballants.

— Si je vois un caillou qui pourrait te plaire, je le ramasserai pour toi.

Je l'ai libéré de mon étreinte.

— T'as p-p-pas peur ?

— De quoi donc, Lint ?

— De la ma-ma-malédiction dont Flossie parlait tou-tou-toujours. Peut-être qu'elle est encore plus te-te-terrible loin de la m-m-maison.

— Il n'y a jamais eu de malédiction, Lint. Il n'y a rien de surnaturel dans les épreuves qui surgissent dans notre existence. Il n'y a que notre peur qu'elles le soient. J'en ai assez de craindre qu'une malédiction pourrait m'empêcher de vivre ma vie.

Par la fenêtre, il a regardé une voiture s'arrêter devant le garage.

— Ça doit être M. et Mme C-C-Clinker qui viennent chercher leurs tisanes. Faut que j'aille m-m-m'occuper d'eux.

Il s'est précipité vers la porte en me disant :

— À plus tard, B-b-betty. N'oublie pas ton ba-ba-ballon.

J'ai couru à l'étage. Dans mon placard, un ballon rouge, attaché avec un lacet de mon père, était coincé au plafond. La veille, Cotton l'avait gonflé à l'hélium pour moi. J'ai attrapé le lacet et je l'ai noué à la bretelle de mon débardeur, pour que le ballon soit attaché à moi. Avant de quitter ma chambre pour de bon, j'y ai jeté un dernier regard. Les fantômes de mon passé ont surgi devant moi. J'ai vu Fraya, Flossie et moi, assises en rond sur le sol, en train de nous tresser mutuellement les cheveux, comme nous le faisions si souvent, quand nous en étions encore à croire que notre cercle ne se briserait jamais. Quand Fraya – son fantôme – a levé les yeux vers moi, elle a demandé :

— Est-ce que tu te souviendras de nous, Betty ?

— Je détesterais qu'on m'oublie, a ajouté Flossie.

— Bien sûr qu'elle se souviendra de nous, a dit le fantôme de la petite fille que j'avais été alors. N'est-ce pas, Betty ?

— Je me souviendrai de tout, leur ai-je promis.

Elles sont retournées à leurs occupations et je suis sortie de la chambre. Je les ai entendues pouffer de rire tandis que je descendais l'escalier. J'étais contente que leurs fantômes restent dans cette maison. J'étais contente, car être hantée n'est pas toujours une chose si terrible que cela.

Avec le bruit de la moustiquaire se refermant derrière moi, je suis sortie sous un soleil éclatant. J'ai vu Lint qui conduisait les Clinkers dans le garage. Accompagnée de Du-yu-go-dv, j'ai descendu les marches du porche. J'ai pris le temps de lancer un dernier coup d'œil au jardin derrière moi. Lint en serait responsable, désormais. Lui seul brûlerait les branches mortes avant de mêler les cendres à la terre chaque printemps.

Consciente qu'il était temps pour moi de ranger les souvenirs que j'avais de ces années dans un endroit intime et sûr, je les ai soigneusement refermés comme un livre à l'intérieur de moi-même. J'ai regardé devant moi. Je savais que l'essentiel de ma route se ferait à pied. Marcher ne me dérangeait pas.

Sur le chemin qui menait en dehors de Breathed, j'ai sorti la carte de ma poche. J'ai commencé à la déplier, mais finalement j'ai décidé qu'un voyage non cartographié conviendrait mieux à une fille ayant eu pour père Landon Carpenter. Rangeant la carte, j'ai tourné la tête pour voir une voiture sortir de Breathed. Elle a ralenti, et quand elle s'est arrêtée, je me suis penchée pour regarder par la vitre baissée côté passager. Un homme en costume trois pièces et au regard bienveillant était au volant.

— Vous allez où ?

Deux petits garçons assis sur la banquette arrière se disputaient une balle de base-ball.

— Vous pourriez m'emmener le plus loin possible ? lui ai-je demandé, mes yeux tombant sur un livre de droit sur le siège avant.

— Ça sera le comté voisin. Je conduis mes garçons à un match amical de base-ball. Je peux vous emmener jusque là-bas.

— Est-ce que mon ami peut monter aussi ?

J'ai pris Du-yu-go-dv dans les bras.

— On en a un à la maison qui s'appelle Granny, pas vrai les enfants ?

Il s'est tourné vers les garçons, qui se battaient toujours à l'arrière.

Il a secoué la tête en souriant, puis il est descendu de la voiture pour mettre mon sac et ma machine à écrire dans le coffre. Il a caressé le chien sur la tête avant de refermer le coffre. Tandis que nous revenions vers l'avant, il a vérifié sa cravate pour s'assurer qu'elle était bien en place dans son gilet. Une fois que nous avons commencé à rouler, il m'a tendu la main pour se présenter.

— Au fait, je m'appelle Autopsy Bliss. Ces deux garçons à l'arrière sont mes fils. L'aîné, c'est Grand. Le cadet, c'est Fielding.

Je me suis retournée et j'ai vu que les deux garçons ne se disputaient plus la balle. Ils jouaient ensemble avec.

— Fait sacrément chaud, aujourd'hui, hein ? a remarqué M. Bliss en vérifiant sa cravate une fois encore. On a l'impression qu'on va tous se mettre à fondre.

Au passage, je me suis retournée pour voir le panneau souhaitant la bienvenue à Breathed, ce morceau de planche fendillée cloué à ce grand platane d'Amérique. Avant que l'arbre ait disparu à ma vue, j'ai détaché le ballon de ma bretelle et je l'ai tenu à l'extérieur par la fenêtre ouverte.

— C'est quoi, ce ballon ? a demandé M. Bliss.

— C'est une lettre. À mon père.

J'ai serré le lacet avant de le lâcher. Tandis que le ballon rouge montait dans le ciel, j'ai vu un nuage tournoyer. De ce nuage est sortie une main avec de la terre incrustée autour des ongles et dans les lignes des paumes. La main a saisi le lacet et a lentement tiré le ballon jusqu'à ce qu'il disparaisse dans le nuage. J'ai appuyé la tête contre mon siège et, tout en regardant défiler les collines, je me suis souvenue de ce que mon père m'avait dit un jour.

“Aucune eau ne connaît le repos.”

Je sais aujourd'hui ce qu'il voulait dire, parce que les vagues provoquées par sa mort ont perdu de leur force. Mais les eaux ne seront jamais tranquilles.

228 John Gierach, *Même les truites ont du vague à l'âme*
227 Charles Portis, *True Grit*
226 Jennifer Haigh, *Ce qui gît dans ses entrailles*
225 Doug Peacock, *Marcher vers l'horizon*
224 James McBride, *Deacon King Kong*
223 David Vann, *Komodo*
222 John Farris, *Furie*
221 Edward Abbey, *En descendant la rivière*
220 Bruce Machart, *Des hommes en devenir*
219 Mark Haskell Smith, *À bras raccourci*
218 Winston Groom, *Forrest Gump*
217 Larry McMurtry, *Les Rues de Laredo*
216 Terry Tempest Williams, *Refuge*
215 Wallace Stegner, *La Vie obstinée*
214 Piergiorgio Pulixi, *L'Île des âmes*
213 Giulia Caminito, *Un jour viendra*
212 Julia Glass, *Refaire le monde*
211 David Heska Wanbli Weiden, *Justice indienne*
210 Alex Taylor, *Le sang ne suffit pas*
209 Ross Macdonald, *Le Frisson*
208 Tiffany McDaniel, *Betty*
207 John D. Voelker, *Itinéraire d'un pêcheur à la mouche*
206 Thomas Berger, *Little Big Man*
205 Peter Swanson, *Huit crimes parfaits*
204 Andy Davidson, *Dans la vallée du soleil*
203 Walter Tevis, *L'Homme tombé du ciel*
202 James Crumley, *Le Canard siffleur mexicain*
201 Robert Olmstead, *Le Voyage de Robey Childs*
200 Pete Fromm, *Chinook*
199 Keith McCafferty, *La Vénus de Botticelli Creek*
198 Tom Robbins, *Jambes fluettes, etc.*
197 Nathaniel Hawthorne, *La Lettre écarlate*
196 Jennifer Haigh, *Le Grand Silence*
195 Kent Wascom, *Les Nouveaux Héritiers*
194 Benjamin Whitmer, *Les Dynamiteurs*

193 Barry Lopez, *Rêves arctiques*
192 William Boyle, *L'amitié est un cadeau à se faire*
191 Julia Glass, *Jours de juin*
190 Mark Haskell Smith, *Coup de vent*
189 Trevanian, *L'Été de Katya*
188 Chris Offutt, *Sortis des bois*
187 Todd Robinson, *Une affaire d'hommes*
186 Joe Wilkins, *Ces montagnes à jamais*
185 James Oliver Curwood, *Grizzly*
184 Peter Farris, *Les Mangeurs d'argile*
183 David Vann, *Un poisson sur la Lune*
182 Mary Relindes Ellis, *Le Guerrier Tortue*
181 Pete Fromm, *La Vie en chantier*
180 James Carlos Blake, *Handsome Harry*
179 Walter Tevis, *Le Jeu de la dame*
178 Wallace Stegner, *Lettres pour le monde sauvage*
177 Peter Swanson, *Vis-à-vis*
176 Boston Teran, *Méfiez-vous des morts*
175 Glendon Swarthout, *Homesman*
174 Ross Macdonald, *Le Corbillard zébré*
173 Walter Tevis, *L'Oiseau moqueur*
172 John Gierach, *Une journée pourrie au paradis des truites*
171 James Crumley, *La Danse de l'ours*
170 John Haines, *Les Étoiles, la neige, le feu*
169 Jake Hinkson, *Au nom du Bien*
168 James McBride, *La Couleur de l'eau*
167 Larry Brown, *Affronter l'orage*
166 Louisa May Alcott, *Les Quatre Filles du docteur March*
165 Chris Offutt, *Nuits Appalaches*
164 Edgar Allan Poe, *Le Sphinx et autres histoires*
163 Keith McCafferty, *Les Morts de Bear Creek*
162 Jamey Bradbury, *Sauvage*

CET OUVRAGE A ÉTÉ COMPOSÉ PAR
ATLANT'COMMUNICATION
AU BERNARD (VENDÉE).

ACHEVÉ D'IMPRIMER EN OCTOBRE 2023 SUR LES PRESSES
DE NORMANDIE ROTO IMPRESSION S.A.S., 61250 LONRAI
POUR LE COMPTE DES ÉDITIONS GALLMEISTER
13, RUE DE NESLE, 75006 PARIS

IMPRIMÉ EN FRANCE

DÉPÔT LÉGAL : NOVEMBRE 2023
N° D'IMPRESSION : 2304018